万卷方法®

U0453694

Statistics in Criminology and Criminal Justice: Analysis and Interpretation

4ed

犯罪学与刑事司法统计：实证分析和解释

原书第4版

[美] 杰弗瑞·T. 沃克（Jeffery T. Walker）
[美] 塞恩·马旦（Sean Maddan）
著

熊谋林 夏一巍 译

重庆大学出版社

ORIGINAL ENGLISH LANGUAGE EDITION PUBLISHED BY
Jones & Bartlett Learning, LLC
5 Wall Street
Burlington, MA 01803 USA

版贸核渝字（2018）第 138 号

图书在版编目（CIP）数据

犯罪学与刑事司法统计 : 实证分析和解释 : 原书第4版 /（美）杰弗瑞・T.沃克（Jeffery T. Walker），（美）塞恩・马旦（Sean Maddan）著 ; 熊谋林, 夏一巍译. -- 重庆 : 重庆大学出版社, 2022.9
（万卷方法）
书名原文: Statistics in Criminology and Criminal Justice : Analysis and Interpretation (Fourth Edition)
ISBN 978-7-5689-3333-9

Ⅰ.①犯⋯ Ⅱ.①杰⋯ ②塞⋯ ③熊⋯ ④夏⋯ Ⅲ.①犯罪学—司法统计 ②刑事诉讼—司法统计 Ⅳ.①D917 ②D915.3

中国版本图书馆CIP数据核字（2022）第146430号

犯罪学与刑事司法统计：实证分析和解释（原书第4版）

［美］杰弗瑞・T. 沃克（Jeffery T. Walker）
［美］塞恩・马旦（Sean Maddan）著
熊谋林　夏一巍　译
策划编辑：林佳木
责任编辑：李桂英　　版式设计：林佳木
责任校对：关德强　　责任印制：张　策
*
重庆大学出版社出版发行
出版人：饶帮华
社址：重庆市沙坪坝区大学城西路21号
邮编：401331
电话：（023）88617190　88617185（中小学）
传真：（023）88617186　88617166
网址：http://www.cqup.com.cn
邮箱：fxk@cqup.com.cn（营销中心）
全国新华书店经销
重庆市正前方彩色印刷有限公司印刷
*
开本：787mm × 1092mm　1/16　印张：28.75　字数：567千
2022年9月第1版　2022年9月第1次印刷
ISBN 978-7-5689-3333-9　定价：118.00元

作者简介

杰弗瑞·T. 沃克（Jeffery T. Walker）

博士，自 1990 年以来一直在阿肯色大学工作，刑事司法和犯罪学教授、刑事司法系主任。沃克博士已经出版了 7 本著作，撰写了 50 多篇期刊文章和图书章节。他从司法部、国家药物滥用研究所等部门获得了 900 多万美元的科研资助。他的主要研究领域是犯罪的社会 / 环境因素，以及与犯罪有关的非线性动力学研究。他是刑事司法科学院的前任主席。他曾担任《刑事司法教育杂志》（*Journal of Criminal Justice Education*）、《批判犯罪学杂志》（*Journal of Critical Criminology*）和《犯罪模式与分析》（*Crime Patterns and Analysis*）等期刊的编辑。早期的出版物包括《司法季刊》（*Justice Qualterly*）、《定量犯罪杂志》（*Journal of Quantitative Criminology*）、《刑事司法教育》（*Jounral of Crminal Justice Education*）、《刑事司法与犯罪学》（*Criminal Justice and Criminology*）以及《犯罪与司法的神话》（*Myths in Crime and Justice*）（第 2 版）等。

塞恩·马旦（Sean Maddan）

博士，坦帕大学犯罪学和刑事司法系副教授。他的研究领域包括犯罪学理论、统计学、研究方法以及性侵罪犯登记和通知法的效力。马旦博士撰写了十几篇文章。这些文章被《司法季刊》（*Justice Qualterly*）、《犯罪与司法》（*Crime and Justice*）、《刑事司法杂志》（*Journal of Criminal Justice*）等期刊收录。马旦博士也出版 / 合著了多本书籍，最近出版的一本专著是《犯罪学和刑事司法：理论、研究方法和统计学》（*Criminology and Criminal Justice: Theory, Research Methods, and Statistics*）。

译者简介

熊谋林

西南财经大学法学院刑事法学研究所教授，博士生导师，西南财经大学法学院和加州大学尔湾分校社会学系联合培养博士。美国犯罪学会会员、华人社会犯罪学研究会终身会员、亚洲犯罪学会终身会员和大会理事、中国犯罪学学会理事、中国法学期刊研究会理事等。曾担任《光华法学》执行主编。研究领域广泛，涉及规范刑法学、比较法、犯罪学、刑事司法、法律史学领域，擅长定量或实证分析，主要研究青少年违法、死刑、罚金（赎刑）、量刑公正、错案等。已在《中国社会科学》《清华法学》《政法论坛》《法制与社会发展》《中外法学》《法学》等中文期刊，以及*Psychology*, *Law and Crime*, *British Journal of Criminology*, *European Journal on Criminal Policy and Research*, *Hasting International & Comparative Law Review*, *Feminist Criminology*等外文期刊发表论文50余篇，并有多篇文章被《人大复印期刊》《中国社会科学文摘》等转载。

夏一巍

西南财经大学法学院刑事法学研究所副教授，澳门大学社会学博士。主要研究方向为定量研究方法、刑事审判行为、青少年越轨行为、物质滥用以及社会人口学。亚洲犯罪学学会终身会员、亚洲药物滥用研究学会理事、华人儿童发展研究学会秘书。研究成果发表于*China Review*, *Journal of Contemporary China*, *Sociological Methods & Research*, *Stata Journal*, *Journal of Criminal Justice*, *Deviant Behavior*, *Justice Qualterly*, *Social Science Research*，以及《青年研究》等国内外权威期刊。个人网站：xiayiwei.site。

译者感言（代序）

实证法学研究在中国已经渐成气候，这当然离不开诸多仁人志士的学术开拓。但法学界或犯罪学界对定量分析的实践还远远不够，能在国际学术会议中展示实证研究成果的学人更是凤毛麟角。其中的原因，既有研究范式和学术传统、历史背景的影响，也有对数学或统计应用的先入为主的畏难情绪，还有实证路向不是法学研究必需品的前人成见。然而，无论哪一门学科，如果没有论据和分析支撑，就很难称其为科学。这一点于法学、犯罪学诸学科尤为重要，毕竟每一个法律决策或行动均关乎万千大众或特定群体的权益，研究结论必须具有相当程度的科学性。今天的法学论文，若仍然以“我认为……”“笔者认为……”“我建议……”等主观判断充任理据，法律政策及相关人士行为的实际效果将难以评估，学者之间难以就客观现象的表征达成一致进而拓展有效的学术对话和知识积累，未来学科的发展难免偏颇。

事实上，当前的实证法学界或犯罪学界，一些冷静的学者对此已有了认识，并努力用最好的素材论证其学术观点。这些努力异常宝贵，但绝大多数学人在做实证类研究时都是基于学术的探索精神和热情，他们或是翻阅其他学科的文章或教材来解决困惑，或者寻找与其他学科的学者合作以求互补。这其中的关键障碍就在于法学学科内缺少系统介绍统计分析方法的教材。

虽然社会学等学科关于实证分析已经有了不少教材，但这些学科的诸多实例或解释对法学或犯罪学同仁来说，还是非常不习惯和难以理解。而实证或定量分析确实对多为文科背景的法学界人士颇具难度。本书的翻译出版，就是希望对爱好或打算学习实证分析的法学或犯罪学学者有所帮助。

我第一次接触定量分析，是在博士生阶段。我修读贺欣教授的课程时，学习了他与苏阳教授的合作文章。[1] 后来我因缘受国家留学基金委资助，赴加州大学尔湾分校社会学系学习。现在看来，这种不局限于法学学科的跨界选择是学术成长的必然之路。此后我参加了美国犯罪学年会，有幸与华人社会犯罪学研究会的诸位师长结缘，从此得到了许多的关心和支持。在美国的两年，我在导师苏阳教授的鞭策下，把自己所能接触到的社会统计学或犯罪统计学教材几乎读了个遍。因为基础较弱，为了把某个知识点彻底搞清楚，我往往一遍又一遍地翻阅不同教

[1] Yang Su & Xin He. (2010) State Accommodation of Labor Protest in South China. Law & Society Review, 44(1), 157-184.

材，互相查证。但是，直到在老师指导下与刘军强师兄合作完成论文时，[1]我才真正领会到实证分析的魅力，也是从那时开始了挣扎十年的实证分析探索之旅。

在 2011 年美国犯罪学年会上，我偶然地在书展上看到本书原版。粗略翻阅之后，我惊奇地发现，之前我对统计分析很多不懂的地方在书中都有详细的解释，于是欣然购买。在我所读的书籍中，本书和另一本由 Agresti 和 Finlay 合作撰写的书[2]应该是关于实证研究中统计分析解释和说理最充分的著作。我对自己购买的这些统计和方法图书视若珍宝，当年义无反顾地花了近千美元将这些书打包三大箱回国。

2016 年，我在西南财经大学法学院开设了"实证法学导论"的课程。5 位法学院不同专业的研究生选修了这门课程。苦于没有教材，我授课时就采用了本书的英文原版，也参考了其他市面上已有的社会学统计方法中译本教材。在 57 个课时中，我利用 Stata 软件，从最基础的变量开始，一点点地讲授到了回归分析，同学们每次都能较好地理解所学习的内容。而在此之前，除了一位同学有点基础外，其他同学对统计或定量分析几乎是零基础。但短短一学期的课程结束后，所有同学都能较好地理解统计分析的基本模式，这说明统计或定量分析并没有那么困难，只要教学思路、学习方法得当，零基础的法学生们都能学会统计分析、做定量研究。

在课程快要结束时，我征询大家的意见，要不要我们一起把这本书翻译成中文，就当是对我们学习的一个检验，同时也为西南财经大学的三年研究生学习生涯留下点回忆。令我没想到的是，这 5 位同学都笑着异口同声地表示没有问题（插句题外话：学生们的这份自信充分说明，西南财经大学法学院的卓越人才培养计划是富有成效的）。于是，我们和原书出版社联系翻译授权事宜，在了解相关程序后又开始联系国内出版社。

任何一位搞实证或定量分析的学人，对重庆大学出版社的"万卷方法"书系肯定是熟悉的，这套书绝对影响了一代中国学人。正是基于此，我决定联系重庆大学出版社的林佳木女士，商谈这本译著的出版事宜。幸运的是，林佳木女士没有怀疑我的学术背景，欣然相约在西南财经大学光华校区面谈，并由此开启了本书的翻译之路。

然而，看得懂、能理解英文内容，和翻译成中文完全是两码事。这本书的翻译远比我想象的困难，正如林佳木女士在一开始告诫的，"翻译的辛苦，没有经历过的人是不清楚的"。从 2016 年 6 月至 2018 年底，我们一起完成了第 1、2 章及术语表，邓济东（第 3—5 章）、曾子伦（第 6—8 章）、邹婵（第 9—11 章）、齐亚鹏（第 12—15 章），加上我指导的学生程乙峰（第 16—17 章部分内容）和

[1] 刘军强，熊谋林，苏阳 .（2012）《经济增长时期的国民幸福感》，《中国社会科学》，12: 82-102.

[2] Alan Agresti & Barbara Finlay. (1986) *Statistical Methods for the Social Science*, New Jersey: Prentice Hall.

刘瀚文（第 16—17 章部分内容及第 18—19 章）按分工译出了全书初稿，并且做了多轮交叉检查工作。虽然学生们对翻译工作已经十分努力，但初译稿中的各种文字、术语问题实在太多，离出版水平还有很长一段距离。而那时的我因繁重的“学术债务”，只能暂时将本书的审校工作搁置在一边。直到 2020 年 9 月，我邀请夏一巍老师（澳门大学犯罪学博士，2019 年 6 月加盟西南财经大学刑事法学研究所）加入翻译团队，请他对全书做一遍校对。2020 年底，林佳木女士善意地催促书稿，有鉴于校对工作还在进行中，故商请可否在 2021 年中期交稿。幸运的是，夏一巍博士于 2021 年 4 月如期将校对稿拿出。在夏博士所做出的卓越工作基础之上，我 4 至 6 月放下所有其他学术工作，全身心地再次逐字逐句地校译书稿，尽可能将文字和术语方面的问题减到最少。最终才有信心将译稿交付出版社。

经我们再三斟酌，本书的译名定为《犯罪学与刑事司法统计：实证分析和解释》。与英文版的书名不是严格地一一对应。增加“实证”二字不仅更符合文字的韵味，而且也与法学或犯罪学界常用的“实证研究”术语使用习惯更加贴切。

虽然本书的翻译工程浩大，我们的团队也是历经艰辛，但我们并无悔怨。本书是对“实证法学导论”课程的教学检验，更是交给曾经指导、帮助、提携过我们的师长们的一份答卷。本书的出版，也算是践行了当初回国时我对自己的承诺——带动或推动更多有志青年精耕于实证法学研究。如果这本书真的能对做实证研究的法学诸君有所帮助，那便是对本书翻译团队最大的鼓舞。

本书的翻译完成，要感谢谢金妤同学制作中文译图，感谢刘春林同学的格式编排。特别感谢林佳木女士的专业指导，没有她的鞭策、鼓励、支持，本书的出版不知要等到何年何月。我们也特别感谢石可编辑的编排工作，她的工作大大提高了本书的阅读质量。我们也要感谢王越女士为本书的版权代理工作提供的优质支持，以及 Jones & Bartlett 公司亚太区域经理 Jerene Tan 女士为出版工作提供的高效指引。

感谢西南财经大学法学院的学术支持，尤其是高晋康教授、范波书记、鲁篱教授、兰荣杰教授、汪蕾教授等学院领导长期以来的鼓励和支持。也应当感谢刑事法学研究所诸位同仁长期以来的关爱：胡启忠教授长期关心和指导我的成长，吴越教授、贺欣教授对我有知遇之恩，刘军强教授关键时刻常有善意告诫，苏阳教授手把手的教导和严厉的鞭策给予我打开学术圣殿的钥匙。华人社会犯罪学研究会及曹立群、江山河、梁斌、刘思羽、陆红、孙懿贤、张乐宁等师友长期以来均给予我充分的关心支持，感谢亚洲犯罪学会创任会长刘建宏教授的知遇和信任。北京大学白建军教授、赵国玲教授、江溯副教授，北京工业大学张荆教授，北京师范大学赵书鸿副教授、苏明月副教授，华东政法大学邱格屏教授、倪铁教授，吉林大学李立丰教授，南京大学单勇教授，清华大学何海波教授、于晓虹副教授，上海交通大学林喜芬教授，四川大学左为民教授、魏东教授，山东大学魏建教授，西南政法大学袁林教授，武汉大学莫洪宪教授、何荣功教授，中国社会科学院法学研究所刘仁文研究员，中国政法大学皮艺军教授、王志远教授、赵天红教授，中国人民公安大学王大为教授，上海政法学院吴鹏森教授，东南大学王禄生研究员、冯煜清副教授等诸位师友长期以来均给予我较大鼓励，在此一并予以感谢。还有更多师友对我的实证法学、定量犯罪学思考有重大激励作用，此处难以一一列举，如有遗漏还请海涵。

最后我应该感谢本团队成员的卓越贡献，他们完全有资格把本书当成自己的学术成果。

需要提醒读者的是，学习完本书你只是理解了相关的统计或定量分析基础知识。想使用更高级的研究方法，或者要写出达到发表水平的实证或定量研究论文 / 报告，还需要更多的学术训练。建议阅读更多的方法类书籍或到相关科研院所深造学习。西南财经大学法学院刑事法学研究所聚集了多位擅长定量和实证分析的学者，如果读者想做进一步的探讨和学习，欢迎发邮件和我们联系（xxszfx@sina.cn）。

熊谋林
2021 年 7 月 1 日
于西南财经大学通博楼

前　言

本书第 4 版与先前版本有很大不同。根据审稿人和在课程中使用本书的人所提供的宝贵意见，我们在第 4 版中将所有推论性分析的章节列于多变量描述分析的章节之前。我们希望调整结构后，本书对教师更有用，也更易被学生理解。本版仍保留的（学习）重点是，掌握数据特征，能知晓最适合数据的分析方法并解释结果。本书也保留了强调统计结果的特点(包括在SPSS中进行数据分析的过程)，也为使用本书作为教材的教师增加了更多的公式。本版本延续了以前版本的泛用性特点，适用于本科生和研究生学习，甚至适用于博士课程。我们坚信，统计基础对于在 21 世纪成功开启职业生涯的人们至关重要。我们希望本书可以作为知识和成功的基础。

致　谢

我们要感谢本书的评审委员们，特别是那些在课堂上使用本书，并提供宝贵意见的人。这个版本的修订便是对他们的意见和建议所作的直接回应。

评审委员名单

克马克·贝尔德	克拉卡马斯社区学院
Mark R. Baird	Clackamas Community College
凯文·比弗	佛罗里达州立大学
Kevin M .Beaver	Florida State University
菲利斯·贝瑞	华盛本大学
Phyllis E. Berry	Washburn University
帕米拉·布莱克	宾夕法尼亚州立大学
Pamela Black	Penn State University
克里斯蒂·布莱文斯	北卡罗来纳州夏洛特分校
Kristie R. Blevins	University of North Carolina at Charlotte
佩吉·伯文-哈顿	阿尔弗尼亚大学
Peggy Bowen-Hartung	Alvernia University
戴安娜·布伦斯	萨凡纳州立大学
Diana Bruns	Savannah State university
基尼·博纳姆博士	中央密苏里大学
Dr. gene Bonham Jr.	University of Central Missouri
凯文·丹肯	南伊利诺伊大学艾德华兹维尔分校
Kevin D.cannon	Southern Illinois university edwardsville
泰伊莎·盖尼-克拉夫顿	潮水社区学院（朴次茅斯）
Tyiesha gainey-crafton	Tidewater Community College（Portsmouth）
高青海	纽约州立大学法明岱尔分校
Qinghai Gao	SUNY at Farmingdale

詹姆斯·金	阿肯色大学小石城分校
James W. Golden	University of Arkansas at Little Rock
佩吉·戈迪尔	苏必利尔湖州立大学
Paige Gordier	Lake Superior State University
丽莎·格拉齐亚诺	加州州立大学洛杉矶分校
Lisa M. Graziano	California State University, Los Angeles
詹姆斯·杰格列斯基	希普雷茨堡大学
James L. Jengeleski	Shippensburg University
吉恩·加布里·约维特	西南学院
Jean Gabriel Jolivet	Southwestern College
罗杰·兰德	苏必利尔湖州立大学
Roger Land	Lake Superior State University
芭芭拉·梅	蒙哥马利县社区学院
Barbara May	Montgomery County Community College
维吉尼亚·麦戈文	圣玛丽山大学
Virginia Mcgovern	Mount Saint Mary's University
雪莱·麦格拉思	阿拉巴马大学伯明翰分校
Shelly A. McGrath	University of Alabama at Birmingham
詹妮弗·墨菲	加州州立大学萨克拉门托分校
Jennifer Murphy	California State University, Sacramento
约翰·帕吉特	卡普拉大学
John L. Padgett	Capella University
丹尼尔·费尔普三世	林赛威尔逊学院
Daniel W. Philps Ⅲ	Lindsey Wilson College
卡洛斯·波萨达斯	新墨西哥州立大学
Carlos E. Posadas	New Mexico State University
米歇尔·弗里特	圣爱德华大学
Michelle Richter	St. Edward's University
丹尼斯·罗德里克	马萨诸塞州达特茅斯大学
Dennis B. Roderick	University of Massachusetts, Dartmouth
丹尼斯·西蒙	圣彼得大学
Dannis Simone	Saint Peter's College
马恩德拉·辛格	关柏林州立大学
Mahendra Singh	Grambling State University
PJ. 韦雷基亚	宾夕法尼亚州约克学院
PJ Verrecchia	York College of Pennsylvania
布雷达·福尔曼	新奥尔良洛约拉大学
Breda K.Vollman	Loyola University, New Orleans
哈里·森瓦特	沃西伯恩大学
Harrison Watts	Washburn University
玛丽·安·泽格	佛罗里达州海湾大学
Marry Ann Zager	Florida Gulf Goast University
阿齐扎·泽曼	得克萨斯大学泛美分校
Aziza Zemran	University of Texas Pan American Edinburg

在此，我们也衷心感谢印第安纳大学**德成·哈利**（Tak-shing Harry So）先生为本书的技术审查提供宝贵的意见。

第 4 版的创新

第 4 版《犯罪学与刑事司法统计：实证分析和解释》中的统计分析理论与应用主要面向社会科学，特别适用于犯罪学和刑事司法学生的学习。第 4 版的内容涉及数据收集、统计数据的选取以及如何解释 SPSS 的输出结果。本书全面解释和演示了统计分析过程，介绍了输出结果产生的原因，以及通过演示解释了统计分析的输出结果等。每一章的内容均有更新，包括统计输出结果、数据文件、附加数据集和大量的流程图，以提高学生对进行统计分析和研究的信心。在第 4 版，假设检验的部分被提前，从而让学生在涉足多元分析之前更好地理解 Z 检验和 t 检验。除了具有第 3 版中如“你该如何操作”和“历史回顾”板块外，第 4 版还增加了新内容，包括初学者学习目标、相关学习资源、术语表和公式概览等。

简明目录

目 录

本书配套资源下载二维码
【部分练习题答案及附录 D】

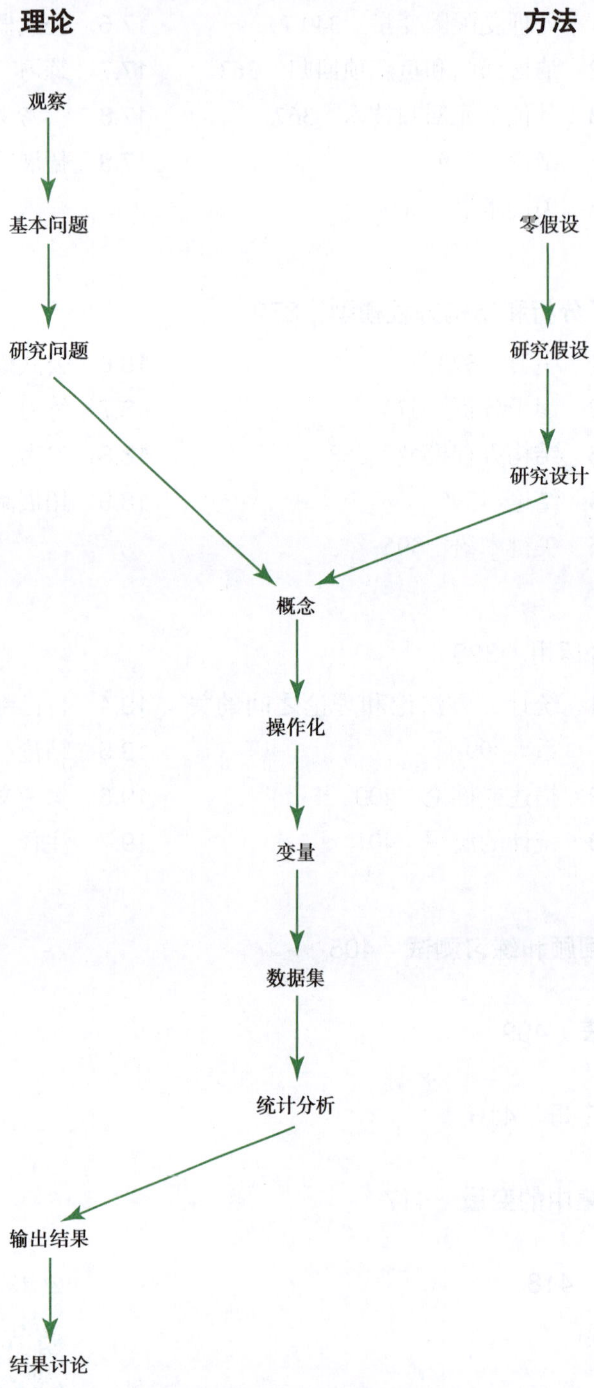

理论
方法
观察
基本问题
研究问题
零假设
研究假设
研究设计
概念
操作化
变量
数据集
统计分析
输出结果
结果讨论

第 1 章
比较和分析的理论逻辑

统计思维与阅读和写作一样，总有一天会成为合格公民所必备的能力。

——赫伯特·乔治亚（H. G. Wells）[1]

学习目标

- 理解统计与数学之间的区别
- 解释统计在科学调查过程中的角色
- 讨论理论、研究方法和统计之间的关系
- 掌握研究过程中的步骤
- 理解基本问题、研究问题、零假设和研究假设之间的关系

1.1 引言：为什么要分析数据？

发现和创新是区分现代人类活动与原始人类活动的特征：始于文艺复兴时期的学习和行为方式流行至今；科学家、发明家等其他从事科学研究的人们，因他们的研究和发明成果而一直受人敬仰，伽利略、爱因斯坦、居里夫人等许多科学家的发明成果都被写入小学的教科书中；同样，当你翻开课本时，你也会看到皮尔逊（Pearson）、肯德尔（Kendall）以及尤尔（Yule）等统计学家。

统计分析的一切都与**发现**（discovery）有关。**科学探究**（scientific inquiry）过程提供了一种系统的方式，用以探究人们感兴趣的事物。通常情况下，这个过程要求人们对争论提供一个支撑性的论证。建立证明体系最简便的方式，是检验与研究相关的客观数据。这种检测需要借助于统计分析方法。因此，统计分析是研究的关键，掌握统计分析方法，将使我们离爱因斯坦和伽利略更近一步。

1.2 关于统计学的历史

人们认为，毕达哥拉斯（Pythagoras）于公元前 6 世纪最早建立和发展**统计分析**（statistical analysis）方法，他是**描述统计**（descriptive statistics），即均值分析的先驱。另一种统计分析技术（**推论统计**，inferential statistics），人们认为其要追溯到公元前 200 年的东方（Dudycha & Dudycha，1972）。这是一种可能

[1] 全名为 Herbert George Wells（1866—1946）。——译者注

性分析模式，用于估算未出生的孩子是男孩还是女孩。正如人们所熟悉的那样，概率论一直以一种数学上的赌术形式在布莱斯·巴斯卡（Blaise Pascal，1623—1662）、洛德·克里斯蒂安纳斯·惠更斯（Lord Christianus Huygens，1629—1695）等人的作品中体现（David，1962）。在 19 世纪后期到 20 世纪初期，许多其他类型的描述统计被一些数学家和科学家，如高尔顿（Galton，1883）和皮尔逊（Pearson，1895）等人发展起来。

经过不断的发展，统计学摆脱了赌术和纯粹数学的概念，被人们称为“政治算术”。因为在这一时期，人们将统计与政治（包括经济）热点问题结合起来研究（这可能是政治与统计紧密联系的开始），从而产生“政治算术”这一新的术语。第一次使用“政治算术”一词的是约翰·葛兰特（John Graunt，1662），他使用这种描述统计方法来研究伦敦的死亡率。尽管对“**统计（statistics）**”这一术语的来源，学界有很多激烈的争论（Yule，1905），但是埃伯哈德·奥古斯特·威廉·冯·齐默尔曼（Eberhard August Wilhelm von Zimmerman）在《欧洲现状的政治调查》（*A Political Survey of the Present State of Europe*）(von Zimmerman，1787)的前言中，为“统计”一词奠定了基础。相对于数学，现代所使用的“统计”一词基本是出自罗纳德·艾尔默·费雪（R. A. Fisher）及其著作《研究人员的统计方法》（*Statistical Methods for Research Workers*）（Fisher，1925），他指出“统计量是指从观察到的样本中得来的值，目的是说明它所来自的群体的特征”。从那以后，统计学家们补充了许多有效分析数据的统计方法，并将这些新方法以自己的名字命名，这些统计方法一直被沿用到今天。在过去的几十年里，统计分析在统计领域中的使用，极大地提高了社会学、犯罪学以及其他领域中研究者们精确地检测变量关系的能力。

> 一个人的死亡是一个悲剧，一百万个人的死亡就是一项统计数据。
>
> ——约瑟夫·斯大林（Joseph Stalin）

1.3 统计的使用

“统计”这个术语经常被误用，因为它实际上包含两层含义。第一，统计指对数据的收集，包括采集和保存。这些数据通常以汇总的形式展现出来，这个过程也反映了这个术语的历史。最好的例证是人口统计和死亡统计，其特点是直接描述了出生或者死亡的原因。第二，统计是一种数据分析方法。

众所周知，统计是用于检测在科学调查过程中所收集到的数据的一种研究方法。这些方法允许研究者们对数据进行逻辑性的思考，并且做到：针对所收集到的数据，得出简明扼要、有一定意义的结论（描述统计）；基于小群体（样本）的特征去确定或者推论更大群体的特征（推论统计）。例如，阿肯色州的狱警可能会收集数据，去研究狱警的性别和种族分裂问题。这可能是一个描述分析，它的作用是检测阿肯色州司法部的就业规律。或者，可以将从各个州收集到的狱警数据样本，制作成清单，用来代表这个国家的所有狱警。因此，我们可以根据样本的信息对更大群体的信息做出推论。

数据分析是知识和发现的主力。在检验理论的科研过程中，我们需要系统性检验从研究群体中获得的数据。数学和统计分析的运用，使研究者们可以比较并发现新的信息，从而更好地理解研究客体。

科研的目的通常是要发现一些目前未知的事物，或者证明一些事物的真假，其中也包括真实但缺乏充足证据支持的事物。而获得证据的方式就是收集信息（数据）并对其进行统计分析。

1.4 理论构建一览

在社会科学研究和其他研究中，有三种要素对于完备的调查来说是非常必要的：理论、研究方法和数据分析。尽管这几个要素是紧密联系的，但是它们的排序、重要性以及是否应该被记入文本中，仍然值得商榷。当然，不可能把所有的要素都涵盖在一个课程或一本书中，因此，有多少要素应包含在讨论之中就成了一个问题。在本书中，本章节主要介绍理论部分，研究过程会在本章及后面几个章节中介绍，统计分析会在后面章节中介绍。

1.4.1 什么是理论？

从最基础的层面来说，**理论**（theory）是由社会现象中诸如事件、个人特征或事物特征之间关系的陈述组成的。例如，在犯罪学中，很多理论是关于人是怎样走向犯罪的。这些理论包括犯罪行为习得过程中同伴所扮演的角色、犯罪所得回报如何影响一个人的行为，以及刑罚将会对个体实施犯罪行为产生怎样的影响。

这种主张的目的在于说明为什么事情会呈现这种状态，并且试图了解其中的内涵。人类认识到了事件的缘由以及事件发展的原因。但问题是，这些理由通常都过于简单，以至于没有什么实际的价值。理论试图通过以下几个针对性的问题，得出更为有力的证据，比如：

- 这件事情究竟目的为何？
- 这么做的意义是什么？
- 为什么事情会这样发展？

如果没有理论的话，这里就仅仅存在推测和对抗性的争辩故事。有了理论，我们就开始基于观察和思考来得出观点和结论。

1.4.2 理论和研究

理论的推导可能存在几种形式。研究者们通常是观察这个世界，找到能够激发兴趣的**社会现象**（social phenomena），然后联想这些社会现象是如何存在的，从而进行进一步的研究。这个过程被称为**归纳**（induction）。一个案例可能需要研究者跟踪调查犯罪行为长达数年。在一开始，研究者可能发现罪犯遵循一个固定的模式行动，这个行动从东到西跨越整个城市。从中研究者会了解是什么原因导致这个行为，最终会得出适用于城市区域的犯罪理论。这个过程就是用数据推导理论，再用理论理解数据的过程。

研究者们对一些事情充满好奇，通过研究得出结论，然后再去检测它们。这个过程被称为**演绎**（deduction）。演绎是运用数据来分析某个想法。例如，一个研究者认为对缓刑犯加强监管，可能会防止他们再次犯罪。这个研究者会设计这样一个实验，对一批缓刑犯进行严格的监管，对另一批缓刑犯采用通常的监管力度。这个实验得到的结论可能会支持或者驳斥这个研究者最初的设想。这是一个从理论到数据的过程，其中数据被用来检验理论。这就不得不提到夏洛克·福尔摩斯，他并没有准确阐明归纳和演绎的不同。当福尔摩斯得出结论时，“完美的演绎，华生！”他夸赞了华生的归纳推理。但是华生是根据他的观察来得出结论的，而不是检验先前已经发展出的结论。

最后，一个研究可能始于归纳或者演绎，但当这个课题结束，研究者会同时使用归纳和演绎。这被称为**回溯演绎**（retroduction）。在这个过程中，研究者对缓刑犯进行监管的调查就是一个演绎的过程。然而，在得到这个数据之后，研究者会发现，这个数据会比之前想象的要好，或者在这些数据中存在一些需要进一步探究的元素。例如，采用严格监管方式，对之后缓刑犯们的行为有一定的抑制作用，但是对那些没有采用如此严格监管方式的缓刑犯们来讲，却是失败的。研究者可能会再想出一个假设，并且去论证它。这个过程可能会继续支持这个理论，也可能驳斥这个理论。这是一个从理论到数据，再从数据到理论的不断反复的过程。这里面的关键就在于归纳和演绎。

1.5 科学调查的过程

科学调查的过程在图 1-1 中有所体现。如图 1-1 所示，理论是科学调查的起点。理论由研究者通过基本问题和研究问题提出的一个最初的设想所驱动。研究者们正是通过理论构建的过程来建立零假设并得出结论。科学调查的过程将在后面的章节进行讨论。

1.5.1 观察和好奇

科学调查的第一步，同时也是最重要的一步：**观察**（observation）和求知欲。许多研究课题没有开始是因为研究者们没有真正地意识到这个课题的研究价值以及重要性。

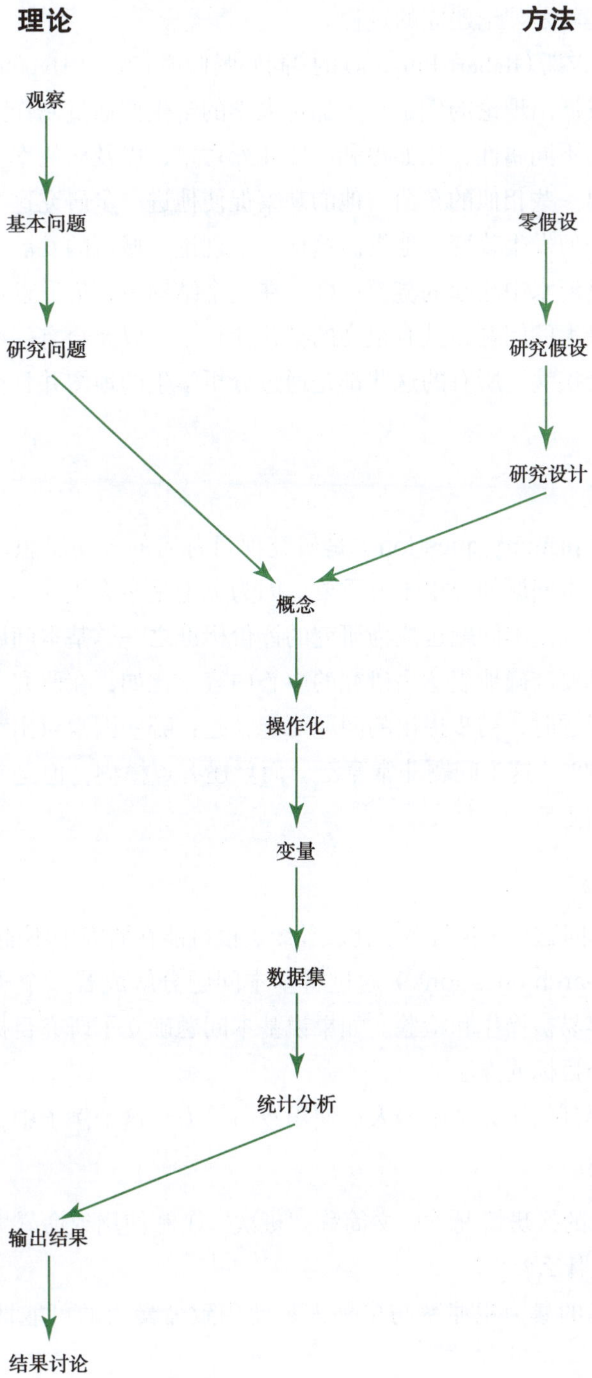

图 1-1 科学调查过程：理论、研究方法和统计分析

通常通过观察和科学调查才能得出理论。如果通过研究和阅读发现了兴趣点，那么你会考虑用更好的方式来进行研究，或者你所阅读到的东西会激发你对其他领域的兴趣。通过科学的过程来评估你的发现，并发展出对现象呈现出其现有的

状态的陈述，这就是理论建立的过程。

罗伯特·伯吉斯（Robert Burgess）的“同心圆假说（Zonal Hypothesis）”，就是一个使用归纳法发展出理论的例子。芝加哥大学的学生们通过制作芝加哥的地图来研究社区之间的不同属性，比如福利、婴儿死亡率，以及居住率。伯吉斯观察到这些地图展现出一些相似的东西。他的观察促使他进一步研究这个理论，即城市如何发展以及如何发生改变。他提出这样一个理论，城市的发展是相似的，就像将一个石头扔进河水中泛起的涟漪一样。在这个结构中，最靠近城市中心的那个圆圈往往存在最大的问题，其有很高的婴儿死亡率，以及会有一些在外围圆圈中不会出现的社会疾病。所有的这些都是通过分析学生的地图并且使用归纳法构建理论的过程。

1.5.2 基本问题

基本问题（primary question）是研究项目背后的驱动思想，它代表了研究的核心要素。基本问题的提出十分重要。因为无论是多么优秀的研究学者都要面临这个问题，并且基本问题也成为研究的评价标准之一。基本问题由措辞严谨的句子构成，并且要准确地表达出研究的中心内容。比如，在研究“出警人员使用致命暴力”的问题时，初步提出的问题可能就是：哪些因素对出警人员使用致命暴力有重要影响？[1]这个问题非常宽泛，而且还有点模糊，但是它能很清晰地表达出研究项目的主旨。

1.5.3 研究问题

通常，基本问题是理论性的，比较笼统，很可能在研究中不能进行实际操作。**研究问题**（research questions）通过将基本问题分解成若干个子问题，使之在研究过程中更容易被操作和检验。如果说基本问题确立了研究目标，那么研究问题就是实现这个目标的方法。

在上文中提到的研究“出警人员使用致命暴力”这个例子中，研究问题可能有以下几个：

- 出警人员的换班情况（后文简称“班次”）和使用致命暴力的可能性之间的关系是什么？
- 某个地区的暴力犯罪率与出警人员使用致命暴力的可能性之间的关系是什么？
- 出警人员的教育水平和使用致命暴力的可能性之间的关系是什么？

这些研究问题将基本问题细化，使之成为更具体的问题，更容易被检验。这些问题的答案来自研究过程和统计分析，同时也让研究者回答了基本问题。

做研究就像拆除炸弹一样，一旦开始，你就十分紧张地将注意力集中在最终的结果上。如果你有好的计划和安排，并予以实施，你将获得具有代表性的结果。如果你没有计划和安排就开始，那么这个炸弹很可能就会在你面前爆炸。

1.6 研究：从理论到数据的循环

徒有理论不足以服众，也无法进行研究和统计分析。离开了研究和统计分析支持的理论，比传说还要虚幻。缺乏理论指导的研究，就像搭建房子没有钉子一样，也许这样也能搭建房屋，但却不如用“钉子”修建的房屋更好。统计分析离开了理论和研究方法的指导，就像自己有洲际导弹，非常令人羡慕，但却没有什么实际作用。

无论理论如何发展，研究都是检验和论证理论的方法。最纯粹的研究形式是科学和系统地去研究并发现新的信息或者检验现有理论的有效性。研究的主要目标就是有所发现。研究中要用到演绎和归纳两种方法，系统的研究常常是从观察和统计分析上升到理论（归纳）或者通过统计分析检测理论（演绎）。

虽然在研究过程中没有确定需要遵循的步骤，但有一些指导性的原则必须遵守，以保证在研究中不会有所疏漏。这些原则和步骤将在这一章中用按图索骥的方式进行介绍，这种方式也适应了研究和统计的需要，并贯穿于整个科学研究的过程。

1.6.1 构建假设

一旦研究问题被确定下来，我们必须确定研究试图定义的内容。假设是指一些问题或者观点，它们的答案可能支持也可能反对研究中的理论观点。假设总体上可以分为研究假设和零假设。虽然在后面第 11 章到第 14 章会详细介绍这两种假设，但是在这里先进行简要定义。

研究假设（research hypothesis）是一种观点，与研究问题类似，都要揭示研究项目的部分期望结果。如果研究项目中的研究问题是：“出警人员的班次和使用致命暴力的可能性之间的关系是什么？”那么研究假设可能是：出警人员的班次与使用致命暴力的可能性在统计学意义上存在相关关系。根据这个研究假设，研究者可以将相对抽象的理论概念转化成具体的、可操作的统计分析概念。

在统计分析和假设检验中有一个难以理解但却至关重要的要素，即单纯的研究不能证明任何观点。即使研究者发现大量数据支持两个变量之间的假设，但是这个结果可能是由数据缺失或者模型存在瑕疵所造成的。并且其他学者也可能会通过补充研究来反驳这个结果。如果研究不能证明任何命题，那么它可以用来证明什么呢？它可以用来反驳一些观点，或者排除一些选项。比如，即使研究结果不能证明出警人员在晚上使用致命暴力多于白天，但是它可以反驳人员班次和使用致命暴力之间没有关系这个观点，这就是零假设的意义。**零假设**（null

hypothesis，也译为原假设或虚无假设）的一般表达形式如下：

- 组与组之间的数据没有统计显著性差异；
- 一组研究数据与总体样本之间没有统计显著性差异；
- 组与组之间的这种差异是由随机误差造成的。

举一个零假设的例子："出警人员的班次与使用致命暴力的可能性之间没有统计显著性关系。"这个零假设包含了一些重要内容，首先"统计显著性"这个词是指"人员的班次轮换"和"致命暴力"之间的一种特殊的关系类型。零假设并不能说明变量之间一点差异也没有，只是意味着没有统计显著性差异。我们怎么知道变量之间是否存在统计显著性差异呢？这可以通过零假设检验（显著性检验）得到，我们将在第8章——"关系存在测量和统计显著性"中进行深入讨论。零假设在选择措辞和检测过程中都应该慎之又慎，如"出警人员在不同班次之间没有差异"与"出警人员在不同班次之间没有统计显著性差异"所表达的意思差别是很大的。这种差别在"人员班次"和"使用致命暴力"这两种表达之间也同样存在。然而，正如第8章所讨论的那样，这种差异可能还不足以使统计结果或者假设成立。"没有统计差异"和"没有统计显著性差异"这两种表述虽然很相近，但仍然存在区别。可能两个变量之间存在统计上的差异（平均值、标准差、ε有差异），但不存在统计显著性差异，即在卡方检验、t-检验等其他统计显著性检验中，变量在一个特殊的置信水平上存在差异。

零假设的另一个重要内容是**变量**，也叫比较对象。大部分零假设包含两组检验对象，如"夜班出警人员"与"致命暴力"，"白班出警人员"与"致命暴力"，"白班和夜班之间出警人员"与"致命暴力"。如果零假设中缺乏这些变量，那么就很难准确地定义比较的对象。

这些例子表明在零假设中使用恰当的用词非常重要。虽然不是要求每个字都非常精细，但对于零假设来说，越准确越好。每种假设都应遵循这样的要求。

零假设的意义在于被拒绝，拒绝变量之间没有差异这个假设（拒绝零假设）便是支持了我们研究的现象之间有某种关系的观点。

1.6.2 研究设计

一旦下决心研究某个内容，研究计划就要开始制订了。作为一个谨慎的研究者，应该避免在研究过程中遗漏研究步骤。就像修建房子，我们不能在不参考他人的房子，也不考虑房子的外形结构下就开始修建。所以在开始研究之前，为什么不去考虑研究的计划和目的呢？

研究设计的步骤包括确定研究方法（如实验、调查或者其他方法）和制订总体研究计划。如果研究者不得不更正数据，那么也必须计划好结论如何更正、哪一组数据需要更正以及其他参数的更改。此外，研究者的决心决定了研究计划的好坏，所以做决定时一定要谨慎。研究计划中的步骤还应该适应不同数据类型的需要，因为数据类型决定了统计方法的使用。

1.6.3 概念化

一旦研究问题和假设被确定，就需要对其进行拆解。这就要求我们从问题和假设中提炼出可操作的概念。**概念**（concepts）这个词总体来说代表的是一种属性，是一种现象，或者是一组关联现象。概念可以是非常抽象的，也可以是十分具体的。抽象的概念可以被贴上标签，用以区别物质的特性，或者它仅仅是一些代表性的符号，代表那些难以描述的事物。比如，贫穷和偏见是相当抽象的概念。你可能知道这两个词分别是什么意思，但是却很难描述它们的含义，更难概括其类成员（class members）的共同含义。所以使用概念，可以帮助研究者们灵活分解研究问题和假设，并且可以不用对研究内容进行具体描述。在前面提到的例子中，关于出警人员使用暴力的问题，其中的概念可以简单地处理为：出警人员、班次轮换、暴力犯罪、教育水平和致命暴力。虽然这些词还需要进行更清晰的定义，但是概念化后这些词的含义相对比较容易理解。总体来说，研究中涉及的理论越多，概念就越抽象；越重视研究策略，概念就越要具体化。

1.6.4 操作化

为了让统计分析中的概念可操作，我们必须把这些概念转换成可以进行计量分析的形式。这个过程就叫作**操作化**（operationalization），这是一个转换概念的过程。这些概念通常比较抽象和笼统，所以需要将其可视化，即通过对概念如何测量进行描述，从而使概念变得可见并可以被检测。操作化是物理学家珀西·布里奇曼（Percy Bridgman）在 1927 年提出来的。

概念从抽象到具体的过程在前面提到的“贫穷”这个例子中更为清晰。如前所述，“贫穷”本身是一个抽象的概念，如果不进行更细致的定义则很难在研究中统一这个概念的含义。操作化的过程是一种特殊的为概念下定义的形式，从而使之可以用于数据分析。例如，“贫穷”的操作化是通过收入来实现的，我们可以用收入来测量人们的相对贫困水平，可以用分段收入的方式建立收入水平，反映贫困的情况。在这里，“贫穷”是一个概念，必须对其进行操作化，这样才能实现数据的收集。另一方面，“收入”是一个可操作的概念，可以直接进行量化，不需要再对其进行操作化。

在“出警人员使用致命暴力”的例子中，概念和变量之间的区别可能不那么清晰。在这种情况下，概念和变量之间的区别就在于这个词是否是特定的，并且根据这个词能否收集到相关的数据，如果能，则是变量。“出警人员”是相对明确的一个概念，但如果要进行研究则仍然要对其进行概念操作化，具体的操作有如下几种：

- 执行任务的是所有的出警人员还是只有部分地方出警人员？
- 是否用到侦探或者巡逻队？
- 巡逻队是否包括全体人员？

这些问题的答案可以帮助研究者将“出警人员”这个笼统的概念分层级进行操作化，从而成为可研究的一个对象。

把概念转换成变量的过程反映了操作化的一个要点：操作化定义在研究中的使用是研究者们自己的定义。这种定义不需要考虑与其他可能使用的定义是否匹配，或者与相同的研究者在其他研究中可能使用的定义是否匹配。不同的研究者对同一概念操作化的定义结果不一定完全相同，或者相同的操作化定义可能用于不同的研究。例如，在前面的例子中，“出警人员”这个术语操作化后可能仅指“地方出警人员”。当然，其他的研究者对“出警人员”的定义可能与此不同，也许会包含侦探或者其他的警察。进一步说，因研究项目不同，“出警人员”的操作化定义也可能包括侦探在内。然而，在这个特定的研究中，“出警人员”仅指地方巡逻人员。

1.6.5 收集数据

收集数据是研究的步骤之一，是大多数研究者迫不及待想要实施的一个步骤，也几乎是前期工作的最后一个环节。回到先前修房子的例子中，决定收集数据就像决定要修建房子一样，但没有计划就直接收集数据，就像是没有计划地修房子，买了车、1000 磅的钉子、5 包水泥，就开工了。可能你明白要怎么建房子，如果你是建筑专家则更是如此。但是在修房子之前，我们如果能有一个详细的规划就更好。

因此，在进行数据收集之前应该先制订一个计划，研究者应该先有一个理论框架的构想，并且对如何收集和分析数据有一个清晰、完整的研究规划；然后确保概念操作化后的变量可以被测量，最后剩下的一件事情就是根据研究计划收集数据、分析数据并报告结果。

图 1-2 是“警察使用致命暴力”这个研究项目的研究过程，该图展示了演绎过程中的每个步骤。研究者制订这个研究计划，并在研究过程中用数据检验先前的理论，再从分析数据中得出结论，一步步执行这些步骤。这种科学的研究步骤无论是对理论研究还是实践研究都是适用的。需要注意的是，从一个概念到获得结论的过程，直接涉及统计分析，这也是研究者在检验中十分关注的一步。

图 1-3 以犯罪学紧张理论（strain theory）为例，提供了另一种科学研究的步骤。可能这种研究步骤比较适用于理论研究。虽然并不是所有的研究步骤都被包含在内，但是该图提供了一种有用的研究思路，并且体现了理论与研究的区别。同时，从该表中，我们也能看出每一步可能得到的结果类型。

观察

观察

- 使用致命暴力的原因是什么?

基本问题

- 主要影响出警人员使用致命暴力的因素是什么?

零假设

- 使用致命暴力的出警人员与不使用致命暴力的出警人员之间没有统计学上的显著差异。

研究问题

- 出警人员的班次与其使用致命暴力的可能性之间有什么关联?
- 某地区的暴力犯罪率与出警人员使用致命暴力的可能性之间有什么关联?
- 出警人员的教育水平与其使用致命暴力的可能性之间有什么关联?

研究假设

- 夜班出警人员使用致命性暴力的可能性比白班出警人员高。
- 出警人员在高犯罪率地区使用致命性暴力的可能性比低犯罪率地区高。
- 未受过高等教育的出警人员使用致命性武力的可能性比受过高等教育的出警人员高。

关键词（概念）

- 出警人员、致命暴力、轮班班次、暴力犯罪率、高等教育

变量

- 巡警数量、致命暴力事件、换班出警人员数量、暴力犯罪率、出警人员是否受过高等教育

数据

- 以上列出的每个变量的数据可从警察局获得。

统计分析

- 因为这里的变量具有定距水平或者可以被编码为虚拟变量，比较适合用相关性或回归进行统计分析。

得出结论

- 基于以上分析得出，使用致命暴力的巡警与不使用者之间没有差异。

汇报结果

- 可以将正式的研究报告提交给警察局长和市议会。

图 1-2 研究过程：使用致命暴力

在观察贫穷是否导致犯罪这个例子中，基本问题或零假设指导着整个研究：贫穷与犯罪的关系。研究问题和假设则把抽象的基本问题转换成了一种可计量的表达形式。关键词则把研究问题和假设进一步分解成可测量的重要概念。关键词被操作化为变量，而变量则是数据元素的代表。最后，数据代表了所有的数值和在统计分析过程中可能需要被检测的信息。以上就是我们所介绍的从理论到数据的分析过程。

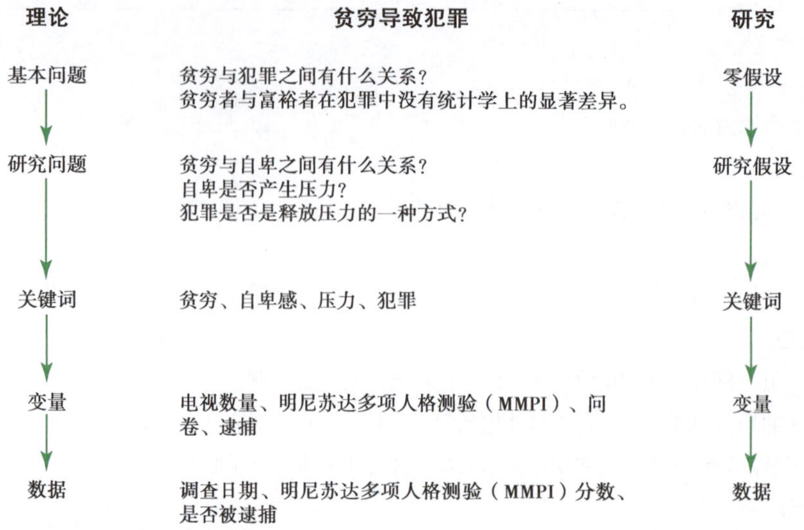

图 1-3　科学研究的过程：从理论到数据的示例

这里有一个小的要点。大多关于统计学和研究方法的书籍在介绍研究过程的时候，都假设原始数据（问卷设计和调查）已经收集完成。这是非常常见的，但是对于学生而言，使用现有的数据库，如从警察局获得数据或是从诸如校际政治与社会研究联盟（Inter-university Consortium of Political and Social Research，ICPSR）这样的组织获得数据进行研究（又叫作二次研究），是一种更为普遍的方式。然而，当研究者进行二次研究的时候，同样要确定基本问题，拟好研究问题的草稿，然后检测数据，看数据是否能有效支持研究者想使用的关键词（概念）。如果数据支持研究者希望使用的概念，那么研究者就能够返回来，设立研究问题，提炼出概念，并且把它们操作化为被数据支持的变量。如果数据不能支持一个或多个概念，那么研究者可能需要重新概括研究问题，甚至删除某些研究内容。

1.7　统计分析：比较的艺术

研究的其中一个关键在于统计分析。统计分析是一项很具体细致的工作，它提供给研究者的信息的好坏决定了研究的成败和理论的证实与证伪。统计分析可以被视为有效比较的一门艺术。

1.7.1　有效比较的基础

有效比较的艺术始于对被研究变量之间关系的假设。这样的假设是必需的，因为如果两个变量之间没有关系，一个变量不能引起另一个变量的变化，那么研究目的可能就无法达到。

在统计分析中，根据研究目的的不同，有几种不同类型的比较方法。根据研究者的需要，变量可能和它自己进行对比（**单变量统计**，univariate statistics），或者两两比较（**双变量统计，**bivariate statistics），或是几个变量相互比较（**多变量统计，**multivariate statistics）。

要进行有效的比较，就必须掌握并遵循一些规则。以下是进行有效比较的一般规则和个别分析方法须遵循的补充规则。

1.7.2 比较合适的现象

研究者在进行比较的时候，容易有意或无意地曲解所发现的现象。例如，下列报纸的标题为“波尔克县的谋杀率上升了 100%”，在你发现实际上谋杀案件数量仅从 2 起上升到 4 起之前，你可能会误以为这个谋杀率很高。从数学上讲，谋杀率确实上升了 100%，但谋杀案件的数量只比去年增加了 2 起，这显然只是一个较小的数字。更为准确的比较应该是，比较波尔克县与周边几个县的谋杀案件数量或谋杀率，或者将今年的数据与近 10 年谋杀案件数量、谋杀率的平均水平相比较。

尽管研究不一定因一个标题就误入歧途，但研究过程可能被刻意引导以获得希望的结果，这在研究过程中是一个十分常见的现象。而成熟的理论构建和细致的研究设计，可以帮助我们避免在无意间曲解比较结果。如果一个研究者真正注重基本问题和研究问题的质量，那么他在提出问题时，就应该清楚在比较研究过程中容易让人曲解的地方。即使在理论的构建过程中，研究者并不清楚哪些地方容易被曲解，但在提炼概念和进行操作化时，这些易被曲解的地方也应该会显现出来。

1.7.3 比较测量的运用

被收集的数据一般包含两种类型：个体级数据与集合级数据。**个体级数据**（individual-level data）由一条条记录所组成，这个记录包含了可能用到的每个人或每个元素的所有信息。对个体级数据而言，研究者可以通过已经定义了的每个个体数据所组成的一个或几个数据集，定义如年龄、收入、逮捕人数以及一些常用于研究的其他数据。

另一方面，**集合级数据**（aggregate-level data）由一个或多个不能把一个个体用于所有变量的数据集组成。人口普查数据就是一个集合级数据的例子。这个数据是建立在居民的人口数量、平均收入、平均年龄等信息之上的。然而，一个研究者不能确定这个数据集中某个人或某个家庭的任何信息。

必须根据有效数据的水平来进行比较。例如，在个体级数据中，研究者可以基于个体水平分析来比较数据，集合水平分析也同样如此。然而，如果一个数据集包含了一些个体级数据和集合级数据，那么个体级数据就不能在个体水平上进行比较了。个体级数据应该具有与集合级数据相同的水平。例如，如果一些数据来自单个居民，而另一些数据来自周围的区域，那么来自居民的数据就应该与区域数据合并，这样，这个数据才能进行比较。尽管个体级数据可以合并为集合级数据，但你不能试图把集合级数据的特征用于个体数据。这被称为**区位谬误**（ecological fallacy），应该在任何的研究中予以避免。

1.7.4　选择最能概括（适合）数据的分析方法

通常，我们使用图形、表格以及能够十分清晰地证明分析结果的统计分析等方法分析数据。可能我们在阅读文章时，并没有注意到其中的统计分析，也可能是因为没有能力去理解分析的过程。通常，如果数据呈现的是几乎无法解释的结果（虽然不一定真的无法解释，但由于数据的复杂性，可能无法解释），则是因为研究者没有使用最能概括数据的统计分析方法。统计分析的目的是使用对复杂数据有意义的方法并能清晰地支持得出的结论。

尽可能地使用高阶统计方法是统计分析的一般规则。[2]（在这个规则下）如果数据支持，（我们）为定距变量或定比数据（参见第 2 章）设计的分析过程通常会具有最强的说服力。但是，使用高阶统计方法分析低级数据会导致分析结果出现谬误；相反，使用初级的分析方法分析高级数据则不能体现数据的自身优势，也不能获得此数据所包含的全部信息。

但是，听起来容易，做起来难。正如在“变量和测量”（第 2 章）等章节所述，我们通常使用的是适合于变量的最低水平测量的统计分析方法。例如，要研究少年犯的年龄，把少年犯编码为是 / 否 / 潜在的少年犯三项，采用适合于分析定类数据的方法进行数据分析。因为虽然年龄可以使用高阶统计分析，但少年犯具有定类水平的特点，因此应该采用定类变量的统计分析方法。当然，这个原则也有例外，我们之后再讨论，但这个一般规则适合用于分析有效的低级数据。

1.7.5　得出结论

很多人错误地以为统计分析过程甚至是科学探究过程都止于分析，事实并非如此。在分析结果的解释和所能得到的结论之间，统计学家和研究者还要对这些解释和结论进行甄别，这通常也是统计分析中最难的一部分。这一步涉及确定统计分析的结果是否支持最初研究设计中的假设。

在这一步中，研究过程使统计分析和方法论问题回归到理论。如果研究者使用演绎的方法，其中重要的一点则是把第一步中提到的理论与结果对比，并确定结果是否支持或反驳这个理论。如果使用的是归纳的方法，重点就在于研究者对其所看到的结果所下的最初的结论。如上所述，理论始终贯穿整个研究过程，并且研究者通过构建理论来得出结论，就像方法论问题和统计问题一样，它们在每一个研究步骤中都很重要。

从一名学生到成为统计分析团队的一名实践者，我们需要加强解释分析结果的能力。这就要求我们能够专注于完成一件事情或是耐心地“摆弄电脑”，直到得出某个特定的分析结果，并把它当作一项科学调查的事业。同样，我们也必须具有分析的能力，并在研究过程中不断反复分析，直到找到一种方式，可以从新的视角去解释所研究的问题。

1.7.6 汇报结果

科学探究过程的最后一步是汇报研究的结果，这一步常常被忽略。很多人认为除非研究结果支持假设，或者有特别的发现，否则这些结论就不值得汇报。尽管很多有影响力的期刊都避免刊载负面的结论，但这不意味着这些结论不需要为人所知。即使是负面的结论，对这个研究领域的人来说也是很重要的。这有利于人们避免犯同样的错误，或是将时间花费在别人已经做过的事情上。正如本章开篇所述，这些结论还可以激励他人从事研究，这也会对科学研究提供帮助。最后，也是至关重要的一点，部分研究结果的呈现方式可能有多种，典型的、最让人满意的方式就是把研究结果刊登在学术期刊上，或是以书籍的形式出版。研究结论也可能通过诸如《警察局长》（*Police Chief*）或《联邦缓刑》（*Federal Probation*）这样的实践刊物来发表，或是在专业会议上发表纸质报告，或是通过技术公告的方式来发布。

1.8 数据和本书的目的

纵览全书，本书提供了很多指导刑事司法和犯罪学的例子。研究并不总是展示精美的图表或分析结果，更重要的是通过实践，揭露研究和统计分析的现状，而不是重复地做练习，使用并不重要的计算公式和快捷方式、无误差的虚构数据集等。文中涉及的数据是经过了处理的，因为原始数据比较混乱和复杂，不便于在文中直接使用。图 1-4 介绍了本书中使用的一些符号及其释义。

文章中使用的很多例子都出自作者在实际研究项目中使用的数据集，第一个数据集是 LR_COP——阿肯色州小石城（Little Rock, Arkansas）的市民调查，调查内容是市民对社区治安的态度。这个数据集涵盖了低级数据多方面的问题。该数据被载于许多的技术报告中并被提供给小石城警察局和市议会。第二个数据集是 CENSUS，来自 1990 年的美国人口普查，并和阿肯色州小石城的犯罪数据进行了合并。这个数据被用于复刻（replication）肖（Show）和麦凯（McKay）对芝加哥的社会失序（Show & McKay, 1942）的研究，并在沃克（Walker）1993 年的《犯罪学各论》（*Varieties of Criminology*）一书上出版。第三个数据集是 GANG，是对在小石城市法院出现的未成年人被告的调查。这个数据在 1994 年被沃克（Walker）、瓦特（Watt）和怀特（White）分析，并在《帮派研究期刊》（*Journal of Gang Research*）上发表，这个数据将未成年人的活动编码为平常、潜在不良和不良三种类型。

一般，公式的提出和解释适用于每个统计程序。这些公式主要是为了说明每个程序如何运行，并显示数据在特定情况下是如何表现的。为了对公式如何应用有更好的理解，有的老师会要求学生通过动手操作解决这个问题，有一些老师则不会。无论怎样，重要的是你要了解每一个过程背后的基本概念和数学推导过程。即使永远不会使用它们，你也应该努力理解公式的运行原理。在文章中，计算性的公式通常会被更复杂更具描述性的公式所替换。这样做是为了提高学生的理解和分析能力，而不是使计算更容易。下面是应用于公式中的一些符号及释义。

N	样本量或案例总数。
X_i	单个值或案例，i 代表值分布的位置，在分组数据中，i 代表组中值。
f_i	第 i 个类别的频数。
$\sum$	这是一个求和符号。它要求你对数据、列或其他元素求和（或表示已被求和的内容）。
$\sum\limits_{i=1}^{N}$	这个符号明确地表达了求和的内容。求和的起点显示在底部（其下限为 1），数值一直增加到顶部 N 那么大。如果你的目的就是为了将所有的值、案例或是其他数据求和，那么其上限和下限可以省略。
$\sum f_i$	对所有有效类别的频数求和。
$\sum\limits_{i=1}^{N} X_i$	对所有的原始值求和，从 1 开始，直到加完所有的数字为止。

图 1-4　文本中使用的符号和释义

本书中的最后两个数据集示例用于解释多元统计，主要的关系将在第 16、17 章多元回归方法中进行介绍。其中一个数据集是 AR_Sentencing，包括了阿肯色州的量刑判决结果组成的变量。这个数据集关注罪犯获得的监禁月数。最后一个数据集 gang_mem 来自 ICPSR 中 2003 年埃斯本森（Esbensen）对帮派成员所做的研究。这个数据集主要涉及预测哪些因素影响未成年人的决定，使之加入几个大城市地区的帮派。这两个数据集都适用于高阶统计分析，单变量和双变量的处理技术也同样适用于这些数据。

这些数据集的主要优点是涉及范围小。这将使学生更容易动手操作，也适用于被限定了变量数量和案例的学生版统计软件。数据集的错误之处已被清除，并且我们提供了 dBase、Excel 和 SPSS（在本书示例中所使用的统计软件）等格式，这些格式可以满足在上课过程中任何统计分析程序的需要。同时，除了少数示例外，示例中的数据可以直接从数据集中获取，使用该数据集，我们可以复制、修改或拓展数据。最后，这些变量能使学生和导师有机会使用感兴趣的各种人口统计学、犯罪学等变量。

附录 D 是每个数据集使用的变量列表，每个变量附有简短的描述（SPSS 值标签）。这将有助于理解示例中变量的含义，同时方便在课后作业中使用该变量。

本书的重点是统计原理和分析解释。为了实现这一目标，我们使用的数据是通过公式和计算机计算得出来的。这使你能够专注于正确地识别数据的测量水平和异常情况，并准确地解释结果。最初，你理解表格和输出结果可能有点困难，但这是 SPSS 的原始输出结果。当然，我们可以给出更简洁的输出结果、更容易理解的表格，如那些出现在学术期刊上的结果一样，但这不能帮助你理解实际研究中的输出结果。因此，你能够读懂原始统计输出结果才是重要的。一旦你完成这一步，阅读其他表格和输出结果将变得更容易。

本书每一章都有一个关于决策过程的流程图，这个图包含了该章讨论的主要内容。有时，这个流程图在正文中将被部分或完全地复制，这有助于我们理解某个特定的讨论内容。所以，我们总是鼓励你先看一下本章的流程图，然后再与阅读内容相结合，练习一下书中的示例，并完成课后作业。

许多学生开始学习统计课程时带着极大的担忧。典型的反应是“我从来不擅长数学，我只是勉强读完高中”“我对数学有精神上的障碍”，以及“我已经 10 年没有上过数学课了”等。学统计是不容易的，主要是因为你必须学习一门新的语言，这很像学习一门外语。在附录 A 中有一个复习和练习测试，这可能有助于确定你还记得多少数学知识。通过这个复习和练习测试，你还会发现统计分析不需要你拥有极好的数学天赋。如果你懂得加、减、乘、除，那么你就能够运用本书中的任何公式，并学习本书中介绍的统计分析。在学完本书后，你应该具有一定的基础，可以进行初级的统计研究，并成为统计学发展成果中的一名“消费者”。也就是说，你应该能够看懂统计表格和刊登在期刊、书籍上的统计分析成果，而不是跳过它们。借助于我们身后的科学研究基础，现在是时候走进统计分析的世界，坚持并感受其中的乐趣。

1.9 关键术语

集合级数据（aggregate-level data）
双变量统计（bivariate statistics）
概念（concept）
演绎（deduction）
描述统计（descriptive statistics）
发现（discovery）
个体级数据（individual-level data）
归纳（induction）
推论统计（inferential statistics）
多元统计（multivariate statistics）
零假设（null hypothesis）
观察（observation）
操作化（operationalization）
基本问题（primary question）
研究（research）
研究假设（research hypothesis）
研究问题（research question）
回溯演绎（retroduction）
科学探究（scientific inquiry）
统计分析（statistical analysis）
统计（statistics）
理论（theory）
单变量统计（univariate statistics）
变量（variable）

1.10 练习

1. 零假设与研究假设之间有何区别？
2. 研究假设与研究问题之间有何不同？
3. 使用附录 D 中的数据集变量列表，为研究项目设置基本问题、研究问题、零假设和研究假设。
4. 概念与变量之间有何不同？举例说明什么是概念，并将其操作化为变量。什么数据可能匹配所选的变量？
5. 与你在习题 3 中选择的变量相关联的一些概念是什么？
6. 思考并写一份你认为可以用来进行研究的研究设计。
7. 选择一份刑事司法或犯罪学期刊，看看你是否可以从文章中找出以下内容：
   a. 基本问题
   b. 研究问题
   c. 零假设（你必须根据基本问题来提出零假设）
   d. 研究假设
   e. 概念
   f. 用于概念操作化的方法
   g. 变量

1.11 参考文献

Bridgman, P. (1927). *The Logic of Modern Physics*. New York, NY: Macmillan.

David, F. N. (1962). *Games, Gods, and Gambling*. New York, NY: Hefner.

Dudycha, A.L., & Dudycha, L.W. (1972).Behavioral statistics: An historical perspective. In R.E.Kirk(ed.), *Statistical Issues: A Reader for the Behavioral Sciences*. Pacific Grove, CA: Brooks/Cole.

Fisher, R. A. (1925). *Statistical Methods for Research Workers* (11th ed). Edinburgh Scotland: Oliver & Boyd.

Galton, F. (1883). *Inquiries into Human Faculty and Its Development*. London, England: Macmillan.

Graunt, J. (1662). *Natural and Political Observations Made upon the Bills of Mortality*. London, England.

Pearson, K. (1895). Classification of asymmetrical frequency curves in general: types actually occurring. *Philosophical Transactions of the Royal Society of London* (Series A, Vol. 186). London, England: Cambridge University Press.

Robinson, W. S. (1950). Ecological correlates and the behavior of individuals. *American Sociological Review*, 15, 351–357.

Shaw, C. R., & McKay, H. D. (1942). *Juvenile Delinquency and Urban Areas*. Chicago, IL: University of Chicago Press.

von Zimmerman, E. A. W. (1787). *A Political Survey of the Present State of Europe*. London: Royal Statistical Society.

Walker, J. T. (1993). Shaw and McKay revisit Little Rock. In G. Barak (ed.), *Varieties of Criminology*. New York, NY: Pergamon Press.

Walker, J. T., Watt, B.,& White, E.A. (1994). Juvenile activities and gang involvement: The link between potentially delinquent activities and gang behavior. *Journal of Gang Research*, 2(2), 39–50.

Yule. G. U. (1905). The introduction of the words "statistics," "statistical" into the English language. *Journal of the Royal Statistical Society*, 68,391–396.

1.12 拓展阅读

Glaser, B. G., & Strauss, A. L. (1967). *The Discovery of Grounded Theory*. Chicago, IL: Aldine.

Kuhn, T. S. (1970). *The Structure of Scientific Revolutions* (2nd ed). Chicago, IL: University of Chicago Press.

Reynolds, P. D. (1971). *A Primer in Theory Construction*. Indianapolis, IN: BobbsMerrill.

Wallace, W. L. (1971). *The Logic of Science in Sociology*. New York, NY: Aldine.

1.13 注释

1. 始终讨论这个例子是因为在研究过程的每个阶段都用这个例子。
2. 在讨论“分布形态”（第 6 章）和以后的章节时，高阶统计是指被用于定距和定比数据分析的统计方法。较低级别的统计通常用于定类和定序数据。

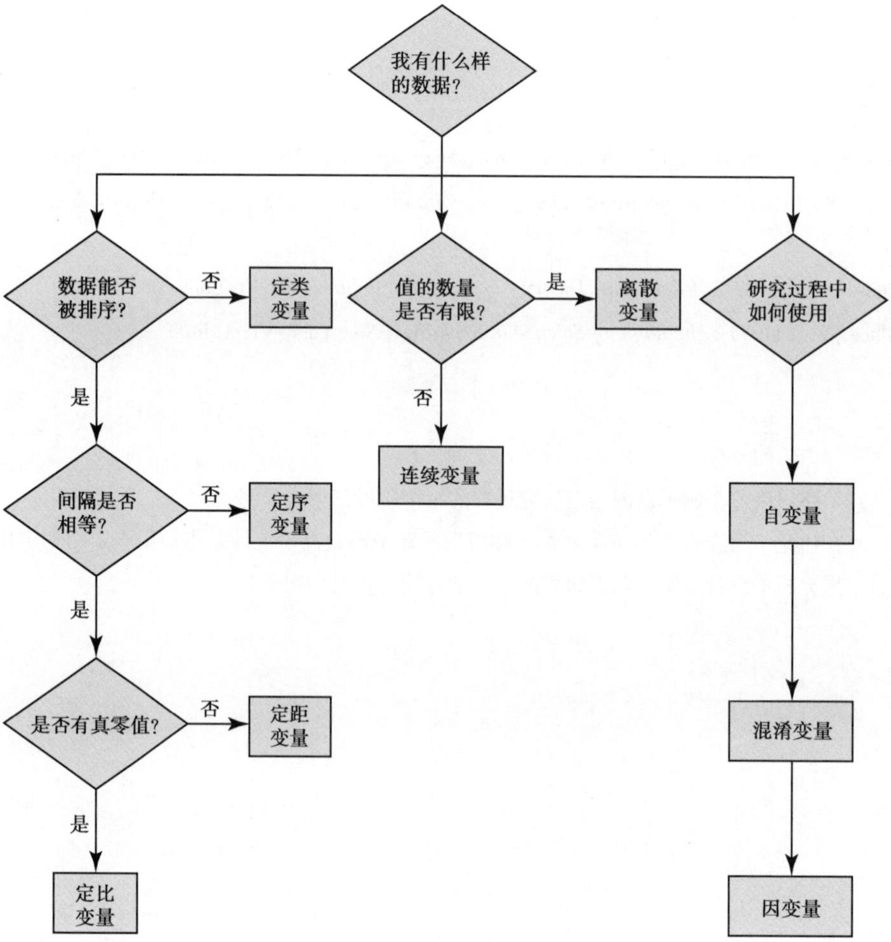

我有什么样的数据?
数据能否被排序?
否
定类变量
是
间隔是否相等?
否
定序变量
是
是否有真零值?
否
定距变量
是
定比变量
值的数量是否有限?
是
离散变量
否
连续变量
研究过程中如何使用
自变量
混淆变量
因变量

第 2 章

变量和测量

学习目标

- 认识自变量与因变量
- 理解变量的测量水平
- 解释定类数据、定序数据、定距数据、定比数据之间的差异
- 确定变量的测量水平

现在开始讲解统计分析的过程。为了能够用统计的术语来讨论我们所处环境的特征（社会现象），这些特征必须要符合统计分析的形式。与大多数数学运算一样，要按照变量的不同来组织这些特征。我们在“比较和分析的理论逻辑”（第 1 章）中了解到，这个过程被称作为操作化。操作化是测量变量的一个过程，是通过对这些特征赋值（assigning numbers）来完成的。因此要把它们处理成可被数学分析实现的形式，这一过程通常被称为**测量**（measurement）。本章将介绍用于统计分析的各种变量，也会讨论将各种特征转化成变量的过程。最后，本章也讨论了区别数据和变量的各种方法。

2.1 变量的定义

从最基础的层面上讲，一个变量可以是研究者试图去了解的一个社会现象、特征或者行为，因其在不同的情况中存在差异而被称为变量。对不会发生变化的人和事物进行研究的做法是很荒谬的，毕竟通过简单的制图就能得到同样的结论。调查的目的就是要在不同的人群中找出他们的观点、特征以及其他因素存在怎样的差异。例如，一个研究的主题是调查男性和女性犯罪行为的**差异**（variation），那么要点就是犯罪行为的不同可能是由于性别间差异所导致的，因此，在这个主题上，犯罪行为和性别[1]这两个变量会是这个研究主题的主要研究对象。

2.2 特征转化为数据：测量的步骤

测量是科学探索过程中的一个重要环节，并且是数据分析的核心要素。具体情况下，所收集到的数据的测量水平决定了可以使用的统计分析方法。对变量测量类型的错误识别对整个研究来说都是一种灾难，因为其可能导致统计方法的误

用，而统计方法的误用则可能产生错误的结果。因此，研究者需要特别注意理解测量的意义。

彼得·考斯（Peter Caws，1959）对测量做出了一个较完整的定义：

> 测量是运用一定的数学特征描述一些概念实体，从而保证：(1) 使用清楚的数学特征描述概念涉及的每一种情况；(2) 在准序列 (quasi-serial) 顺序中的所有事件的布局。

考斯进一步将准序列顺序描述为，在任意的两个事件中，要么它们被研究的数字特征是相等的，要么其中一个大于另外一个。

测量本身就是按照一定的规则运用赋值或者标签表达各种特征（人、人群、社会现象等）的方法。按照这样的方法用数字之间的关系来反映所研究事物的特征或者变量之间的关系。例如，在早期的生物犯罪学理论中，一个人的手臂长度常常被看成是决定一个人的犯罪倾向的特征。借助于圈尺可以测量一个人的手臂长度，10 个人当中的每个人（或每个人的手臂）即可用一个数值（英尺）来表达。如果一个人的数值比另一个人的大，结论就是第一个人的手臂比第二个人的长，据此推断，前者比后者更有可能成为罪犯。在这种情况下，测量中所使用的数据之间的关系就反映了各种人群或他们特征之间的关系。

在诸如物理或工程学领域中，也可以将各种特征转化为变量或数据使用。一个研究空间飞船的学者可以使用空间飞船的速度、地球上空的高度等进行测量，而这些测量早已具有数据的形式。即便是在上述例子中，也存在一个相对容易测量的特征：用英尺来表达手臂长度。在诸如刑事司法和犯罪学等社会科学中，用数据来获取资料就没有这么容易了。在很多的情况中，将特征转化为数据是研究者们的必经工作。有时，这可以通过将这些特征归入研究者所定义的变量分类中实现。例如，一个研究者或许想知道所研究的人曾经是否犯过罪。随着这个课题研究方法的确定，研究者在两类情况中做决定：定罪或没有定罪。为了将被研究对象的特征转化为数据，研究可以按照 1 代表定罪，0 代表没有定罪的方式进行分类设计。在收集资料后，要做的工作就是用 1 去对应已经定罪的人，0 对应没有定罪的人，从而进行编码。接下来，这些特征就已经转变成了有关变量“罪犯”的数据。这就是测量的过程。[2]

在本书中所指的测量与研究中所必需的测量是有差异的。在研究中，精准测量是非常重要的，例如智力测试是否是对智商的有效测量是一个值得讨论的问题。事实上，也存在测量理论方面的研究领域，专门关注于测量的有效性。本书的唯一要求就是去找到有关数据的正确测量方法。在没有例外的情况下，研究一般假定所使用的变量是一个研究社会现象的有效手段。有时候，人们可能会混淆定义（definitions）和测量（measurment）这二者。一方面，定义通常是用更多的文字来简单阐述一个词的意义。另一方面，测量则使用了可以进行数学或统计学分析的数字单位符号。与测量相比较，定义有助于解释一个概念，但不要求非常精确。对于部分概念来说，定义是必需的，但对其他而言并非如此。然而，测量能够按照一定的方式对任何可归纳的特定社会特征进行细化，从而使所归纳的不同群体特征更加清晰。定义可能只有一个（例如，韦氏词典给出的定义），或许也有少数几个公认的。然而，测量根据研究的不同可以有多种，这就是你需要灵活思考的地方（正如在第 1 章“比较和分析的理论逻辑”中所讨论的内容）。

正如第 1 章“比较和分析的理论逻辑”所说明的那样，变量是被研究特征的唯一代表，并且这些变量的特征并不是变量本身，铭记这一点是很重要的。正因为如此，变量的取值（特别是一些定类和定序数据）可以被其他值替换（1，2 而不是 0，1），这个先后也可能会发生变化（男，女而不是女，男），或者其尺度会发生变化（XL，XXL，XXXL 而不是 S，M，L）。尝试对资料进行准确清晰的分类是一个好习惯。然而，不要对一些有关事实的先入为主的看法抱有太多自信，因为，这些看法（不同情形下存在差异）需要用你已经定义的方法去检验。例如，并不是所有人都对帮派行为用同样的方式进行定义，也许你自己的测量会比别人的更好，但也可能不如别人。

2.3 如何区分变量

在对变量进行分析的过程中，明确它们之间的区分方法很重要。不同类型的变量会有不同的特征，恰当的研究分析需要与之相适应的统计方法。因此，对变量进行恰当的归类是研究和统计分析中至关重要的一步，因为后续的所有工作都依赖于恰当的归类。

有三种区分变量的方法。第一，从测量水平上进行区分。如上文讨论过的，“犯罪”这个变量的数学特征与一个人对犯罪所持态度的数学特征是不同的。第二，从尺度连续性上进行区分。有一些变量，比如“一个人有多少个孩子”，结果只会是整数而不会有小数存在。另外一些变量，在任意两个数值之间的取值范围内，存在很多取值。例如，当询问你的年龄时，你可能会说出一个数字，比如 19 岁。如果再具体问下去，你会用年、月或者年、月、日等这些术语描述你的年龄。整数代表着**离散变量**（discrete variables），而可以进一步细分的变量是**连续变量**（continuous variables）。第三，从研究中的用途上进行变量区分。**因变量**（dependent variables）是我们调查研究的目标，例如犯罪行为，这是我们想要了解的特征。**自变量**（independent variables）用来描述目标的特征，例如年龄以及其对犯罪行为的影响。变量在研究中的第三种用法，即**混淆变量**（confounding variables），它承载着前两种变量彼此之间的相互影响。变量的每种区分方法都将在本节讨论。

2.3.1 测量水平

作为变量归类的重要环节，**测量水平**（levels of measurement）在统计分析中至关重要。因为，测量水平将决定何种分析方法是合适的。例如，在第 4 章中你将会了解到众数是测量定类数据中心趋势最合适的方法，而对定距和定比数据来说，平均数却更合适。错误地界定测量水平对一项研究工作来说是百害而无一利的。当然，对定序数据使用通常只运用于定距和定比数据的统计分析方法是没有问题的，这也是足够**稳健**（robust）的。也就是说，在这种情况下，它能够抵制住对假设的违背，例如 t 检验。但是，其他一些统计方法在抵制错误界定上不够稳健，这就会导致严重有瑕疵的分析和结论。与此相似，在数据允许的范围内使用最高水平的统计分析方法，总是最佳的。尽管使用定类方法去分析高水平数据无可厚非，但这样会丧失大量细节和效力，这本可以通过较高水平的测量方法获取。

每一个变量都会归到以下四个类别中：定类、定序、定距和定比。每种测量水平因其自身特征的不同都各有差异，因此我们在选择统计方法时必须多加考虑。

定类水平

基于测量的水平进行分类，最低测量水平是**定类水平**（nominal level）。定类水平的数据本质上是纯粹**定性**（qualitative）的，这意味着这些变量是文字导向型的，它和以数值为导向的**定量**（quantitative）数据是相对的。例如，这种类别的变量，可以包含种族、职业、头发的颜色。通过给这些特征赋值，使得它们可以进行统计分析。在这一过程中，实际上我们除了将它们用数字的方式进行重新命名之外，什么都没做，而文字和字母也可以起到同样的作用。例如，在变量类别中可以用男性或女性来进行归类，这些类别也可以用字母缩写 M 或 F 来进行命名。数字可以替代这些归类进行命名，用 1 和 2 来表示。用数字对其进行重新命名是最简单的区分方式。数字是简单的标签或名称，来显示各组的差异。但是它们无法用实质性的数值差异来表述量级差异和排列方式的不同：男人 / 女人，M/F，1/2 在此表示同样的意思。此外，将它们的顺序调换成女人 / 男人，F/M，2/1 也表示上述意思。使用数字而不是字母的唯一原因是，这样可以进行数学运算。

在处理定类数据时，观察值就是被简单地放入到分类中的，分类的顺序也通常是任意的。例如，在处理“眼睛颜色”这一变量时，将棕色这一类别赋值为 0，1 或 2 没有任何影响。唯一的要求就是所有同样的结果要编码一致。

对定类水平来说，变量的分类要明确、互斥且完备。这些要求对于定序数据也是一样的。

明确性（distinct）意味着变量的每一个值或者特征，都能轻易地与该变量的其他特征区分开来。例如，在一个研究课题中，能够从参与者里面区分出男性和女性。这些分类是清晰明确的，即便如此，这项工作也不是那么轻而易举的。例如，对颜色的区分：你会在设置“红色”这一明确分类上出现困难，因为这取决于你挑选的对象是 8 色蜡笔盒还是 64 色蜡笔盒。同样，在对态度性问题进行调查时，例如对死刑的态度，人们很难表现出完全明确的赞同或者反对，往往是表现出一种连续、居中的态度。当无法保证明确性时，（我们要做的）不是将数据特征化为另一个水平或低于定类水平，相反，我们需要对变量进行重新审视或者返工其操作化过程，从而确保它可以满足明确性和其他要求。

互斥性（mutually exclusive）意味着取值只能落入唯一一个既定的分类中。在上面的例子中，分类的明确性要求一个人只能落入唯一的分类（男或女）中。在一项研究中，不应该有很多同时适合男性和女性类别的对象。在一项研究中，如果对象可以偶尔跨类别划分（在实际研究工作中经常出现），则可以根据研究计划具体情况具体处理。但是，如果发现研究对象可以落入的分类远远超出一个，那就说明你要重新审视变量的操作化过程了。

完备性（completely exhaustive）意味着每一个特征都会归于一个类别。在一项研究中，不应该存在有无法归入我们预设分类的对象。完备性通过细致的计划和操作化来实现。研究者们必须努力创设分类来准确、完整地刻画我们所要研究的变量。尽管“其他”分类通常是有效的，我们也应该尽少使用。如果有大量的研究对象落入“其他”分类中，你可能就要重新考虑你的操作化过程并设计出更多的分类，来更加准确地描述你要研究的变量。例如，变量“种族”的分类包括白人、黑人和其他人种，但是参与者中有大量的的拉丁人，这时就需要额外的分类了。

顺序性（ordering）是定类数据的最后一个特征。定类数据和其他测量水平主要的区别在于，定类数据不能被排序。因为赋值是任意的，就不能说明一个数值高于或低于其他的数值。例如，将蓝色眼睛编码为 2，棕色眼睛编码为 1，这并不意味着蓝色眼睛优于棕色眼睛。“眼睛颜色”这个变量不能按照所研究特征字面意思上的多或少来排序。

一定要记住，定类数据最重要的特征是数据的分类不能被排序。分类要明确、互斥，并且完备，但是违反这些要求不会使得数据低于定类水平，它仍然是定类数据。接下来，给这些分类设置序列（或无法设置）很关键。你应该明确意识到这些类别为什么可以排序或者不能排序。对分类的排序没有形成清晰认识，往往会导致测量水平的错误界定。举个例子，你手中可能会有从当地警局得到的有关“巡逻区域”的数据，这些巡逻区域的编号会以以下的形式出现：

1　2　3　4　5

这样，数据就确定有序了吗？并不是。如果你仔细观察，会发现虽然那些数字是有序的，但是它们所代表的“巡逻区域”是无序的。我们只是简单地为“巡逻区域”贴上“ABCDE”这样的标签，并不代表其内容就是有序的。这个问题在后面讨论定序数据（ordinal level data）时我们会再次讨论。

将定类数据进行操作化和赋值的关键是掌握它们的特征（或者属性），并依据数据特征给定类数据（nominal level data）赋值，具有相同特点的数据赋予相同的值，具有不同特点的数据赋予不同的值。为了有效地利用数据属性以反映定类水平，所有相同的定类数据应被赋予相同的值，有限的取值还要确保能在多个类别中赋值的可能性。

当涉及“集中趋势测量”“离散测量”“分布形态”（分别在第 4、5、6 章讨论）等内容时，大部分定类数据的统计分析属于简单的计量，或基于计量的分析。在这些分析中，我们作出的假设可能仅会涉及数据类别的特征。既然我们不能将真值归为定类数据，那么任何一个定量研究都不会对这些真值有效。

定序水平

定序水平（ordinal level）数据和定类水平数据的相同点是必须有明确、互斥和完备的分类。需要注意的是，如果一个定序变量并不具有明确性，那么也不能将这个变量转化为定类变量。虽然这些数据仍然具有定序水平的特点，但它们在方法上却存在区别。定类数据与定序数据的不同点在于定序数据是可以被排序的。

在定序数据中，有些现象可以被赋值，数值的顺序反映出数据特征之间的关系顺序。在这个范畴中，数据顺序表示的意义类似于前者弱于或强于后者，但不能表示出具体“少”或“多”多少。这有点像跑步比赛没带秒表，虽然能知道谁最先到达终点，但却不知道胜利者是以多少时间优势赢得比赛的。如下所示的收入就是一个定序变量的例子，它们的类别如下：

$ 50000 及以上
$ 40000~49999
$ 30000~39999
$ 20000~29999
$ 10000~19999
$ 10000 及以下

在给定序数据赋值时，我们可以用词语低、中、高或者数字 1、2、3 等方式把数据分为三类。但无论采用哪种方式，赋值时都要将类别的次序表示出来。

定序数据有两种分类方式：偏序和全序。二者的差异在于尺度中数据点的规模及其反映近似间距的程度。

偏序定序变量（partially ordered variables）通常包含的类别较少，一般不超过 5 个等级，如短、中、长。这样的变量虽然很容易比较出类别之间的大小，但具体差值却难以确定。比如，短和中之间可能差距较小，而中和长之间差距可能就很大。为了防止数据变成定距数据，所以这里的“短、中、长”三个类别之间的间距并不是相等的。

全序（fully ordered）定序数据为数据分布类型提供了更多的选择，最典型的代表就是 1~10。含有 10 个数据的变量可以被定义为 3 个序列类别，它们的间距会更加接近。如果定序变量的范围是 1~100，那么数据之间的间隔会更接近近似定距数据。

关于偏序定序数据与全序定序数据界限，人们常常会有一些争论。这里的问题是，许多人试图用定距水平（interval level）来分析全序定序变量，尤其是在李克特量表（Likert scales）（后面的内容会讨论）的例子中更为常用。虽然没有严格的标准，但人们一般将有 5 个及以上类别的变量称为全序定序变量，5 个类别以下称为偏序定序变量。全序定序变量用定距水平来分析是否合适，这是一个比较复杂的问题，后面会再次提及。

与定序数据有关的统计分析，要么基于数据的频次数值，这与定类数据一样，要么基于数据特征的排序。需要强调的是，定序数据的统计分析过程并不会评价数据的属性本身，被分析的只是特征的次序及其特殊赋值所形成的排序。正是因为这种次序使得定序变量与定类变量区别开来，但是定序变量有间隔并不代表它就具有定距水平。

定距水平

（从定序数据）步入定距水平数据代表着从定性到定量的转变。**定距水平数据**（interval level data，也译为区间水平数据）建立在定序数据之上，因为数据之间分布有序，并且类别之间的间距相等。然而在定序数据中，具体间距是难以得知的。例如，衬衫尺码中的小号、中号和大号，借助定距数据就很容易得知这三个尺码之间有着相同的间距。再比如用每英里一加仑表示的耗油率等，都可以看作定距数据。

定距数据与定序数据的另一个区别是**尺度连续性**（scale continuity）。正如后面章节在介绍尺度连续性时谈到的，定距数据可能是连续的，因为它在可以分割成不同子集的尺度范围内存在很多中间值；定距数据也可能是离散的，该情形下，在同个尺度范围内，没有值会落入到相邻的两个数值之间。定序数据本身很少是连续的，因为根据它的定义，定序数据通常是由所有数据表示的排序（或由精确到小数点后一位的小数表示，如 5.5）。

基于以上特征，定距数据与定序数据的主要区别就在于，取值之间有着相等的间隔，如时间单位秒。然而定序数据却不具备这样的特点，只能从最快到最慢排列时间。由于没有**真零值**（true zero）的存在，定距数据与定比数据存在区别，而定比数据存在真零值。

研究者们通常倾向于设置定距变量，这样一来他们就可以使用定距水平的统计分析，这往往比定序水平的统计分析更有说服力度。同样，定距数据加之以数学方法，可以清楚地刻画出从原始数据中得出的一些并不明确的结论。

还有一些特殊的定距数据。既然我们在研究中渴望使用定距数据，那么经常就有一些特殊的尝试使数据定距化。有两个例子，将二分数据视为定距数据，或者是将定序数据转化为定距数据。

二分变量（dichotomized variables）是指可以分成两个类别的变量，比如男 / 女和对 / 错。有时，我们会将二分变量视为定距水平。事实上，如果变量表示有和没有某种特征，它也可以被看作是定比的。从数学意义上讲，其原因在于这两个值可以被当作定距数据。[3] 辨别定距数据的一个特点是定距数据的取值点之间可以连成一条直线（图 2-1）。同样的，二分数据的两个值之间连起来也是一条直线。另外，由于只有两个取值点，只存在一个间隔，因此也就没有不相等的间隔。

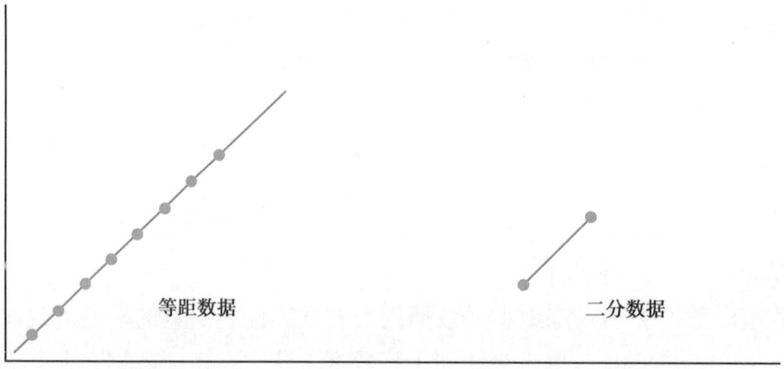

图 2-1　定距数据与二分类数据的相似性

正如在多元分析中提及的，虽然多元分析一般适用于定距变量和定比变量，但也允许在二分变量中使用该方法。然而，需要强调的是，虽然间隔是相等的，但是二分变量并不总是服从正态分布（参见第 4 章）。因此，当样本量较小时，尽管变量可能具有定距水平，但用定距水平的统计分析方法就不太合适了。并且，如果大部分数据集中在一个分类中（如几乎都在“1”或者“0”的分类中），那么进行定距水平的统计分析时，就会因数据的偏度太大（参见第 6 章）而影响结论的准确性。

虽然二分数据并不是一个严格意义上的数学问题，但是这里还存在另一个疑虑，即这些数据是否真的是二分的。正如上文所提及的，人们看待一个特定问题的态度很少是完全赞成或者反对，比如死刑。人们的看法通常有很多种，或他们的赞成或反对会因情形的不同而存在差异。虽然强行将数据分成两类让人们二选一是可行的，但事实上人们的态度会受到外部情形的影响，并且呈现出介于支持或者反对之间的连续趋势。这也揭露了分析二分数据中的一个特殊问题。如果研究目的并不依赖于（数据）真正的二分性，例如，研究者要检测人们怎么选择，而不是选择了什么，那么使用具有连续性的二分变量就没有问题。然而，如果研究目的是要预测类别，那么“赞成”与“反对”之间潜在的连续性就是一个研究中的重大理论障碍。再如医药方面的例子，如果研究的目的是以患者的存活与否来分析手术的成功率，那么使用二分数据就非常合适，即用 1= 患者活着，0= 患者死亡。然而如果用手术的质量来测量手术的成功率，那么就必须把手术成功视为一个连续统，例如患者虽然活着，但却终身残疾。

通过以上讨论明显可知，虽然使用定距水平分析二分变量是合适的，但它也存在着缺陷。试图使用这种类型数据的研究者们应该提前意识到这些问题，并事先在理论、分析方法以及统计规划上做好相关准备。

围绕着定序数据与定距数据问题的争论强化了量表在舆论研究中的使用频率，如李克特[4]量表（取值 1~5，分别代表强烈反对、反对、中立、赞同、十分赞同）。实际上这里有两个问题：第一，有五个或五个以下项目的量表是否应该被视为具有定距水平；第二，是否任何一个量表都应被视为具有定距水平。

比起第二个问题，第一个问题相对来说更好解决。大部分研究者们认为如果量表少于 5 个项目，不能将其视为具有定距水平，那么进行研究就存在很大困难。有一些观点认为，即使 3 个或者 4 个项目之间的间隔是相等的，但是它也因不可能完全满足正态分布，无法适用**参数**（parametric）分析（定距水平）的方法。

一场更大争论的焦点问题是：在一个量表中，不同项目之间的间隔是否是均等的？比如，在态度问题中，强烈反对与反对之间的间隔是否等于反对与中立之间的间隔？虽然 1 与 2，4 和 5，彼此之间的间隔相等，但是却很难说明在该量表所列的态度之间的间隔也是相等的。鉴于人们明显感觉到不同观点之间的间距是不相等的，所以这个结论不能成立。甚至当量表中包含“中立”这一选项时，人们对于该结论的支持力度更弱。我们能肯定地说赞同与中立之间的间隔、反对与中立之间的间隔，以及十分赞同与赞同之间的间距相等吗？似乎并不能。

该争论的起因很重要，因为从某种程度上说，定距水平分析的本质也处于争论之中。例如，从严格意义上说，均值、标准差及其相关统计不能将应用于定序数据中（参见第 4 章等）。正如史蒂文斯（Stevens）在 1968 年指出，研究者们通过上述分析方法，往往能更好地理解和分析数据，并且这些方法用于分析定序数据也足够稳健。另外，1963 年埃布尔森（Abelson）、图基（Tukey）等也指出，如果能证实定序数据满足正态分布形态（参见第 4 章），那么使用参数（定距水平）分析应当是合适的。反之，如果数据并不符合正态分布，那么用**非参数**（nonparametric）分析（定序水平的数据）更为合适。

本书不能解决这个问题，但对此提出了很多想法。总的来说，当我们试图定义数据是定序数据还是定距数据时，最好回归到相关理论和研究方法中。如果通过运用相关理论和研究方法，你能如实、明确地指出取值 1 和 2（比如它们分别代表强烈十分赞同和赞同）的间隔以及取值 4 和 5（分别代表反对和强烈反对）之间的间隔是相等的，那么就可以采用定距水平的分析方法。相反，如果仍然存在疑问，那么用定序水平分析会更合适。

定比水平

定比水平（ratio level）数据被认为是最高级别的数据，是具有真零值的定距数据，即变量特征中存在真的什么都没有的可能性。例如，收入常被认为是定比变量，因为确实存在收入为零的情况。然而，这个真零点也可能是隐含的。比如，科学家们明确提出，零点温度是实际存在的，即使他们从来无法达成。

定距数据与定比数据的差异在于，定距数据不存在真零值。比如，暂时忽略有关科学和定义问题的讨论，我们通常会接受“任何事物都不可能年龄为零”的观点。一个事物只要存在，基于它存在时间的长短，根据定义都应该有年龄。如果这种观点确定无误的话，鉴于年龄没有真零值存在，就会被看作是定距数据而非定比数据。

定比数据的另一个重要特征是，它涵盖的特征通常是可数的，如美元、鸡蛋、人等。在此定义之下，如果某个特征是可数的，它的数量应该以整数的形式出现，也就很容易找到数量上的真零值（尤其是美元）。需要注意的是，整数也是定序数据排序的一部分。此时，不存在真零值也是可以的，因为任何特征都需要有排序（如专栏 2-1）。因此，即使都是整数，它也不是定比数据。

专栏 2-1　关于精确度的说明（a note about precision）

该部分主要介绍如何将变量归入它们的测量水平类别。通常，一个变量是定距变量还是定比变量很难百分之百地确定。例如，轮胎内的气压是定距的还是定比的呢？一方面，可能轮胎里没有空气（扁的备用轮胎），此时气压为零，那么这就是一个定比变量了吗？然而，从科学的角度来说，扁的备用轮胎里也是有空气的，我们只是粗略计算，因而忽略了它。并且，在科学上，不可能存在气压为零的情形，因此，气压被看成是定距变量。在实践中，定距变量与定比变量的差别是极小的，对这两种变量进行统计分析的效果都不错。

这种说法同样适用于确定尺度连续性。在本书中，我们认为像年龄这样的变量是连续的。但从科学严谨的角度来看，年龄又是离散的。因为即使年龄包含的数值有很多，但是有效的数据总是有限的。

上述内容是要告诉我们，测量数据水平时应该尽可能严谨，但是也没有必要考虑用无限的宇宙或者量子物理学来区分定距数据和定比数据。

真零点存在与否影响着可用于分析数据的数学运算方法。没有真零点，就不能使用比率的方法。如果我们不能使用比率，那么一个特殊结果就不能表述成另一个的两倍（或三倍、四倍等）。真零点的存在使研究者在工作中明白，即使数字可能会变化，比率也将保持不变（2 是 4 的一半，这个比率和 12 与 24 一样）。尽管如此，在现实研究中，定距和定比是被同样对待使用的。尽管在理论上是可行的，但没有一种统计分析为了排除定距数据而被设计成只用定比数据。因此，当数据可按定距和定比水平测量时，是适合于高阶统计分析的。

确定测量方法的流程

正如之前讨论的那样，恰当地识别数据并将它正确归类的测量方法，是研究过程的一个重要部分。一个确定测量水平的具体流程如图 2-2 所示。运用这个流程能够让你检验数据并将他们归类至适当的测量水平中。

流程的第一步就是确定数据是否能排序。如果数据不能排序，或者说如果这个分类转换成排序无法起到作用，那么这个数据就被认为是定类数据。如果数据能够排序，那么它至少是定序数据并且需要进一步的检验。

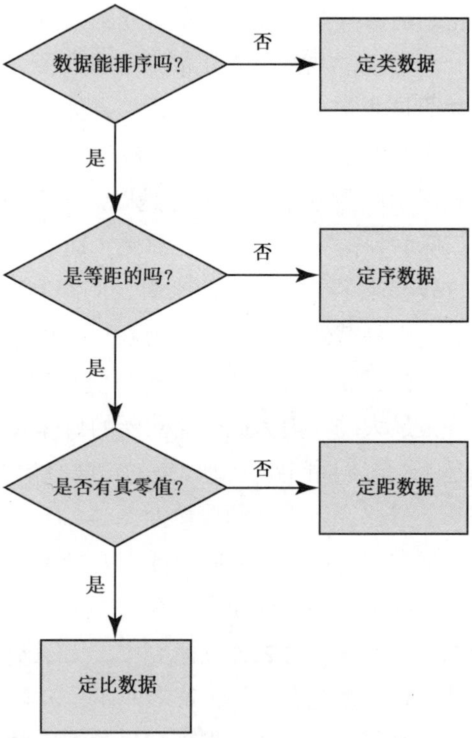

图 2-2 确定测量方法的流程

流程的第二步是确定数据点之间是否是等间距的。需要注意的是，等间距并不是绝对的，只是有一个等间距的可能性，这是因为所调查的人群并不足以反映每一个可能的年龄段，所以数据往往存在一定缺口。但这并不意味着数据间没有间隔，只是说明数据间没有标准的间隔。如果数据可以被排序，但不可能是等间距的，那么这个数据就是定序数据。如果有等间距的可能性，例如出生年、月（每个数据点之间的间隔分别是一年或者一个月），这个数据至少是定距的，并且需要进一步的检验。

流程的最后一步是确定是否存在真零值，是否可明确识别或以暗示存在。如果不存在真零值，这就是定距数据。若存在真零值，则为定比数据。

当使用这个流程确定计量方式时有几个重点需要我们记住。这些方法不会使确定测量的方式更简便，但是他们会使得结果更精确。

首先，细化数据非常重要。仅靠抽象思考是不足够的，你必须问一问在这种情况下数据是如何设置的，尤其是在建构定序数据的过程中。仅仅指出数据可以排序还不够，还需要说明如何能够被定序，可以支持定序的理由是什么。

其次，我们要观察在研究中如何使用数据。例如，年龄可以通过改变测量方法，以多种方式在研究过程中使用。如果年龄分成例如 0~10、11~20 这样的组别，它可能是定序变量。反之，如果按年份来分类的话，年龄可能属于定距变量。不要简单地认为所有的变量总是以同一种方式被测量的。在得出关于测量方法的结论之前，我们要反复检查研究的细节。

再次，观察频数分布背后的数字关系及其潜在维度，对于理解数据间距是否相等是非常必要的。例如，如果你正在测量囚犯们在监狱已经关了多少个月，那么潜在的维度就是囚犯在监狱里面所待的月份。在这样的情况下，不管以什么方式展示频数分布，间距总是以月为单位。又如，以 1 到 10 的尺度检测甜甜圈的口味时，潜在的维度就是口感（而不是数字本身），间距是一个甜甜圈与另一个比较起来的差距。由此来看，间距有可能是不同的。例如，5、6 的差别与 1、2 的差别是截然不同的，因为 6 与 5 相比，你会说这个甜甜圈口味还可以。所以对口味的评价从 5 到 6 的间距可能往往比从 1 到 2 大的多，而从 9 到 10 的间距或许是最大的，因为此时甜甜圈的口味几乎完美。在这里，即使它们之间的间距都是 1，但不同间距之间代表的口味真实差距是不同的。

最终，我们必须要按照图 2-2 所示的流程工作，直到获得“否”这个答案。在证实变量存在相同间距前，变量得是有序的。但是，有许多存在真零值的变量不能够被排序，即使有一个真零值，若数据不能够被排序，也就没什么意义，例如定类变量。总之，在研究中，为了阐明变量是定比数据类型，必须满足如下条件：**1.** 数据是有序的；**2.** 等间距；**3.** 存在真零值。

当然，也不要一发现变量是有序的，就误以为这个是定序变量。首先，要找出其是否有相同的间距。如果没有等间距，那么就是定序变量；如果有等间距，那么流程将继续进行。

改变测量水平

数据的水平很大程度取决于要测量的概念，或者数据的使用方法。例如，居住在北方的人民测量温度可以结冰或不结冰，此时是定类变量。有些人可能将温度区分为温暖、寒冷或一般，此时温度是定序变量。总的来说，根据**华摄氏度**（Fahrenheit）来表示温度的话，温度是定距变量。**但是科学上经常用开式温度**（Kelvin）来表示温度，这时温度就成了定比变量。在犯罪学研究中，年龄通常被认为是定距变量。若把年龄简单地用以表示时间背景的话，它无疑是一个定距变量。如果年龄被用来衡量个体成熟度的话，那么它不仅不是定距变量，而且很难将年龄视为衡量成熟程度的有效方法。

正如第 1 章“比较和分析的理论逻辑”所讨论的那样，数据分析一般要求分析方法适应于被分析数据的最低水平。例如，如果研究中只有一个变量是定类变量，其余的都是定距变量，则需要使用定类分析。当这种情况出现时，对于一些变量来说，改变其测量方法是有益的。通常，这是一个将高水平数据转换为低水平数据的过程。例如，年龄通常是定距变量，但是能通过将其划分成若干年龄组的方式，将其转换为定序变量（如 0~13 岁，14~21 岁，22~30 岁等）。

有时候，测量水平会因理论或方法原因而改变。例如，当询问人们的实际收入时，因为人们的疑虑，有时不能得到准确的结果，甚至会完全不回答你的问题。允许被调查者选择收入的范围比让他们直接写出他们的收入会获得更准确的结果，同时也能增加应答率。

尽管存在很多将变量重新编码[5]成低测量水平的原因，但是重新编码需要被谨慎使用并且只有在原因合理的情况下才能进行。使用定距和定比测量水平的原因是它们能够提高数据的精确度。一方面，定距变量的数据点之间变化很小，它相等的间距比定类变量不相等的间距能使估计、分析更精确。另一方面，有时对变量进行重新编码以得到足够的数据来进行分析也是必要的。正如第 6 章“分布形态”所讨论的，一些统计分析方法需要对被研究分组的规模进行处理。为了满足分组规模的要求，有时研究者必须要对变量进行重新编码，来获得一个足够大的分组。典型的是，将高阶数据（定距数据）整合成包含较少数目的类别。

整合不同水平的数据会引起另外一个问题：当定距数据被分类之后，它仍然是定距数据，还是会降低成定序数据？通常的规则是，它会被当作定序数据，因为它被分入到了通常没有相等间隔的更广阔的类别当中。如上文中的例子，年龄有可能被看作定序变量，正是因为分类过程和不相等间距的存在。即使间距是相等的，它仍然会被看作定序数据。因为它被分成了若干类别之后，更难以检验各个分类之间实际的间距关系。

有时候也可能将数据从较低水平调整到较高的分析水平，但是这需要在足够谨慎并且充分理解该过程的前提下才能达成。研究者必须清楚这些改变只是近似而非精确的。比如，改变高阶测量水平最常见的方法是相关分析。使用这种统计方法，在特定假设和限制之下，定类和定序数据可以在定距水平上进行分析。将变量进行二分，也是可以使得定类和定序数据在定距水平上进行分析的方法。这种用法甚至扩展到，研究能够对一个有若干分类的变量进行二分，从而运用到单独分析中去。比如，研究者可以提取分类中的高、中、低，然后分别把它们二分成高 / 中，高 / 低和中 / 低。虽然这种方法得到了广泛支持，但使用时仍应当细致谨慎，因为整体过程仍然违背了定距数据的相关数学假设。

可以说，数据收集和研究的过程就是在进行权衡，并且有时候对测量水平进行权衡从而使其满足其他方法要求也是必需的。最好的方法就是在最高测量水平上整合数据。如果分析和方法进一步要求降低测量水平的分类，我们在进行这项工作的同时，也要将数据保持在一个更高的水平上，以便于进行其他形式的统计分析。

2.3.2 尺度连续性[1]

除了测量水平之外，变量也可以划分成在测量尺度上的连续和离散变量。尽管在统计分析中，筛选和描述数据没有测量水平那么重要，尺度连续性也是数据

[1] 尺度连续性更为精确的定义是，两个任意值之间可以插入合法的第三值。——译者注

归类的另一种方法，并且可以用于后续的讨论。基于此，对连续和离散数据之间的差异进行简短的讨论是很有必要的。

如果变量取值的个数是有限的，那么它就是离散的。对于离散变量而言，在标注类别时只能用整数（分数和小数都不行）。例如，犯罪次数通常用 1，2，3 等整数表示。

连续变量的取值之间可能包含了无穷多个小数。年龄就是一个连续变量的好例子。基于设定尺度的精确程度，比如，用分钟表示而不用年，你很有可能会从 1000 个调查者那里获得 1000 个不同的结果。如果一个人 20 岁，而另外一个人 30 岁，会有很多个年龄取值落入他们二者之间。即使两个人同样都是 20 岁，一个出生在 1 月，而另一个出生在 12 月，在他们之间依然会包含很多不同年龄的人。即使两个人出生在同一天，通过使用小时和分钟来测量出生时间的方法，仍然存在很多人出生在他们之间的可能性。通过上述举例，对于给定的变量，连续数据可以用大量的取值来表示。一些使用连续数据的统计方法会出现运行效果不佳或者难以运行的情况。比如，从第 7 章到第 10 章给出的诸多表格使用了连续数据而变得异常复杂，因为这样的分析方法还牵扯到单元格的数量。

一个决定尺度连续性的例子：一项调查中，在你已经收集了 100 种反馈结果之后，又有一份问卷交了上来，你能确定这份反馈和已获得的反馈相比，有没有不同之处。如果没有，且所有可能的类别都被提取到了，很可能这个数据是离散的。与之相反，如果还有没被提取到的类别，这个数据可能就是连续的。

有关尺度连续性的最后一点提示。在识别尺度连续性时要小心谨慎。变量是通过当前的方式进行测量的，而不是基于可能的测量方式。比如，如果在数据收集或分析过程中就进行分类的话，年龄可能就是离散的。再次强调，不是说变量在分析过程中会发生转变，而是正确地识别尺度连续性，在决定选取何种统计分析方法时很重要。

2.3.3 研究过程中的运用

最后，变量也可以通过其在研究过程中的用途进行区分。在研究过程中，变量按以下三种方式运作：作为**因变量**（dependent variable）、作为**自变量**（independent variable）或**混淆变量**（confounding variable）。

因变量

在研究过程中，因变量是研究的核心。犯罪是犯罪学和刑事司法研究中的典型因变量，尽管其他很多变量也可能如此。因变量被认为是受到了其他变量影响，并以一定的方式运作。例如，人们相信一个人的行为会通过学习他或她同伴的行为而受到影响。在这种类型的研究中，“犯罪行为”这个变量的结果会因自变量取值的变化而改变，其可能包含了与同伴接触的频率和接触的持续时间。

决定因变量的过程可能很困难，尤其是当其他人的研究尚需检验时。当有人问起你研究（或学期论文）的主题时，将你回应的内容作为该研究的因变量是可取的。你可能会用“搜查和没收”或“服刑人员的宗教信仰”来回应以上问题，这些回应与其相关的变量，都可能是你研究的因变量。

自变量

研究者认为，自变量是引起因变量变化的变量，它或许可以解释因变量因人而异的原因。我们经常假设自变量的变化先于任何因变量的变化。在实验中，通过操纵自变量来决定因变量的变化结果。例如，研究者给老鼠笼加热，来看老鼠是否会减少待在转轮上的时间。在社会科学研究中，研究者几乎不可能通过上述方法操控自变量，因为研究者无法控制该变量。因此，犯罪学研究者通常运用来源于人们生活中的变量，比如，失业、教育和社会失序是犯罪学研究使用较多的自变量。

在讨论自变量时，经常被忽视的一个重要的问题是：自变量实际上是由什么构成的？变量比比皆是，诸如年龄、性别、种族等这些人口统计学变量，经常要在研究中用到。有时，它们被特意地定义为自变量，并实际以这种方式被应用到研究中。有时，这些变量也被叫作控制变量。[6] 如能被谨慎适当地使用，这些人口统计学的变量也是适合于研究的，但在通常情况下，这些变量往往不经审慎思考、计划和论证而被“倒入”研究工作中。拿“年龄”这个变量举例，很多犯罪学研究把年龄作为一个变量包含其中。事实上，年龄与犯罪之间有着强烈、持续的关系，大量的研究都支持这种说法。但年龄真的就是一个自变量吗？答案是否定的。那为什么研究者会关注人们出生后的这段时间呢？原因是，年龄事实上是一个理论上支持度更高的代理变量或指标，即成熟度。至少在理论上，自变量应该是导致因变量发生相应变化的原因。然后，要问的是：年龄自身能导致什么变化吗？答案通常是否定的。年龄更像是一个代理变量，并且通常是一个有瑕疵的代理（比如，一些人从未长大）。除此之外，例如成熟度，应该被用到研究之中。使用年龄作为理论上可支持的代理变量经常会导致不准确的测量，人们会在自己的年龄上说谎并且进行不同程度的四舍五入，这通常会导致对真实变量的低估。此处反映出的问题在于，很多研究中使用的人口统计学的变量没有树立作为变量的真正地位。如果研究者仔细地思考，年龄为什么对研究很重要，那他或她可能去确定一个更合适的自变量，这才是应该使用的变量。

混淆变量

混淆变量（confounding variable）既不是自变量也不是因变量，而是影响它们两者之间关系的一种变量。它可能代表了它和其他变量之间不同关系的一种。这里将讨论两种变量：中介变量和虚假变量。

中介变量（intervening variable）[1] 是指可能介于自变量和因变量之间，并能实际上导致因变量变化的变量。当中介变量被运用到研究中时，它们可能对得出因变量的结论有所帮助（实际上，它们在这里变成了自变量）。然而，当研究未考虑中介变量时，它们则变成了问题——这会经常导致对错误的自变量的解读。例如，一项研究想要检验受教育程度与警察使用致命暴力之间的关系（Fyfe，1988），那么就应该假设，作为自变量的高等教育，会导致使用致命暴力情况的减少。然而事实可能并非如此：可能很多参与到这个研究中的受过高等教育的警察，在行政机关的研究或规划部门工作，因此他们没有巡警那样使用致命暴力的同等机会。在这里变量"职位"就连接了受教育程度与使用致命暴力之间的关系。这些变量之间的关系见图 2-3。

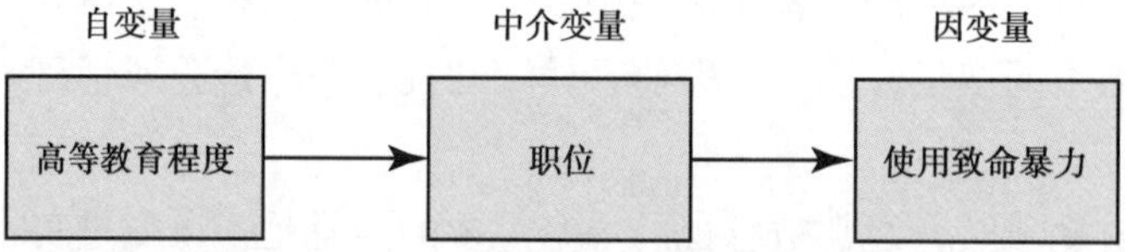

图 2-3　中介变量

虚假变量（spurious variables）在使得自变量与因变量之间的真实关系发生偏离上类似于中介变量，但虚假变量的运作方式有些微不同。虚假变量既影响自变量也影响因变量，以至于自变量与因变量之间的关系也随之波动。例如，在一项观测贫穷与犯罪之间关系的研究中，收入水平和犯罪之间呈现出很强的相关关系。然而，犯罪行为不仅仅是由于贫穷而导致的，一个人的贫穷状况可能只是导致他犯罪的很多因素之一。例如，出生地、机遇、歧视状况，这些都可能引起因变量的变化。这些其他因素都是虚假变量，它们与贫穷状况和犯罪高度关联，因此，它们夸大了两者之间的关系。这种关系如图 2-4 所示。

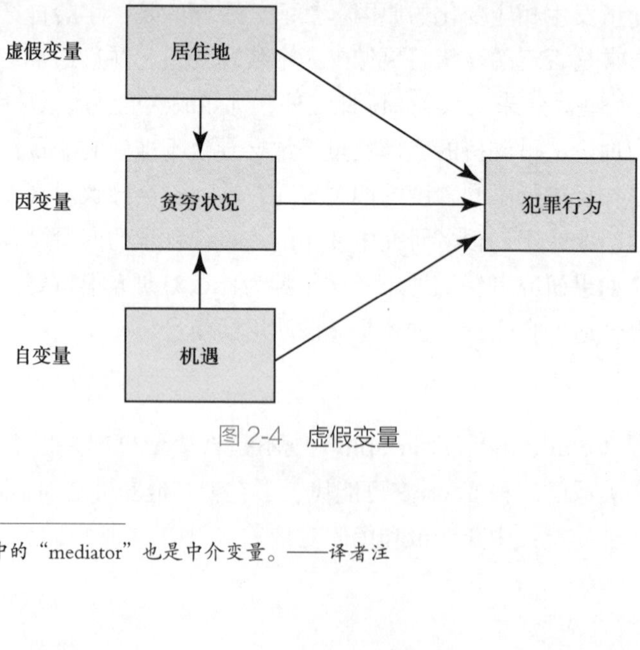

图 2-4　虚假变量

[1] 有些文献中的"mediator"也是中介变量。——译者注

中介变量与虚假变量的另一个不同之处就是它们在研究过程中的定位，尤其是在理论模型上的差异。如上所述，中介变量有时会被纳入理论模型中，如图 2-3 所示，职位就是一个中介变量，但它可能已经被纳入所展示的理论模型中了。然而，虚假变量几乎从不会出现在理论模型中，除非是被错误地纳入。例如，我们可以认为大学教授薪水和古巴雪茄价格之间存在关系。那是否大学教授消费更多的古巴雪茄就会对市场起到更好的驱动作用了？当然不是。这两个变量都被第三个变量，即虚假变量所影响：随着时间的推移，总体价格和收入上涨。因为两个变量都朝着相同的趋势变化，纵使它们呈现出某种联系，但事实上它们并不相关。

关于变量类型的最后一点就是，一个特定的变量在不同的研究中可分别作为因变量、自变量、中介变量和虚假变量。例如，“狱警的受教育水平”这个变量，在“管教态度”对于“提升管教质量”的影响研究中可能作为因变量；而在受教育程度对虐囚的影响中，则作为自变量；或是在年龄与职业表现的研究中作为一个混淆变量。因此，你必须注意对待变量的方式，并且确保在特定研究中以正确的方式运用。

2.4 结论

变量在统计分析中非常重要，因为它们是检验的主体。变量的运行规则决定了它们将受到怎样的检验。例如，在回归分析中（参见第 16—17 章），因变量首先被放入到回归方程中，然后才是控制变量和自变量。中介变量在研究工作中扮演着重要角色，研究者必须首先尝试界定并控制它们。至于变量是否连续或离散，在后续掌握和进行统计分析时也相当关键。

除了研究中的变量类型，测量和测量水平（measurement level）也在统计分析中扮演了至关重要的角色。建立正确的测量水平的重要性在文中已多次强调。变量的测量水平决定了将采用什么样的分析方法。理解如何去确定测量水平是学习后续章节的前提。

2.5 关键术语

完备性（completely exhaustive）
混淆变量（confounding variable）
连续变量（continuous variable）
因变量（dependent variable）
二分变量（dichotomized variable）
离散变量（discrete variable）
明确性（distinct）
全序变量（fully ordered variable）
定类数据（nominal level data）
非参数（nonparametric）
序列（ordering）
定序水平数据（ordinal level data）
参数分析（parametric）
偏序定序变量（partially ordered variable）
定性（qualitative）
定量（quantitative）

自变量（independent variable）
定距数据（interval level data）
中介变量（intervening variable）
测量水平（level of measurement）
测量（measurement）
互斥性（mutually exclusive）
定比数据（ratio level data）
稳健（robust）
尺度连续性（scale continuity）
虚假变量（spurious variable）
真零值（true zero）
变化（variation）

2.6 练习

关于以下变量：(a) 讨论其是否做到明确、互斥、完备，并解释原因；(b) 讨论这个变量是离散的还是连续的；（c）进行确定测量水平的流程，并对每一步进行解释；（d）根据你的讨论确定这些变量的测量水平；(e) 说明这些变量如何被应用于研究过程中。

生活中的变量

1. 颜色（红、蓝等）

2. 时速

3. 重量（用磅表示）

4. 重量（过轻、标准、超重）

5. T 恤 / 衬衫的尺码（小号、中号、大号）

6. 犯罪数量

7. 演员服装的编号（00、15 等）

8. 星座（白羊座等）

9. 本科专业（社会学、工程学等）

10. 政党倾向（民主党、共和党等）

11. 淡啤酒的品牌（Coors、Bud、Miller 等）

12. 电影评级（G、PG、R、X）

13. 教育程度（是否识字）

14. 职业（产业类型：农业、建筑业等）

15. 教育情况（受教育年限）

16. 宗教（新教、天主教、犹太教、伊斯兰教等）

17. 学校类型（私立或公立）

18. 年级（A、B、C、D、F）

19. 学历（小学、高中、本科）

20. 门牌号

21. 汽车类型（紧凑型、豪华型、SUV 等）

22. 委员会的人数

23. 工作类型（一线工人或白领）

24. 婚姻状况（已婚或未婚）

25. 汽车品牌（雪佛兰、福特等）

观察到的变量

26. 你的婚姻状况?

（1）未婚

（2）已婚

（3）离异

（4）分居

（5）丧偶

27. 你所在社区的规模?

（1）农村（自然村）

（2）农村社区（10000 人以下）

（3）小城市（10000~49999 人）

（4）中型城市（50000~249000 人）

（5）大城市（250000 人以上）

28. 你的社保号码是多少?

你是否接受过以下形式的经济资助?

29. 贷款（1）是（2）否

30. 政府补助（1）是（2）否

31. 你花了多少个小时从其他的学院或大学转学到州立大学?

________小时

32. 你的总体绩点是多少?

（1）2.00 以下

（2）2.00~2.49

（3）2.50~2.99

（4）3.00~3.49

（5）3.50~4.00

33. 你学习什么专业?

34. 你的居住条件?

（1）学校公寓

（2）男生联盟会 / 女生联盟会宿舍

（3）校外

35. 你的 SAT/ACT 考试成绩是多少?

36. 自我评价:

差生

中下等

中等

中上等

优生

37. 你多大了（周岁）？

统计结果中的变量

38. 工作：你从事什么职业？

赋值标签	赋值	频数	百分比 / %	有效百分比 / %	累积百分比 / %
专业人士	1	105	30.3	34.9	34.9
办事员 / 技术员	2	43	12.4	14.3	49.2
蓝领	3	28	8.1	9.3	58.5
退休	4	68	19.6	22.6	81.1
家庭主妇	5	16	4.6	5.3	86.4
其他（兼职）	6	28	8.1	9.3	95.7
失业	7	13	3.7	4.3	100.0
缺失		46	13.3		
	总数	347	100.0*	100.0*	

* 由于数值的四舍五入，总数一栏可能没有精确到 100.0。

39. 家庭：自有房屋还是租借房屋？

赋值标签	赋值	频数	百分比 / %	有效百分比 / %	累积百分比 / %
自有	1	240	69.2	72.3	72.3
租借	2	92	26.5	27.7	100.0
缺失		15	4.3		
	总数	347	100.0	100.0	

40. 小孩：你有多少小孩？

赋值标签	赋值	频数	百分比 / %	有效百分比 / %	累积百分比 / %
	0	107	30.8	33.1	33.1
	1	44	12.7	13.6	46.7
	2	75	21.6	23.2	70.0
	3	39	11.2	12.1	82.0
	4	21	6.1	6.5	88.5
	5	15	4.3	4.6	93.2
	6	11	3.2	3.4	96.6
	7	3	0.9	0.9	97.5
	8	2	0.6	0.6	98.1
	10	1	0.3	0.3	98.5
	11	1	0.3	0.3	98.8

续表

赋值标签	赋值	频数	百分比 / %	有效百分比 / %	累积百分比 / %
	12	2	0.6	0.6	99.4
	15	1	0.3	0.3	99.7
	16	1	0.3	0.3	100.0
缺失		24	6.9		
	总数	347	100.0	100.0	

41. 地址：你在目前所在地居住了多久？

赋值标签	赋值	频数	百分比 / %	有效百分比 / %	累积百分比 / %
	0	20	5.8	5.9	5.9
	1	42	12.1	12.5	18.4
	2	18	5.2	5.3	23.7
	3	20	5.8	5.9	29.7
	4	14	4.0	4.2	33.8
	5	17	4.9	5.0	38.9
	6	21	6.1	6.2	45.1
	7	8	2.3	2.4	47.5
	8	10	2.9	3.0	50.4
	9	6	1.7	1.8	52.2
	10	13	3.7	3.9	56.1
	11	9	2.6	2.7	58.8
	12	10	2.9	3.0	61.7
	13	8	2.3	2.4	64.1
	14	5	1.4	1.5	65.6
	15	8	2.3	2.4	68.0
	16	8	2.3	2.4	7.3
	17	5	1.4	1.5	71.8
	18	2	0.6	0.6	72.4
	19	5	1.4	1.5	73.9
	20	9	2.6	2.7	76.6
	21	1	0.3	0.3	76.9
	22	6	1.7	1.8	78.6
	23	1	0.3	0.3	78.9
	24	3	0.9	0.9	79.8
	25	6	1.7	1.8	81.6
	26	1	0.3	0.3	81.9
	27	3	0.9	0.9	82.8

续表

赋值标签	赋值	频数	百分比 / %	有效百分比 / %	累积百分比 / %
	28	3	0.9	0.9	83.7
	30	7	2.0	2.1	85.8
	31	3	0.9	0.9	86.6
	32	4	1.2	1.2	87.8
	33	3	0.9	0.9	88.7
	34	1	0.3	0.3	89.0
	35	7	2.0	2.1	91.1
	37	1	0.3	0.3	91.4
	40	8	2.3	2.4	93.8
	41	3	0.9	0.9	94.7
	42	2	0.6	0.6	95.3
	43	3	0.9	0.9	96.1
	45	5	1.4	1.5	97.6
	47	2	0.6	0.6	98.2
	50	4	1.2	1.2	99.4
	51	1	0.3	0.3	99.7
	79	1	0.3	0.3	100.0
缺失		10	2.9		
	总数	347	100.0	100.0	

注：并不是所有的值都具有定距或定比水平。

思考其他变量

这里有一些变量的测量水平是有争议的。试一下你能否确定这些变量的测量水平，并提出你使用不同测量方式的理由。

42. 年历

43. 一天中的小时数

实践演练

从一本刑事司法或者犯罪学的学术期刊中选取 3 篇论文，确认并写下（a）他们用到的变量；（b）每个变量的测量水平；（c）你为什么选择这个测量水平；（d）每个变量的尺度连续性；（e）研究过程中对变量的运用。

2.7 参考文献

Abelson, R. P., & Tukey, J. W.（1963）. Efficient conversion of non-metric information into metric information. *Annals of Mathematics and Statistics*, 34, 1347.

Caws, P. (1959) . Measurement. In C. W. Churchman (ed.) , *Measurement: Definitions and Theories*. Hoboken, NJ: Wiley.

Fyfe, J. J. (1988) . Police use of deadly force:Research and reform. *Justice Quarterly*, 5 (2) :165-205.

Stevens, S. S. (1968) . Measurement, statistics and the schemapiric view. *Science,* 161 (3844) : 849.

2.8 拓展阅读

Behan, F. L, & Behan, R. A. (1954) . Football numbers. *American Psychologist*, 9, 262.

Duncan, O. D. (1984) . *Notes on Measurement: Historical and Critical*. New York, NY: Russell Sage Foundation.

Stevens, S. S. (1946) . On the theory of scales of measurement. *Science* ,103 (2684) , 677.

Stevens, S. S. (1951) . Mathematics, measurement and psychophysics. In S. S. Stevens (ed.) , Handbook of Experimental Psychology. Hoboken, NJ:Willey.

2.9 注释

1. 在当前政治正确的背景下，“性别”（gender）这一术语经常用来描述一个人是男性或是女性。然而，在生物学上，“性别”（sex）这一术语能够更精确地描述上述特征，“性别”（gender）则更适合于评测男性或女性气质。因此，本书会更多使用“性别”（sex）这个术语来识别一个研究客体是男性或是女性。
2. 尽管这里没有一个明确的标准来对二分变量赋值（labeling）（什么时候使用 0 和 1，或是使用 1 和 2），但建立标准体系是有一定好处的。例如，当使用简单疑问句时，经常会把是或否设置成 1 和 0。这样，这个变量的均值在数据中就等同于肯定回答的比例，并且方差是 $p(1-p)$。当特征在研究中被设置为 1 时是特别有用的。例如，如果你注意到法庭上男女言论的区别，你会对女性相对于男性的处理问题的方式感兴趣。在这个案例中，女性会被赋值为 1。
3. 例如，单调（monotone）和仿射变换（affine transformations）对二分变量和定序变量而言是等同的。
4. 为解决另一个争论，认识 Rensis Likert 的人说他名字的发音像是 licking a lollipop（Lick-ert）。
5. 重新编码（recoding）是数据库管理程序中的一个步骤，统计数据包和其他软件项目都允许研究者用任何方法处理数据，包括把数据分类，降到较低的水平。
6. 控制变量是解读自变量与因变量关系时，一个“保持不变（常数）”（held constant）的变量。例如，我们知道男女犯罪行为是不同的。在预分析之后，变量“性别”（sex）可能被用于控制这些差异，所以研究应只在男性与男性、女性与女性之间对比。

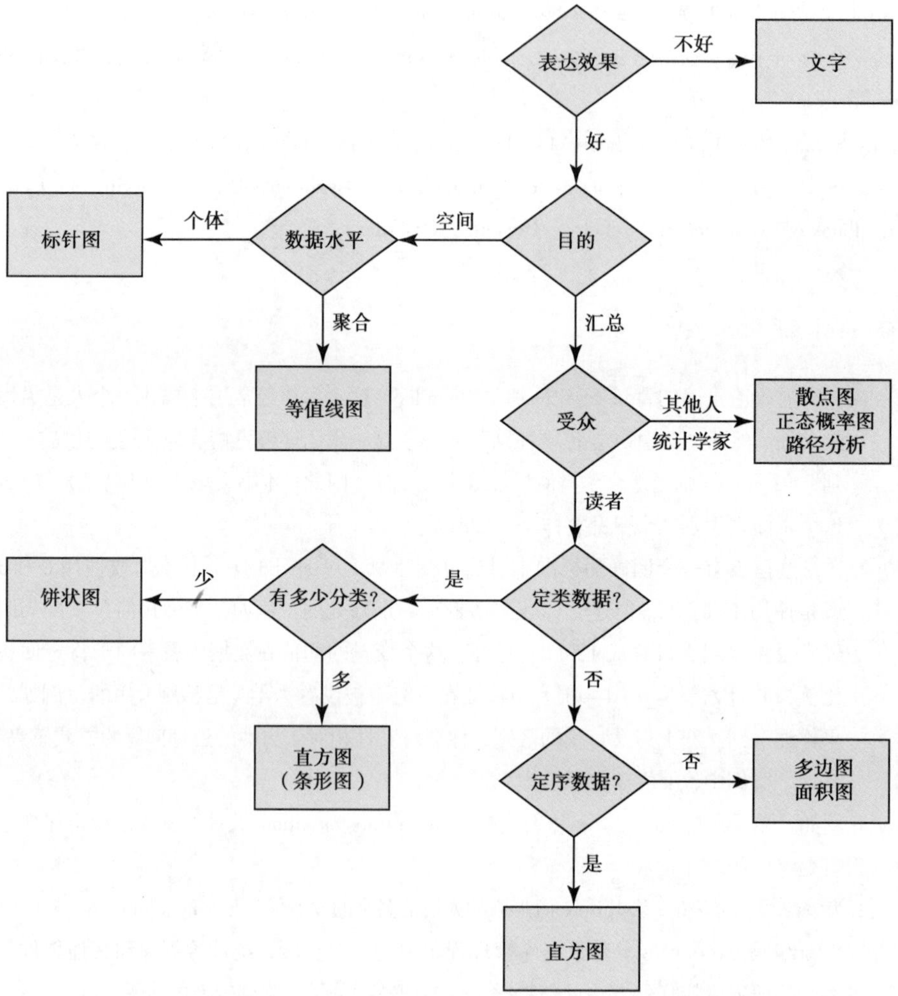
表达效果
不好
文字
好
目的
空间
数据水平
个体
标针图
聚合
等值线图
汇总
受众
其他人
统计学家
散点图
正态概率图
路径分析
读者
定类数据?
是
有多少分类?
少
饼状图
多
直方图
(条形图)
否
定序数据?
否
多边图
面积图
是
直方图

第 3 章

结构化理解数据

学习目标

- 理解频数表是如何被用于统计分析的
- 解释建立分布的规则
- 区分不同测量水平下变量所用的各种形式的表格、图形
- 理解地图中的统计信息

统计分析的一个重要目标就是让他人清楚地理解变量的特征，或是两个或两个以上变量之间的关系。多数的统计分析都涉及数据的操作与解释两个步骤。统计分析是汇总数据以及解释这些数据和其他数据之间关系的有效方法，只不过除了懂得统计分析的人外，大多数人并不明白 r^2= 0.79，p<0.0001 的意义。为了让广大读者更好地理解数据的汇总，图形是展示数据的常用方法。这种方法用在技术报告和其他文档中是非常有效的，这些报告和文档可能是评估的一部分，也可以用于提供给那些没有统计学背景的人阅读。例如，警察局长在把报告送交副局长或其他做研究的人之前，可能只会关注报告的执行摘要[1]和图表。如果你想让局长支持你的观点，那你就必须在执行摘要和图表中放上你最令人信服的信息。

统计分析中有两种首选的图形表达方法可用，即图形（graph，英文也用 charts 表示）和地图（map）。尽管从技术上说表格不同于图形和地图，但表格也可有效地用于数据的图形表达。数据的图形表达经常被用于单变量分析中。如图 3-1 所示，一次只表示一个变量，这个例子展示了调查回应的男女差异。然而，你还将看到图形表达同样可以有效地适用于双变量和多变量（超过两个变量）分析。

图形表达的目标是选择一个最能概括数据且不会遗漏任何信息的图形。选择图形时会更多地考虑哪种图形表达方法用起来相对更容易。例如，图示法通常会结合回归分析一起使用，包括正态概率（P-P）图和散点图。而有时选择会比较困难，例如，在理解定类数据的时候是用饼状图好还是条形图好？

施密德和施密德（Schmid & Schmid，1979）认为选择合适的图形表达方法应该基于以下四个标准。第一是选择表达的方式。特定图形的表达方式要达到比其他表达方式更好的效果，需要考虑它们的呈现方式。例如，标针图就不太适合用

[1] 英文原文为 executive summary，执行摘要是全文观点的浓缩，便于读者快速了解全文内容，通常出现在商业计划书中。——译者注

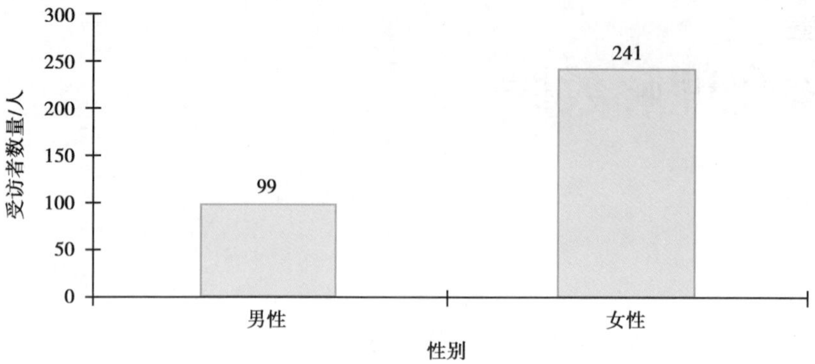

图 3-1　不同性别受访者对调查的回应

于低像素的展示。第二是要知道在图形表达方式中展示数据的目的。如果是为了展示数据的空间关系，地图是比饼状图或表格更好的图形表达方式。第三是要考虑受众群体。如果主要读者是其他的研究人员，用图表提供分析结果可能更合适。但如果读者是一些没有统计学背景的人，最简单的饼状图和条形图可能是最好的表达方式。选择图形表达方式的最后一个标准就是要考虑数据的类型。定类数据与定序数据所适用的最佳图形表达方式是不同的。

本章的目的是为创建和理解数据的图形表达奠定基础。在学习完本章后，你应能知道哪种图表或地图最适合于哪种特定种类的数据。并且你应该能够读懂并

历史回顾

施密德（Schmid，1954）将图形表达的使用追溯到1786年，由威廉·普雷菲尔（William Playfair，1801）所写的《商业和政治地图册》（*Commercial and Political Atlas*）一书。本书中，普雷菲尔发展并介绍了图形表达的基础原理，如饼状图和条形图。

直到近代，图表都不是由研究者们使用的，而是属于绘图员和建筑师的工作内容。这是因为通常情况下研究者和统计学家们普遍缺少绘制清晰且包含可用信息的图形的能力。第一个图形表达的正式标准是由美国统计协会和美国机械工程师学会所共同提出的（Schmid，1954），这也是研究者和绘图员合作的成果。由于需要他人绘制表格和图形，早期研究者使用图形表达来展示研究成果往往花费巨大。然而，由于图形表达有利于解释数据的固有特征，研究者们使用这样的方法至少有200多年了。计算机制图、电子表格和统计分析软件的发展，使得现在使用图形表达非常容易，没有人会将合适的图形表达方式拒之于统计分析的门外。

解释别人所创建的图表，包括指出图表的缺陷。最后，我们在本章中介绍了图形表达背后的理论，还提供了一个特定数据所对应的图形表达方法的公认指南。图表的要素和创建有效的图表的必要步骤也将会被提及。

3.1 频数分布：不同颜色的表格

尽管从技术上讲**频数分布**（frequency distributions）是一个表格而不是图形表达，但它也以数学脚本或文字以外的形式呈现了统计分析的基本水平。因此，本章中所讲的频数分布展示了它在呈现结果上的实用性，特别是在初步的单变量分析中。

频数分布对于数据汇总是非常有用的，它为数据的种类和范围的分布情况提供了一个可视化形象。频数分布同样也是一种检查数据完整性的极好方法。例如，对变量“是否被逮捕（*Arrested*）”赋值，1 为是，2 为否，然后频数分布却显示了其中一个值被标记为 21，那么这个数据就是有问题的，这可能是某个特定的样本编码错误或是印刷错误。这时，在开始下一步的分析之前，你应该回到数据中并改正这个错误。正是因为频数分布可以快速检验汇总的数据，所以在任何的统计分析中，检验频数分布都应该是要完成的第一步。

这里有很多种不同的分布类型。最常见的是频数分布、百分比分布和累积百分比分布。SPSS 输出的**累积百分比分布**（combination distribution）如表 3-1 所示。这个分布展示了频数、百分比（总百分比和有效百分比），以及累积百分比。

表 3-1　1993 年小石城社区警务调查的教育水平组合表

你的最高学历是？

赋值标签	赋值	频数	百分比 / %	有效百分比 / %	累积百分比 / %
高中以下学历	1	16	4.6	4.8	4.8
高中同等学历	2	59	17.0	17.6	22.3
高中学历	3	8	2.3	2.4	24.7
大学肄业	4	117	33.7	34.8	59.5
本科学历	5	72	20.7	21.4	81.0
研究生学历	6	64	18.4	19.0	100.0
缺失		11	3.2		
总计		347	100.0	100.0	

3.1.1 建立分布的通常步骤

在统计分析中，制作表格和分布有一些惯例和标准。不久你就会意识到很多人并没有遵循这些惯例，但只要你在制作自己的表格和分布时遵循这些惯例，你的表格和分布将会比别人的更加清晰，并且结果也更易于解释。

首先，表格或分布的标题应该清楚地说明其内容。标题应该包括表格中的变量及其标签、意义，这将清楚地表明分布中包含着什么样的数据。在表 3-1 中，变量是“学历（*Education*）”，其措辞就是调查中的变量“你的最高学历是？”如果表格和分布只是频数或百分比的分布，那么这个标题应该包含所用的测量方法，如频数或百分比。在分布组合表中，表格或分布的标题经常被省略。因为表明所有类型的数据所代表的内容会占用较多的字数，并且读者们也能够直接从每一栏的抬头了解分布的类型。如果标题没有清楚地表明主题，那么标题应该指明数据的来源，包括收集数据的年份、地区，以及任何关于数据收集的特别信息。

比表格标题更重要的是要对表格中的行与列赋以合适的标签。数据类型应该在左栏明确标识，也叫做此表或分布的“根”（stub）。尽管这些数据的值已经写出来了，但也要把数据类型表示出来。如在表 3-1 中，虽然数值 1 到 6 被简单地写出来了，但并不能帮助读者理解其意义，除非读者有数据的类型（高中以下学历、高中同等学历、高中学历等）与其对照方可知道。这些类型表明了“根”数据的意义，也叫作**“赋值标签”**（value labels）。

表格每一列的**“抬头”**（column headings）也应该被清晰地标示出来。这在组合表或分布中是特别重要的一点，它提供了各列所包含的不同信息。在表 3-1 中的抬头就包括了频数、百分比、有效百分比、累积百分比。在此分布中，每列抬头的频数、百分比、有效百分比、累积百分比实际上就是一个个独立的分布，这些独立分布我们会在下面讨论。

你该如何操作？

从第 4 章开始，这个版块教你怎样在 SPSS 中进行上文中讨论的分析操作。这是为了帮助读者尝试分析一遍文中的内容或进一步扩展。这里列出了在第 19 版 SPSS 软件中获得频数分布的步骤。不同版本的 SPSS 操作可能有些许不同，但以下步骤应该八九不离十，能让你在不同版本中进行操作。

1. 打开一个数据集：
   - a. 启动 SPSS；
   - b. 选择“File”，然后单击“Open”，选择“Data”；
   - c. 选择你要打开的文件，然后单击“Open”。
2. 一旦数据被打开显示，选择“Analyze”，再选择“Descriptive Statistics”，再选择“Frequency”。
3. 确保“Display Frequency Tables”已被选中。
4. 选择你希望包含在分布中的变量，然后点击界于两个窗口之间的▶按钮。
5. 现在，不用理会窗口底部的选项框，只要按 OK 就可以了。
6. 会出现一个包含了类似于表 3-1 分布结果的输出窗口。

相关列中所有数值都应被加总，这个总数就叫做**边际和**（marginals）。这对于汇总分析是非常重要的信息，读者也不用再自己计算。这样的方法也可以告诉读者这一表格或分布是如何被构建的。例如在表 3-1 中，频数和百分比的总数都是基于 347 个样本，而有效百分比和累积百分比是基于总数减去缺失的样本得来的，即 336 个有效样本。其中，缺失值的产生是因为人们在填写问卷时有一个或多个问题没有作答。在大多数研究中，特别是在观察研究中，被访者时常不会回答所有的问题。当这种情况发生时，这一变量就会产生数据缺失。要解决这一变量的数据缺失问题有两种方法，一些研究者会让其他数据，如平均值，代替缺失值，这样可以让这一变量没有缺失，但是需要注意这种方法会导致数据集中有一些回答并不能代表被访者真实的作答。另一些研究者会直接将缺失数据排除在分析之外。在表 3-1 中，11 个观测值就是由于缺失而被排除在外。

最后，若需要向读者提供更多信息，或者需要对表格或分布进行进一步说明，或者当表格或分布有一些不寻常的情况时，则需要增加脚注。如果标题中没有标明数据来源，那么应当在脚注中加以说明，尤其是当数据并非展示者自己收集的时候。例如，如果数据来自《全国犯罪被害人调查》（*National Crime Victimization Survey*，NCVS），那么脚注中应该指明数据来源。此外，表中除了频数和百分比的其他输出结果的计算方法，也需要在脚注中特别标注。

3.1.2 频数分布

尽管几乎所有的统计分析软件都可以创建频数分布，但了解它们的创建方式和格式是非常有用的。这些软件创建频数分布最基本的形式是，简单地列出种类及其对应的观察值的数量。在表 3-1 中，种类代表着“学历”和受访者学历在操作化之后的具体表现。这些种类在公式中会用统计符号 X 代表。

注意每个种类之间都是有区别的，高中以下学历和研究生学历显然不同。它们之间也是互斥的，一个最高学历为高中的人的最高学历不会是大学。最终，种类也需要是完备的，每个个体均可以被归为其中某一类。种类可以从高中以下学历到研究生学历来排序。然而他们之间不是等间距的，高中同等学历与高中学历的间距和大学肄业与大学学历的间距是不同的。综上，这意味着此变量是一个定序变量。

表 3-1 中的下一列是与种类相对应的频数。这一列只是简单地统计了这一类的数目，如有 16 个受访者是高中以下学历，8 个是高中学历等。这一列的数字用统计符号 f（频数）表示。对于每一个种类而言，它的频数叫做这个种类的组频数，并用 f_i 来表示，i 是指这个频数对应的种类。例如，取组频数为 f_1（$f_{\text{高中以下学历}}$）。这一列的总数就为这个变量的求和 $\sum f$ 或 N。

构建一个这样的表很简单。将有限的几个值整理并放到表格中去，就可以简单地构建一个表格了。例如，以下值为[1]：

F, S, J, G, F, F, G, G, G, S, J, J, G, G, G, G,

F, F, S, S, S, S, F, J, J, F, G, S, F, F, G, J, J, J

如果把以上值进行整理，它们可以用以下的表格来表示：

大一新生 F 9[1]

大二学生 S 7

大三学生 J 8

大四学生 G 10

这些值也可以整理成如表 3-2 这样的频数分布。

表 3-2 学生年级的频数分布

赋值标签	赋值	频数
大一新生 F	1	9
大二学生 S	2	7
大三学生 J	3	8
大四学生 G	4	10
缺失		0
总计		34

分组数据的频数分布

设定定类变量和定序变量的种类是非常容易的，尤其是对于有些定序变量，只需要对每一个数值进行简单分组就可以了。然而，对于一些连续尺度、定距、定化的数据而言，把他们分组就没有那么容易了。如果一个调查询问某人的年龄，他说是 20 岁，那么 20 这个数可以直接写在表格里。但如问他这个月的具体年龄，他的年龄应该如何表述？你会看到分数的出现，还要计算此人具体年龄是 19½ 还是 20½ 岁。这就产生了一个数据分组的问题。比如多大年龄的人应该被放在 20~25 岁这个组中？如果此人的年龄是 19½、19¾ 岁，或者 19 岁零 364 天的话，该如何分组？答案就在频数分布中的数据分组规则里。

当在频数分布中对数据进行分组或者用频数分布处理连续数据时，会特别用到这些值的**“客观界限”**（real limits）。所有数据的客观界限都在其数值的上下 0.5 之间浮动。例如，一个 20 岁的人的客观界限就是 19.5~20.5，19.5 和 20.5 就是这个数据的**下界**（lower limits）和**上界**（upper limits），分别用 L_i 和 U_i 来表示。该类别将由其中间值 20 所决定，用 X_i 来表示。当讨论到像中位数这样的单变量统计量时，客观界限的使用是非常重要的，其用于个体数据和分组数据的公式是不同的。对连续数据或分组数据来说，最重要的信息是类别宽度或**区间宽度**（interval width），

[1] 原文此处为竖条线记数，本书直接用数字替代。——译者注

类别宽度用 W_i 表示，表示与该类别关联的间隔。类别宽度的计算方法如下：

$$W_i = U_i - L_i$$

上面所说的年龄的类别宽度就是 1 年（20.5–19.5）。对于分组数据而言，区间宽度可能会很大。例如，20 到 25 的区间宽度就是 6（25.5–19.5）。如表 3-3 所示，这里包含了一组年龄从 1 到 35 岁的人的年龄数据。年龄的客观界限就是最低年龄减 0.5 到最高年龄加 0.5，意思就是真实年龄范围内上下浮动 6 个月。例如，在 26~30 岁这组中，25 岁半到 30 岁半的人将被计入其中。上下限分别是 25.5（$L_{26\sim30}$）和 30.5（$U_{26\sim30}$）。这一组的区间宽度（$W_{26\sim30}$）为 30.5 减 25.5。每一组的组中值为上限值加下限值然后除以 2。组中值将会用 X 表示以用于后续计算。

表 3-3　分组数据的频数分布

数值	客观界限	组中值 I（X）	频数（f）
31~35	30.5~35.5	33	2
26~30	25.5~30.5	28	3
21~25	20.5~25.5	23	4
16~20	15.5~20.5	18	5
11~15	10.5~15.5	13	4
6~10	5.5~10.5	8	3
1~5	0.5~5.5	3	2
总计（N）			23

3.1.3　百分比分布

百分比分布是由组频数（f_i）除以样本总数（N），再乘以 100 得出的。百分比分布是频数分布的重要补充，因为它提供了这一相关组别在变量中的相对权重。如在表 3-4 中，很难看出 8 名大三学生在所有学生中是多还是少。然而，百分比显示了它占所有被调查者的 23.53%。这个数值是由组频数 8 除以样本总数 34 得来的。尽管这只比 25%（如果你希望学校中各年级分布比较平均的话）低了一点，但它却是这个分布中第二低（大一和大四的都比大三的多）的数值。

表 3-4　学生年级的频数分布

赋值标签	赋值	频数	有效百分比 /%
大一新生	1	9	26.47
大二学生	2	7	20.59
大三学生	3	8	23.53
大四学生	4	10	29.41
缺失		0	
总计		34	100

百分比分布也能让研究者在两组类似数据中进行对比。例如，将《统一犯罪报告》（*Uniform Crime Reports*，UCR）中青少年犯罪数据整合为第 1、2 类犯罪（表 3-5），这很难基于原始数据确定每部分对一个州的整体犯罪的贡献有多大。然而，如果有百分比，在两组数据间对比就有了可能性。如表 3-5 所示，第 1 类犯罪大约代表了整个青少年犯罪的 40%（最高 44%，最低 39%），而第 2 类代表了大约整个青少年犯罪的 60%（最高 61%，最低 56%）。

表 3-5　阿肯色州青少年犯罪趋势（1980—1990）

年份	第 1 类	百分比 /%	第 2 类	百分比 /%	总计
1980	5265	0.30	8190	0.61	13455
1981	4810	0.40	7350	0.60	12160
1982	4937	0.41	7200	0.59	12137
1983	4680	0.41	6790	0.59	11470
1984	4940	0.43	6650	0.57	11590
1985	4600	0.40	6912	0.60	11512
1986	5256	0.43	6930	0.57	12186
1987	5200	0.44	6650	0.56	11850
1988	5600	0.44	7029	0.56	12629
1989	5460	0.44	7020	0.56	12480
1990	5610	0.44	7260	0.56	12870

来源：美国联邦调查局（1980—1990）。

百分比分布同样包括**有效百分比**（valid percentages），它是由组频数除以减去缺失值（数据点）后的样本总数 *N* 得来。以表 3-1 为例，有效百分比可以通过每一组的组频数除以减去缺失值（11）的总数 *N*（347）得到，其实就是除以 336。例如，高中以下学历一组在分布中占 4.6%，但是如果去掉缺失值，这组值在分布中会占到 4.8%，即 16 除以 336 等于 0.048。

百分比分布中的最后一类是**累积百分比**（cumulative percent）分布。这个分布计算了前几组的百分比分布的总数。这能让研究者很容易找到分布中特别重要的数据点。如表 3-6 所示，累积百分比可以通过把类别百分比相加得到。在第一组大一新生中，累积百分比和百分比一样是因为这一组上面没有其他数据，而在第二组大二学生中，累积百分比就是（26.5+20.6=47.1）47.1%。重复这一过程到最后一组大四学生，累积百分比就会是 100% 了。

表 3-6　学生年级的频数分布

赋值标签	赋值	频数	有效百分比 /%	累积百分比 /%
大一新生	1	9	26.5	26.5
大二学生	2	7	20.6	47.1

续表

赋值标签	赋值	频数	有效百分比 /%	累积百分比 /%
大三学生	3	8	23.5	79.6
大四学生	4	10	29.4	100
缺失		0		
总计		34	100	

使用百分比分布必须要注意一点：你要确保你知道你的百分比是基于什么得来的。在表 3-7 中，调查结果显示被调查者非常支持增加执法人员数量。然而仔细观察表格你会发现，大部分的人都没有回答这个问题，这个结果仅仅是基于 5 个回答了此题的被调查者得出的。

表 3-7 可能引起误导的百分比分布

你是否愿意增加执法人员的数量？

回答	频数	有效百分比 /%
是	4	80
否	1	20
缺失	147	
总计	152	100

3.1.4 组合分布

在现有的统计软件中，大多数共同类型的分布表都是组合式的。例如，SPSS 中的标准分布表就包括了频数、百分比、有效百分比、累积百分比分布。组合分布向研究者提供了某一变量最丰富的数据，因为研究者可以在一张表中同时检验频数、百分比或是累积百分比。表 3-1 就是这种分布表。

3.2 频数的图形表示

尽管频数表和分布表是一种用汇总的形式表达数据的有效方法，但大型的频数表对于简单的数据检验而言实在是太复杂了。因为，如果读者是一个统计学新手或对数字感到恐惧，那用这种数字型的频数表来表达数据的效果就没有那么好了。在统计表达中，特别对于单变量数据而言，最简单清晰的表达方式是图形。

3.2.1 饼状图

饼状图（pie chart）是一种最基础的图形形式。由于饼状图易于解释数据，所以饼状图最适用用于分组类别较少的定类变量。一个完整的饼状图表示总数 N 或是 100% 的频数，一个变量的各组频数之间的关系可以通过这个饼图中不同区块的大小来识别。

饼状图最好仅用于不超过 5 组类别的离散变量、定类变量或定序变量。定类变量或定序变量最适合用饼图，因为组与组之间的差别显而易见。而连续变量（如定距和定比变量）要讲组间差别可能就很勉强了，它可能会误导读者对原始数据的认识。其次，超过 5 组类别的变量会让饼状图看上去非常的凌乱，所以饼状图一般只适用于分组很少的变量。

在图 3-2 小石城社区警务调查中，人们被问到在过去的 12 个月中是否受到犯罪侵害。为了避免让受访者估计一个精准的时间，被调查者被允许选择一个大致的时间，这个时间分组是与警察局的巡逻班次相匹配的。从这个饼状图中很容易看到大部分的犯罪发生在下午 3 点到晚上 11 点，其次是晚上 11 点到第二天 7 点，最少的时段是早上 7 点到下午 3 点。不需要太多数学技巧，饼状图可以快速地展示数据。

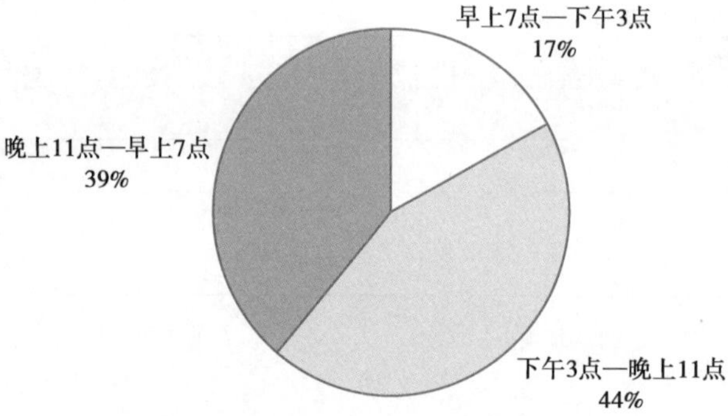

图 3-2　受害者受犯罪侵害时间的饼状图

需要注意的是，当使用饼状图来展示不同变量的区别或是用几个饼图同时展示时，如果每个饼图的总数 N 是不同的话，尽管这个饼块和百分比看上去是相似的，但它们的数据是不可以直接对比的。这可能向读者传递错误的信息，或让他们得出错误的结论。对于不熟悉用图形分析信息的人而言，几个在一起的饼图可能会让他们认为其是基于相似的数据得出的，如总数 N。为了避免这样的混淆，请在只有当对比变量的总数 N 相同时才使用饼图。如果非要用饼状图来表示几个非常接近的定类变量，或其目的就是对比这几个相近变量，他们总数 N 的不同请一定要在这个图形的标题或脚注中清楚注明。否则对于某些数据，最好是使用其他的图表，如直方图来展示他们的不能直接对比之处。

3.2.2　直方图和条形图

第二重要的基础图形是**直方图**（histogram），它实际是几个相似的图形的统称，包括直方图、不同种类的条形图以及伯查德图等。直方图通常将变量的类型置于某一条轴上，使用一个条形来代表对应类型的频数。这个条形是在直方图内绘制的，所以这个条形的长度代表了这个种类的频数。

直方图通常用于定序数据、几个不同分组的定类数据（用条形来表示），并可在一个图形中表示多个变量。当定距或定比变量分组很少时，也可以使用直方图。但直方图并不适用于连续变量、定距变量或定比变量，因为要想清楚地表达它们需要用太多的直方柱。对于连续变量和定距变量，多边图或面积图会更合适。

建立一个直方图实际上就像堆积木一样（或是啤酒罐，随你怎么想）。想象每一块积木代表一个受访者，然后再标上这个受访者的数值。如果你把数值为 0~1 的积木堆在一起，再把数值为 2~3 的积木堆在一起，重复下去，你就会看到如图 3-3 所示的那样。*Y* 轴是直方图的纵轴，像一个标尺一样在积木的旁边以衡量每一堆积木的数量。

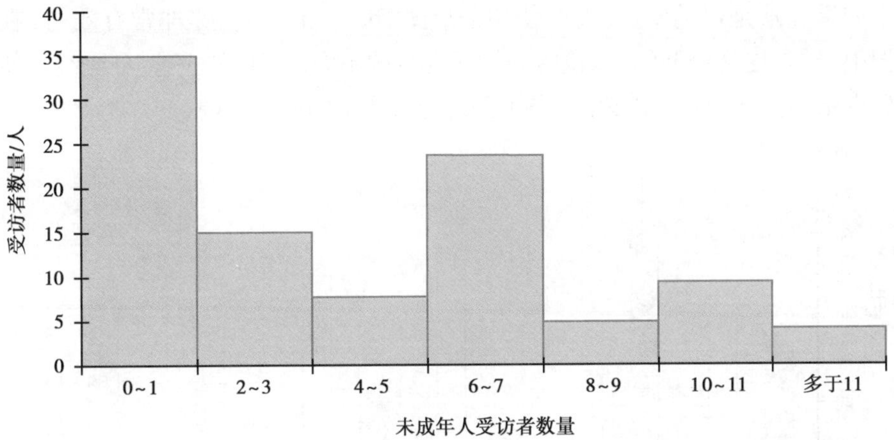

图 3-3　小石城社区调查中年龄分布的直方图

在图 3-3 中，此社区调查中每一位受访者的子女数量都用图形表示了出来。如图所示，大部分的受访者有一个小孩或者没有小孩。图中的直方柱分别代表 0 或 1 个小孩、2 或 3 个小孩，以此类推。在 0~1 这一直方柱中显示有 35 个受访者在这组，数量远大于其他组。柱与柱之间的数据或频数是互斥的。请注意在这个图形中，各柱之间是紧挨着的。这种紧挨的条形图特别适用于定序变量和分组定距变量，以展示数据的连续性。而定类变量，柱与柱之间应该分开，创建一个特别的直方图，即条形图（图 3-4）。

创建一个直方图有以下的一些惯例和标准。第一，如果希望建立一个水平的条形图的话（以下再讨论），那么回答通常放在 ***X* 轴**（*X* axis），即横轴。第二，关于回答的放置形式，如果回答是定类变量，它们的编排应该更具逻辑性，如果回答是定序变量或分组定比变量，它们应该按升序的方式从左往右排列。当然，如果变量是定类的，柱与柱之间当然应该是分开的，以表示它们之间没有联系或顺序。还有个惯例就是 ***Y* 轴**（*Y* axis）要从 0 开始编号，并且刻度应使用相同的间距来表示。而 *X* 轴通常也是由 0 开始的，但也可能从其他数据或文本标签开始，只要测量单位说明得足够清楚就可以。如饼状图一样，标签总是需要的。除了标题，始终要标示出 X 轴和 Y 轴的标签，以便读者能明白它们代表的是什么。同样，如果这里有 1 组以上的条柱，**图例**（legend）就是必需的了，以说明每组条柱代表的意思（表 3-4）。如果使用的是分组数据来建立直方图，应该使用基于同等间距的数据。如果间距不同，组与组之间是很难进行比较的。例如，若受访者的年龄被分为 1~10 岁、20~50 岁、50 岁及以上，就很难对其进行解释说明。这也许是当 N's 相近时人为建立的分组（对解释数据没有意义），若 N's 相差太大解释会更难进行。只有当这里有一个有效的方法或理论支持对不等间距的数据进行分类时，才能这样做。然后，条柱所代表的总频数应该等于总数 N。最后，如果存在特别的情况，请确保在脚注中注明。

如果变量是定类变量，有时使用**条形图**（bar chart）也是非常有效的。在条形图中，柱与柱是分开的，以说明分组或变量的不同，如上文所述，分隔线的使用可以表示答案之间不是连续的。条形图可做成水平的或垂直的（图 3-4 和图 3-5）。

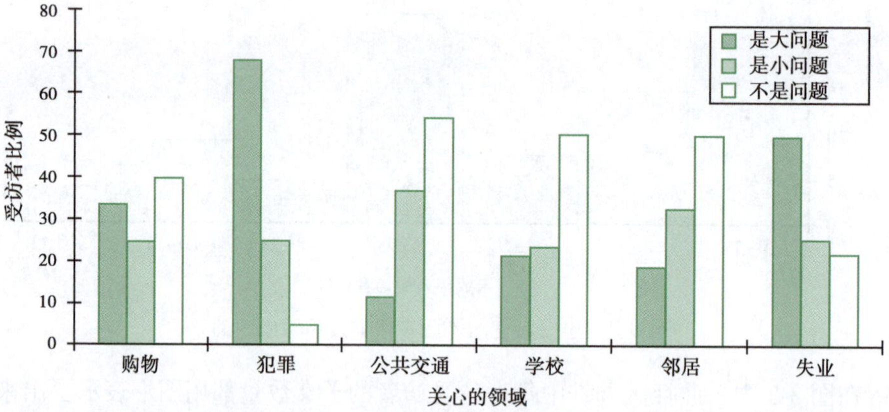

图 3-4 受访者最关心的问题的多条条形图

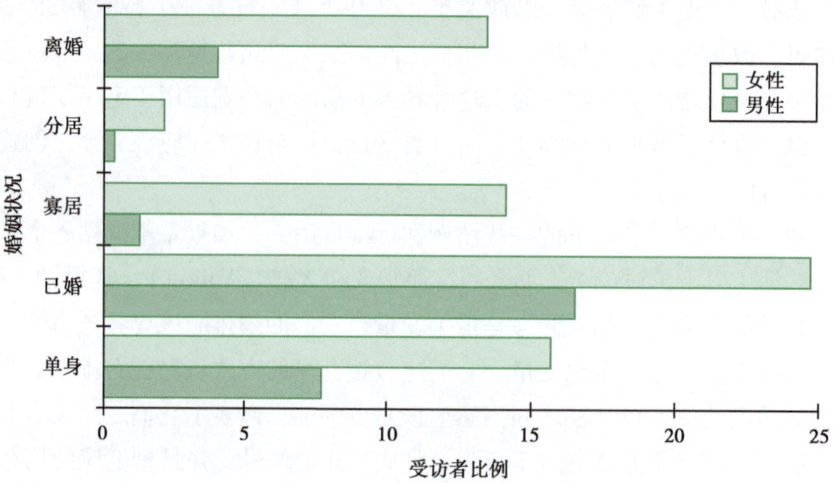

图 3-5 男女婚姻状态的水平条形图

图 3-4 垂直条形图展示了 6 个不同的变量。你也可以说这可能是一个定类变量，因为这个条形图的条柱是分离的，并且柱与柱之间有分隔线，意味着变量之间是没有顺序的。在每一个变量中，条柱都表示了受访者认为这些问题对他们的影响。和预料一致，犯罪这一变量显示，更多的受访者认为这对他们而言是一个大问题，很少有人认为犯罪不是问题。在犯罪这一变量中，大约 70% 的受访者认为这是一个大问题，大约 30% 的人认为这是一个小问题，只有不到 5% 的人认为不成问题。

定类变量更多使用的是水平条形图，如图 3-5 所示，以便于强调变量的类别特征。在表 3-5 中婚姻状况这一变量就是定类变量，因为婚姻状况这个变量类别不能排序。因此，只需要一个水平的条形图表示数据的类别特征。其数据表达与垂直条形图是一样的。在这个图的已婚类别中，16% 的男性和 25% 的女性占了受访者很高的比例，比其他组都要高。在其他组别中，女性所占的比例大致相当，而单身男性和分居男性比例相差较大。

还有一种条形图是**伯查德偏移图**（offset Burchart chart）。在这种图形表达方法中，受访者的回复被轴一分为二，各立两边，水平和垂直方向表示皆可。它通常用于表示受访者对此问题是持积极还是消极态度，抑或变量中有负数要表示。图 3-6 的伯查德图展示了受访者对街区、城市和国家的安全感是持正面还是负面的态度。认为街区、城市和国家足够安全的人在 *X* 轴的上方表示，而认为安全性不高的在 *X* 轴的下方表示。在伯查德图中很容易看出两者的分歧，而用饼状图或直方图就很难表现出这样的差距。如图 3-6 所示，有近 80% 的受访者感觉美国的国家安全状况变得很糟。与大众观念相反的是，认为街区的治安有所好转的人最多（几乎 20%），只有 40% 多一点的人认为其在变差。

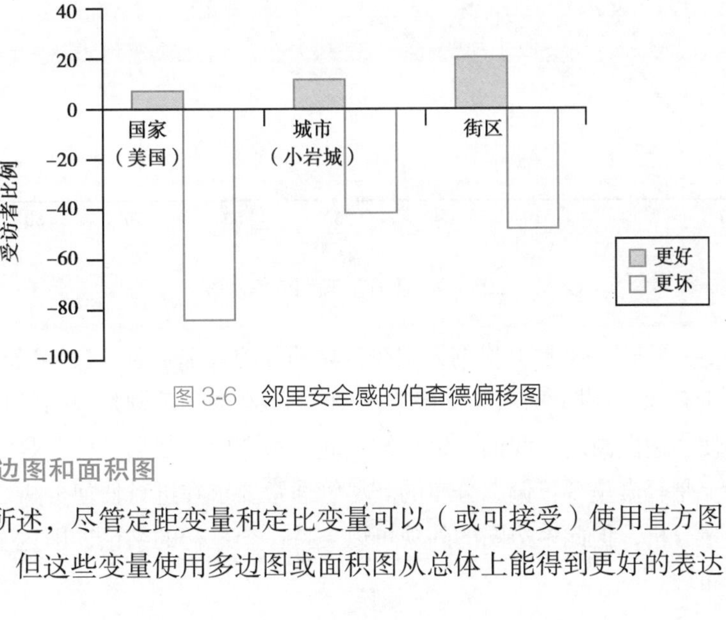

图 3-6 邻里安全感的伯查德偏移图

3.2.3 多边图和面积图

如前所述，尽管定距变量和定比变量可以（或可接受）使用直方图（不包括条形图），但这些变量使用多边图或面积图从总体上能得到更好的表达。用多边图或**面积图**（area chart）来代替直方图或饼状图来表达连续变量（或者是有很多分组的离散型数据）有两个原因。首先是在直方图或饼状图中经常有太多的分组需要进行有效的展示。其次是多边图或面积图的线条通常经过组中值，给予视觉上的连续性，并且这条线可以表现在以连续的定距或定比为特征的数据点之间的平缓的变化,而不是像定类变量或定序变量那样组与组之间的突然出现的跳跃。

建立**多边图**（polygon）和直方图一样有重要的两点经验。第一，多边图的点是绘制在反映这个分类的频数的组中值之上的，而在直方图中，分类所占的单位面积被图形完全覆盖。第二，多边图是封闭的，这条线要么同时与 *X* 轴的两端接触，要么始于 *Y* 轴的左边而终于 *X* 轴的右边。

多边图对于两类数据分析非常有用。一是多边图的线可以像之前的图形表达方法那样，用于检验数值的频数分布。另外，多边图还有个特别的用处，就是可以检验数据形式与正态曲线的符合或背离程度。线性数据非常适用于统计分析（你将在第 4 章和其后的章节中学到）。在视觉上检验数据的正态性的方法是与正态分布曲线进行对比，而后者也可以使用多边形图来近似表示。

图 3-7 就是一个频数多边图，尽管从它有大量的分类来看，数据像是定序的，但它实际是一个连续的定距变量，此图在 *X* 轴的数据点之间绘制了大量的区间。在这里，每一个值在 *X* 轴上都有它自己的位置（即使这个数据点没有在分组中显示出来），尽管它没有在图中展示出来，但这个多边图的线经过了每个分组的中点，代表着这个分组的频数。

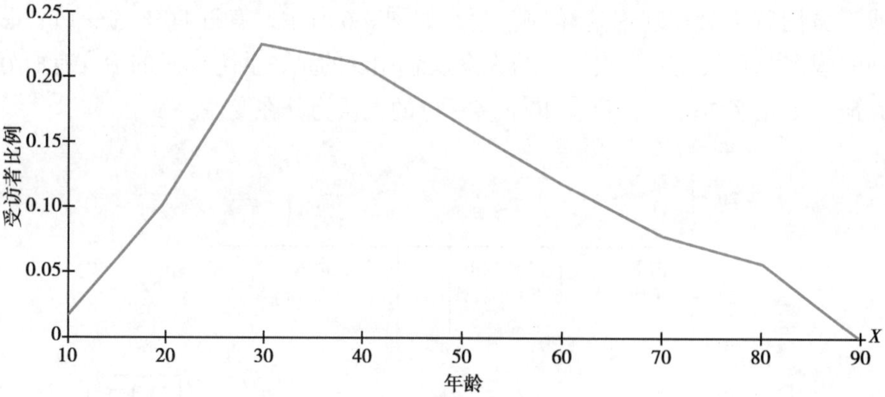

图 3-7　受访者年龄的多边图

如图 3-7 所示，不到 20 岁的人很少。大部分的人都是 30 岁、40 岁或 50 岁，并且也很少有 80 岁以上的人。此多边图中大于 80 岁的范围是包括了缺失值的，这是为了使多边图封闭。我们可以得知，此多边图中的数据总体上是定类数据，但它实际上是轻微呈现正偏态分布的。尽管通常要求在进行任何分析之前都必须进行单变量分析，但此多边图的外观可以支持一个最初的结论，即这个数据大致呈正态分布。

面积图是多边图的一个变种，相当于多边图中描绘了两个变量，以使其能看出两个变量之间的不同或重叠之处。多边图与面积图真正不同的地方只在于面积图能处理两个变量，而多边图是处理单变量的，此外面积图通常会被填充，而多边图不会。

使用面积图最初的原因是为了能描绘和计算变量间的重合情况。如图 3-8 所示，如果计算医疗费用的覆盖面积和年龄的覆盖面积，显示这两个变量间大约有 55% 是重合的。面积图可以表示两个变量之间的相关性。在所有的统计分析都手动计算的时代，计算面积的差异相对容易，数据的分析则比较复杂。虽然计算机统计分析软件的快捷性使得用面积图进行双变量统计分析显得有些过时，但使用面积图将两个变量之间的关系进行视觉化呈现依然不失为一种有效的方法。

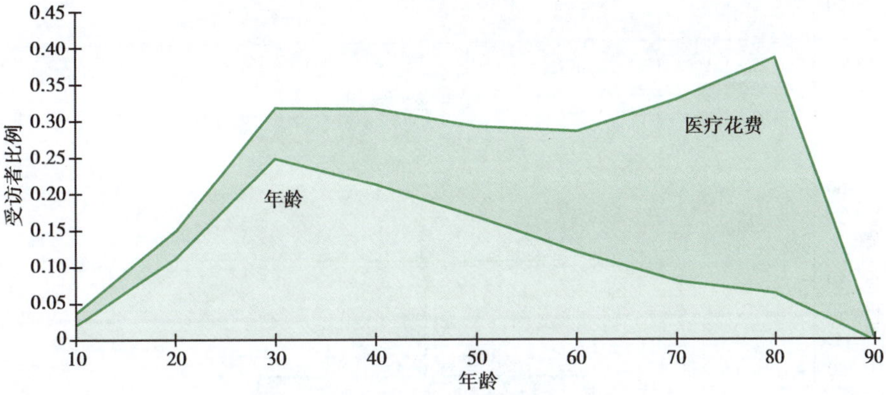

图 3-8 年龄与医疗花费的面积图

3.3 单变量统计分析

前文所述的基础表格和图形主要关注于用图形表达变量的频数分布。变量的每一组取值的频数或百分比都可以用图表的形式表示出来。这样的信息可能适合一般读者的口味，但统计分析要求的信息会更多，远不止简单的频数。图形表达可以用来帮助统计分析的第一种方式，就是绘制变量的单变量统计信息。这一信息完全可以用箱线图来表示。

箱线图（**Box and whisker graph，也译为箱须图**）是展示分布的集中趋势程度和离散程度的图形表达方法。使用箱线图来展示单变量的集中趋势程度和离散程度是 John Tukey 在 1997 年出版的《探索性数据分析》（*Exploratory Data Analysis*）中首次提出的。最新的箱线图表示方法还可以显示分布中的异常值的位置，并用圈或星号表示，如图 3-9 所示。

在大多的箱线图中，箱表示的是数据分布中位于第 25—75 百分位位置的**四分位数间距**（**interquartile range**），这里有 50% 的数据被包含于其中（一些统计软件会用标准差来表示箱的长度）。箱子中间加粗的线条通常表示第 50 百分位的数据或是整个分布的中间点。而箱线图的上下两条线通常处于分布中第 10 和第 90 百分位的位置，尽管最新的 SPSS 软件采用了距离第 75 百分位 1.5 倍箱子长度的模棱两可的概念。

在图 3-9 这个箱线图中，分布的中间点标记在 8 年，箱子则覆盖了在此居住了 3 到 20 年的人的范围，分布的线位于 1 年和 45 年，并且分布中还有些**异常值**（outliers）。这些异常值表示有 7 个受访者居住年限在 47 至 51 年间（距离第 75 百分位数的 1.5 到 3 个箱子长度之间），1 个受访者则居住了 79 年（与第 75 百分位数相差 3 个以上的箱子长度）。要注意代表中间点的加粗线条如果不在箱子的中间，则说明这个变量的数据是呈偏态的。

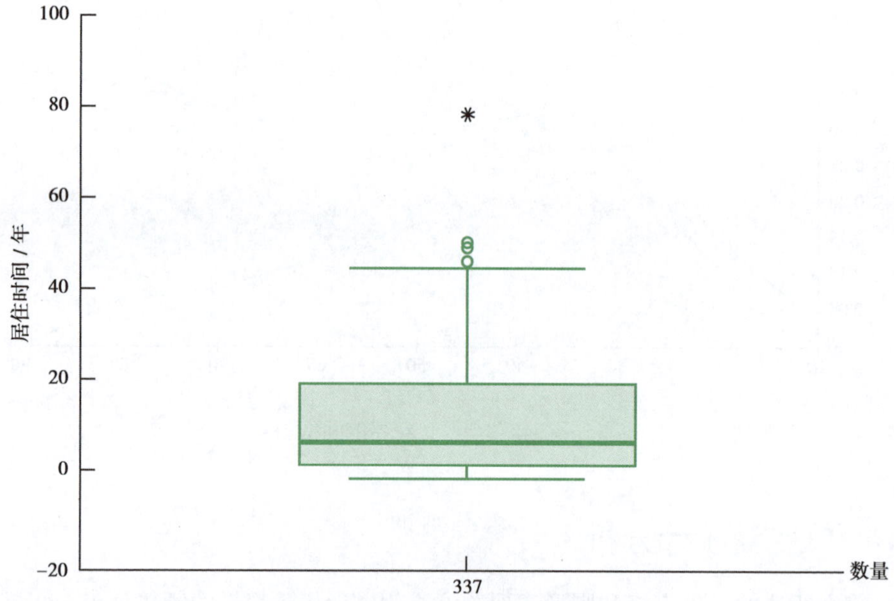

图 3-9 在当地居住时长的箱线图

3.4 分析变化趋势

大多的图形都是为了展示在某个时间点的变量。然而，还有一些方法可以展示变量随时间变化的趋势。这里有两种图表经常被用到，分别是线形图和拱形图。

3.4.1 线形图

线形图（line charts，**也译为折线图**）经常见于媒体，特别是报刊中。因为它可以用于展示一个事物随着时间的推移而产生的变化或趋势，比如股票市场的变化。线形图并不常用于统计分析的图形表达以及学术研究。线形图和多边图的不同之处只在于它们不和图形的边界相接。线形图可以用于展示一个变量的趋势，或用于在图形中绘制两个或更多的变量。

图 3-10 是一个在犯罪学与刑事司法中使用的典型线形图，它展示了变量随着年份的变化。这种类型的图表，有时也叫做趋势线图，用于展示变量随着时间的变化而产生的变化。图 3-10 这个线形图展示了 10 年间的未成年人犯罪趋势。从图中可以看出的是青少年犯罪并没有像一些城市或州所预计的，或是像媒体所报道的那样产生了巨大的变化。从图中可以看出第 2 类少年犯罪从 20 世纪 80 年代早期下降后就一直保持着相对稳定的状态，而第 1 类少年犯罪在 80 年代早期最初有些下降后就开始回升了。线形图在一个图表中清楚地描绘出了这些变化。

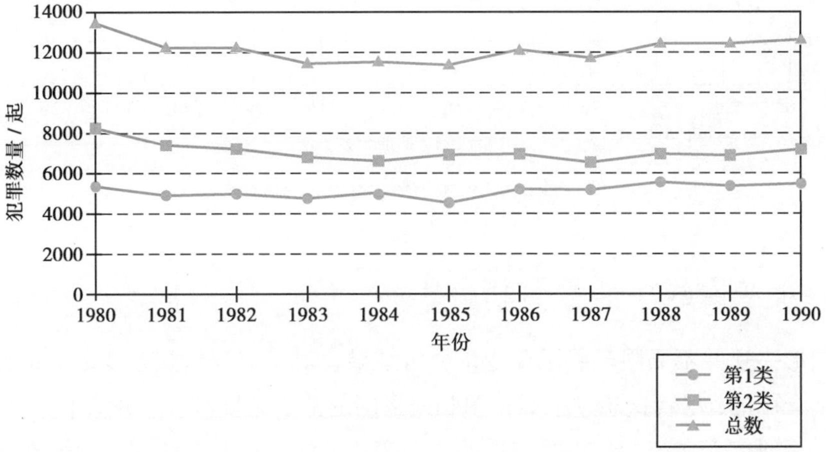

数据来源：联邦调查局（1980—1990）。

图 3-10　1980—1990 年阿肯色州未成年人犯罪第 1 类、第 2 类的线形图

3.4.2　拱形图

拱形图（ogives，也译为累积折线图）显示的是变量的累积频数或累积百分比。其最基本的形式看起来像是一个线形图，显示着一个变量的分组频数变化。拱形图可以很好地展示累积频数，但并不适合显示一个变量的频数或百分比分布，或是一些简单的描述。拱形图最有用之处在于展示变量的累积频数和累积百分比随着时间变化的趋势（图 3-11）。拱形图要通过观察每个时间点对应的数据点来理解数据，图中的每个数据点向上移动以表示累积频数的变化，并且向右移动以表示时间的变化。

图 3-11 描绘了犯抢劫罪和入室盗窃罪的人被法院逮捕的天数。尽管一个趋势线形图或条形图也可以展示这些数据，但拱形图可以更清楚地展示法院处理每个类型案件的时长。例如，在 30 天内法院处理最多的案件是入室盗窃（有可能是因为辩诉交易），或是在这 360 天内处理的入室盗窃案相对于抢劫而言有一个更高的百分比。

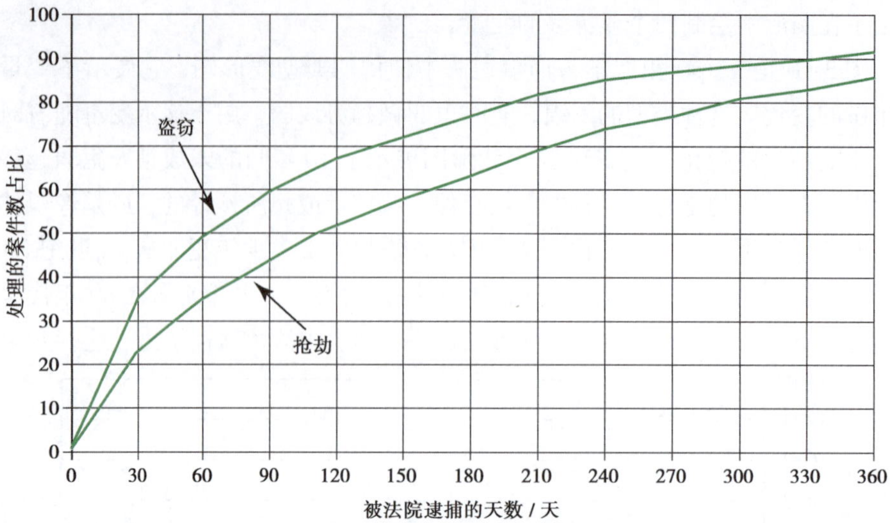

图 3-11　盗窃与的抢劫被逮捕定罪时间的拱形图

3.5　双变量或多变量分析

图形表达并不局限于展示单变量分析结果，对于双变量和多变量关系分析也是非常有用的，尽管这超过了面积图和线形图的能力范围。本部分除了路径图外，还将讨论研究者在统计分析时首选的图形表达方法，这些方法很少出现在报告和普通出版物中。

3.5.1　散点图

散点图(scatter plots，**也译为散布图、散形图**)常用于相关性检测和回归分析。散点图用于协助观察并展示两个相关变量之间的关系特征。例如，散点图可以有助于确定两个变量是否存在曲线关系，而非简单的线性关系。散点图也同样可以帮助确定是否存在可能扰乱分布的异常值。

散点图有两种形式，各自有着完全不同的特征和解释方法。在一个正常的双变量散点图中，这些散点最好有相对均匀的分布趋势，最好是线性趋势。回归分析也会用到散点图，又称**残差图**（residual plots）。在一个残差图中，最好不要出现任何的趋势。然后，当你检验散点图以确定变量关系类型时，也需要谨慎，更不要将普通的散点图和回归分析中的残差图混为一谈。当建立一个散点图时，每一个点，或是对应的每一个值，都应该绘制在图中与其相对应的地方。例如，如果一个 14 岁的小孩进行了 10 次犯罪，这个小孩的点就应该画在 *X* 轴 10 与 *Y* 轴 14 相交的点上，如图 3-12 所示。

在研究中，散点图可能有几个到几千个点。大多数的统计软件创建散点图的方法是将重叠的点显示出来。这些点的分布使得散点图成为一个有效的初步分析方法，并且那些独立在重叠区域外的点也可以帮助分析数据中的异常值。异常值正如图 3-13 中位于 14 至 16 之间的独立点。如图所示，年龄和小孩的数量之间存在特定的模式，尽管不是线性的。所有年龄段的绝大多数受访者没有小孩，并且小孩数量的减少几乎呈一个三角形的模式，看起来与年龄无关。然而，应该想到的是有 16 个小孩的人年龄应该在 30 岁以上。

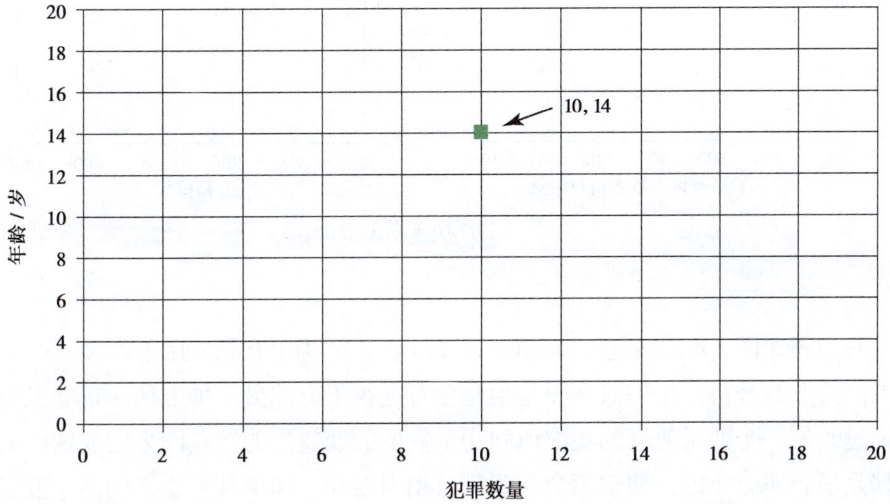

图 3-12　频数分布中单个点的散点图示例

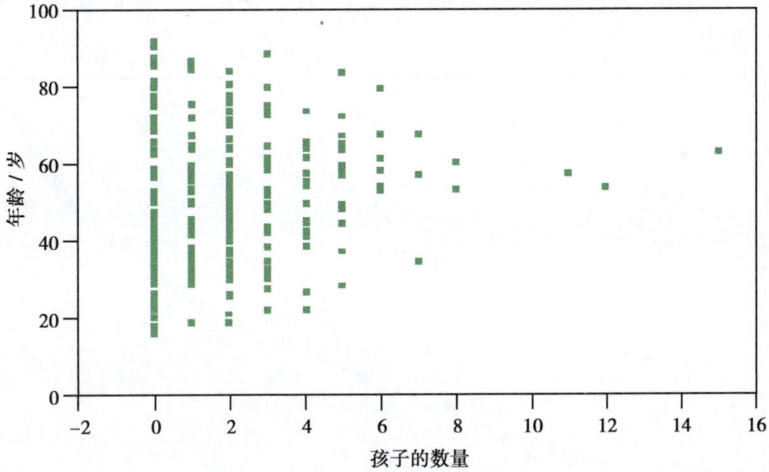

图 3-13　年龄与孩子数量关系的散点图

在散点图中研究者最乐意看到的就是变量之间存在着某种线性关系。这种关系可以是正相关（当一个变量频数增加时，另一个变量的频数也增加）或是负相关的（当一个变量减小，另一个变量也减小），这两种情况如图 3-14 所示。需要注意的是世界上没有完美的关联（即所有的点都在一条线上，或者非常接近这条线）。社会科学研究中很少出现完美的关联，所以你必须学会熟悉本部分所展示的那些看起来不够完美的散点图。同样需要说明的是图中的线叫作回归线，是统计分析中非常重要的一部分。

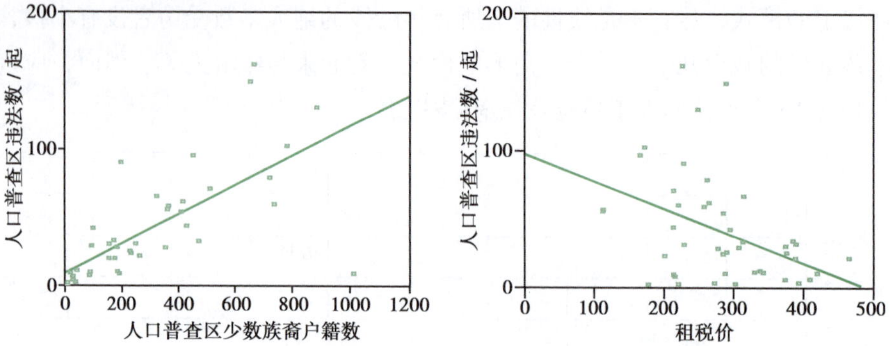

图 3-14　正负关系散点图

3.5.2　正态概率图

正态概率图（normal probability plots），也称为 P-P 图，用于像多元回归这样的高阶参数分析。正态概率图是检验分布是否正态的另一种方法。正态概率图是通过绘制一个变量数值的观测值和变量数值的期望值的散点图来完成的。如果数据是呈正态分布的，期望值会与观测值相当匹配。如果真是这样的话，散点图会呈现为一条相当直的线条，就像在图 3-15 中那样。在社会科学研究中，要数据呈现完全的正态分布几乎是不可能的，所以你不要指望在你的任何分析结果中看见一条直线。

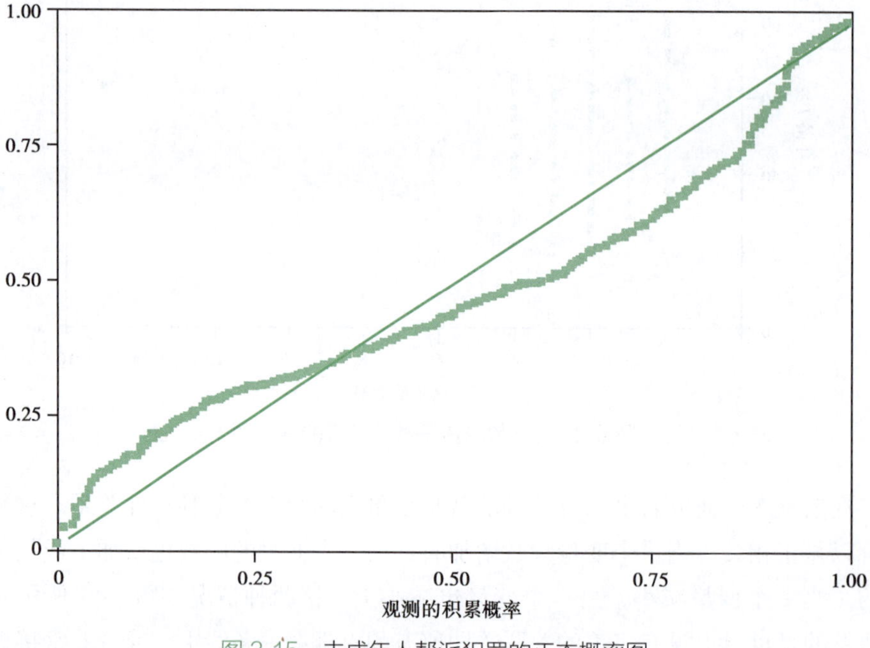

图 3-15　未成年人帮派犯罪的正态概率图

正态分布图可以非常有效地观察数据何时大幅地偏离了正态分布，并为后续分析中对变量进行适当变换提供依据。图 3-15 中绘制的图形告诉研究者这个数据基本符合正态分布，并且没有变换的必要。但是，对数据进行探索性分析以确定其与正态的实际偏离程度以及确定是否需要对变量进行转化，是很有必要的。

3.5.3 路径图

路径图（path diagrams）是一种形象地展示理论模型（变量间关系）与分析结果的非常有效的方法。路径图是由赖特（Wright）在 20 世纪早期发明的，其有几种不同形式。现在路径图常用于展示：（1）理论模型；（2）路径分析回归模型的结果；（3）结构方程模型（SEM，Structural Equation Modeling）分析的结果。

路径图的制作方式是画出一个连接变量（或概念）的箭头以表示它们之间的关系。这个箭头被统计分析结果所标记，以示两者之间关系的强度或显著性。在图 3-16 中，路径图中使用了概念，而不是变量。每一个概念都由因子分析发展而来，每一个概念（或因子）都包含了几个变量，这些变量在理论和统计上都被证明是对同一现象的测量。这些因子之后会被放到回归模型中去进行路径分析，以确定因子之间的关系。路径模型中的数字表示偏回归系数（Beta）[1]。这些系数是通过分析因子之间特殊关系的回归模型计算出的。

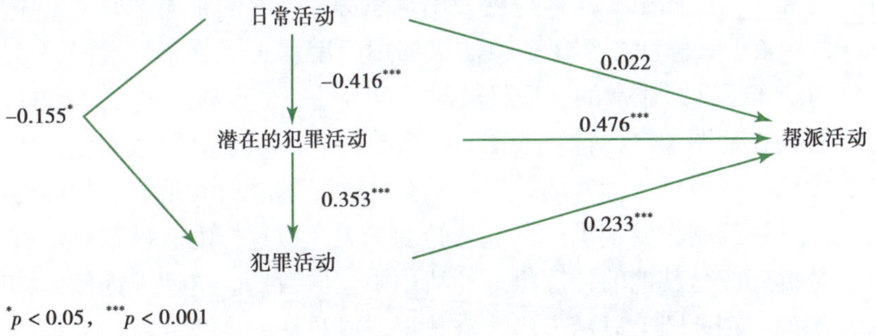

图 3-16 从规范行为到帮派行为的过程模型

数据来源：Walker，Watt & White（1994）.

从图中可以看出日常活动与潜在的犯罪活动呈显著负相关关系。日常活动与犯罪活动之间的关系也呈显著负相关关系，尽管关系强度更弱。最后，日常活动和帮派行为之间也呈负相关关系，只是并不显著。这表示日常活动对潜在的犯罪活动有着最大的影响，其次是犯罪活动，而对帮派行为几乎没有影响。另一方面，潜在的犯罪活动对犯罪活动与帮派行为均存在显著的正向影响。事实上，潜在的犯罪活动显示了其与帮派行为的最强关系，其次是犯罪活动（犯罪活动和帮派行为也是显著的正相关关系）。我们可以从这个路径图中得出的结论就是一定的日

[1] 原文为 partial regression coefficient，事实上结构方程模型通常汇报的是标准化回归系数。——译者注

常行为对一个人是否会卷入潜在的犯罪活动是有一些影响的。其次，卷入潜在的犯罪活动也对其是否会涉及真正的犯罪活动和参与帮派活动存在一定的影响。即使不具备丰富的统计分析知识，这些关系也很容易从路径图中看出。

3.6 地理分布分析

绘制图形并分析地理或空间数据，也可以展现一些独特的问题。当然，也可以用图表的形式展示地理数据，但这些数据的地理特征会被遗失或掩盖。例如，一个城市的犯罪分布可以简单地用表格、条形图或其他的图形方式整理并表达出来。但是如果先前对这个区域不了解，或是没有对照图表与地图，则不能确定这个城市的犯罪地点。换言之，即使一个人不了解这个城市也可以很容易地通过地图来看到犯罪分布，因为地图可以标注犯罪地点，或是犯罪率不同的区域会用阴影表示出来。绘制地图的本质就是展示地理区域内变量的分布情况。展示地理或空间分布最常用的方式是标针图和等值线图。

3.6.1 标针图、点图

标针图（pin, spot, or point maps）长期以来一直与犯罪学和刑事司法工作为伴。标针图和等值线图第一次被广泛使用是在肖和麦凯的犯罪学研究之中（Shaw & McKay，1942）。标针图常年被执法机构用于展示犯罪分布、报警服务和其他数据。早期制作标针图非常的麻烦且耗时，因为每一个点都是手工绘制的。而且，用人工的方式在地图上钉标针（或图钉、大头针）或画点会导致误差，因为即使是地图放大到街区级别，标针的位置仍然存在大量的篡改和猜测。地图绘图软件的发展使标针图的制作发生了革命性的转变。大多数这样的软件都可以直接从统计软件、数据库或是其他的计算机地址清单中读取数据。这使下面的工作变得简单起来，例如，在地图上显示人口普查数据，或是从一个研究者的数据库中读取数据并让其按街道地址显示。现在很多地图软件甚至能在街区合适的位置放置标针。图 3-17 就是一个被地图软件整理出来的标针图。

标针图展示了数据的真实数据点或值。地图上标记的点及其数字代表着频数。通过这些在地图上布置的点很容易确定一个区域的点与另一个区域相比是多还是少。然而，当这些点增多时，通过视觉观察来分析会变得困难。一旦这些点相互重叠，分布在地图上的这些点的可视性将会下降。例如，在图 3-17 中，一个点代表 52 个值，但它仍只显示为一个点。解决这个问题的一个方法是把这些重叠的点转化为符号或数值。不过，由于混合符号的使用，其清晰度会下降，用这个方法时需要权衡。在地图中不同的符号有很多的用处，以显示各式各样的点。例如，要在地图中显示连环谋杀案的分尸点和抛尸点，可用 2 种符号表示。如要在地图中显示加油站、银行、快餐店和其他的犯罪频发地的分布，就要使用到几种不同的符号。

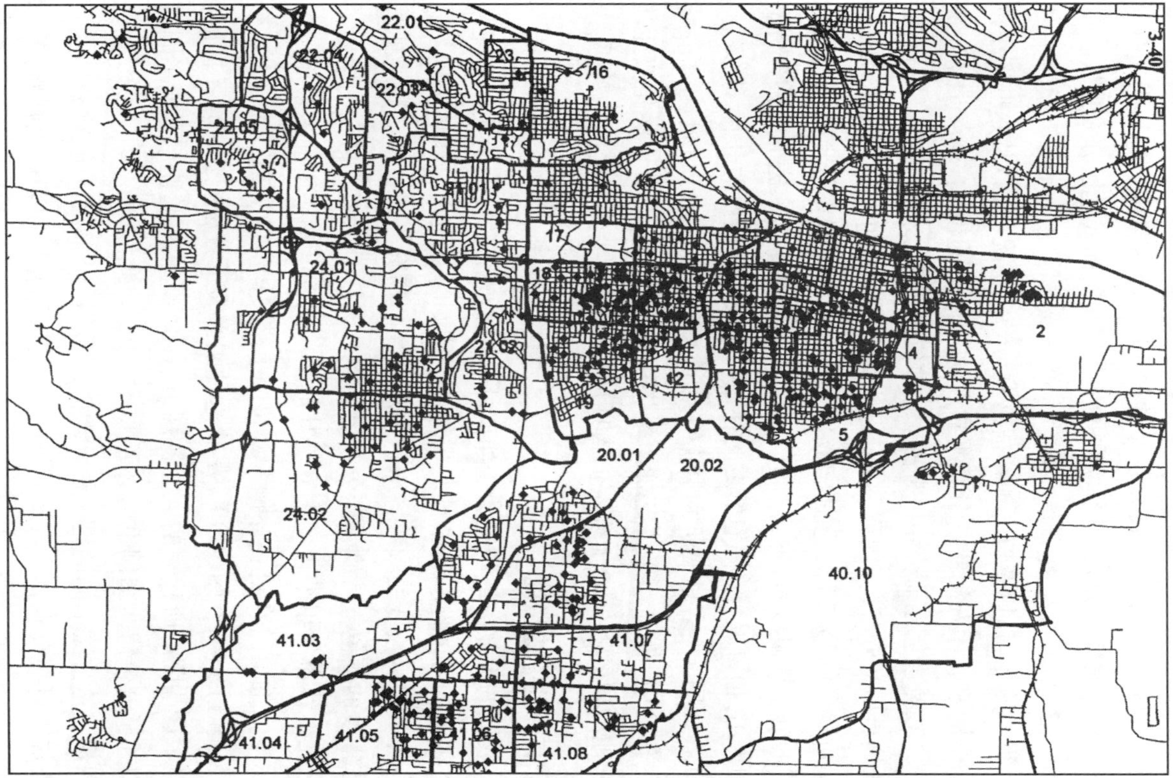

图 3-17 越轨地区的标针图

来源：Walker, J. T.（1992）. *Ecology and Delinquency in 1990: A partial replication and update of Shaw and McKay's study in Little Rock*（1990 生态学与越轨：基于小石城数据对肖和麦凯研究的部分复刻与更新）, Arkansas.（unpublished）. Sam Houstan State University, Huntsville, Texas.

3.6.2 等值线图

标针图通常用于展示个体级数据。而等值线图更适合用于展现集合级数据。**等值线图**(choropleth maps)通过阴影区域、交叉排线或其他的界定彼此区域的方法来展示一个变量的频数、比率或其他汇总数据。等值线图进行分析的规模和单位取决于要绘制地图的区域。尽管有些城市有其他的自然地理限制，如确定的邻里区域或是芝加哥的“自然区域”，城市地图还是经常被人口普查区划或其他界限所分割。一个州的地图很容易地被县分成几块，美国的地图也会被州或地区分成几块。

图 3-18 和图 3-19 是典型的等值线图。这些图显示了一项社会解组研究项目中的未成年人犯罪的分布，以及留守和寄宿家庭分布的情况。可以从这些图中读到两个信息。第一是未成年人犯罪的分布不再遵循同心圆的模式(Shaw & McKay, 1942)，这个模式在社会解组研究中一直占主导地位。现在的未成年人犯罪分布特征是犯罪率高的热点地区分布在市中心区域，还有些零散地分布于低犯罪率区域。

比较两图可得到的第二个信息是未成年人犯罪的高犯罪率热点区域与留守和寄宿家庭区域的分布是相似的。尽管对于未成年人犯罪和寄宿家庭的完整分析不能通过观察地图得出，但可以当作是它们之间存在一些关系的假设的开始。事实上，这种方法在芝加哥学派的很多早期研究中就使用了。罗伯特·伯吉斯(Robert Burgess)在他的研究生作业中，就注意到了芝加哥地图中的这些相似性。这些相似性让肖和麦凯以及其他的研究者们更加确定伯吉斯所发现的这些变量之间的关系。

制作一个有效的等值线图

制作等值线图的大部分惯例是关于如何处理阴影部分的。因为阴影和交叉排线通常决定了地图的可读性和清晰性。当你使用阴影时，通常习惯是浅色（低密度的线条、点等）表示较低的频数，深色表示较高的频数，而最少频数的地方会是白色或是非常浅的颜色，特别是当分组里面频数为 0 时。随着数据的增加，线条或是点的数量、线条的粗细程度，或是其他画法的密度都在增加，最后用黑色的阴影来表示最大的值。在这种体例中，每一个交叉排线的类型，都代表一个数据的不同区间或值（图 3-18、图 3-19）。尽管这种阴影表示方法能够确定不同的值，但图例仍应显示这些阴影所代表的值，特别是当几个地图一起使用且值不同时。即使在文中叙述了这个值，图例也是必要的。

和其他图形表达方法不同的是，统计地图最适用于区间不等的数据。直方图和其他图表依赖于对频数或其他区间的精准测量，地图在区间表达上则粗犷一些。基于理论或数据的自然断点进行数据分离，而不是人为地分离数据，是有很多好处的。然而需要注意的是，为了避免曲解区间，不应将数据分得太开。即使是等值线图中有很多的界限，也最好是保持较少的分组。研究者（Jenks & Knos, 1961）表示地图中最好不要超过 8 个分组，这是因为人类的眼睛不能区分这么多的阴影。

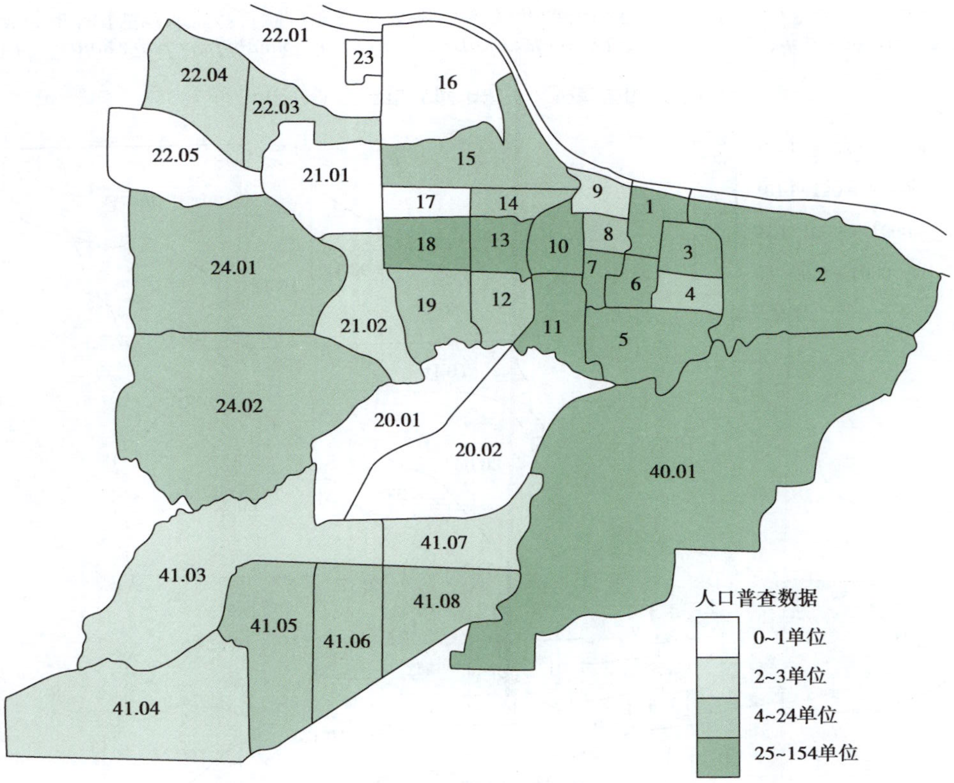

图 3-18　按人口普查数据登记的寄宿家庭数量的等值线图

来源：Walker, J. T.(1992). *Ecology and Delinquency in 1990: A partial replication and update of Shaw and McKay's study in Little Rock*(1990 生态学与越轨：基于小石城数据对肖和麦凯研究的部分复刻与更新), Arkansas. (unpublished) . Sam Houstan State University, Huntsville, Texas.

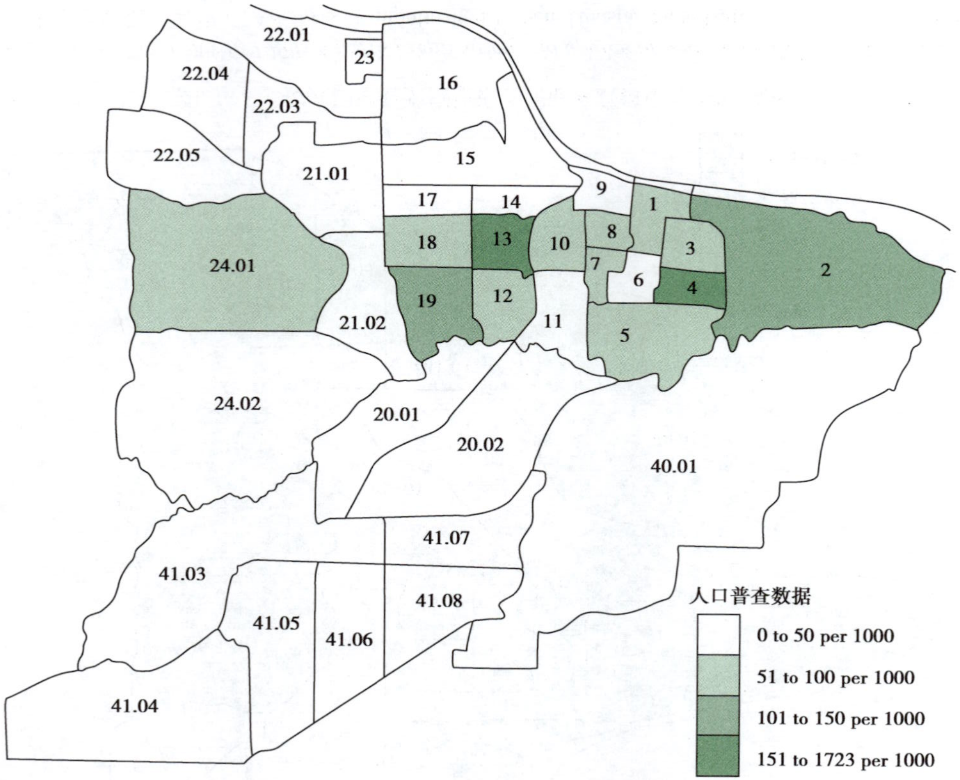

图 3-19　人口普查数据中每千人犯罪率的等直线图

数据来源：Walker, J. T.（1992）. *Ecology and Delinquency in 1990: A partial replication and update of Shaw and McKay's study in Little Rock*（1990 生态学与越轨：基于小石城数据对肖和麦凯研究的部分复刻与更新）, Arkansas.（unpublished）. Sam Houstan State University, Huntsville, Texas.

关于等值线图的问题

尽管使用等值线图可以非常有效地表达空间信息，但它也不是完全没有局限性。第一，整个地理单元都被阴影覆盖，好像变量是平均分布的一样。但事实上，大多数的区域都包含了任何所给变量的上下界值，几乎没有区域是与其给定特征完全一致的。第二，等值线图的清晰界限可以帮助理解图上突然变化的那些特征。事实上，这些特征的变化是渐进的且不以边界线为限。

3.7 结论

正如你在本章所学到的那样，数据的图形表达可以有效地检验、解释数据，以及整合数据的性质和特点。频数分布展示了数据是如何排列的，图表让频数分布的检验与解释更方便，地图则对地理和空间数据的特征展示特别有效。

不过，还是提醒一句。图形表达不是一种装饰性的附属品，也不应独立于解释和分析。图表必须在必要时使用，并且要进行充分的文字解释。图表的呈现如果没有论据支撑，会让人感觉隐藏了什么或是没有提供需要的所有信息。然而，如能谨慎地使用并选取合适的形式，数据的图形表达和分析法会成为你展示研究结果的重要方法。

3.8 关键术语

面积图（area chart）
条形图（bar chart）
箱线图（box and whisker graph）
单元格频数（cell frequency）
等值线图（choropleth map）
列标题（column headings）
组合分布（combination distributions）
累积百分比（cumulative percentage）
频数分布（frequency distribution）
直方图（histograms）
四分位数间距（interquartile range）
区间宽度（interval width）
图例 （legend）
线形图（line chart）
下限（lower limits）
边际和（marginal）
正态概率图（normal probability plot）
伯查德偏移图（offset Burchard chart）
拱形图（ogive）
异常值（outliers）
路径图（path diagrams）
饼状图（pie chart）
标钉、点、标针图（pin, spot, or point map）
多边图（polygon）
客观界限（real limits）
残差图（residuals plots）
散点图（scatter plots）
根（stub）
上限 （upper limits）
有效百分比（valid percent）
赋值标签（value label）
X 轴、*Y* 轴（*X* axis, *Y* axis）

3.9 练习

1. 为以下数据库创建一个频数分布、百分比分布和累积百分比分布。请确保对你的分布和所有部分命名准确。

某日出庭被告人所犯罪次数

2，4，4，6，2，3，2，0，2，2，0，4，8，1，2，6，1，6，9，8

2. 为以下数据集创建一个分组的频数分布，使用类别 90~99，80~89，70~79 等。请确保对你的分布和所有部分准确命名。

72，38，43，81，79，65，59，90，83，39，42，58，56，72，63，49，81，56，60，83，89，60，52，62，32，28，39，49，48，65，92，81，58，95，82，73，73，89，95

3. 针对以下图表：（a）分析识别每一个变量的测量水平；（b）说出此类数据最适合的图形及选择理由；（c）绘制此图（此题并不考查学生的艺术水平）。

年龄：受访者的年龄分布

赋值标签	赋值	频数	百分比 /%	有效百分比 /%	累积百分比 /%
0~10	1	0	0.00	0.00	
11~20	2	7	2.15	2.15	2.15
21~30	3	31	9.51	9.51	11.66
31~40	4	76	23.31	23.31	34.97
41~50	5	70	21.47	21.47	56.44
51~60	6	54	16.56	16.56	73.01
61~70	7	40	12.27	12.27	85.28
71~80	8	27	8.28	8.28	93.56
81~92	9	21	6.44	6.44	100.00
	缺失	0	0		
总计		326	100.00	100.00	

子女：受访者的子女数量

赋值标签	赋值	频数	百分比 /%	有效百分比 /%	累积百分比 /%
	1	107	3.8	33.1	33.1
	2	44	12.7	13.6	46.7
	3	75	21.6	23.2	7.0
	4	39	11.2	12.1	82.0
	5	21	6.1	6.5	88.5
	6	15	4.3	4.6	93.2
	7	11	3.2	3.4	96.6
	8	3	0.9	0.9	97.5
	9	2	0.6	0.6	98.1
	10	1	0.3	0.3	98.5
	11	1	0.3	0.3	98.8
	12	2	0.6	0.6	99.4
	15	1	0.3	0.3	99.7
	16	1	0.3	0.3	10.0
	缺失	24	6.9		
总计		347	100.00	100.00	

工作：受访者的职业

赋值标签	赋值	频数	百分比 /%	有效百分比 /%	累积百分比 /%
专业人士	1	105	30.3	34.9	34.9
办事员 / 技术员	2	43	12.4	14.3	49.2
蓝领	3	28	8.1	9.3	58.5
退休	4	68	19.6	22.6	81.1
家庭主妇	5	16	4.6	5.3	86.4
其他（兼职）	6	28	8.1	9.3	95.7
失业	7	13	3.7	4.3	100.0
	总计	301	86.7	100.0	
	缺失	46	13.3		
总计		347	100.00		

4. 从现有的期刊上选取三篇含有本章讲到的图表或地图的文章。(a) 讨论其为什么适合于此类数据（或为什么不）；(b) 将它与本章提到的设计惯例比较并讨论；(c) 解释它想展示什么。

3.10 参考文献

Federal Bureau of Investigation.（1980—1990）. *Uniform Crime Reports*. Washington, DC: US Government Printing Office.

Jenks, G. F., & Knos, D. S.（1961）. The use of shading patterns in graded series. *Annals, Association of American Geographers*, 51, 316-334.

Playfair, W.（1801）. *The Commercial and Political Atlas*（3rd ed）. London, England: Wallis.

Schmid, C. F.（1954）. *Handbook of Graphical Representation*. Hoboken, NJ: Wiley.

Schmid, C. F., & Schmid, S. E.（1979）. *Handbook of Graphical Representation*（2nd ed）. Hoboken, NJ: Wiley.

Shaw, C. R., & McKcy, H. D.（1942）. *Juvenile Delinquency and Urban Areas*. Chicago, IL: University of Chicago Press.

Tukey, J.T., Watt, B., & White, E. A.（1994）. Juvenile activities and gang involvement: The link between potentially delinquent activities and gang behavior. *Journal of Gang Research*, 2（2）, 39-50.

Wright, S.（1921）. Correlation and causation. *Journal of Agricultural Research*, 20, 557-585.

Wright, S.（1934）. The method of path coefficients. *Annals of Mathematical Statistics*, 5, 161-215.

3.11 注释

1. F = 大一新生；S = 大二学生；J = 大三学生；G = 大四学生。

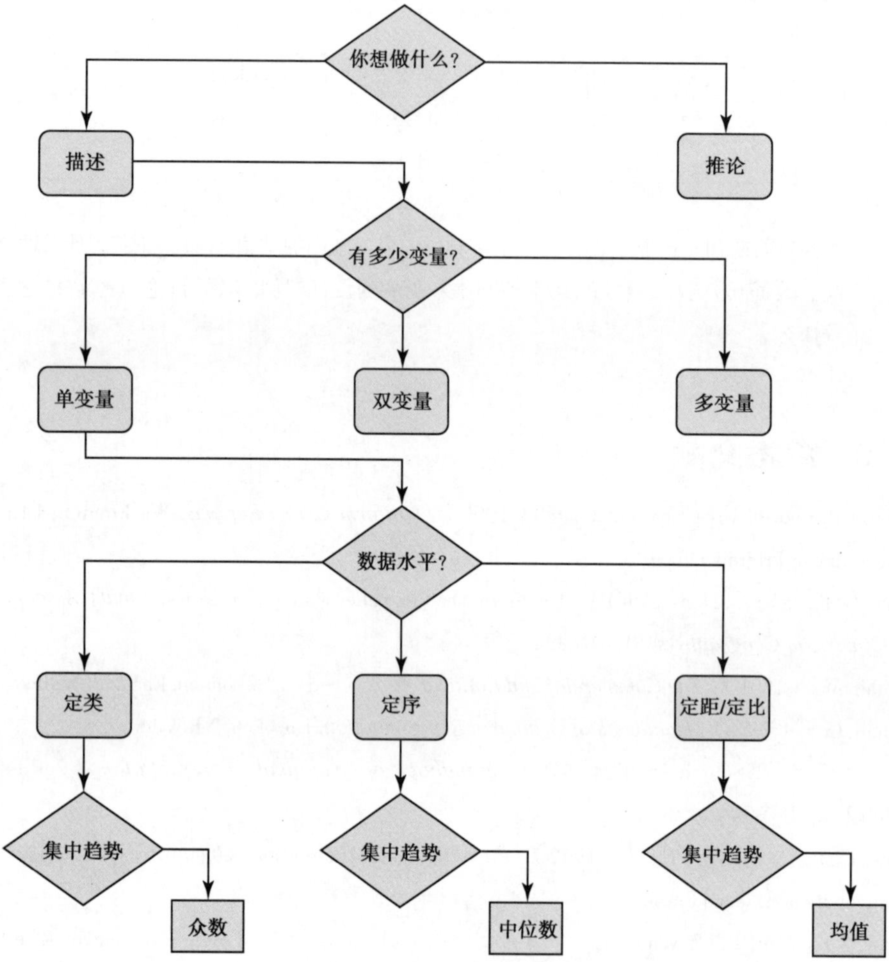
你想做什么?
描述
推论
有多少变量?
单变量
双变量
多变量
数据水平?
定类
定序
定距/定比
集中趋势
众数
集中趋势
中位数
集中趋势
均值

第 4 章

集中趋势测量

学习目标

- 理解众数、中位数和均值作为集中趋势测量标准的含义
- 针对不同的测量水平选用合适的集中趋势测量方法
- 说明如何计算众数、中位数和均值

4.1　单变量描述统计

如第 3 章所学，使用频数分布和图形表达可以帮助研究者确定数据是如何排序的，并帮助研究者对其汇总。但是，频数分布和图形表达并不总能完整地表达数据特性，这通常就需要对数据做进一步的汇总。较之于汇总整个分布，通常而言有效的方法就是仅对数据中的某一特征进行比较。进行这种比较，有利于了解诸如分布形态、数据平均值以及数据在整个分布中的离散程度等信息。

本章将介绍单变量描述统计，它被用于描述和解释某个分布。这种分析方法之所以被称为单变量描述统计，是因为其只描述单一变量的特征，而不去测量该变量与其他变量之间的关系。单变量描述性统计主要对分布的三个特性进行了描述。第一个特性是**集中趋势**（central tendency），它可以转化为分布的平均值、中位数和众数。第二个特性是数据的**离散程度**（dispersion），这关系到数值是如何围绕着中心测量分布的。最后一个特征是分布的**形态**（form），这关系到使用图形表达后分布看上去像什么。分布形态的指标包括峰数、偏度和峰度。在本章中我们学习第一个单变量描述方法：集中趋势测量。离散测量和分布形态测量将分别在第 5、6 章讲解。

4.2　集中趋势的测量

集中趋势测量用于检验中心值在分布中的位置，或分布的典型值。集中趋势测量有三个常见的测量方法，其中每一种测量方法对应一种变量的测量水平（定距和定比变量视为一类，因此有三类）。它们分别是用于定类变量的众数、用于定序变量的中位数，以及用于定距和定比变量的均值。

4.2.1　众数

最简单的集中趋势测量指标是**众数**（mode）（用 Mo 表示）。众数主要用

于定类数据，用出现最多的频数来确定类别。众数是分布中最常出现的值或类型。直方图中最高的一栏、多边图或线图的顶点就是众数。众数的优点就是它在分布中很容易被找到，并且经常作为集中趋势分布的第一指标。

众数是唯一适用于定类变量的集中趋势测量方法，因为它只是单纯的计数而已。但众数不能像其他集中趋势测量方法那样对变量的顺序或变化做出任何解释。事实上，众数并不关注变量的顺序和区间大小这样一些信息，即使可以根据数据获得这些信息。因为单纯使用众数会缺失太多信息，通常不建议将众数用于定序或定距变量（除非和中位数与均值结合使用）。

没有适用于分组或未分组数据的众数计算公式或算法，只需要统计并确定频数最高的数值即可。表 4-1 中的数据是 15 所监狱在 10 年里越狱犯人的数量。数据显示了 15 所监狱都有越狱发生，2 所监狱 7 人，1 所监狱 6 人，3 所监狱 5 人，2 所监狱 4 人，4 所监狱 3 人，1 所监狱 2 人以及 2 所监狱 1 人。那么这个数据的众数就是 3，因为 3 的频数最大。

确定分组数据的众数常常是非常容易的，因为频数已经统计好了。表 4-1 中的数据可以像表 4-2 那样分组表示，那这个数据的众数又是什么？你可以一目了然地找到最高频数的组别。在这组数据中，3~4 这个分组就是这次要找的众数，因为它的频数是 6。如果把这些数据分布绘制成像图 4-1 那样的条形图或多边图，你可以看到 3~4 这一组是条形图中最高的柱，并且也形成了多边图的峰。这个最高的柱或峰就指出了此变量的众数。

表 4-1　未分组数据

7	5	4	3	2
7	5	4	3	1
6	5	3	3	1

表 4-2　分组数据的众数

X	f
7~8	2
5~6	4
3~4	6
1~2	3

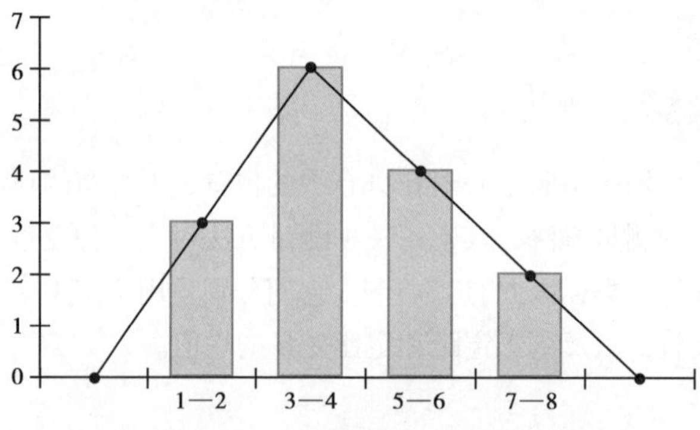

图 4-1　表 4-2 中分组数据和柱状图和多边图

你该如何操作？

在 SPSS 中进行单变量统计分析

单变量统计分析包括集中趋势测量、离散程度测量和分布形态。你可以在 SPSS 中通过同样的步骤来获得这些统计结果，这个步骤仅仅对第 3 章中所教的如何获得频数分布的步骤做了一点改动。具体步骤如下。

1. 打开一个数据集：
   a. 启动 SPSS；
   b. 选择"File"，点击"Open"，再点击"Data"；
   c. 选择你要打开的文件，然后点击"Open"。
2. 当数据加载后，选择"Analyze"，点击"Descriptive Statistics"，再点击"Frequencies"。
3. 确保"Display Frequency Tables"被选中。
4. 选择此分布中你所希望计算的变量，然后点击这两个窗口之间的▶按钮。
5. 点击窗口底部的"Statistics"按钮。
6. 检查你希望用于你研究的单变量测量的窗格：
   a. 要想知道集中趋势测量（本章），勾选"Central Tendency"框中的窗格，特别是众数、中位数和均值；
   b. 要想知道离散程度测量（第 5 章），勾选"Dispersion"框中的窗格，特别是标准差、方差和全距；
   c. 要想知道分布形态（第 6 章），勾选"Distribution"框中的窗格，特别是偏度和峰度。
7. 选择"Continue"，然后点击 OK。
8. 将会出现一个类似于表 4-3 这样包含了分布的窗口。

讨论众数有一点需要引起注意，众数不是出现频数最高的数字出现的次数，而是指这个类别本身。根据表 6-2，最高出现的频数是 6，但是 6 并不是众数，众数是出现频数最高的类别，因此在本例中，众数是 3~4。

当数据以频数分布呈现的时候，计算众数也变得容易。表 4-3 中的众数是多少？对本例来说，众数是 4，或者说是大学肄业。注意在本例中，众数既可以写成 4，也可以写成大学肄业。当使用定类或者定序数据时，数值被赋予标签，那么无论是使用数值还是标签来表示众数均可。

表 4-3 1993 年小石城社区警务调查的教育水平组合表

你的最高学历水平是？

赋值标签	赋值	频数	百分比 /%	有效百分比 /%	累积百分比 /%
高中以下学历	1	16	4.6	4.8	4.8
高中同等学历	2	59	17.0	17.6	22.3

续表

赋值标签	赋值	频数	百分比 /%	有效百分比 /%	累积百分比 /%
高中学历	3	8	2.3	2.4	24.7
大学肄业	4	117	33.7	34.8	59.5
本科学历	5	72	20.7	21.4	81.0
研究生学历	6	64	18.4	19.0	100.0
缺失		11	3.2		
总计		347	100.0	100.0	

样本（*N*）	有效	336
	缺失	11
均值		4.08
中位数		4.00
众数		4
标准差		1.460
方差		2.131
偏度		–0.477
偏度标准误		0.133
峰度		–0.705
峰度标准误		0.265
全距		5

图 4-2 是将表 4-3 数据的直方图和多边图进行结合的一种数据表达形式。如图所示，直方图中最高的柱和多边图中最高的点均为 4（大学肄业）。SPSS 输出的结果如表 4-3 所示，大学肄业（4）被识别为众数，对应的频次为 117。此外，均值、中位数和其他指标也同样在表中被汇报。这是 SPSS 默认输出的内容，它提供了大量本章和其后两章所讨论的单变量描述统计结果。现在你看到表 4-3 可能会却步，但当你结束第 6 章的学习，再次检视如表 4-3 这样提供了频数分布表和单变量统计结果信息的表时，你应该可以了解关于该分布的所有信息。

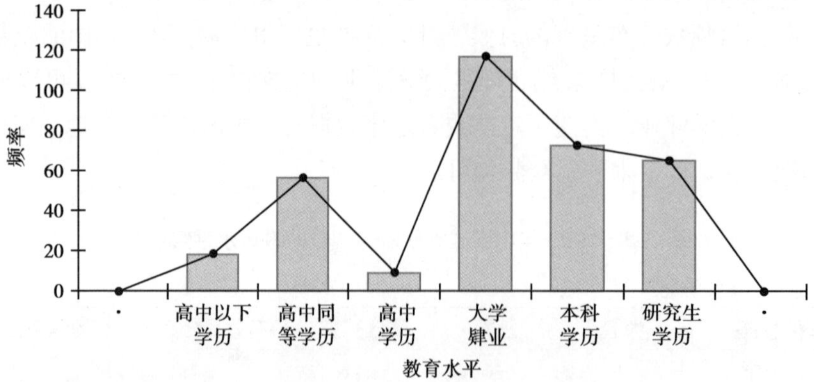

图 4-2　受访者教育水平的直方图与多边图

一个分布中的众数并不只局限于一个，一个分布中的几个种类经常会出现相同或相似的频数，这时这个分布就可以叫做双峰或多峰分布。如果一个分布中的每个分类频数都是相同的，那么这个分布可能没有众数。如果对表 4-1 中的数据稍做修改，将它分别转换为双峰分布、多峰分布和无众数的数据，就会得到图 4-3—图 4-5。在图 4-3 中，种类 3 和 4 拥有相同的频数 3。这样 3 和 4 就是这个分布的众数，因为它们有相同的最高频数。

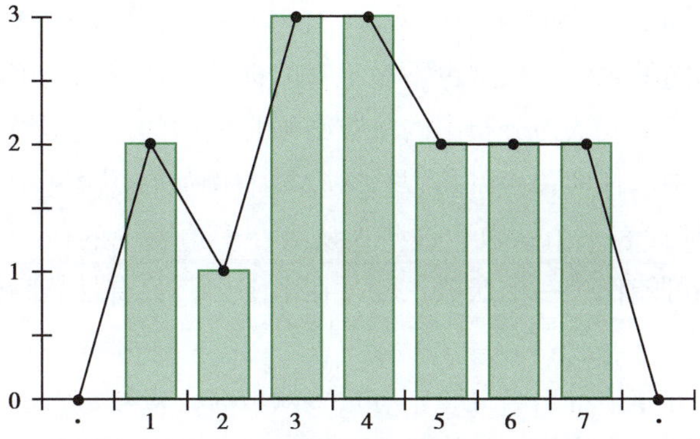

图 4-3　双峰分布

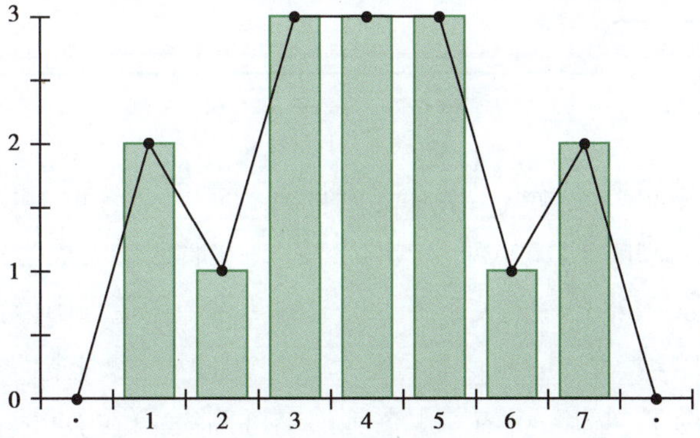

图 4-4　多峰分布

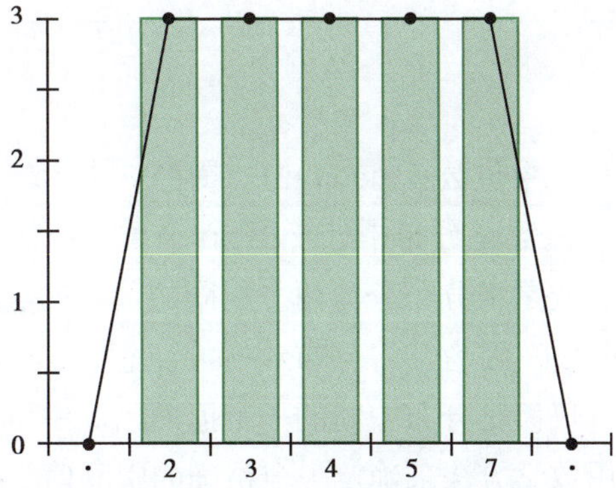

图 4-5　无峰分布

在图 4-4 中，3、4、5 拥有相同的频数 3。这意味着这三个分类都是这个分布的众数。当一个分布中有几乎一半的分类为众数时，其用于集中趋势测量会缺乏解释力。

在图 4-5 中，所有的分类都有着相同的频数，虽然不常见，但还是会有这样的情况，特别是在调查研究中数据分类较少时。尽管这作为一种呈现所有分类有着相同的频数的方式是有益的，但在这种情况下众数作为集中趋势测量是没有实际意义的。在图 4-3（3 和 4）、图 4-4（3、4、5）和图 4-5（2 到 7）中的每一个众数都有着相同的频数，但这也不是绝对的标准。在双峰或多峰分布的构成上还存在着争论：一些人认为分布中的频数必须是相同的才是多峰分布；还有一些认为实际上分布中的任何顶点都可以代表众数。例如在图 4-1 中，一些人会说分类 1~2 和 3~4 都代表一个众数，这些人认为在多边图中的任一个顶点，或分布中的任一个值都可能代表一个众数。不过在本书中，只有最高频数的分类才可以被视为众数。

可以从这些分布中看出当分布中有很多众数时，众数数量庞大且变得无效，因为每个分类都有一个峰值（除非是为了了解这个分布的特征）。这就是为什么除用于定类数据外，众数很少作为一种集中趋势测量方法在统计学中被广泛使用。

历史回顾

集中趋势测量是最古老的描述统计方法之一。例如，均值可以追溯到公元前 6 世纪的毕达哥拉斯（Pythagoras），尽管它的发展肯定要早得多。高尔顿（Galton, 1883）在他关于百分位数的工作中创造了中位数这一术语，但这之前费希纳（Fechner）为了到达一个“正中的纵坐标”值时已经在运用这一概念了。最后，卡尔·皮尔逊（Karl Pearson）在 1895 年将概念“纵坐标最大频数所对应的横坐标”简化为众数。

4.2.2 中位数

对于定序数据而言，**中位数（medain）**（用 Me 表示）可能是检验分布的集中趋势的最好方法。中位数是分布中处于第 50 个百分位的点，这意味着中位数是分布的精确中间值，或是将分布分为两个相同的部分的点。对于 1、2、3 这个分布而言，2 就是中位数，因为其将分布对拆。注意，2 不是最频繁出现的值，也不是公式算出来的，仅仅是分布中间的一个值而已。中位数始终是分布的中间值，只是有时它需要用数学方法来确定一个精确的中间值。

中位数用于定序数据是因为它不能表示区间的距离，只能说明是高于或低于中位数这样一个趋势。回到“变量和测量”（第 2 章）中，定序数据的特征是你可以确定两个分类之间的大小，但因为区间的不等，你无法确定分类之间大多少或是小多少。中位数也是这样的道理，确定分布的中点可以说明分类是大于还小于中位数，但无法说明大或小多少。例如以下两个分布：

1，2，3，3，4，4，5　　　　1，1，1，3，10，50，100

尽管每个分布都有不同的数值，但都有 7 个数字。在这个例子上，它们的众数是不同的，第一个分布的众数是 3 和 4，第二个分布的众数是 1。同样，均值也是不同的，第一个分布的均值是 3.14，第二个分布的均值是 23.71。然而，两个分布的中位数都是 3，即分布的中间值。两个分布中都有 3 个数值大于和小于中位数。

当分布呈偏态形式的时候，中位数可取代均值。极端的数值经常会在很大程度上影响均值（下一部分讨论）。例如，如果你计算 2 岁、3 岁、4 岁和 50 岁这组人的年龄均值，或平均数，会是 14.75 岁。很显然，14.75 并不是这个分布中的合适中心值，只是因为均值是这样计算的，所以才会得到这个数。这个分布的中位数是 3.5，其能更好地表示中心值。即使在上面的例子中，第二个分布的均值是 23.71，也不能真正地表达这个分布的特性。然而，需要注意的是，如果变量是定距的，并且其不是呈偏态分布的，使用中位数作为集中趋势测量方法，数据也会缺乏解释力。

非分组数据的中位数

计算非分组数据的中位数相对简单，只需要分布的 N 值就可。如果 N 值没有给出，简单地把数值出现的频数加起来就可以了（记住，不是把数字的值加起来），然后把 N 值代入公式（$N+1$）/ 2 中。表 4-1 数据中的中位数可以像示例 4-1 中那样计算。

这里有 23 个数值，加上 1 再除以 2 就可以获得精确的分布中点，在这个例子中是第 12 位数。一旦计算出此数，如果数据没有排序，那你需要进行排序。这可以确保分布的中间值精确地位于中间，并且数值已经被排序。然后从最小的数值开始数，一直数到算出来的那个数的位置（示例 4-1 中的数是第 12 位），对应的这个数值就是中位数。在这个例子中，第 12 个数是数值 3，所以这个分布的中位数就是 3。

关于中位数有几个问题需要注意，当对中位数进行解释时，事先理解这些问题是非常重要的。首先，在计算中位数时需要注意有两个数需要搞清楚。从公式中获得的数并不是中位数，只是为找到这个分布中的中位数（或是分组数据的中间分类）需要进行计算的位数。中位数是从公式得到的位数所对应的值。上面例子中，中位数不是 12，12 只是从分布起点开始的位数，以便找到中位数 3。

其次，如果在中位数分类中有超过 1 个的同样数值（在图 4-5 中有 3 个 3），即使这个数出现了多次，其仍然是中位数。要寻找的关键值是中间值，无论这里特定的分组有多少。这种情况会在计算分组数据的中位数时再次出现，分组数据的组间距是大于 1 的。

7	5	4	2	2
6	5	3	2	1
6	5	3	2	1
6	5	3	2	
6	4	2	2	

$$\frac{N+1}{2}=\frac{23+1}{2}$$
$$=\frac{24}{2}$$
$$=12$$

示例 4-1　未分组数据

最后，不像众数，中位数在分布中并非必须是分布中的一个值。对于奇数分布（示例 4-1）而言，中位数将会是分布中的一个值，因为这个点把分布一分为二。然而，在偶数分布中，中位数将会介于两个值之间。如在 3，4，5，6，7，8，9，10 这个分布中，根据公式（$N+1$）/ 2 会得出一个 4.5 的 N 值，这个中位数的点将会放在 6 到 7 之间。当出现这种情况时，中位数就是介于两个数值中间的值。在这个例子中，中位数是 6.5。即使两个数值之间的间隔不为 1 时也是如此。例如分布 5，6，8，10，11，12，公式得出的 N 值会将中位数放在数值 8 和 10 之间，因此，中位数就为 9。

分组数据的中位数

当分组数据的组间距是 1，并且整个分组都可以作为中位数，寻找分组数据的中位数本质上和非分组数据是一样的。第一步是用公式（$N+1$）/ 2 找到计数值。然后简单地统计每一个分类的频数以找到中间分组。如果将示例 4-1 中的数据按频次进行分类，它就会像是示例 4-2 那样。

X	f
7	1
6	4
5	4
4	2
3	3
2	7
1	2
N	23

$$\frac{N+1}{2}=\frac{23+1}{2}$$
$$=\frac{24}{2}$$
$$=12$$

示例 4-2　组间距为 1 的分组数据

第一步是用公式确定中间点。因为示例 4-2 中的数据没有改动，所以这里仍然是 23 个数值（每所监狱的越狱次数）。像之前那样，把 N 代入公式中去，会得到 12 这个数。因为这是一个频数分布，所以里面这些数值可能已经被排序。尽管无论从最大或最小的分组开始数都可以找到中位数，但最好还是从最小的分组开始。在这个例子中，你可以从分组的频数开始数，直到第 12 位数，对应的是分组 3。注意从 10 数到 12 都在分组 3 中是可能的，不过没关系，只要我们数到了 12，它就是所对应分组中的一个数。如果计算出的中位数位于第 10、11 或 12 位，分组 3 都是中间分组。

同样的步骤也适用于组间间距大于 1 的分组数据，只要它们的中间分组是足够的。计算分布的中位数，即唯一中间分组的过程如示例 4-3 所示。这个频数分布与之前的分布一样有着相同的 N 值，所以第一步也是一样的，计算出位数。在这里，这个数还是 12。从最小的分组开始一直数到 12，会数到 16~20 这个分组。这个分组包含了第 10 到第 14 位数，因为这个分组包含了从公式中算出来的数，所以它是中间分组。

X	f
31~35	2
26~30	3
21~25	4
16~20	5
11~15	4
6~10	3
1~5	2
N	23

第 1 步：找到中位数区间 $\frac{N+1}{2}$ =12。

第 2 步：在此频数公布中数出那个分组。

第 3 步：这就是这个分布的中间分组（16~20）。

示例 4-3 计算分组数据的中位数

回看表 4-3，分布中的数据既可以是定类数据，也可以是定序数据。例如，可以说分布中的“高中同等学历”打乱了分类的顺序，因此这些数据应该是定类的。但也可以说，这些分组是非常有序的，所以是定序数据。正因如此，为了确保例子的一致性，用于讨论众数的频数分布也在这里用于讨论中位数了。

表 4-3 中的中位数和众数是一样的，即大学肄业（4），这是用上述的方法获得的：

$$\frac{347+1}{2}=174$$

在分布中开始计数（从分组 1 开始数，在这个例子中它在最上面），直到数到中位数在第 4 组（16+59+8+117）。因为这个分组中包含了第 83 到第 200 位数，所以第 174 位数也在其中。同样，因为在这个例子中包含中位数的分组是充足的，所以这个中位数可以叫大学肄业或 4。

计算一个区间大于 1 的分组数据的精确中位数就有些复杂了。以示例 4-3 中的数据为例，计算精确中位数的过程在一开始和上面是一样的，用公式（$N+1$）/ 2。算出的值是 12，和前面的例子一样。这意味着 16~20 这组是中间分组。如上所述，在这个分组中我们可以数到 14，超过了设定的中位数值 12。那么问题就来了：这个分组的中位数在哪里？要找到它就需要在分组中有个插值。假设分组中的数值是均匀分布的，[1] 计算精确中位数的公式就是：

$$Me = L_m + \left(\frac{0.5N - cf_{bm}}{f_m}\right)i$$

L_m 是中位数分组的下限值，cf_{bm} 是中位数分组以下分组的累积频数，f_m 是中位数分组的频数，i 是中位数分组的区间宽度。将示例 4-3 中的数据套用到公式中，中位数的计算如下：

$$\begin{aligned} Me &= 15.5 + \left(\frac{0.5(23) - 9}{5}\right)\times 5 \\ &= 15.5 + \left(\frac{11.5 - 9}{5}\right)\times 5 \\ &= 15.5 + \left(\frac{2.5}{5}\right)\times 5 \\ &= 15.5 + (0.5)\times 5 \\ &= 15.5 + 2.5 \\ &= 18 \end{aligned}$$

15.5 是 16~20 这一分组的下限值。和其他例子一样，N 值是 23。累积频数取决于包含了中位数这一分组以下的其他分组的所有频数的总和。在这个例子中，在中位数分组以下有三个分组，分别是：1~5，6~10，11~15。这些分组的频数（分别是 2，3 和 4）等于 9（cf_{bm}）。这个例子中的中位数分组（16~20 一组）的频数是 5（f_m）。最后，间距是由中位数分组的上限值减去下限值计算而来的（20.5–15.5 = 5）。这个例子中，计算结果展示了这个分布的精确中间点是 18。[2]

表 4-4　种族与伦理问题研究

你专业研究涉及种族与伦理问题的比例有多少？

部分	数量	比例 /%
0~10%	6	15
11%~25%	1	2
26%~50%	12	30
51%~75%	14	35
超过 75%	7	18
	40	

来源：Edwards，White and Pezzella（1998）。

在实际研究中，计算精确的中位数通常是不必要的。大多数的统计软件都可以得出非分组数据的精确中位数，或是研究者们仅将中位数分组或中位数分组的中间点作为中位数使用。然而，有时期刊需要决定精确的中位数。例如，你很想知道表 4-4 数据的精确中位数。这个表格展示了其组间距是大于 1 且不相等的。过程和以上所述是一样的。这里的中位数分组是 51%~75%［（40+1）/2 = 20.5］。在这个分组中得到精确的中位数插值（interpolating）需要使用上述的公式。将表 4-4 中的数据用于公式后如下所示：

$$
\begin{aligned}
Me &= L_m + \left(\frac{0.5N - cf_{bm}}{f_m}\right)i \\
&= 50.5 + \left(\frac{0.5(40) - 19}{14}\right)\times 25 \\
&= 50.5 + \left(\frac{20 - 19}{14}\right)\times 25 \\
&= 50.5 + \left(\frac{1}{14}\right)\times 25 \\
&= 50.5 + 0.07\times(25) \\
&= 50.5 + 1.75 \\
&= 52.25
\end{aligned}
$$

在这个例子中，正如你所想，中位数并没有在中位数分组很中间的位置。这是因为比中位数分组低的组别的累积频数是 19，而精确的中位数位于 20.5 的位置。

当中位数分组是开放式的时候，以上过程会显得有些复杂。例如，有一个最大组别是年收入大于等于 3 万美元的分布，那么它的中间点在哪里？这里有几种处理方法。可能最好的方法是试图去确定一个合理的中间点可能在哪里。这同样可以以表 4-3 为例，其有两个开放的分组：高中以下学历和研究生学历。这会使得确定它们的中间点变得困难，例如，研究生学历的中间点在哪里？这就需要研究者基于理论或其对数据的了解来进行判断了。

4.2.3 均值

统计学家就是脚踩冰桶而头靠烤炉，并言“平均而言，我感觉很好”的人。

——佚名

无论是统计学家还是普通人，最常用的集中趋势测量方法都是**均值**（mean）。均值主要用于定距和定比数据，因为其假设**区间**（interval）是相等的，所以均值通常不用于定类和定序数据。均值是非常重要的统计分析方法，因为它和变量（参见第 5 章离散测量）一样，是很多高阶统计公式的基础。均值同样可用于检测数据的完整性。如前文所述，极端值时常严重地影响着均值。因此，如果把 17 打成了 177，均值会比你想象的大得多。均值超过数据的期望值意味着应该重新检查数据。

事实上，均值有多重含义。本章所指的均值是算数平均数（本书从此之后都使用均值一词，以代替算数平均数）。均值的其他形式很少在社会科学研究中运用，在此不予讨论，包括加权平均数、调和平均数和几何平均数。

均值的符号与前面介绍的两种集中趋势的符号不太相同。均值用 μ 或 $\bar{X}$ 表示，具体取决于数据是总体还是样本估计（这种区别在第 15 章及其后会经常提及）。有趣的是描述统计处理的是总体估计，但描述统计通常所使用的均值符号实际上是样本估计（$\bar{X}$）。这是因为大多数的教科书都把这个均值符号用于描述分析中了，所以这里我们也用它来表示均值，尽管总体估计的均值用 μ 更为合适。

简单来说，均值就是分布中所有值的平均数。把分布中所有数值加起来再除以 N（就像计算平均数一样）就得到均值了。在统计术语中，均值计算方法如下：

$$\bar{X} = \frac{\sum fx}{N}$$

fx 是通过 X 乘以其每个值的频数得来的。以示例 4-2 为例，其均值可以像示例 4-4 那样算出。在这里，每一个 X 都乘以这一分组的频数（7×1，6×4，等等）。这就在表中创建了 fx 一栏，此栏最后求和得到 $\sum fx$（84）。然后这个值除以分布的 N 值（23）就得到了分布的均值。在这个例子中，23 所监狱共发生 84 次越狱，所以这 23 所监狱发生越狱的均值（平均数）是 3.65 次。

X	f	fx
7	1	7
6	4	24
5	4	20
4	2	8
3	3	9
2	7	14
1	2	2
N	23	$\sum fx$ 84

$$\bar{X} = \frac{\sum fx}{N} = \frac{84}{23} = 3.65$$

示例 4-4　计算均值

计算分组和未分组数据的均值过程是相同的。唯一不同的就是分组数据组间距大于 1 时，分组的组中值会被用作 X 值。[3] 例如，示例 4-3 的频数分布中，分组的中间点会是 2.5（5.5–0.5 = 5；5/2 = 2.5），8.5，13.5 等。这些值将会以 X 的形式用于计算均值的公式中。

从之前的例子中可以估计出平均值，尽管这个例子展示的是用于众数和中位数的数据（表 4-3）。注意这个数据不是定距或定比数据，用于此只是为了展示均值、中位数和众数之间的异同。尽管数据是定类或定序水平数据，SPSS 也会把其作为定距变量处理，并用以上的公式计算出均值。在这个例子中，每一个分类的值（1 到 6）乘以它所对应的频数（1×16，2×59，等等）。fx 的值加起来一共是 336，SPSS 会输出其均值为 4.077（四舍五入为 4.08）。

在大多实际研究中，均值可能不会和频数分布一起展示，频数分布更多是为了展示数据而不是为了进行分析。在这种情况下，均值可能会被单独写出，或是将其作为研究中的论证或单变量统计表的一部分提出。

均值比起其他的集中趋势测量方法有更多的优点。从实践的角度来看，因为均值具有标准性，所以其被视为集中趋势测量的首选方法。这意味着均值可以跨分布进行比较。这在对来源不同的相似数据进行比较时是十分有益的，例如在对比几个州中每所监狱囚犯的平均数时，这两个均值就可以直接拿来对比。因为从均值得来的离差总和总是为零，所以均值也非常的重要。这是指如果分布的每一个值减去均值，那得来的数相加会为零。这会在第 5 章详细讲述。均值的最后一个重要特征是从均值得到的方差之和是所有方差和的最小值（小于用众数或中位数以同样计算方式得来的值）。**平方和**（sum of squares）的原则对于我们在第 5 章讨论的与回归有关的方差与平方和的内容非常重要。

如上所述，均值的最大问题是它会受到分布中极端值的极大影响。在讲解中位数部分的例子中，我们提到计算 4 个人的年龄的均值的时候，由于最后一个人的年龄远远大于 5，导致平均年龄被计算为 14.75。这展示了均值是如何被极端值所影响的。这就是当数据呈偏态时尽量使用中位数的原因。

4.3 选择最恰当的集中趋势测量

大多统计分析的目标是为了得出一个总结性的陈述，而且通常是对大量数据进行分析得出的。合适的总结取决于几个因素，包括数据的水平和特征、总结的目的以及解释。

数据的水平对使用哪种集中趋势测量方法有着根本性的影响。如前所述，对于特定水平的数据都有着其最适宜的测量方法。众数最适用于定类水平数据，如果将其用于定序或定距数据，可能导致对从数据中获得的信息的解释无力。中位数最适用于定序水平数据。尽管其也可用于定距水平数据（特别是呈偏态分布的），但是不能用于定类水平数据，因为对中位数的假定排序不能从定类数据中获得。最后，均值仅适用于定距或定比水平数据，因为均值假定数据的区间是相等的，其不能通过定类或部分被排序的定序水平数据获得。均值的一个例外就是其可以用于二分定类水平数据，因为这类数据的特征近似于定距水平数据。

选择最恰当的集中趋势测量方法有时也同样取决于数据的特征。如上所述，如果一个分布呈高度的偏态，或其被分布中的一些极端值所影响，那么作为集中趋势测量方法的均值可能是不准确的，应该用中位数。

选择集中趋势测量的第二个标准是基于总结的目的，特别要关注你所试图预测的内容。想象你被要求去选择一种测量方法，其要能够最好地概括分布的特征，你将如何进行？换言之，假如用 100 美元和你打赌要你从分布中随机抽一个数字，并猜测其大小，你会选哪个数？解决这个问题的方法就是找出一个分布中的“关键”数：最常见的数，或能把分布一分为二的数，或平均数。这就是集中趋势测量的目标和任务。以下有几个方法来做到这一点。

如果你知道分布中的所有数值，你可以简单快速地计算出众数。如果你希望预测一个精确的数值，你也可能会使用众数，因为其在任何分布中有着最高的发生概率。中位数和均值都可能产生不属于分布的值，所以如果你必须绝对猜对这个数字的话，你会使用众数。打个比方，你对考试中多选题的正确答案没有什么头绪时，如果你有此出题教授的正确答案分布，你会选择众数而不是中位数或均值。这是因为你要选择的是正确答案而不是计算出来的数。另一个例子就是，预测驾车绕过前方堵塞区域的情况。如果很多司机做这个测试，这个分布会是二分的：左转和右转。然而，建议的行动方法不会是中位数或均值，那样的话车辆会撞向障碍物，即使这样把转错方向的概率最小化了。

另一方面，如果你想通过几次尝试后让数字最接近以正确答案让你的预测最佳化，同时把错误降低到最低程度，中位数会是最好的选择。在这里，重要的不是正负，而是误差的大小。在一个很流行的游戏节目中，嘉宾们有 7 美元在手，然后被要求去猜一个精确数字，其不超过一辆汽车的价格。每猜错一个数字，他们就会被扣 1 美元。如果在做出所有猜测后谁手上剩下的钱最多，他就会赢得这辆汽车；如果钱输光了，他就输了。在前三轮中，回答的正确性至关重要。例如，你在第一轮中可能不会想着猜 9。然而，如果嘉宾们在第 4 轮或第 5 轮都还有钱，他们可能会选择一个中位数（可能是 5）让误差最小化（美元的减少）。所以在这里正负无所谓，重要的是误差的大小。

最后，如果你有机会在几次猜测后将失误平均化，那么符号就变得非常重要（正的可以抵消负的），均值会是最好的选择。如果你不知道一个数值，那么均值是最好的选择。例如，如果要你猜测一个你从未谋面的女士的体重，你可能会选择女性体重的均值，因为这可以让你的失误最小化。在高阶分析的估计中，因为众数和中位数的数学性质都使其不能用于其他的公式中，均值会是唯一的选择。当然，在高偏态分布中均值的意义是不大的。

选择特定的集中趋势测量方法的最后一个标准就是解释。如果你选择了错误的测量水平，并且基于这样的选择进行了集中趋势测量，你的解释可能毫无意义。例如，对于油漆颜色这样的定类水平变量，众数是有用的（选择红色的人比选择其他颜色的人多），中位数则是无用的。再如，如果你说有一半或者更少的人选择红色，那意味着什么？因为数据是无序的，所以这里没有参照点。均值也是同样的情况。你如何解释油漆颜色的平均数是 1.8，选择的平均颜色明显地不同于红色是什么意思？使用低阶的集中趋势测量方法应付高阶测量比较容易，但你的解释力度会被降低。例如，从技术上说一个班级的中间年龄是 20 岁是正确的，但不如精确地去说，平均年龄是 22.4 岁。

4.4 结论

在本章中，我们讨论了第一种单变量描述统计方法——集中趋势测量，介绍了单变量分析。集中趋势测量是众多描述统计方法中的一种，并且提供了大量的信息。例如，如果你问某人关于一群人的事，你可能会根据其平均年龄或收入来提供答案。

集中趋势测量提供了其名称所暗示的信息：中心值的测量。想象一下跷跷板，为了让其很好地运转，必须在中间有一个平衡点以使其重量在两边大体平等地分布（图 4-6）。在这里，集中趋势测量就是在分布中的平衡点。然而，在跷跷板的图中，可能比较容易地把其转化为一个频数分布的直方图。如果只是 X 轴保持不变，那么跷跷板可能看起来就像图 4-7 这样的条形图。这个分布实际上很独特，以至于从数学上看其均值等于 4；因为 4 是发生频数最多的数，它又是众数；然后 4 也是这个分布的最中心点，所以也是中位数。如果分布的值发生一些变化，为了保持分布的平衡，平衡点就不得不跟着变化了。例如，在图 4-8 中，均值、中位数和众数都在不同的点。这是因为分布中的值的分布和对齐方式不同。

你可以看到，只知道集中趋势测量是不够的。有时知道数值是如何分布的，或数值在分布中是如何排列的，也非常重要。这是由于为了恰当地描述数据，需要更多的集中趋势测量。在第 5 章中，我们会讨论数值在分布中是如何散布的。在第 6 章，我们会讨论分布中数据是如何排列的。这三种信息一起构成了完整的单变量分析方法。

图 4-6 集中趋势测量中的对称分布

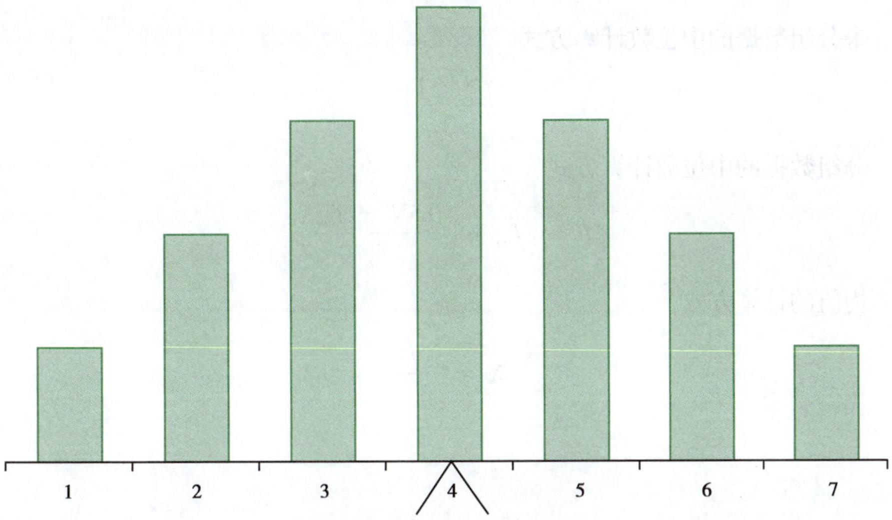

图 4-7 对称分布的直方图

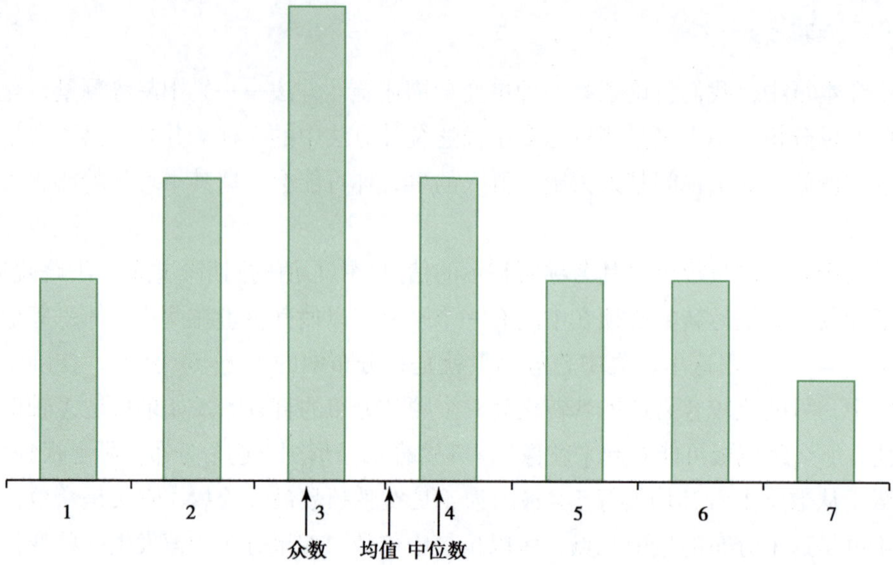

图 4-8 非对称分布的直方图

4.5 关键术语

集中趋势（central tendency）
离散（dispersion）
形态（form）
均值（mean）
中位数（median）
众数（mode）
平方和（sum of squares）

4.6 公式概览

未分组数据的中位数计算方式

$$\frac{N+1}{2}$$

分组数据的中位数计算方式

$$Me = L_m + \left(\frac{0.5N - cf_{bm}}{f_m}\right)i$$

均值的计算方式

$$\overline{X} = \frac{\sum fx}{N}$$

4.7 练习

本章的练习和第 5、6 章的练习使用了相同的例子。这允许你使用所有三种单变量描述统计方法来解决问题。

1. 为以下一组数据计算：

a. 众数

b. 中位数

c. 均值

6，7，8，10，10，10，12，14

2. 为以下一组数据计算：

a. 众数

b. 中位数

c. 均值

7，4，2，3，4，5，8，1，9，4

3. 为以下一组数据计算：

a. 众数

b. 中位数

c. 均值

区间	组中值	频数
90~100		6
80~89		8
70~79		4
60~69		3
50~59		2

4. 为以下一组数据计算：

a. 众数

b. 中位数

c. 均值

区间	f
90~100	5
80~89	7
70~79	9
60~69	4

5. 描述频数表（来源于帮派数据库）中每一个变量的测量水平，以及你是如何决定你的答案的。

6. 以频数表为例，讨论三种不同的集中趋势测量方法。

住房：您的房屋类型是？

赋值标签	赋值	频数	百分比 /%	有效百分比 /%	累积百分比 /%
住宅	1	280	81.6	82.4	82.4
复式住宅	2	3	0.9	0.9	83.2

续表

赋值标签	赋值	频数	百分比 /%	有效百分比 /%	累积百分比 /%
活动住屋	3	34	9.9	10.0	93.2
公寓	4	21	6.1	6.2	99.4
其他	5	2	0.6	0.6	100.0
缺失		3	0.9		
总计		343	100.0	100.00	

N	有效	340
	缺失	3
均值		1.41
均值标准误		0.051
中位数		1
众数		1
标准差		0.945
方差		0.892
偏度		2.001
偏度标准误		0.132
峰度		2.613
峰度标准误		0.264
全距		5

逮捕：您被逮捕过多少次？

	数值	频数	百分比 /%	有效百分比 /%	累积百分比 /%
	0	243	70.8	86.2	86.2
	1	23	6.7	8.2	94.3
	2	10	2.9	3.5	97.9
	3	3	0.9	1.1	98.9
	5	2	0.6	0.7	99.6
	24	1	0.3	0.4	100.0
缺失		61	17.8		
总计		343	100.0	100.00	

N	有效	282
	缺失	61
均值		0.30
均值标准误		0.093
中位数		0
众数		0
标准差		1.567
方差		2.455

偏度		12.692
偏度标准误		0.145
峰度		187.898
峰度标准误		0.289
全距		24

时间：您在现在的住所居住了多久（月）？

	数值	频数	百分比 /%	有效百分比 /%	累积百分比 /%
	1	14	4.1	4.3	4.3
	2	6	1.7	1.8	6.1
	3	4	1.2	1.2	7.3
	4	4	1.2	1.2	8.6
	5	6	1.7	1.8	10.4
	6	6	1.7	1.8	12.2
	7	1	0.3	0.3	12.5
	8	3	0.9	0.9	13.5
	9	2	0.6	0.6	14.1
	10	1	0.3	0.3	14.4
	11	1	0.3	0.3	14.7
	12	11	3.2	3.4	18.0
	14	1	0.3	0.3	18.3
	18	5	1.5	1.5	19.9
	21	1	0.3	0.3	20.2
	24	30	8.7	9.2	29.4
	30	1	0.3	0.3	29.7
	31	1	0.3	0.3	30.0
	32	1	0.3	0.3	30.3
	36	22	6.4	6.4	37.0
	42	1	0.3	0.3	37.3
	48	12	3.5	3.7	41.0
	60	24	7.0	7.3	48.3
	72	14	4.1	4.3	52.6
	76	1	0.3	0.3	52.9
	84	8	2.3	2.4	55.4
	96	18	5.2	5.5	60.9
	108	4	1.2	1.2	62.1
	120	9	2.6	2.8	64.8
	132	11	3.2	3.4	68.2

续表

	数值	频数	百分比 /%	有效百分比 /%	累积百分比 /%
	144	21	6.1	6.4	74.6
	156	13	3.8	4.0	78.6
	168	11	3.2	3.4	82.0
	170	5	1.5	1.5	83.5
	180	7	2.0	2.1	85.6
	182	2	0.6	0.6	86.2
	186	1	0.3	0.3	86.5
	192	14	4.1	4.3	90.8
	198	1	0.3	0.3	91.1
	204	24	7.0	7.3	98.5
	216	3	0.9	0.9	99.4
	240	2	0.6	0.6	100.0
缺失		16	4.7		
总计		343	100.0	100.0	

N	有效	327
	缺失	16
均值		88.77
均值标准误		3.880
中位数		72
众数		24
标准差		70.164
方差		4923.055
偏度		0.365
偏度标准误		0.135
峰度		−1.284
峰度标准误		0.269
全距		239

同胞：您有多少兄弟姐妹？

	数值	频数	百分比 /%	有效百分比 /%	累积百分比 /%
	0	39	11.4	11.5	11.5
	1	137	39.9	40.5	52.1
	2	79	23.0	23.4	75.4
	3	39	11.4	11.5	87.0
	4	17	5.0	5.0	92.0
	5	13	3.8	3.8	95.9
	6	6	1.7	1.8	97.6
	7	4	1.2	1.2	98.8

续表

	数值	频数	百分比 /%	有效百分比 /%	累积百分比 /%
	9	1	0.3	0.3	99.1
	10	1	0.3	0.3	99.4
	12	1	0.3	0.3	99.7
	15	1	0.3	0.3	100.0
缺失		5	1.5		
总计		343	100.0		

N	有效	338
	缺失	5
均值		1.94
均值标准误		0.098
中位数		1
众数		1
标准差		1.801
方差		3.245
偏度		2.664
偏度标准误		0.133
峰度		12.027
峰度标准误		0.265
全距		15

4.8 参考文献

Edwards, W. J., White, N., Bennett, I., & Pezzella, F. （1998）. Who has come out of the pipeline? African Americans in criminology and criminal justice. *Journal of Criminal Justice Education*, 9(2), 249-266.

Galton, F.（1883）. *Inquiries into Human Faculty and Its Development*. London, England: Macmillan.

Pearson, K. （1895）. Classification of asymmetrical frequency curves in general: Types actually occurring. *Philosophical Transactions of the Royal Society of London*（Series A, Vol. 186）. London, England: Cambridge University Press.

4.9 注释

1. 这可能不是一个有效的假设，例如，所有的数值都可能是 14。但在没有解构这些值的情况下去计算中位数是不可能的，所以才假设所有的值在中位数分组都是均匀分布的。
2. 以供将来参考，这个公式与用于计算百分位的公式是一样的（除了 0.5），因为中位数就是分布中的第 50 个百分位。
3. 这个方法为每个分组假定了封闭的间隔。如果出现了年龄分布中最大的年龄分组是“6 岁及以上”这种情况，是很难去确定其中间点的。有时就需要去估计分组的中间值可能在哪里。

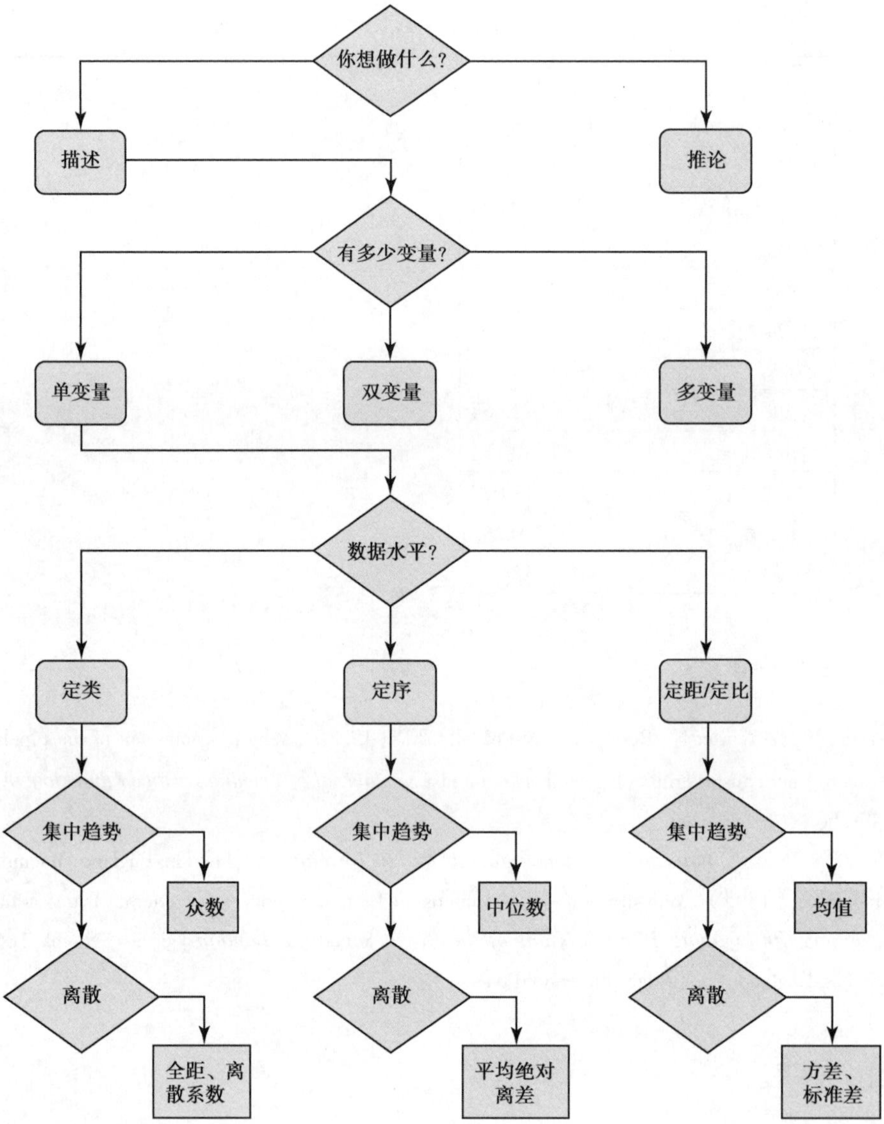
你想做什么?
描述
推论
有多少变量?
单变量
双变量
多变量
数据水平?
定类
定序
定距/定比
集中趋势
众数
集中趋势
中位数
集中趋势
均值
离散
全距、离散系数
离散
平均绝对离差
离散
方差、标准差

第 5 章

离散测量

学习目标

- 理解离散和离差的不同
- 理解作为离散测量的全距、方差和标准差
- 选用适合的离散测量标准分析数据

知道分布的中心值很重要，但中心值也只是分布的特征之一。和中心值一样，知道数据的分布范围也很重要，因为拥有相同的集中趋势的两组数据的分布可能会非常地不同。例如，以下两组测试的结果：

测验一：0 80 85 90 95 100

测验二：75 75 75 75 75 75

每个测试的均值都是 75。测试一的数值从 0 到 100，而测试二的数值都是 75。这些分布拥有相同的均值，但分布的数值范围非常的不同。如果你在不知道数值的情况下还不得不选择一组数据，那你可能会想知道这些数值的分布。如果你是个新手，你最好选择所有数值都是 75 的这一组，而如果你深谙统计学，你一定会选择分布广的一组。这就是为什么结合集中趋势测量来了解分布的离散是如此重要。离散测量展示了数据与中心值之间的距离大小。

5.1 离差和离散

在广义上，离差与离散是相似的。唯一的不同是离差特指单个数值或个体与集中趋势测量之间的不同，而**离散**（dispersion）更多情况下是指所有的数值与集中趋势测量之间的总体差异。

离散和离差对研究是非常重要的。所有的变量都有离散，否则它们就不是变量而是常数（一个与样本无关的数）了。以未成年人犯罪为例，一些未成年人在十几岁的时候从未有过任何犯罪行为，一些未成年人则有一些犯罪行为，还有些未成年人有很多犯罪行为。[1] 这就使得犯罪成为一个变量：不同未成年人犯罪行为的数量不同。犯罪不是一个常数，是因为不是每个未成年人都有相同数量的犯罪行为。这也意味着未成年人的犯罪数量之间是离散的：一些未成年人只有少许犯罪行为，一些未成年人有很多犯罪行为，还有些未成年人几乎无罪不犯。如果

研究者被问到，未成年人犯罪的平均数量是多少，答案可能是未成年人犯罪数量的中心值。然而，这并没反映真实情况。研究者还需要知道不同未成年人的犯罪行为之间存在怎样的差异。这就是离散测量。

离散不只是集中趋势测量的一个重要补充，两者之间还紧密相连。正如“集中趋势测量”（第 4 章）中所提到的那样，均值的两个性质其一是各数值与均值的离差之和为零，其二是各数值与均值的离差平方和达到最小。这里先描述第一个性质。如果我们将表 5-1 的数据（X）减去均值（$\overline{X}=3.934$）得来的每一个数相加，其和会为零。在这里，数据与均值的离差同样可以和数据与中位数及众数的离差做对比。可以看到，后者的离差和不为零，而与均值的离差和是零。

表 5-1　由均值、中位数、众数得出的离差和

X	$X-\overline{X}$	$X-Me$	$X-Mo$
7	3.066	3	4
7	3.066	3	4
6	2.066	2	3
5	1.066	1	2
5	1.066	1	2
5	1.066	1	2
4	0.066	0	1
4	0.066	0	1
3	–0.934	–1	0
3	–0.934	–1	0
3	–0.934	–1	0
3	–0.934	–1	0
2	–1.934	–2	–1
1	–2.934	–3	–2
1	–2.934	–3	–2
$\sum$ 59	0	–1	14

在“集中趋势测量”（第 4 章）中同样提到了，通过均值得到的离差平方和是离差和中的最小的值，小于用众数或中位以相同公式得来的数。这个性质如表 5-2 所示，第二列展示了每一个数值减去均值（3.934）后再平方的结果，把这些值相加后等于 50.93。第三列展示了每一个数值减去中位数（4）后再平方的结果，把这些值相加后等于 51，大于从均值得来的离差平方和。最后，第四列展示了每一个数值减去众数（3）后再平方的结果。把这些数值相加后等于 64，远远大于从均值得来的离差平方和。在讨论作为单变量描述统计的离散测量时，离差和离散的特征也很重要。

表 5-2 由中心趋势测量得出的离差平方和

X	$(X-\overline{X})^2$	$(X-Me)^2$	$(X-Mo)^2$
7	9.40	9	16
7	9.40	9	16
6	4.27	4	9
5	1.14	1	4
5	1.14	1	4
5	1.14	1	4
4	0	0	1
4	0	0	1
3	0.87	1	0
3	0.87	1	0
3	0.87	1	0
3	0.87	1	0
2	3.74	4	1
1	8.61	9	4
1	8.61	9	4
$\sum$ 59	50.93	51	64

5.2 离散测量

尽管离散测量比较适合于特定水平的测量,但它不如集中趋势测量那么精确。全距和离散系数特别适用于分析定类数据的离散程度。上述两个指标与平均绝对离差也可以适用于定序水平数据的分析。定距和定比水平数据可以用方差或标准差来检验。以上离散测量方法本章都会讨论到。

5.2.1 全距

一个最简单的分布离散测量方法就是**全距**(range)。全距(也译为极差)通常用于定类变量和偏序定序变量，尽管有时它是高阶变量离散测量的一个额外方法。全距很简单，就是一个分布中两个极值的差。例如，一个班级学生的年龄分布是 18~35 岁，那么全距就是 17。

尽管全距通常用一个数来表示，但有时也可以用两个极值来简单地表述。在上面的例子中，全距也可以说是 18 到 35。定类和定序水平数据尤其如此。例如，在表 5-3 中，全距可以说是 5(6–1)。但是无所谓，如果全距用“高中以下学历到研究生学历”来表述也很容易解释。

全距因为是一种可以快速简单计算的离散测量方法而很有用。尽管大多数的统计软件把全距作为离散测量方法，但通常并不需要使用这个功能，除非要检验一个非常大的数据库，以至于要花费大量的时间去寻找极值。在如表 5-3 这样的 SPSS 输出中，即使没有从描述统计结果中知道全距的数值，但它是非常容易计算出的。这里，全距是 5（6–1）。想通过检测原始数据来简单地确定全距可能有些麻烦，不过只要把数据列成表就简单得多了。

表 5-3 SPSS 输出的离散结果

您的最高学历是?

赋值标签	赋值	频数	百分比 / %	有效百分比 / %	累积百分比 / %
高中以下学历	1	16	4.6	4.8	4.8
高中同等学历	2	59	17.0	17.6	22.3
高中学历	3	8	2.3	2.4	24.7
大学肄业	4	117	33.7	34.8	59.5
本科学历	5	72	20.7	21.4	81.0
研究生学历	6	64	18.4	19.0	100.0
缺失		11	3.2		
总计		347	100.0	100.0	

N	有效	336
	缺失	11
均值		4.08
中位数		4.00
众数		4
标准差		1.460
方差		2.131
偏度		–0.477
偏度标准误		0.133
峰度		–0.705
峰度标准误		0.265
全距		5

不过，全距是有局限的。首先，它只提供了一个分布中数值变异程度的一个总体参考。例如，如果全距是 5，你必须仍然对数据进行检验以明白这意味着什么：这可能意味着数据的全距是 1 到 6，或是意味着数据全距是从 101 到 106。再者，全距不能解释组间变异程度，或是极值间数值的分布方式。全距为 5 只提供了关于数据在全距间是如何排列的这一点信息。在每个分类中的数值可能都大体相近，如表 5-4 中的大一新生一组；或是除了个别分类，其余每个分类中都只有很少的数字，如表 5-4 中的大四学生一组。这里，大一新生在不同逮捕数量中的比例都相近，但大多数大四学生从未被逮捕过。然而，这两组的全距都是一样的：5 或 0 到 5。

最后，全距很大程度上会被分布中非典型的极值所影响。例如，表 5-5 所示的同一州两个不同监狱犯人的死亡数量分布。表中监狱 A 与 B 在死亡数量上有着类似的分布。实际上，只有一年不同，在 1990 年，监狱 B 有 26 个犯人死于一场暴乱中。这将极大地影响这所监狱的全距。监狱 A 的全距是 3（3–0）或 0 到 3，而监狱 B 的全距是 26（26–0）或 0 到 26。以上展示了全距作为离散测量时会产生的问题。

表 5-4 两类刑事案件的逮捕次数分布

被捕次数	大一	大四
0	25	99
1	20	0
2	18	0
3	15	0
4	12	0
5	10	1
总计	100	100

表 5-5 监狱内犯人死亡数量

年份	监狱 A	监狱 B
1990	0	26
1991	0	0
1992	1	1
1993	3	3
1994	1	1
1995	2	2

5.2.2 离散系数

离散系数（index of dispersion）是另一个可用于定类变量和定序变量（特别是已被排序的）的离散测量方法，用 D 表示。离散系数不是一个常用的离散测量方法，但没有更多可适合于定类和定序水平数据的关联测量法了，以至于当离散系数不适用于数据时，很多研究者仍会使用离差和标准差。因为针对定类水平数据没有更多的离散测量方法，本书依然将离散系数作为一种可能的方法在这里进行讨论。

如下公式所示，离散系数是数值配对的比率：

$$D=\frac{\text{实际配对数}}{\text{最大配对数}}$$

在这个方程中，分母是假设每个分类下数值都不同时，可以从数值中得到的最大配对数；而分子是可以直接从手中数据上得来的唯一的配对数的最大数量。完成这个公式需要两步计算。计算最大配对数，再将数值组合的值相乘。表 5-6 中的例子是一个关于缓刑监督员的教育水平的简单例子。因为这里总计有 15 个监督员和 3 个种类，所以当每个种类各有 5 个监督员的时候会有最大的变异性。计算最大配对数可以通过将每一个种类的频数相乘来得到：5 个本科毕业生 ×5 个大学肄业生 = 25；5 个本科毕业生 ×5 个非本科生 = 25；5 个大学肄业生 ×5 个非本科生。把这 3 组加起来得到 75。实际配对数是通过把每个种类组合的实际频数相乘得到的。在这里实际配对数是 66：2 个本科毕业生 ×8 个大学肄业生；2 个本科毕业生 ×5 个非本科生；8 个大学肄业生 ×5 个非本科生。然后，这个数据的离散系数就是最大可能配对数和实际配对数的简单比率：

$$D=\frac{\text{实际配对数}}{\text{最大配对数}}=\frac{66}{75}=0.88$$

离散系数的取值范围是0~1。如果这个样本均等地分布在所有可能的种类中，实际配对数（分子）将会等于最大可能的配对数，离散系数将会等于1（示例5-1）。如果所有的数值都在一个种类中，这时变异性最小，并且离散系数会为0（示例5-2）。在表5-6和以上方程中，离散系数0.88表示种类间几乎是均等分布的。

表5-6 缓刑监督官的学历

数值	*f*
本科毕业生	2
大学肄业生	8
非本科生	5
N	15

数值	*f*
本科毕业生	5
大学肄业生	5
非本科生	5
N	15

在这个数据集中，频数均匀地分布在三组中。这表示分子具有最大的变异性。此时，如前所述，这个数据的最大配对数是75。同样，因为每个组的分数与最大配对数相同，因此实际对数也是75。

示例5-1 最大变异性的离散系数

数值	*f*
本科毕业生	0
大学肄业生	0
非本科生	15
N	15

在这个数据集中，频数完全分布在某一组中。这表示分子具有最小的变异性。此时，如前所述，这个数据的最大配对数是75。但是，除了那一组外，其余的分组都是0，所以算出来的实际对数也为0。

示例5-2 最小变异性的离散系数

对于一些复杂的数据集，离散系数可以用如下公式：

$$D=\frac{k(N^2-\sum f^2)}{N^2(k-1)}$$

k是数据集中可能的种类数（在以上例子中是3，尽管有的种类数值是0）；N是样本数（在这个例子中，N是15）；$\sum f^2$是频数平方的和。

把表5-6中的数据代入公式中以计算离散系数。在这个例子中，有3个分类和15个样本。唯一需要计算的就是$\sum f^2$。在这里，三个分类的f^2分别是4（2^2），64（8^2）和25（5^2），总计93。把这些数值代入以上公式将得出以下算式：

$$
\begin{aligned}
D &= \frac{3\times(15^2-93)}{15^2(3-1)} \\
&= \frac{3\times(225-93)}{225\times 2} \\
&= \frac{3\times 132}{450} \\
&= \frac{396}{450} \\
&= 0.88
\end{aligned}
$$

这与之前用表 5-6 中数据计算得出的值是一样的。由于 SPSS 中没有计算离散系数的程序，所以任何现实研究的应用都要求使用这个公式来计算。

5.2.3 平均绝对离差

平均绝对离差（mean absolute deviation）与其他的离散测量有些不同。这个方法可以与任何一个集中趋势测量一起使用。例如，你可以通过均值来计算出平均绝对离差值，或是通过中位数来计算出平均绝对离差值，甚至是通过众数来计算出平均绝对离差值。为什么需要绝对离差？其意义就是假设我们想测量一个数据集的离差（离散），我们可能会简单地计算出均值，然后测量每一个数值与均值的远近。但正如之前在集中趋势测量一章（第 4 章）提到的那样，当把从均值得到的离差求和后，结果是零。那这个数字就没有告诉我们关于离散的任何信息。而这里需要做的就是去掉这些数值的符号，以便它们加起来为正数。这只需要去掉符号，取每个离差的绝对值就可以了。

相比其他的集中趋势测量方法，从中位数获得平均绝对离差是有优点的，因为从中位数得来的平均绝对离差是最小的，小于从均值或众数得来的值。从中位数获得平均绝对离差并不是一个经常使用的离散测量方式。然而，因为没有适用于定序水平数据的标准离散测量方法，并且中位数是最适用于定序和呈偏态的定距以及定比水平数据的集中趋势测量方法，所以我们从中位数获得的平均绝对离差是适用于以上数据类型的有效离散测量方法。

从中位数获得平均绝对离差需要计算出中位数，然后用每一个数值减去中位数，再取绝对值（去掉符号），最后再除以 N。一个简单的例子如表 5-7 所示。注意这里使用了与“集中趋势测量”（第 4 章）表 4-1 中的监狱越狱人数一样的数据。这里，中位数是 4 个逃犯，均值是 3.93，众数是 3。用每个分类数值减去中位数后结果如 d 列所示，均值与众数的同样计算结果如 b 和 f 列所示。注意如上所述，当这些值减去均值后，得到的离差和为零，并且绝对值小于从中位数（d 列）或众数（f 列）得来的离差。然而，当计算出这些离差的绝对值后，不同的分布就产生了。从中位数得到的离差绝对值如 e 列所示，从均值和众数得来的离差绝对值如 c 和 g 列所示。从中位数得来的离差的绝对离差值求和后为 23，这是三个测量方法中的得到的最小值。从均值得到的绝对离差值的和为 23.066，从众数得到的绝对离差值的和为 24。除以 N 就可以得到一个从中位数获得的平均绝对离差值 1.53。

使用从中位数得来的平均绝对离差还有一个额外的好处，那就是这个结果是一个标准的测量方法，意味着它可以进行组间比较。像离散系数一样，SPSS 中没有直接的命令可以计算从中位数得来的平均绝对离差。不过，它可以通过宏命令来计算，并成为离散测量方式的一个补充。

表 5-7　比较均值、中位数和众数的绝对值

a	b	c	d	e	f	g
X	$X-\bar{X}$	$\lvert X-\bar{X}\rvert$	$X-Me$	$\lvert X-Me\rvert$	$X-Mo$	$\lvert X-Mo\rvert$
7	3.066	3.066	3	3	4	4
7	3.066	3.066	3	3	4	4
6	2.066	2.066	2	2	3	3
5	1.066	1.066	1	1	2	2
5	1.066	1.066	1	1	2	2
5	1.066	1.066	1	1	2	2
4	0.066	0.066	0	0	1	1
4	0.066	0.066	0	0	1	1
3	−0.934	0.934	−1	1	0	0
3	−0.934	0.934	−1	1	0	0
3	−0.934	0.934	−1	1	0	0
3	−0.934	0.934	−1	1	0	0
2	−1.934	1.934	−2	2	−1	1
1	−2.934	2.934	−3	3	−2	2
1	−2.934	2.934	−3	3	−2	2
$\sum$	0	23.066	−1	23	14	24

5.2.4　方差

方差和标准差是另外两个复杂的测量方式。标准差是方差的平方根，所以两个测量方法时常一起讲。因为它们的统计解释力均大于其他的离散测量方法，所以这两种离散测量方法比较适合于定距和定比水平数据，尽管它们经常也会用于定序（特别是全序）水平数据。方差和标准差不太适用于定类以及偏序水平数据，因为测量离差与均值有关，如果均值都不适用于定类和偏序水平变量，那么基于均值的离散测量方法也不适用于它们。

方差是由罗纳德 · A. 费雪（Ronald A. Fisher）于 1918 年在他关于方差分析的（详见第 14 章）工作中发现的。费雪将方差用于研究人类特质以及遗传性，

因为从数学上来说方差比 J. F. 恩科（J. F. Enke，1832）发现的标准差更高级。

方差和标准差的计算皆基于均值，但事实上，**方差**（variance）只不过是一种特殊的均值——从均值而来的平方差的均值，而标准差亦然。如上所述，因为每个值从均值得来的离差总和为零，并且从均值得来的分布中的每个离差平方和最小，所以离差的平方是可取的。以上两个特征使得方差和标准差在其他统计过程中成为理想的数学计算方式，并且是计算对比两个或更多变量的“最佳拟合线”的重要部分。

方差（样本方差用 s^2 表示，总体方差用 σ^2 表示）测量均值周围的数值的平均平方离差。其就是在表 5-1 和表 5-7 中所进行的过程。计算方差的公式为：

$$\sigma^2 = \frac{\sum(X - \overline{X})^2}{N}$$

如果对所有差值进行平方并加在一起，其结果将是任一值到均值之间的最小距离（表 5-2）。就像在计算任何一个数据集的均值一样，把这个数除以 N 就可以得到一个平方离差的均值。

回顾本书中处理描述统计的部分内容。均值假设被分析的数据可以代表总体。同样，用 $\overline{X}$ 而不用 μ 是因为习惯，即使 μ 更适合用于检验总体。如果数据是总体中的一个样本，那么方差的公式将变为：

$$s^2 = \frac{\sum(X - \overline{X})^2}{N - 1}$$

这里公式的分母是 $N–1$，而不是 N。除以 $N–1$ 而不是 N，是用于计算小样本偏差的步骤。这将在本书中的推论分析部分详细阐述。本文此部分使用处理数据总体的公式，是因为描述统计是以数据总体为假设进行分析的。

计算方差要求先计算出均值，然后把每个值（X 或中心点）到均值的不同距离加起来，再把这些值平方，最后除以 N。在表 5-8 中，均值是 4（92/23）。第三列代表着每个 X 值减去均值后的计算结果。例如，第一所监狱在 10 年间发生 7 次越狱。因为均值是 4，那这所监狱就比均值多 3 次越狱事件。这可以推及每一个数值，看每所监狱的越狱次数是高于、低于，还是等于均值。还要注意，这一列的总和为零（表 5-1）。

第 4 列将每一个值平方（将比第一所监狱均值多出的 3 次的越狱事件平方，得到数值 9）。这些平方后的数值相加等于 68。然后简单地把这个数字除以 N(23)，这和计算离差平方的均值是一样的。其结果是 2.96，所以离差平方的均值[1]也是 2.96（这就是方差）。

[1] 此处原文为离差的均值。但离差的均值，为 0，疑有误。——译者注

表 5-8 计算方差

X	f	$X-\overline{X}$	$(X-\overline{X})^2$
7	1	3	9
7	1	3	9
6	1	2	4
6	1	2	4
6	1	2	4
5	1	1	1
5	1	1	1
5	1	1	1
5	1	1	1
4	1	0	0
4	1	0	0
4	1	0	0
4	1	0	0
4	1	0	0
3	1	–1	1
3	1	–1	1
3	1	–1	1
3	1	–1	1
2	1	–2	4
2	1	–2	4
2	1	–2	4
1	1	–3	9
1	1	–3	9
$\sum$ 92	23	0	68

$$\overline{X} = 4$$

$$\sigma^2 = \frac{\sum(X-\overline{X})^2}{N} = \frac{68}{23} = 2.96$$

为了解释方差，如果分布中所有的值都是相同的（均值的数值），方差值会为 0。在这种情况下，如果所有的 X 值都是 4，均值也会是 4，并且方差会为 0。当所有的数值都为分布中的极值（分布中最大或最小的值）时，方差将会是最大的值。例如，如果将表 5-8 中的数据改为每个值都是在分布的两端（每个值不是 7 就是 1），将其表现为表 5-9 那样的分布。这里，尽管 N 值还是 23，但均值是不同的，因为$\sum X$是 95 了。再者，尽管从均值得来的离差值总和为 0（因为四舍五入，实际上是 0.1），但这个值的平方和就大多了（206.61 大于 68）。这将成为方差变得最大的一个指标。此时，这个数据集的方差值是 8.98，几乎是表 5-8 中的三倍。

表 5-9 计算最大方差

X	f	$X-\overline{X}$	$(X-\overline{X})^2$
7	1	2.87	8.2369
7	1	2.87	8.2369
7	1	2.87	8.2369
7	1	2.87	8.2369
7	1	2.87	8.2369
7	1	2.87	8.2369
7	1	2.87	8.2369
7	1	2.87	8.2369
7	1	2.87	8.2369
7	1	2.87	8.2369
7	1	2.87	8.2369
7	1	2.87	8.2369
1	1	–3.13	9.7969
1	1	–3.13	9.7969
1	1	–3.13	9.7969
1	1	–3.13	9.7969
1	1	–3.13	9.7969
1	1	–3.13	9.7969
1	1	–3.13	9.7969
1	1	–3.13	9.7969
1	1	–3.13	9.7969
1	1	–3.13	9.7969
1	1	–3.13	9.7969
$\sum$ 92	23	0.1	202.61

$$\overline{X} = 4.13$$

$$\sigma^2 = \frac{\sum(X-\overline{X})^2}{N} = \frac{206.61}{23} = 8.98$$

表 5-10 展示了所有集中趋势测量和全距的结果。这里方差是 2.131。这大幅低于前面两个例子。一部分原因是数据的特征：在表 5-8 和表 5-9 中其全距为 1 到 7，而表 5-10 中的数据全距是 1 到 6。这也是表 5-10 的数据离散程度低于表 5-8 和表 5-9 数据离散程度的证据。

方差之所以是很重要的统计分析方法，有几个原因。第一，如上所述，方差是离差平方的均值，其对诸如回归分析（本书后面的章节将讨论）这样的高阶统计过程非常有用。方差的离差平方的性质也同样十分重要，因为它给极值以权重。这意味着离差变大，数据分布的离散程度也增加。例如，从均值得到的离差值是 2，就比两个离差为 1 有更多的权重（$2^2=4 > 1^2+1^2=2$）。因为这个特征，离差较小的数据集，比那些数量更少但离差更大的数据有着更小的方差。就像我们试图通过集中趋势测量来测量离差一样，这些特征非常重要。最后，样本方差（用 $N-1$ 作为公式的分母）的期望值等于总体方差，但标准差则不然。样本方差和总体方差统计过程的不同将在本书中推论统计部分讨论，但在这里讲到的贯穿样本方差和总体方差的统计过程对于其他分析是非常重要的。

表 5-10　SPSS 输出的结果

您的最高学历是?

赋值标签	赋值	频数	百分比 /%	有效百分比 /%	累积百分比 /%
高中以下学历	1	16	4.6	4.8	4.8
高中同等学历	2	59	17.0	17.6	22.3
高中学历	3	8	2.3	2.4	24.7
大学肄业	4	117	33.7	34.8	59.5
本科学历	5	72	20.7	21.4	81.0
研究生学历	6	64	18.4	19.0	100.0
缺失		11	3.2		
总计		347	100.0	100.0	

N	有效	336
	缺失	11
均值		4.08
中位数		4
众数		4
标准差		1.460
方差		2.131
偏度		−0.477
偏度标准误		0.133
峰度		−0.705
峰度标准误		0.265
全距		5

然而，离差平方提出了方差的一个问题。当所有的值被平方后，测量单元不再和原始值匹配了，这使得方差难以解释。例如，当数值的全距仅仅是 1 到 7 时，很难解释或不可能解释方差值 8.98（表 5-9）意味着什么。这就是标准差变得重要的原因。

关于方差（同样适用于标准差）的最后一个注意事项就是分组数据的方差是很难计算的。这里有三个原因。第一，方差假设数据是定距或定比水平的。即使变量是定距水平的，当它分组后通常会变为定序水平的，从而违反了方差的假设。第二，当一个变量是分组变量时，中心点取代了数值本身（表 3-3）。中心点是在特定分类中的一个近似值，而不是真实的数据。这意味着方差会有些偏差（在最好的情况下）——如果把所有数值加起来，其不会为零。最后，即使你想将方差用于分组数据，你也得把数据变为未分组的。例如，如果你有一个如表 3-3 那样中心点为 18、频数为 5 的数据，你不能简单的用中心点（18）来计算 $X-\overline{X}$值。你应该列出均值 18，并对每一个值乘上一个 5。

5.2.5 标准差

如上所述，方差时常难以解释。你可以从全距是 1 到 7、方差是 8.98 的这个例子中有些直观的感受。**标准差**（standard deviation）则是通过将离散的单位统一从而解决这个问题。方差的平方根就是标准差。因为在计算方差时，离差被平方从而消除其正负号（因此将数值放在与数据不同的刻度上），所以将其取平方根，就可以将其转化为原始的刻度。

标准差（用 s 或 σ 表示）是由 J. F. 恩科（J. F. Enke，高斯的学生）在 1832 年提出的。术语标准差是由卡尔·皮尔逊（Karl Pearson）在 1894 年正式创造的。计算标准差可难可易。如果你知道方差，你可以简单地取其平方根。然而，如果不知道方差，必须先计算方差以计算标准差。不知道方差的情况下计算标准差的公式为：

$$\sigma=\sqrt{\frac{\sum\left(X-\bar{X}\right)^2}{N}}$$

当然，方差的平方根就是标准差了。在表 5-9 的例子中，标准差是：

$$\sigma = \sqrt{\sigma^2} = \sqrt{8.98} = 2.99$$

标准差比全距更容易解释。同样重要的是，标准差可以解释为距离均值（Z 分数；第 6 章）的平均偏差。这对于讨论正态曲线和推论统计非常重要。

5.2.6 方差和标准差的用途

使用方差与标准差不同于其他通常使用的标准测量方法。这是因为方差和标准差可以用于比较两个分布。在第 4 章开头的例子中，你不能通过集中趋势测量来获得分布的更多信息，你还需要知道分布的范围宽窄。比较两个分布时，以上两个信息都是必不可少的。例如，假设你要参加刑法考试和警务管理考试，一科得了 80 分，另一科得了 75 分。你真正需要了解的不只是你的分数，还有其他学生的分数。你需要知道平均分和分数范围。离散为零的时候，85 分可能不如离散较大的 75 分对你的成绩影响更大。因为在第一种情况下，你知道你一定会考 85 分，而在第二种情况下，你的成绩可能在 A 到 C 之间。

方差在其他的统计过程中也很重要。和均值一样，方差除了是本书后面将要讨论的很多统计公式的基础，还是诸如方差分析（ANOVA）这样一些测量的基本组成部分。

标准差的重要作用也需要简单提一下。当我们开始检验正态曲线以及将正态曲线用在推论分析中时，标准差扮演了很重要的角色，因为其展示了正态曲线是如何被划分和探讨的，以及我们应如何去决定一个特别的值在分布中的位置。

5.3 选择最恰当的离散测量

决定合适的离散测量方法，比选择一个集中趋势测量方法更加困难，因为离散测量与测量的水平无关。尽管全距提供的信息有限，但不论数据的水平或分布形态如何，它都可以被一直使用。对于定类水平数据和一些定序水平数据而言，离散系数是一个很好的选择。对于定距 / 定比水平数据和一些定序水平数据而言，方差和标准差是最好的选择。不过，需要注意的是：如果因为数据是定序或分布呈偏态，以至于中位数是最好的集中趋势测量方法，那么平均绝对离差可能是比方差或标准差更好的方法。原因很简单但经常被忽视：如果你用中位数而不是均值，那是因为对于这个数据而言均值不是合适的集中趋势测量方法，以及这个数据是定序水平的或是呈偏态的。在这种情况下，最好是使用平均绝对离差，因为与中位数相关的平均绝对离差是对中位数进行补充的一个离散测量方法。

5.4 结论

本章通过讲解如何评估单变量内的数值差异的一些指标，从而提升了你描述数据的能力。尽管因为类别变量（定类或定序水平）预计不会有很大的变化，一般也不会以统一的形式出现，对类别变量离散程度的测量并没有一个公认的标准，但本章提供了一些可能有用的离散测量方法。方差和标准差的讨论为以后的章节中若干统计量的计算奠定了基础。与此同时，这两个指标也是用于测量一个变量中的离差和离散测量的重要指标。

下章内容将讲解如何通过描述变量的形式或形态来描述一个变量。主要包括整个分布是如何散布的（峰度）、数据是否会聚集在某个特定值（偏度），以及分布中是否会有一个以上的众数。

5.5 关键术语

离散（dispersion）
离散系数（index of dispersion）
平均绝对离差（mean absolute deviation）
全距（range）
标准差（standard deviation）
离差平方和（sum of squared deviations）
方差（variance）

5.6 公式概览

离散系数

$$D = \frac{\text{实际配对数}}{\text{最大配对数}}$$

方差（样本）

$$\sigma^2 = \frac{\sum(X - \overline{X})^2}{N}$$

方差（总体）

$$s^2 = \frac{\sum(X - \overline{X})^2}{N - 1}$$

标准差

$$\sigma = \sqrt{\frac{\sum\left(X - \overline{X}\right)^2}{N}}$$

5.7 练习

1. 为以下数据计算：

a. 全距

b. 方差

c. 标准差

6，7，8，10，10，10，12，14

2. 为以下数据计算：

a. 全距

b. 方差

c. 标准差

7，4，2，3，4，5，8，1，9，4

3. 为以下数据计算：

a. 全距

b. 方差

c. 标准差

区间	中间点	频数
90~99		6
80~89		8
70~79		4
60~69		3
50~59		2

4. 为以下数据计算

a. 全距

b. 方差

c. 标准差

区间	频数
90~100	5
80~89	7
70~79	9
60~69	4

5. 用以下的频数表，讨论每个表最合适的离散测量方法。

住房：您的房屋类型是？

赋值标签	赋值	频数	百分比 /%	有效百分比 /%	累积百分比 /%
住宅	1	280	81.6	82.4	82.4
复式住宅	2	3	0.9	0.9	83.2
活动住屋	3	34	9.9	10.0	93.2
公寓	4	21	6.1	6.2	99.4
其他	5	2	0.6	0.6	100.0
缺失		3	0.9		
总计		343	100.0	100.00	

N	有效	340
	缺失	3
均值		1.41
均值标准误		0.051
中位数		1
众数		1
标准差		0.945
方差		0.892
偏度		2.001
偏度标准误		0.132
峰度		2.613
峰度标准误		0.264
全距		5

逮捕：您被逮捕过多少次？

	数值	频数	百分比 /%	有效百分比 /%	累积百分比 /%
	0	243	70.8	86.2	86.2
	1	23	6.7	8.2	94.3
	2	10	2.9	3.5	97.9
	3	3	0.9	1.1	98.9
	5	2	0.6	0.7	99.6
	24	1	0.3	0.4	100.0
缺失		61	17.8		
总计		343	100.0	100.00	

N	有效	282
	缺失	61
均值		0.30
均值标准误		0.093
中位数		0
众数		0
标准差		1.567
方差		2.455
偏度		12.692
偏度标准误		0.145
峰度		187.898
峰度标准误		0.289
全距		24

时间：您在现在的住所居住了多久（月）？

	数值	频数	百分比 /%	有效百分比 /%	累积百分比 /%
	1	14	4.1	4.3	4.3
	2	6	1.7	1.8	6.1
	3	4	1.2	1.2	7.3
	4	4	1.2	1.2	8.6
	5	6	1.7	1.8	10.4
	6	6	1.7	1.8	12.2
	7	1	0.3	0.3	12.5
	8	3	0.9	0.9	13.5
	9	2	0.6	0.6	14.1
	10	1	0.3	0.3	14.4
	11	1	0.3	0.3	14.7
	12	11	3.2	3.4	18.0
	14	1	0.3	0.3	18.3
	18	5	1.5	1.5	19.9
	21	1	0.3	0.3	20.2
	24	30	8.7	9.2	29.4
	30	1	0.3	0.3	29.7
	31	1	0.3	0.3	30.0
	32	1	0.3	0.3	30.3
	36	22	6.4	6.4	37.0
	42	1	0.3	0.3	37.3
	48	12	3.5	3.7	41.0
	60	24	7.0	7.3	48.3
	72	14	4.1	4.3	52.6
	76	1	0.3	0.3	52.9
	84	8	2.3	2.4	55.4
	96	18	5.2	5.5	60.9
	108	4	1.2	1.2	62.1

续表

	数值	频数	百分比 /%	有效百分比 /%	累积百分比 /%
	120	9	2.6	2.8	64.8
	132	11	3.2	3.4	68.2
	144	21	6.1	6.4	74.6
	156	13	3.8	4.0	78.6
	168	11	3.2	3.4	82.0
	170	5	1.5	1.5	83.5
	180	7	2.0	2.1	85.6
	182	2	0.6	0.6	86.2
	186	1	0.3	0.3	86.5
	192	14	4.1	4.3	90.8
	198	1	0.3	0.3	91.1
	204	24	7.0	7.3	98.5
	216	3	0.9	0.9	99.4
	240	2	0.6	0.6	100.0
缺失		16	4.7		
总计		343	100.0	100.0	

N	有效	327
	缺失	16
均值		88.77
均值标准误		3.880
中位数		72
众数		24
标准差		70.164
方差		4923.055
偏度		0.365
偏度标准误		0.135
峰度		−1.284
峰度标准误		0.269
全距		239

同胞：您有多少兄弟姐妹？

	数值	频数	百分比 /%	有效百分比 /%	累积百分比 /%
	0	39	11.4	11.5	11.5
	1	137	39.9	40.5	52.1
	2	79	23.0	23.4	75.4
	3	39	11.4	11.5	87.0
	4	17	5.0	5.0	92.0
	5	13	3.8	3.8	95.9
	6	6	1.7	1.8	97.6
	7	4	1.2	1.2	98.8
	9	1	0.3	0.3	99.1
	10	1	0.3	0.3	99.4
	12	1	0.3	0.3	99.7
	15	1	0.3	0.3	100.0

续表

	数值	频数	百分比 /%	有效百分比 /%	累积百分比 /%
缺失		5	1.5		
总计		343	100.0		

N	有效	338
	缺失	5
均值		1.94
均值标准误		0.098
中位数		1
众数		1
标准差		1.801
方差		3.245
偏度		2.664
偏度标准误		0.133
峰度		12.027
峰度标准误		0.265
全距		15

5.8 参考文献

Enke, J. F.（1832）. Über die method der kleinsten quadrate. *Berliner Astronomisches Jahrbuch für* 1834, pp.249-312. Translated 1841 in R.Taylor（ed.）, *Scientific Memoirs*（Vol.2）. pp.317-369.

Fisher, R. A.（1918）. The correlation between relatives on the supposition of Mendelian inheritance. *Transcripts of the Royal Society of Edinburgh*, 52, 399-433.

Pearson, K.（1894）. On the dissection of asymmetrical frequency-curves: General theory. *Philosophical Transactions of the Royal Society of London*（Series A, Vol.185）. London, England: Cambridge University Press.

Zell, R. A.（2000）. On teaching about descriptive statistics in criminal justice. *Journal of Criminal Justice Education*, 10（2）, 349-360.

5.9 拓展阅读

Galton, F.（1883）. *Inquiries into Human Faculty and Its Development*. London, England: Macmillan.

MacGillivray, H. L.（1981）. The mean, median, mode inequality and skewness for a class of densities. *Australian Journal of Statistics*, 23,247.

Pearson, K.（1895）. Classification of asymmetrical frequency curves in general: Types actually occurring. *Philosophical Transactions of the Royal Society of London*（Series A, Vol.186）. London: Cambridge University Press.

5.10 注释

1. 这个例子的扩展版本可以在 Zeller（2000）上找到。

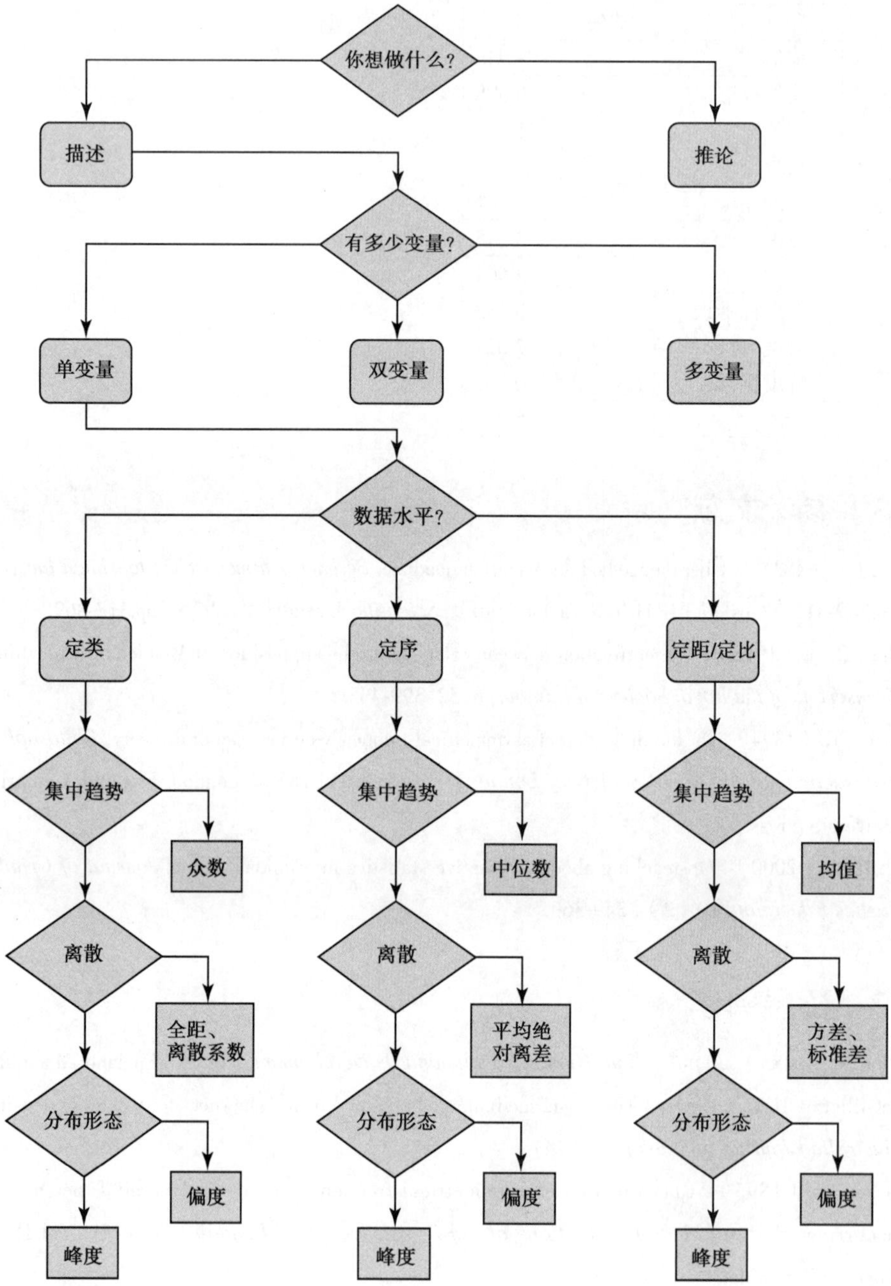
你想做什么？
描述
推论
有多少变量？
单变量
双变量
多变量
数据水平？
定类
定序
定距/定比
集中趋势
众数
中位数
均值
离散
全距、离散系数
平均绝对离差
方差、标准差
分布形态
偏度
峰度

第 6 章

分布形态

学习目标

- 理解众数个数、偏度、峰度的含义
- 解释众数与众数个数之间的差别
- 解释偏度与峰度在单变量分析中的含义
- 讨论统计学中正态分布曲线的重要性
- 描述正态分布曲线的性质

单变量描述统计分析的最后一个指标——数据的分布**形态**（form）——将数据的集中趋势与离散程度紧密地联系起来。分布形态由三个特征组成：众数的个数、对称性和峰度。当我们在描述分布形态时，可以用多边形来形象地描述这些特征。

6.1　分布的矩

在一些统计教材和其他地方，分布和分布形态都是用来指代分布的**矩**（Moments）。这里有四个指标对于分布来说很重要，计算如下：

$$\frac{\sum(X-\overline{X})^i}{N}$$

（$X-\overline{X}$）代表的是数据与平均数的离散程度（如第 4 章及第 5 章的案例所示），N 是分布中样本的总量，i 指的是被计算的矩。

由于离差和是零，所以一阶矩是零。如果将公式中的 X 所在的项平方，我们可以看到这是方差公式，因此，分布的二阶矩是方差。三阶矩通常和数据的偏度相关。类似的，四阶矩和数据的峰度相关。平均数和方差已经在“集中趋势测量”和“离散测量”中讨论到（第 4 章和第 5 章）。分布的偏度、峰度将在本章讨论，本章也会讨论分布形态的第三种测量方法：众数的个数。

6.2　众数的个数

分布形态的第一种测量就是**众数的个数**（number of modes）。众数的个数对于高阶分析极为重要，因为它能显示出分布的正态性。通常来说，双变量和多变量分析中，常常要求数据是单峰分布。

在确定众数的个数时，即使是微不足道的偏差可能都是非常重要的。从集中趋势所在章节的讨论中我们可以了解到，虽然有学者认为分布中的所有峰值都应当被考虑在内，但是通常仅将分布形态中的最高频数记为众数。为了在分布形态的分析中确定众数的值，关注所有的峰值比发现最高的峰值显得更加重要。例如，让我们看下图 6-1。即使这里仅仅只有一个最高峰值，但是在分布中有三个峰值。这些峰值可能使得某些特定的统计分析对于这个数据来说是不适合的，除非做出相应的调整或改变。在这个分布中，即使众数实际上只有一个（4），但是在评估分布形态时，三个众数都需要被纳入考虑。

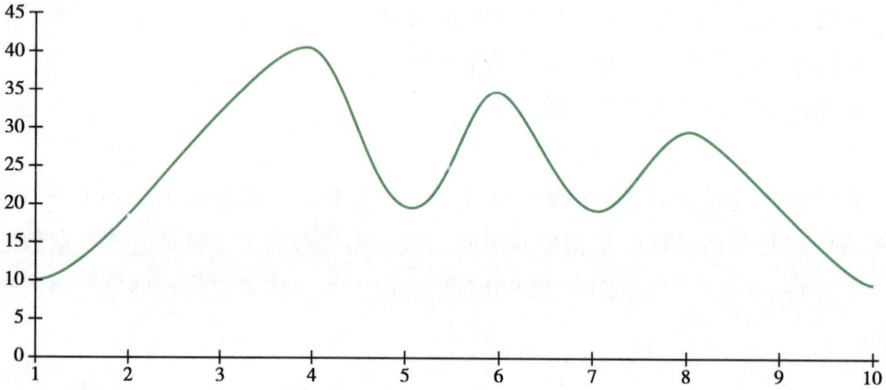

图 6-1　多众数分布

6.3　偏度

分布形态的另一个特征就是分布的**对称**（symmetry）程度（**偏度**［skewness］）。偏度一般分为三种类别：对称、正偏态、负偏态。一个完全对称的分布如同镜像一样，在均值处一分为二，将两个分布相互折叠，可以完美地重合（图 6-2）。如图 4-7 所示的柱状图。分布图所列的频数非常均衡：第 1 类和第 7 类有相同的频数，2 和 6、3 和 5 也具有相同的频数。第 4 类具有最高的频数。我们可以很清晰地看到，这个分布图可以成半对折而且两边能够完全吻合。因此，这个分布是一个完全对称分布。然而，在实际的研究中，很难看到完全对称的分布。更典型的一些情况是，一些分布要么接近对称分布要么一点都不对称。

应当注意的是，众数的个数不一定会影响分布的**偏态**（skew）。双峰分布仍然能够对半分。这种情况下唯一不同的是众数和其他集中趋势测量指标不一定相同。

偏态分析　如果一个分布形态的一边与另一边不相同，它就是**偏态的**（skewed）。在偏态分布中，无法找到一个点使得这个分布的多边形被分割成两个相同的部分。如果分割点在图形的左边，它被称为**负偏态**（negatively skewed）（图像的尾端指向分布的负端，右侧数量更少）。在图 6-3 中，“儿童”

这个变量是负偏态分布的典型例子。此时，曲线朝向分类 1 或者说是图形的左边。如果曲线出现在图像的右侧，那么就称之为**正偏态**（positively skewed）（图像的尾端指向分布的正端，右侧数量更多）。在图 6-3 中，“gun-wher（枪来源）”是正偏态分布的典型例子。曲线的点指向分类 12.5 或图像的右侧。

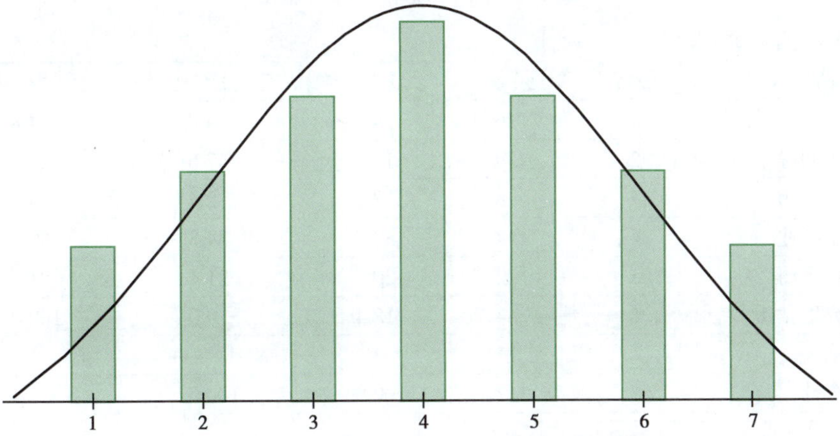

图 6-2　对称分布的直方图和正态曲线

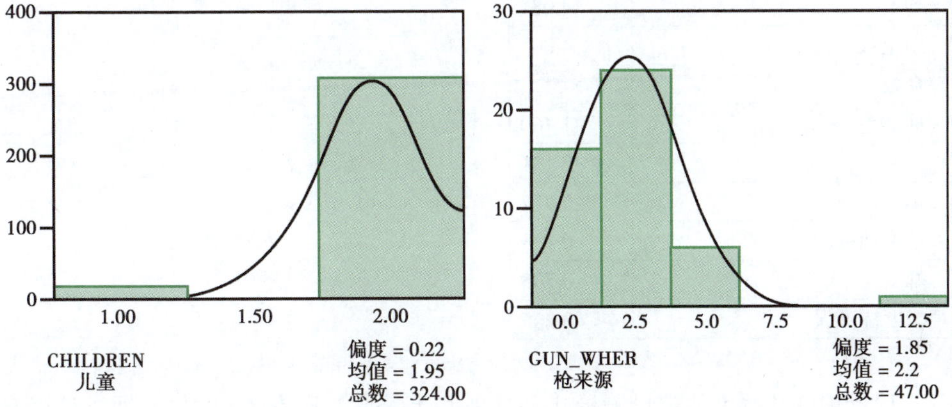

图 6-3　正偏态和负偏态分布

SPSS 在频数结果中提供了偏度的测量方法。0 值意味着这组数据没有偏度。事实上 0 值在实际分布中很少出现，然而如果 SPSS 的偏度值为 –1~1，这个分布也可以被认为是对称的。[1] 如果一个分布形态的偏度值大于 1 或者小于 –1，这个分布通常被认为是偏态的。数字的大小代表着偏态的程度。当开展研究时，我们都希望分布的偏度尽可能地接近 0。如果偏度在 +1 至 –1 之外，这个分布形态可能会由于过于偏斜而无法进行常规分析，需要使用一系列方法降低其偏态的程度。在未来回归分析章节中我们将提到，可以通过一系列数值转化来降低偏度值。

表 6-1 展示了数据的频数分布和一些常见的单变量描述性分析指标。本例中，偏度值为 –0.477，也就意味着分布并不是完美对称，但是处于一个可接受的偏度

水平（处于可接受范围，-1.00~0）。这个分布还存在某种程度的负偏态（由于其值为负），但是其值较低，因此并不需要特别关注或者进行特殊的处理。如果此值低于 -1.00（例如 -2.77），可能就有必要进行一定程度的转化了。

表 6-1　分布形态的 SPSS 输出

你的最高学历是？

赋值标签	赋值	频数	百分比 /%	有效百分比 /%	累积百分比 /%
高中以下学历	1	16	4.6	4.8	4.8
高中同等学历	2	59	17.0	17.6	22.3
高中学历	3	8	2.3	2.4	24.7
大学肄业	4	117	33.7	34.8	59.5
本科学历	5	72	20.7	21.4	81.0
研究生学历	6	64	18.4	19.0	100.0
缺失		11	3.2		
合计		347	100.0	100.0	

N	有效值	336
	缺失值	11
均值		4.08
中位数		4.00
众数		4
标准差		1.460
方差		2.131
偏度		–0.477
偏度标准误		0.133
峰度		–0.705
峰度标准误		0.265

尽管偏度和峰度的定量测量几乎总是可计算的，但是有些时候不通过计算偏度值也可以做一个分布偏度评估。如果平均数和中位数不一致，那么这个分布至少是有点偏斜的，即使无法判断它是否会超过 +1 或 -1。此外，偏度与平均数的朝向一致。例如，如果此分布呈正偏态，平均数将会大于中位数；但是，如果偏度呈负偏态，平均数将会小于中位数。也应当注意到，众数在偏态分布中，通常处于中位数和平均值的相反位置。然而，上述提及的情况并不总是成立，因此不应该将其作为一项规则来对待。麦吉利夫雷（MacGillivray，1981）的研究对上述特征出现的各种情况进行了讨论。

6.4　峰度

分布形态的最后一个特征就是**峰度**（kurtosis）。可以设想一下每一个堆起来的砖或者啤酒罐的顶端，代表了柱状图所要描述的频数。峰度就是用于测量堆积在分布的中心区域或尾端的程度。如果大部分分布中的值都非常接近集中趋势，那么这个分布就称为**高狭峰**（leptokurtic）（图 6-4）。如果分布的大部分值都在尾部外侧，那么这个分布就称为**低阔峰**（platykurtic），如图 6-4 所示。如果分布的值所代表的分布如图 6-2 所示，那么这个分布就称为**常态峰**(mesokurtic)，如图 6-4 中所示。在实践中，出现常态峰分布是比较理想的情形，否则，可能不得不进行数据转化。

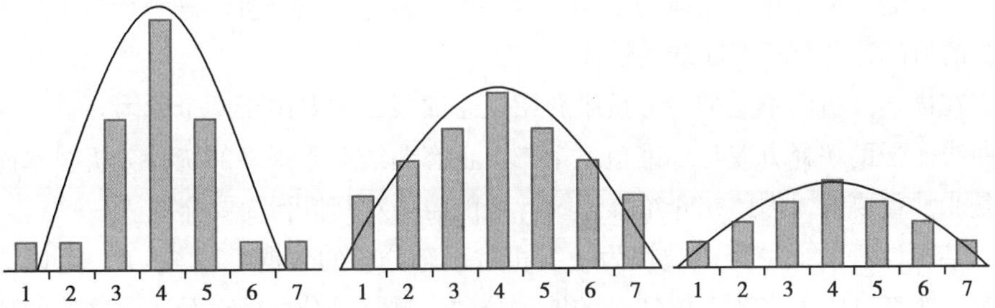

图 6-4 高狭峰、常态峰和低阔峰分布

曲线的形状也给讨论方差和标准差提供了机会。正如“离散测量”（第 5 章）所讨论的那样，方差和标准差决定了分布的形状。在高狭峰分布中，方差和标准差将小于常态峰对应的值。低阔峰的方差和标准差大于常态峰或高狭峰对应的值。这就是方差和标准差的一个应用。这一应用更详细的讨论会在正态曲线对应的章节进行进一步阐述。

峰态分析 在 SPSS 中，峰度与偏度测量方式相同。+1 至 –1 之间的值代表常态峰分布，高于 1 的正数代表高狭峰分布，低于 –1 的负值（更大的负数）代表低阔峰分布。与偏度类似，获得的峰度值尽可能地接近于 0 是很理想的状态，必要的话可以对数据进行转换。图 6-1 中检测出的峰度值显示，这个分布是常态峰分布，因为这个值（–0.705）介于 –1.00 与 0 之间。如果这个值为 –1.705，那么这个分布就是低阔峰分布。

6.5 偏度和峰度的重要性

因为一些统计软件没有妥善处理偏态或非常态峰数据，所以了解偏度和峰度就变得很重要。如果研究计划中的数据存在偏态或者非常态峰分布，那么就有必要对其进行转化。首先，你必须记住关于转化的两个问题。第一，如果数据不在偏度和峰度的可接受范围之内，那么在使用统计程序之前有必要转化数据。第二，在转化之后，重新检查偏度和峰度。转化数据可能使得其中一个指标在可接受范围之内，但另一者却不在。如果发生这种情况，你需要选择其他的转化方法，然后你应当再次检查偏度和峰度，直到偏度和峰度都达到可接受范围时，这个过程才停止。如果在可接受的范围内均无法获得偏度和峰度，你可能需要考虑用其他不受非正态曲线影响的分析技术。

6.6 正态分布曲线的构造

我们已经介绍了频数分布、数据的图像表示以及集中趋势、离散和形态的测量概念，现在我们介绍一个关键概念——**正态曲线**（normal curve）。在本节内容中，你不需要关注正态曲线的运用，这些内容将在推论分析中进一步介绍。本节主要的目的是介绍正态曲线的性质。

在描述分析而不是推论分析中介绍正态曲线，主要出于两个原因。首先，正态曲线能帮助解释方差与标准差。第二，正态曲线对于很多的统计分析技术而言也是非常重要的，因此在介绍推论统计之前需要对其进行简要介绍。

某次课程的成绩可以被视为一组相对正态分布的数据（图 6-5）。可以看到在第一次考试中大多数人得到 C 的课程分数，这将是分数的众数（在曲线的顶端部分）。也有一些人获得 A 的高分，但仅有一小部分人处于曲线的正端；也有一些人只获得了 F 分，但是也只是一小部分，他们将处于曲线的负端。大部分人将处于两个极端之间，因此比起其他的分数，更多的人获得 C 分左右的分数，同样，获得 B、D 分的人比获得 A、F 分的人更多。由于没有人获得 100 分并且很多人没有参加这个考试，因此，这个分布的尾端将不会完全接触到基准线。

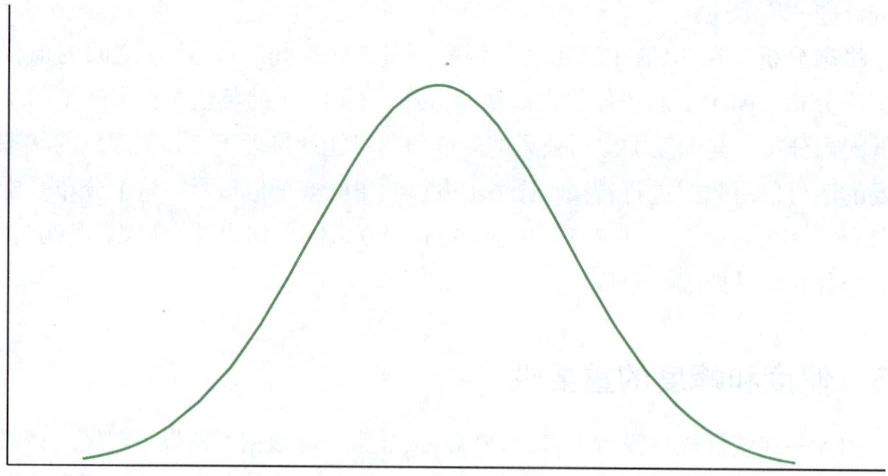

图 6-5 正态曲线

这种类型的数据代表了“正态曲线”这种特殊分布形态。这种曲线或者分布非常类似于本章和第 4 章末使用的曲线类型。由于正态曲线有一些独有的性质，所以具有一定的特殊性。第一，正态曲线是对称的，能够对半折叠，并且每边都是完全相同的（如图 6-2，种类 1 和 3 的频数相同，种类 5 和 7 的频数也相同）。尽管如此，我们也要注意到这并不意味着曲线没有峰态。正如图 6-4 所示，即使曲线有峰态，但是分布仍然是对称的。并且，正态曲线是单峰曲线，因此有且仅有一个峰值。这个峰值是数据分布的最大频数，因此其平均数、中位数和众数的值相同。图 6-5 所示的正态曲线仅有一个众数。从峰值出发，正态曲线的轨迹两端的的统计量逐渐下降并向两端无限展开，不断地接近 X 轴却不能真正接触它。如图 6-5 所示，曲线的底部慢慢变直并且相对平行于 X 轴。你可能会说这个并没有什么意义：所有的分布都有一个终端，为什么正态曲线不能有一个终端呢？这个答案依赖于科学的发展。我们用电脑举例，十几年前，当科学家和工程学家能够达到 640K 电脑内存时，他们认为达到了极限，认为这是可以实现的最大值。对他们来说，分布设立了极限。当然，我们现在知道 640K 只是开始，并且现在电脑已经远超过当时的水平。并且，使曲线达到 640K 所在的直线是很不明智的，它不应该触碰这条线，因为我们不知道将来会发生什么。正态曲线值得讨论的最后一个特征是，不管是哪个数据集，正态曲线以下的涵盖区域面积总是相同的。正态曲线以下的区域包含了分布中所有的值，可以用 1.00 或 100% 来表示。由于它对于评估人口或其他样本分布的排列具有重要性，它在本书涉及推论分析的一章中也尤为重要。

正态曲线的范围也使得方差和标准差被运用到实践中。例如，研究者正在探究囚犯在再次犯罪或因技术性违规返回监狱之前的假释时间。如果将每个假释犯重新犯罪的时间描绘出来，会得到图 6-6。从图中我们可以看出，只有一些人会很快回到监狱，大部分人重新回到监狱的时间在 2~4 年内，当然有一些时间更长。在研究时段中，一些人没有再犯，所以分布的末端是延伸的。

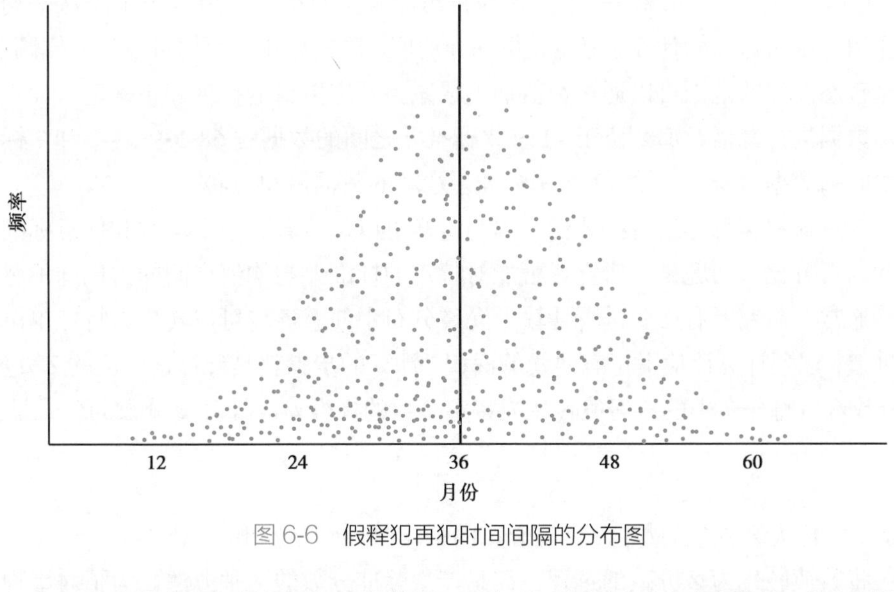

图 6-6 假释犯再犯时间间隔的分布图

中心趋势分析得到的分布平均数是 36 个月，图中已用垂直线表示。这是个有用的信息：假释者再入狱的平均时间是 3 年。但是，从分布中很明显可以看到并非所有的假释犯都会在同一时间再入狱。这个时间的跨度从几个月到五年以上。为了得到更准确的假释犯分布图，我们可能想知道他们每个人离均值有多远。

为了评估这个指标，需要对每个人进行分析（图 6-6 中的每个点）并确定它离平均数有多远。这可以通过用尺子丈量距离来完成，但是由于它们皆是量化形式，所以也能通过将每个值减去平均数来完成。这个过程记作 $X-\bar{X}$。将所有值相加，记为 $\sum(X-\bar{X})$，可以给我们提供每个值距离平均数的总数。但是每个值减去平均数的总和是零，所以这不会帮我们了解数据的离散程度。解决方法是在加总之前将每个值平方。这样计算 $\sum(X-\bar{X})^2$ 会得到一个正数。了解平均数与每个值之间的总距离是可行的，但是更简单的是计算每个值到平均数的平均距离。这个步骤的计算公式是：

$$\frac{\sum(X-\bar{X})^2}{N}$$

这个计算的唯一的问题是，获得的值和原始数据不在同一个尺度上。为了使值回到原始尺度，需要将值取平方根。当然，这是计算方差的方法，而且对这个值开方得到了标准差。虽然这个步骤非常简单，但是由于标准差所代表的含义，它对于正态曲线特别重要。

因为正态曲线以下的面积总是 100%，并且标准差代表与分布平均数的标准距离，所以标准差可以用来评估正态曲线下特定值与均值间围成的面积。例如，正态曲线下，在均值和 1 个标准差之间包含了 34.13% 的数据。在均值和 2 个标准差之间包含 47.72% 的数据。在均值和 3 个标准差之间包含 49.87% 的数据。49.87% 几乎覆盖了曲线的一半。因为正态曲线是对称的，所以不论是从平均数的左边还是右边开始计算，都能获得同样的值。这也意味着数据可以从一侧翻倍，整个正态曲线的范围可以通过数值加上或减去一定数量的标准差来确定。如果对以上数据进行翻倍，那么位于 –1 和 1 标准差之间的数据占 68.26%，–2 和 2 标准差之间的数据占 95.44%，–3 和 3 标准差之间的数据占 99.74%。

知道这些信息是很有必要的，因为这样可以确定分布中平均数和任意标准差之间的百分比。问题是，研究者可能对特定的标准差与均值之间的占比并不感兴趣。通常，研究者有必要进行计算，允许分布中任意值均可以转化为特定单位的标准差，以便计算该值下正态曲线的面积。计算的步骤就是计算这个值的 Z 分数。Z 分数可以将分布中的任何值转变成特定个数的标准差。计算 Z 分数的公式是：

$$Z=\frac{X-\bar{X}}{s}$$

X 是要转化为 Z 分数的数值，$\bar{X}$ 是分布的平均数，s 是分布的标准差。

将数值转化为 Z 分数的过程，仅是产生标准分数的一种方法。为了对事物进行比较，有必要对可能测量的对象制订统一的标准。如果是测量距离，我们可以使用尺或米，重量则使用磅或公斤。但是对于社会数据如犯罪，又该怎么处理呢？

犯罪通常根据犯罪率来测量。计算犯罪率可以简单地根据城市人口及标准的犯罪次数构建——将原本很难比较的不同事物进行数字标准化处理，使它们具有可比性。对于平均数、标准差和正态曲线也可以采取同样的做法。这个标准分数是基于正态曲线来计算的。

这意味着，如果研究者知道人口的平均数和标准差，那么 Z 分数能够用来计算任意值和平均数之间的差距。利用正态曲线下的范围展开推论分析（参见本书关于推论分析的章节），可以确定从总体中抽取任何样本的概率。

计算 Z 分数的过程很简单，就是确定正态曲线下的数值与均值之间的面积，并且检验 Z 分数如何与均值相关。首先，用原值减去均值。这可以确定数值是高于还是低于平均数：负值低于平均数，正值则高于平均数。然后用这个差值除以标准差，来确定这个数值高于或低于平均数多少个单位的标准差，即特定分值偏离平均数的标准单位（用标准差单位表达的 Z 分数）。注意，你可能得到一个负值，这意味着 Z 分数位于平均数的左侧。这丝毫不会影响到计算。

下一步是根据获得的数值查询附录 B 的表 B-1“统计表”。统计表中的行对应特定的 Z 分数（表 a 栏的数字）。选取特定的列取决于正态曲线下所检测的区域。如果你需要寻找特定 Z 分数与平均数之间的区域，那么你需要关注表格中的 b 列；如果检测的区域超过了该数值，远至分布的末端，那么需要使用 c 列。

假设每月警察局的投诉量平均为 12，标准差为 1.5。然后假设警察局局长想让你确定平均投诉量 12 和本月投诉量 14 之间所占的百分比。这需要确定平均数和 14 之间的面积。为了达到目的，首先要计算 Z 分数，如下所示：

$$Z = \frac{X - \bar{X}}{s}$$

$$= \frac{14 - 12}{1.5}$$

$$= \frac{2}{1.5}$$

$$= 1.33$$

然后观察附录 B 表 B-1 部分，“统计表”的列 a，找 1.33。当你在寻找 Z 分数与平均数之间的区域时，你将会使用列 b 来获得落在平均数和 14 之间正态分布面积的百分比。这个值是 0.4082，所以 12 至 14 之间分布范围是 40.82%。这意味着什么呢？这意味着在本年度约 41% 的月份所记录的投诉比当月少。

但是如果警察局局长想知道多少个月份所记录的投诉比本月多？为了确定高于 14 的百分数，你要像之前那样计算 Z 分数。在附录 B“统计表”B-1 列 a 找到了数字 1.33。由于你在尝试确定高于 14 的分数，你将会使用到表中 c 列。c 列中与 Z 分数 1.33 对应的值是 0.0918，所以分布中 9.18% 的值都大于 14，这也就意味着将近 10% 的月份比当月所记录的投诉多。实际上，由于平均数和 14 之间的范围是明确的，所以没有单独查询 c 列。由于已经确定平均数与 14 之间的百分数为 40.82%，并且正态曲线下的范围都是 100%，正态曲线一半的范围是 50%，50 减去 40.08 为 9.18。

无论使用高于平均数的分数还是低于平均数的分数，这个步骤都是有效的。正如之前所述，–1 标准差和 1 标准差是相同的。因此，如果我们尝试寻找小于 10 的百分数，那么应当和高于 14 的百分数相等。

$$Z = \frac{X - \overline{X}}{s} \qquad Z = \frac{X - \overline{X}}{s}$$

$$= \frac{90 - 76}{10.5} \qquad = \frac{62 - 76}{10.5}$$

$$= \frac{2}{1.5} \qquad = \frac{-2}{1.5}$$

$$= 1.33 \qquad = -1.33$$

但是如果你想知道有多少分数高于某一特定分数或者小于某一特定分数时，你将会怎么做呢？例如，在测试中有多少人得分高于 90 和低于 62？这种情况下，需要确定的是大于 90 或小于 62 的百分比。最后还需要的信息是，分布的平均数为 76、标准差为 10.5。这两个分值以外的区域，可以通过将附录 B“统计表”中表 B-1 的百分数相加来确定。这两个值的 Z 分数计算如下所示，这些计算的结果可以从附录 B“统计表”中表 B-1 中获取。在 a 列中找到 1.33，并且希望确定正态曲线上超过这个值的范围，我们需要在 c 列中寻找。在列 c 中找到的值是 0.0918。这意味着 9.18% 的分值高于 90。由于 62 在 c 列上的值也为 0.0918，但是是负值，所以 9.18% 的分值低于 62。将这两个值相加会得到分值高于 90 和低于 62 的人数百分比：

$$0.0918+0.0918 = 0.1836$$

所以班级中 18.36% 的人得分高于 90（获得了 A）或低于 62（获得 F）。这也可以确定位于两个分数之间的分值百分比。在我们所使用的例子中，位于 90 和 62 之间的分值百分数，可以通过将他们与平均数之间的范围相加来确定。观察附录 B“统计表”中表 B-1 列 b，在平均数 76 和分值为 90 之间的百分数为 40.82%。由于与 62 的 Z 分数相同，所以 62 和 76 之间的百分数也为 40.82%。将这些百分比相加得到了 81.64%，如下所示：

$$0.4082+0.4082 = 0.8164$$

所以，班级有 81.64% 的同学获得了 B，C，或 D。

记住正态分布曲线的要点 两个极其重要的 Z 分数，分别是 1.96 和 2.58。相应地，它们对应着正态曲线 95% 和 99% 的区域。这两个值之所以极其重要，是因为研究者通常想知道分布中 95% 或 99% 的值的位置情况，或者他们想比较两个值，看看他们是否位于分布中 95% 或 99% 的值域中。

另外需要记住的是，正态曲线是理论上的完美形态。正态分布并不是真的存在，我们最大程度上只能做到收集接近但并不绝对存在的正态曲线数据。所以，使用正态曲线理论所得到的结论只是估计，而不是无可动摇的事实。

最后，你需要明白并不是所有的数据集都近似正态曲线。在对集中趋势测量的讨论中（第 4 章），一些分布是多峰状的甚至是锯齿状。许多分布呈 J 形，非常偏态，压根就不是正态分布，甚至有一些分布几乎是平坦的。这些分布都需要进行特别的处理，这会在双变量和多变量分析章节中讨论。

6.7 结论

本章中我们介绍了某个分布中特定变量的单变量描述（单变量描述分析）。你也学习了如何描述变量，使其特征能够更加准确地被他人所理解，这些特征也可以使人们对这个分布有一些直观印象。描述单个变量有许多方式：频数分布和图形、集中趋势测量、离散测量和分布形态。这些方式都能描述特定分布的某些特征，并确定变量是否适合用于进一步分析。

在下一章，我们将结合两个变量——双变量描述分析——并描述它们两者间可能存在的关系。这些分析的成功与否需要以单变量描述性分析为前提。

6.8 关键术语

形态（form）
峰度（kurtosis）
高狭峰（lepokurtic）
常态峰（mesokurtic）
矩（moments）
负偏态（negatively skewed）
正态曲线（normal curve）
众数的个数（number of modes）
低阔峰（platykurtic）
正偏态（positively skewed）
偏度（skew）
对称（symmetry）
Z 分数（Z score）

6.9 公式概览

分布的矩

$$\frac{\sum(X-\overline{X})^i}{N}$$

Z 分数

$$Z = \frac{X - \overline{X}}{s}$$

6.10 练习

1. 使用下列的频数表（来自帮派数据集）：

a. 讨论众数的数量；

b. 确定偏度和峰度，并讨论分布是正偏态还是负偏态，是高狭峰、常峰态还是低阔峰。

住房：你住的是哪种房子？

赋值标签	赋值	频数	百分比 /%	有效百分比 /%	累积百分比 /%
住宅	1	280	81.6	82.4	82.4
复式住宅	2	3	0.9	0.9	83.2
活动住屋	3	34	9.9	10.0	93.2
公寓	4	21	6.1	6.2	99.4
其他	5	2	0.6	0.6	100.0
缺失		3	0.9		
合计		343	100.0	100.0	

N	有效	340
	缺失	3
平均数		1.41
平均数标准误		0.051
中位数		1
众数		1
标准差		0.945
方差		0.892
偏度		2.001
偏度标准误		0.132
峰度		2.613
峰度标准误		0.264
全距		5

逮捕：你被逮捕过几次？

	赋值	频数	百分比 /%	有效百分比 /%	累积百分比 /%
	0	243	70.8	86.2	86.2
	1	23	6.7	8.2	94.3
	2	10	2.9	3.5	97.9

续表

	赋值	频数	百分比 /%	有效百分比 /%	累积百分比 /%
	3	3	0.9	1.1	98.9
	5	2	0.6	0.7	99.6
	24	1	0.3	0.4	100.0
缺失		61	17.8		
合计		343	100.0	100.0	

N	有效	282
	缺失	61
平均数		0.30
平均数标准误		0.093
中位数		0
众数		0
标准差		1.567
方差		2.455
偏度		12.692
偏度标准误		0.145
峰度		187.898
峰度标准误		0.289
全距		24

居住时间：你在你当前住所住了多久（月）？

	赋值	频数	百分比 /%	有效百分比 /%	累积百分比 /%
	1	14	4.1	4.3	4.3
	2	6	1.7	1.8	6.1
	3	4	1.2	1.2	7.3
	4	4	1.2	1.2	8.6
	5	6	1.7	1.8	10.4
	6	6	1.7	1.8	12.2
	7	1	0.3	0.3	12.5
	8	3	0.9	0.9	13.5
	9	2	0.6	0.6	14.1
	10	1	0.3	0.3	14.4
	11	1	0.3	0.3	14.7
	12	11	3.2	3.4	18.0
	14	1	0.3	0.3	18.3
	18	5	1.5	1.5	19.9
	21	1	0.3	0.3	20.2

续表

	赋值	频数	百分比 /%	有效百分比 /%	累积百分比 /%
	24	30	8.7	9.2	29.4
	30	1	0.3	0.3	29.7
	31	1	0.3	0.3	30.0
	32	1	0.3	0.3	30.3
	36	22	6.4	6.7	37.0
	42	1	0.3	0.3	37.3
	48	12	3.5	3.7	41.0
	60	24	7.0	7.3	48.3
	72	14	4.1	4.3	52.6
	76	1	0.3	0.3	52.9
	84	8	2.3	2.4	55.4
	96	18	5.2	5.5	60.9
	108	4	1.2	1.2	62.1
	120	9	2.6	2.8	64.8
	132	11	3.2	3.4	68.2
	144	21	6.1	6.4	74.6
	156	13	3.8	4.0	78.6
	168	11	3.2	3.4	82.0
	170	5	1.5	1.5	83.5
	180	7	2.0	2.1	85.6
	182	2	0.6	0.6	86.2
	186	1	0.3	0.3	86.5
	192	14	4.1	4.3	90.8
	198	1	0.3	0.3	91.1
	204	24	7.0	7.3	98.5
	216	3	0.9	0.9	99.4
	240	2	0.6	0.6	100.0
缺失		16	4.7		
合计		343	100.0	100.0	

N	有效	327
	缺失	16
平均数		88.77
平均数标准误		3.880
中位数		72
众数		24

标准差		70.164
方差		4923.055
偏度		0.365
偏度标准误		0.135
峰度		–1.284
峰度标准误		0.269
全距		239

同胞：你有多少兄弟姐妹？

	赋值	频数	百分比 /%	有效百分比 /%	累积百分比 /%
	0	39	11.4	11.5	11.5
	1	137	39.9	40.5	52.1
	2	79	23.0	23.4	75.4
	3	39	11.4	11.5	87.0
	4	17	5.0	5.0	92.0
	5	13	3.8	3.8	95.9
	6	6	1.7	1.8	97.6
	7	4	1.2	1.2	98.8
	9	1	0.3	0.3	99.1
	10	1	0.3	0.3	99.4
	12	1	0.3	0.3	99.7
	15	1	0.3	0.3	100.0
缺失		5	1.5		
合计		343	100.0		

N	有效	338
	缺失	5
平均数		1.94
平均数标准误		0.098
中位数		1
众数		1
标准差		1.801
方差		3.245
偏度		2.664
偏度标准误		0.133
峰度		12.027
峰度标准误		0.265
全距		15

2. 均值为 50，标准差为 10 的正态分布：

a. 计算数值为 40 的 Z 分数；

b. 确定平均数和这个值之间在正态曲线下的面积；

c. 确定大于这个值的正态曲线的面积；

d. 计算数值为 65 的 Z 分数；

e. 确定平均数和这个值之间在正态曲线下的面积；

f. 确定大于这个值的正态曲线的面积；

g. 确定 40 和 60 之间在正态曲线下的面积；

h. 确定 40 和 60 之外的正态曲线下的面积。

3. 比如说，假释委员会有一项政策，它只会释放那些服刑时间最少、表现好、在毒品认知课上成绩不错的囚犯。如果这个分布的平均值是 90，这些标准上的最低可接受分数是 70，分数的标准差是 15：

a. 计算分值为 90 的 Z 分数；

b. 计算分值为 50 的 Z 分数；

c. 求均值和 a 和 b 部分的值之间在正态曲线下的面积；

d. 确定大于这些值的正态曲线的面积；

e. 计算分值为 70 的 Z 分数；

f. 确定平均数和这个值之间在正态曲线下的面积；

g. 确定大于这些值的正态曲线的面积。

6.11 参考文献

Macgillivray, H. L.（1981）. The mean, median, mode inequality and skew for a class of densities. *Australian Journal of Statistics*, 23, 247.

6.12 拓展阅读

Pearson, K.（1894）. On the dissection of asymmetrical frequency-curves: General theory. *Philosophical Transactions of the Royal Society of London*（Series A,Vol.185）.London: Cambridge University Press.

Pearson, K.（1895）. Classification of asymmetrical frequency curves in general: Types actually occurring. *Philosophical Transactions of the Royal Society of London*（Series A,Vol.186）. London: Cambridge University Press.

6.13 注释

1. SPSS 使用 –1 到 +1 的转化作为可接受的偏度测量，是基于一个特定的公式来标准化偏度和峰度的分值。计算偏度和峰度是相同的（普遍的）公式，可接受范围是 –3 到 +3。例如 SAS 程序就用的这个公式。很重要的一点是，在对这些值做出判断之前，你需要明白他们应该运用哪个公式。

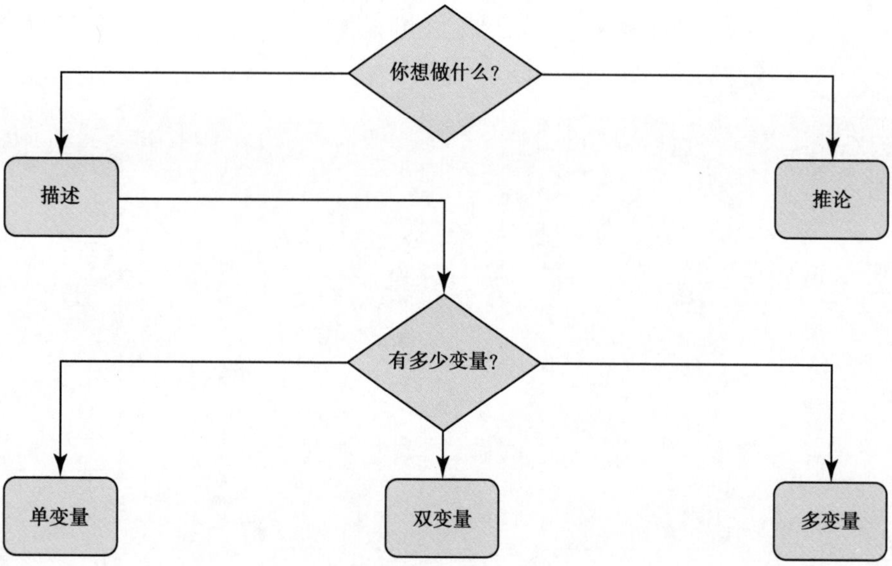
你想做什么?
描述
推论
有多少变量?
单变量
双变量
多变量

第 7 章

双变量描述统计概述

学习目标

- 描述双变量表的目标
- 解释如何创建双变量表
- 描述如何决定双变量表的单元数
- 将正确的元素合适地填入空白的双变量表中

在第 3 章“结构化理解数据”，我们引入了频数表作为检测特定变量特性的一种方法。频数表也可以检测两个变量之间的**关系**（relationship）。例如，性别和受害类型这两个变量。从 SPSS 所得的每个变量的组合表如表 7-1 所示。每个变量的单变量分析可以从这些频数表中获得。这些表显示，女性受害者的数量比男性受害者的数量高出两倍以上，而且频数最高的犯罪类型就是盗窃，其次是破坏财物和强奸。

然而，很难从这些表格中发现特定犯罪的受害者的性别。例如，很难从这些表中了解多少女性和多少男性是盗窃的受害者。但是，当我们可以对这些变量进一步加工，比如，可以按照受害者的性别进行排列，就可以对特定男性受害者和女性受害者数量和比例做出评价。如表 7-2 所示，我们可以从表中看出，女性被害者在故意毁坏财物、汽车盗窃、袭击和强奸上的数量和百分比更高，而男性被害人在入室盗窃、抢劫和其他类型上有更高的百分比（尽管女性在每个类别的数量仍然更多，在无回应一项中亦是如此，但在入室盗窃中男性、女性的被害数量相同）。然而，这是个有点复杂的过程，需要在表格之间相互查看。如果我们能够在变量间进行更直接、更全面的比较，可能会更方便些。双变量表就是实现这种比较的方式。

表 7-1　被害类型和性别的组合表

受访者的性别

变量标签	赋值	频数	百分比 /%	有效百分比 /%	累积百分比 /%
男性	1	99	28.5	29.1	29.1
女性	2	241	69.5	20.9	100.0
	缺失	7	2.0		
	总计	347	100.0	100.0	

有效数据：340；缺失数据：7。

在过去 6 个月中你是这些犯罪类型的受害者吗？

变量标签	赋值	频数	百分比 /%	有效百分比 /%	累积百分比 /%
无回应	0	7	2.0	5.9	5.9
盗窃	1	30	8.6	25.4	31.4
故意毁坏财物	2	28	8.1	23.7	55.1
偷车	3	14	4.0	11.9	66.9
抢劫	4	9	2.6	7.6	74.6
袭击	5	3	0.9	2.5	77.1
强奸	6	22	6.3	18.6	95.6
其他	7	5	1.4	4.2	100.0
	缺失	229	66.0		
总计		347	100.0	100.0	

有效数据：118；缺失数据：229。

表 7-2　犯罪中男性和女性受害者的数据

犯罪种类	男性受害者		女性受害者	
	频数	百分比 /%	频数	百分比 /%
无回应	1	2.9	4	5.1
盗窃	15	42.9	15	19.0
故意毁坏财物	5	14.3	21	26.6
汽车盗窃	3	8.6	11	13.9
抢劫	3	8.6	6	7.6
袭击	0	0	3	3.8
强奸	5	14.3	17	21.5
其他	3	8.6	2	2.5

7.1　双变量表和分析

双变量表（bivariate table）显示两个变量的联合分布频数，并且试图通过确定他们在特定类别组合的次数来显示变量间的联系，例如盗窃案件中的女性受害者。这个表通常被称为**交叉表**（crosstab）。有关受害人和性别关系的交叉表如表 7-3 所示。该表通常会列出某一变量的频数和百分比，从而可以与另一类变量进行对比。例如表格中可以列举特定犯罪中女性受害者与男性受害者比较的结果。

表 7-3 相关交叉表

			受害者的性别		
			男性	女性	总计
在过去 6 个月中，你是这些犯罪类型的受害者吗?	其他	计数	3	2	5
		期望值	1.5	3.5	5.0
		在过去 6 个月中，你是犯罪的受害者的百分比 /%	60.0	40.0	100.0
		受害者性别的百分比 /%	8.6	2.5	4.4
		总计的百分比 /%	2.6	1.8	4.4
	强奸	计数	5	17	22
		期望值	6.8	15.2	22.0
		在过去 6 个月中，你是犯罪的受害者的百分比 /%	22.7	77.3	100.0
		受害者性别的百分比 /%	14.3	21.5	19.3
		总计的百分比 /%	4.4	14.9	19.3
	袭击	计数	0	3	3
		期望值	0.9	2.1	3.0
		在过去 6 个月中，你是犯罪的受害者的百分比 /%	0.0	100.0	100.0
		受害者性别的百分比 /%	0.0	100.0	100.0
		总计的百分比 /%	0.0	2.6	2.6
	抢劫	计数	3	6	9
		期望值	2.8	6.2	9.0
		在过去 6 个月中，你是犯罪的受害者的百分比 /%	33.3	66.7	100.0
		受害者性别的百分比 /%	8.6	7.6	7.9
		总计的百分比 /%	2.6	5.3	7.9
	盗窃汽车	计数	3	11	14
		期望值	4.3	9.7	14.0
		在过去 6 个月中，你是犯罪的受害者的百分比 /%	21.4	78.6	100.0
		受害者性别的百分比 /%	8.6	13.9	12.3
		总计的百分比 /%	2.6	9.6	12.3
	故意毁坏财物	计数	5	21	26
		期望值	8.0	18.0	26.0
		在过去 6 个月中，你是犯罪的受害者的百分比 /%	19.2	80.8	100.0
		受害者性别的百分比 /%	14.3	26.6	22.8
		总计的百分比 /%	4.4	18.4	22.8

续表

			受害者的性别		
			男性	女性	总计
在过去6个月中，你是这些犯罪类型的受害者吗？	盗窃	计数	15	15	30
		期望值	9.2	20.8	30.0
		在过去6个月中，你是犯罪的受害者的百分比 /%	50.0	50.0	100.0
		受害者性别的百分比 /%	42.9	19.0	26.3
		总计的百分比 /%	13.2	13.2	26.3
	无回应	计数	1	4	5
		期望值	1.5	3.5	5.0
		在过去6个月中，你是犯罪的受害者的百分比 /%	20.0	80.0	100.0
		受害者性别的百分比 /%	2.9	5.1	4.4
		总计的百分比 /%	0.9	3.5	4.4
	总计	计数	35	79	114
		期望值	35.0	79.0	114.0
		在过去6个月中，你是犯罪的受害者的百分比 /%	30.7	69.3	100.0
		受害者性别的百分比 /%	100.0	100.0	100.0
		总计的百分比 /%	30.7	69.3	100.0

统计表与演示表 表可以分为两种常规类型：统计表和演示表。统计表表现为统计程序输出的结果，比如SPSS，通常在文本中使用。演示表通常出现在期刊和书籍，这些表格通常来源于统计表格，但进行了格式化处理，以使它们适合（1）特定的编辑风格，如Turabian或APA；（2）特定出版物要求的格式；（3）作者的审美观念，也就是说，他或她认为看起来是最合适的。

能够理解和解释两种类型的表格很重要。你在学生时期大多数看到的都会是期刊文章中的演示表。这些表大多数是相当容易理解的，因为它们以此方式创建的原因就是便于阅读。不过，更重要的是阅读统计表的能力。如果无法读懂统计表，就无法分析数据或将统计表转换为演示表。正是出于这个原因，在本章中我们专注于统计表。这里展示的表直接来源于SPSS。这样可以让你理解统计输出的结果、分析输出结果，并且能够将分析放入写作文本中。为了显示统计表和演示表之间的差异，表7-3中的信息将全用演示表（表7-4）展示。

本章中的一些表格将使用统计表和演示表两种形式来对比其差异点和相同点。然而，本章重点依然是关注统计表的使用和解读。

表 7-4 犯罪类型与受害者性别演示表 [a][1]

犯罪的类型	男性		女性	
	频数	百分比 /%	频数	百分比 /%
其他	3	2.6	2	1.8
强奸	5	4.4	17	14.9
袭击	0	0	3	2.6
盗窃	3	2.6	6	5.3
汽车盗窃	3	2.6	11	9.6
破坏财物	5	4.4	21	18.4
入室盗窃	15	13.2	15	13.2
无回应	1	0.9	4	3.5
总计	35	30.7	79	69.3

[a] 表格的格式源于《犯罪学杂志》（*Criminology*）。百分数是相较于总数（N=144）的百分比。

7.2 创建双变量表

有许多不同的方法来创建双变量表。然而，随着一些惯例的发展，双变量表变得更简单或更复杂。双变量表的基本格式是将变量按行和列排列，其中因变量按行排，自变量按列排。尽管这个顺序能够颠倒，许多双变量程序依然默认按照这种顺序，而且这种顺序确实让分析变得简单。在表 7-3 中，受害类型是因变量，性别是自变量——是否成为受害者可能受到性别的影响。

双变量表根据行列的数量进行分类，使用 $Y \times X$ 作为模型。例如 4×3 表是具有因变量 Y 和自变量 X 的双变量表，其中 Y 被分为四个种类，X 被分为三个种类。[1] 表 7-3 是 7×2 表，即 7 类因变量（Y）和 2 类自变量（X）。

表的每个框称为**单元格**（cell）。通过评估因变量和自变量特定值或配对出现的数量来确定**单元格频数**（cell frequency）。这个数量被称为单元格频数，通常用符号 n_{ij} 或 n_{rc} 来表示，其中 ij 和 rc 指代的是每个单元所处的相应的行与列。例如，在表 7-3 中，包含男性无应答的联合频数为 1 行 1 列单元格。这个单元的频数是3，即有3个男性无应答。在文本格式中，这个频数可能表示为 n_{11}=3 的形式。

双变量表的类型来源于所包含的数据类型，与确认频数表的类型相同。如果单元中的值为数据值，那么这个表就称为频数表；如果这些值为百分数，那么这个表称为百分表；如果两者都有，那么称为**组合表**（combination table）。

双变量表的测量水平取决于变量的测量水平，也就是说，定序表包含定序变量，定类表包含定类变量。在分析中，表中的数据以及表本身是很重要的考虑因素，因

[1] 原文为“Presentation Table of Crime Type Victimization by the Sex of the Offender”。根据上下文意思，此处应该是受害者的性别（“the Sex of the Victim”），而不是罪犯（“Offender”）的性别。——译者注

为数据的水平将决定分析类型。由于定序表的发展更具有结构性，后面的章节将首先讨论定序表。此外，基于对定序表设计的理解，定类表创建的相关内容也会被介绍。

7.2.1 定序表的创建

为了测量定序变量的关系，两个变量必须是定序变量，二分定类变量（例如男性 / 女性），[2] 或分类定距变量（即定距数据，例如收入，数据收集后已分类，并且更易于分析或演示）。定序交叉表能够为变量间相关关系的衡量打下基础，不仅如此，它还可以衡量这种相关关系的强度、方向和性质（参见后面章节）。

创建定序变量表的第一步就是建立标题。这个标题是基于因变量（Y）× 自变量（X）的形式创建的。如表 7-5 所示，这个主题是通过对犯罪问题的认识（CRIM_PRB）研究在晚上散步（WALK_NIT）的情况，标题可用“在晚上散步与对犯罪问题的认识的交叉表”。在这个主题上，走夜路是因变量，对犯罪问题的认识是自变量。表格中列包含了自变量,所以自变量的名称处于表格的顶端。随着从左向右移动，行的抬头应当以升序（从低到高）排列。如表 7-5 所示，根据表格顶端，CRIM_PRB 的分类从不是问题（分类 1）到是大问题（分类 3）。行包含了因变量，所以因变量的名称位于表格的左边。行的名称应当从顶端到底端以降序排列（从高到低）。如表 7-5 所示，随着表格从顶端移动到底端，WALK_NIT 一列从“经常”（分类 3）到“从不”（分类 1）。将因变量进行排序以便将表格从顶端的高值到底端的低值进行排列，能够确保分析准确地识别方向，并且通过数值排列的方式可以看出方向的变化。

你该如何操作？

在 SPSS 中创建一个双变量表

1. 打开一个数据集：
   a. 启动 SPSS；
   b. 选择“File”，点击“Open”，然后点击“Data”；
   c. 选择你想打开的文件，然后选择“Open”。
2. 一旦数据出现在窗口，选择“Analyze”，点击“Descriptive Statistics”，然后点击“Crosstabs”。
3. 选择你想包含的变量作为因变量，并点击“Row（s）”窗口旁边的▶按钮。
4. 选择你想包含的变量作为自变量，并点击“Column（s）”窗口旁边的▶按钮。
5. 目前不需要担心窗口底部的“Exact”和“Statistics”框。
6. 选择“Cell”按钮并检查你想出现在交叉表中的信息框。对于有全部信息的交叉表，选择“observed”“expected”“row”“column”和“total”，然后点击“Continue”。
7. 注意事项。选择“Format”按钮，并检查“Descending”。如果你不这么做，你的表格不会呈现像本章讨论的那种格式。

表 7-5 相关交叉表

你晚上在附近散步的频率是？犯罪问题的严重程度有多大？

<table>
<tr><th colspan="3"></th><th colspan="4">犯罪问题的严重程度有多大？</th></tr>
<tr><th colspan="3"></th><th>不是问题</th><th>是小问题</th><th>是大问题</th><th>合计</th></tr>
<tr><td rowspan="10">你晚上在附近散步的频率？</td><td rowspan="5">经常</td><td>计数</td><td>2</td><td>2</td><td>0</td><td>4</td></tr>
<tr><td>期望值</td><td>2.7</td><td>1.2</td><td>0.2</td><td>4.0</td></tr>
<tr><td>你晚上在附近散步的频率的百分比 /%</td><td>50.0</td><td>50.0</td><td>0.0</td><td>100.0</td></tr>
<tr><td>犯罪问题的严重程度有多大的百分比 /%</td><td>1.2</td><td>2.8</td><td>0.0</td><td>1.6</td></tr>
<tr><td>总计的百分比 /%</td><td>0.8</td><td>0.8</td><td>0.0</td><td>1.6</td></tr>
<tr><td rowspan="5">偶尔</td><td>计数</td><td>20</td><td>13</td><td>3</td><td>36</td></tr>
<tr><td>期望值</td><td>23.9</td><td>10.4</td><td>1.7</td><td>36.0</td></tr>
<tr><td>你晚上在附近散步的频率的百分比 /%</td><td>55.6</td><td>36.1</td><td>8.3</td><td>100.0</td></tr>
<tr><td>犯罪问题的严重程度有多大的百分比 /%</td><td>12.1</td><td>18.1</td><td>25.0</td><td>14.5</td></tr>
<tr><td>总计的百分比 /%</td><td>8.0</td><td>5.2</td><td>1.2</td><td>14.5</td></tr>
<tr><td rowspan="5">你晚上在附近散步的频率？</td><td rowspan="5">从不</td><td>计数</td><td>143</td><td>57</td><td>9</td><td>209</td></tr>
<tr><td>期望值</td><td>138.5</td><td>60.4</td><td>10.1</td><td>209.0</td></tr>
<tr><td>你晚上在附近散步的频率的百分比 /%</td><td>68.4</td><td>27.3</td><td>4.3</td><td>100.0</td></tr>
<tr><td>犯罪的严重程度有多大的百分比 /%</td><td>86.7</td><td>79.2</td><td>75.0</td><td>83.9</td></tr>
<tr><td>总计的百分比 /%</td><td>57.4</td><td>22.9</td><td>3.6</td><td>83.9</td></tr>
<tr><td rowspan="5">合计</td><td rowspan="5"></td><td>计数</td><td>165</td><td>72</td><td>12</td><td>249</td></tr>
<tr><td>期望值</td><td>165.0</td><td>72.0</td><td>12.0</td><td>249.0</td></tr>
<tr><td>你晚上在附近散步的频率的百分比 /%</td><td>66.3</td><td>28.9</td><td>4.8</td><td>100.0</td></tr>
<tr><td>犯罪的严重程度有多大的百分比 /%</td><td>100.0</td><td>100.0</td><td>100.0</td><td>100.0</td></tr>
<tr><td>总计的百分比 /%</td><td>66.3</td><td>28.9</td><td>4.8</td><td>100.0</td></tr>
</table>

如上所述，将变量和分类进行排列是一个惯例，但也不总是被人们完全遵循。很多统计程序，包括 SPSS，并不会自动设置变量的位置，也不会像本章所述的这样自动排序。由于处理数据的灵活性需要，大多数程序都能允许研究者对变量进行个性化处理和顺序分类。当进行一项研究的时候，在进行分析之前，一定要确保表格是按照规定方式排列的，否则，本章提及的一些分析技术就无法运用。并不是你不能分析数据，而是你必须要使用其他的方法来分析数据，因为你使用的表格无法支持分析的内容。

为了填满这张表格，需要将合适的数字填入单元格内，但要仔细数一下每个配对数据的发生频数。如下图所示，这些数据包含在表 7-5 的第一行。一旦所有的配对值都确定了，这个交叉信息就转化为频数了。现在，有两名被访者提及他们经常在晚上散步，并且他们认为周围的犯罪是个小问题。同时，另外两名被访者汇报说他们经常在晚上散步，而他们附近的犯罪是个大问题。在这个例子中，不存在“不是问题”的回答，所以分类1的回答上就没有任何交叉。当这些结果依据频数被放入表中后，他们看起来就像表7-5的第一行的数据。

被访者	WALK_NIT 走夜路频率	CRIM_PRB 犯罪问题
A	经常（3）	是小问题（2）
B	经常（3）	是大问题（3）
C	经常（3）	是大问题（3）
D	经常（3）	是小问题（2）

由于数值很难解释，因此通常很难通过数值来比较两个或更多分类的变量。因此，将频数转化为百分数是一个很好的尝试，便于更简易地对变量进行比较。这可以通过将每一个单元格除以行、列总数或*N*来实现，然后乘以100就得到百分比了。SPSS可以实现这个功能。当你检查上述所示的行、列以及（或）总数时，SPSS将会计算**行百分比**（row percentages）、**列百分比**（column percentages），及（或）**总百分比**（total percentages）。这些数值按变量以行或列“中的百分比/%”（% within）或“总计的百分比/%”（% of total）的方式展示在输出结果中。例如，2行3列单元格行的百分比为8.3%（3/36），2行2列单元格的行百分比为36.1%（13/36），2行1列单元格的行百分比为55.6%（20/36）。因为他们标明了“你晚上在附近散步的频率的百分比/%”，所以当你看到行中的百分比就能清楚知道。在表7-5的列1中，1行1列单元格的列百分比是1.2%（2/165），2行1列单元格的列百分比是12.1%（20/165），3行1列单元格的列百分比是86.7%（143/1651）。由于单元格标明了“犯罪问题的严重程度有多大？”，所以当你看到列中的百分比就能知道列的百分数。最后，总数百分比可以通过用每个单元格的数除以总数*N*来计算。例如，2行1列单元格的总和百分比是0.8%（2/249），2行2列单元格的总和百分比是5.2%（13/249），3行2列单元格的总百分数是22.9%（57/249）。

从SPSS中可以得到的最后信息是**期望值**（expected count）。如果两个变量不相关，这就是期望得到的频数。这是双变量分析中很重要的一部分，将会在第8章中重点强调。

表格外侧的数字被称为**边际**（marginals）。这些仅仅是行或者列的频数和或者百分比之和。例如，**行总计**（row total）包含了特定行单元格的所有频数或百分比之和，**列总计**（column total）同样如此。在表7-5中，由于两个单元格的频数是2，一个单元的频数是0，所有行1的总和是4。同样，由于3个单元格的频数分别是0、3和9，列3的列总计是12。边际的百分值是行或列与总数的比值。例如，在表 7-5 中，行 1 的值 1.6% 意味着“经常”只占犯罪问题调查的 1.6%（“偶尔”和“从不”的情况构成剩下的 98.4%）。如果将这些边际与表中原始的频数或百分比相比较，就会发现这个结果与原始数字完全匹配。

表中右下方的值代表这张表的总数。表 7-5 总频数（N）是 249，100% 代表行总计的 100%，列总计的 100%。

7.2.2 构建定类图表

如果研究的变量之一是定类变量（排除二分变量），定类表和定类统计结果可以被用来测量其关系。出于数据类型的原因，定类分析表比定序分析表提供的信息要少一些。定类分析表仅能够对关系的存在以及程度提供信息。如果变量有充足的分类，定类分析表能够对关联的属性提供一些信息。然而，由于定类数据没有顺序，所以关于数据的方向没有办法判定。

定类分析表与定序分析表的创建方法相同。唯一的区别是分类的顺序没有那么重要。对于这些表而言，变量取值的排列应当具有逻辑意义。即使定类分析表无法确定相关的方向，但是对于涉及的定序变量和分组的定距或定比变量，还是需要遵从其顺序。这种方法不仅有助于测量数据，还对构建标准的分析图表有帮助。

定类分析表的例子如表 7-3 所示。在表中，性别和犯罪类型都是定类变量。值得注意的是，如果考虑严重程度的话，可以将犯罪类型设置成定序变量。然而，由于变量本身是定类变量，不管行列怎么安排，分析结果并没差异。

7.3 双变量表的分析

创建双变量表通常是双变量分析的第一步。本章对于双变量分析的简短介绍仅包括通过构建表格以表明变量之间的联系，双变量分析更多的内容会在后三章中介绍。双变量表和与之相关的统计量是定类和定序水平的数据分析最常用的形式之一。这些表很少用于定距数据和定比数据，这是因为，由于连续性变量通常有很多种类，图表太大和太复杂通常会降低分析效果。此外，如果数据没有分组的话，对定距和定比数据进行直接统计效果将更好。因此，对于定距和定比变量通常不分组，而是进行直接分析。

双变量分析检测了两个变量的相关性，或者一个变量的类型与第二个变量类型的区别。双变量分析通常有四步，这些步骤检验或确定了每种关联的特性（参见第 8、9、10 章）。对于定类和定序变量，主要通过双变量表及其对应的统计过程来进行分析。对于定距和定比数据，通常不需要双变量表。

双变量分析的第一步，是检测是否**存在**（existence）关系（第 8 章）。如果一个变量的分布在某些方面在该变量的类别之间有所不同，那么就可以说两个变量间存在关系。下一步就是测量关系的**强度**（strength）（第9章）。如果关系存在，则可以确定关系的紧密程度。第三步就是确定关系的**方向**（direction）（第10章）。若变量的值随着另一个变量的增大而增大，那么就是正相关。若变量随着另一个变量的增大而减少，则是负相关。最后一步是确定关联关系的**性质**（nature）（第10章）。关系模式可能没有规律性。若一个变量增量的增加总是与其他变量固定增量的连续增加或减少相联系，则关系的性质是**线性的**（**linear**）。然而，有的时候两个变量的关系是曲线或非线性关系，这种性质可能影响变量的其他分析。

需要注意的是，并非所有这些决策步骤涉及的统计分析，对各种变量类型均成立。例如，由于定类数据是无序的，因此没有方法确定它的方向。但是，恰当的双变量分析应该尽量提供这些步骤信息，从而为数据和关系的概括提供一个完整的结论。这一过程将在后三章进行更全面的讨论。

7.4　结论

在本章中，我们简短介绍了双变量表的构建及其内容。我们也对双变量分析提供了简要的介绍。阅读本章后，你应该知道如何创建合适的定类和定序双变量表，以及进行双变量分析的四个步骤。双变量分析的四个主要步骤——存在、强度、方向和性质——将在后面三章讨论。

7.5　关键术语

双变量表（bivariate table）
单元格（cell）
单元格频数（cell frequency）
列百分比（column percentage）
交叉表（crosstab）
方向（direction）
存在（existence）
期望值（expected count）
边际（marginals）
性质（nature）
关系（relationship）
行百分比（row percentage）
强度（strength）
总百分比（total percentage）

7.6　练习

1. 对于变量性别（男性、女性）和受害情况（是、否）。

a. 在空白处填入信息以使得表格标准化。

__________ 和 __________ 的交叉表

__________		______ 1	______ 2	______
__________				
__________	2	20	37	57
__________	1	27	48	75
__________		47	85	132

b. 这是定类表还是定序表？为什么？

2. a. 通过下列的信息，利用双变量分析法来创建一个合适的表。

害怕在白天独自行走	警察的工作表现如何
很害怕	非常好
一般害怕	一般
有点害怕	较差
不害怕	非常不好

b. 这是定类表还是定序表？为什么？

3. 在一项对监狱囚犯的调查中，囚犯被问及他们的犯罪生涯和被捕时的收入。调查结果如下表所示。

每月犯罪数	收入（$）	每月犯罪数	收入（$）
15	18000	15	24000
5	21000	15	18000
15	23000	15	21000
10	22000	15	31000
10	25000	20	52000
5	14000	7	21000
20	23000	7	17000
20	46000	20	48000
5	15000	20	45000
5	17000	10	19000

a. 在下列表格中，为每月犯罪数（因变量）和收入（自变量）创建一个定序变量表。对于每月犯罪数，使用分类“小于等于 10”和“超过 10”。对于收入，使用分类“大于等于 $ 21000”和“小于 $ 21000”。

______ 和 ______ 的交叉表

	______	______	
______	______	______	______
______	______	______	______
	______	______	______

b. 这是定类表还是定序表？为什么？

4. 根据下列表中信息，完成如下练习。

a. 说明它是定类表还是定序表，并陈述原因。

b. 确认 2 行 3 列单元格的行百分比。

c. 确认 1 行 2 列单元格的列百分比。

d. 确定 2 行 2 列单元格的合计百分比。

e. 确认行 1 的行百分比。

f. 确认列 2 的列百分比。

相关交叉表

犯罪问题是否足够严重使得过去 12 个月中你有过搬家的想法？

对犯罪的恐惧感在多大程度上影响你是否决定在白天行走？

			对犯罪的恐惧感在多大程度上影响你是否决定在白天行走？			合计
			1	2	3	
			没有影响	影响很小	影响很大	
犯罪问题是否足够严重使得过去 12 个月中你有过搬家的想法？	2 是	计数	83	48	22	153
		犯罪问题是否足够严重使得过去 12 个月中你有过搬家的想法的百分比 /%	54.2	31.4	14.4	100.0
		对犯罪的恐惧感在多大程度上影响你是否决定在白天行走的百分比 /%	69.2	44.0	24.7	48.1
		总计的百分比 /%	26.1	15.1	6.9	48.1
	1 否	计数	37	61	67	165
		犯罪问题是否足够严重使得过去 12 个月中你有过搬家的想法的百分比 /%	22.4	37.0	40.6	100.0
		对犯罪的恐惧感在多大程度上影响你是否决定在白天行走的百分比 /%	30.8	56.0	75.3	51.9
		总计的百分比 /%	11.6	19.2	21.1	51.9
	合计	计数	120	109	89	318
		犯罪问题是否足够严重使得过去 12 个月中你有过搬家的想法的百分比 /%	37.7	34.3	28.0	100.0
		对犯罪的恐惧感在多大程度上影响你是否决定在白天行走的百分比 /%	100.0	100.0	100.0	100.0
		总计的百分比 /%	37.7	34.3	28.0	100.0

7.7 注释

1. 注意，$Y \times X \times Z$ 这种类型的表格可以进行多变量分析，其中 Z 是控制变量。其过程首先是控制单元格中的常数后比较 X 和 Y，然后对每个单元格重复这个过程。这个过程会产生许多双变量的“局部”的表，然后再进行比较。
2. 如果两个变量都为二分定类变量，那么考虑使用定序表就不太合适。将二分定类变量与真正的定序或分类定距变量结合，只能采用定序表。

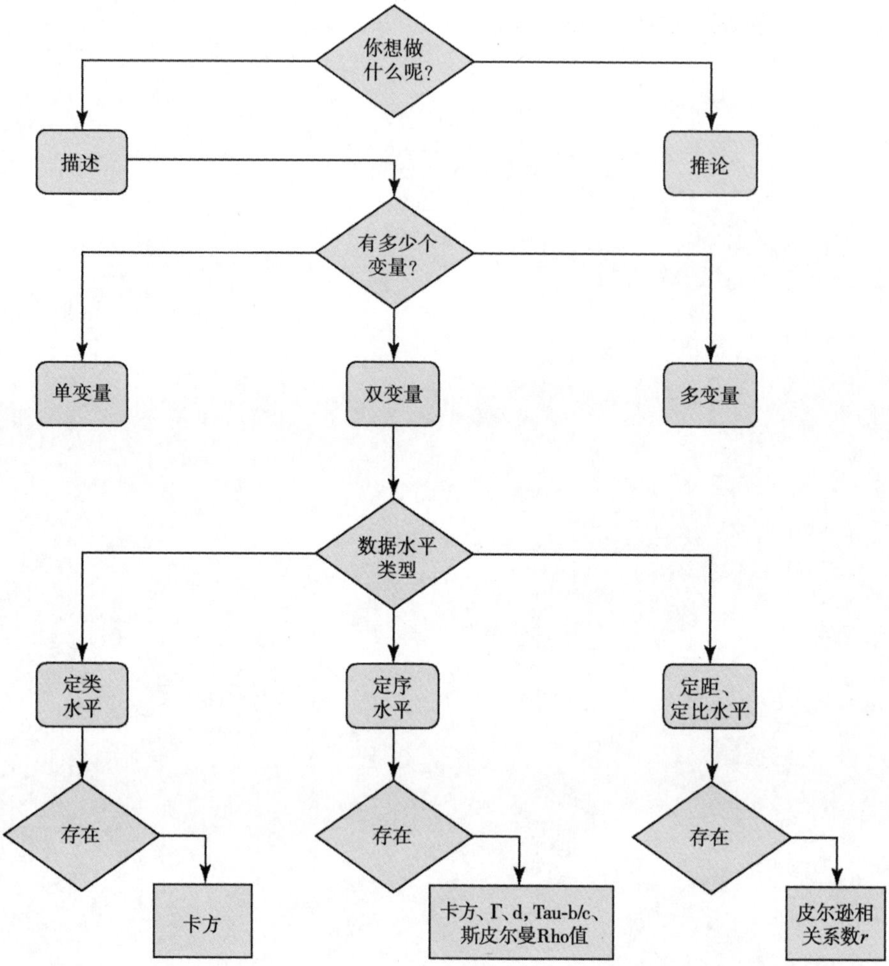
你想做什么呢?
描述
推论
有多少个变量?
单变量
双变量
多变量
数据水平类型
定类水平
定序水平
定距、定比水平
存在
存在
存在
卡方
卡方、Γ、d，Tau-b/c、斯皮尔曼Rho值
皮尔逊相关系数r

第 8 章

关系存在测量和统计显著性

学习目标

- 理解关系的存在
- 识别和讨论定类数据的关系存在测量
- 解释百分表如何用来确认关系的存在
- 计算和解释艾普西隆（epsilon ε）和德尔塔（delta Δ）
- 计算和解释卡方 χ^2
- 解释使用卡方的要求
- 确认和讨论定序和定距存在（关系）的测量
- 解释斯皮尔曼系数（Spearman's rho）和皮尔逊相关系数（Pearson's r）

在第 7 章“双变量描述统计概述”中，我们描述了如何创建双变量表，这通常是进行双变量分析的第一步。一旦数据被置于交叉表中，下一步通常是确定变量间是否真的存在关系，还是仅仅是偶然发生的结果。这是确定关系存在（existence）的过程：由于这一步骤能够避免在双变量分析上做无谓的努力，所以显得至关重要。如果变量间没有关系，或者关系仅仅是偶然的结果，就没有必要开始其他分析。这一章我们讨论如何确定关系是否存在，以及判断关系的存在是否仅基于偶然。关系的统计学显著程度是确定关系存在的关键指标。

8.1 定类数据存在（关系）测量

在最基础的层面上，当一个变量的分类与其他变量的分类不同时，我们可以说两个变量间存在关联（association）。差别越大，关系越强。这可能听起来有悖常理；两个变量相关联，他们应当有更多的相同性而不是差异，似乎这样才更符合常理。但你必须谨记双变量分析寻求的是一个变量的变化与另一个变量的变化相联系。更理想的情况是，一个自变量的增量与因变量的增量相联系。例如，如果我们正在研究吸毒和犯罪，我们更愿意看到，每吸毒一次，犯罪的可能性会上升 1%。如果自变量的变化并未反映因变量的变化（例如，一类变量的增量对于其他变量的增量不造成影响），那么使用这个自变量解释因变量就得不到任何结论。在吸毒和犯罪的关系中，若不管吸毒者的吸毒量增加多少，犯罪行为都不增加（或者这种变化关系很随机，以至于你无法得出吸毒与犯罪的确切关系），就没有必要收集吸毒数据以解释犯罪行为。检测的方法则是通过双变量表、双变量分析以及建立关系的统计显著性来实现的。

8.2 表格、百分比和差异

正如在“比较和分析的理论逻辑”（第 1 章）所提及的，对变量进行初步比较的最好的方法是将频数转变为百分比，尤其当样本 N_s 不同时更是如此。通过建立百分比表来进行双变量分析，可以对变量进行直接比较。

有三类百分比表（与第 7 章交叉表所包含的数据相对应）。**行百分表**（row percentaged table）是基于行，这意味着各行的和等于 100%，列则未必。**列百分比表**（column percentaged table）基于列，所以各列的和等于 100%，行则未必。**总百分比表**（total percentaged table）将每个单元格频数除以总数 N，此时，对行列的边际和再求和均可以得到 100%，但不是每个行和列都这样。

表格类型对于确定两个变量关系是否存在意义重大，这是因为比较是与百分比计算的方向相反。如果行被作为百分比的基础（行百分比表），那么该表主要对因变量进行对比。如果列被作为百分比的基础（列百分比表），那么该表主要对自变量进行对比。由于目标在于确定自变量对因变量的影响，因此列百分比表是进行对比的更好的方式。为了实现这个目标，就需要检测自变量对因变量的影响。这需要消除自变量频数的影响，总计列百分数达到 100% 才算完成。表 8-1 突出强调了列百分比。这些百分比将在分析中加以使用。

表 8-1 相关交叉表

将受害人（VICTIM）重新编码为是和否与受害人性别的交叉表

			受害人性别		
			男性	女性	合计
将受害人重新编码为是和否	否	计数	68	168	236
		期望值	68.7	167.3	236.0
		将受害人重新编码为是或否的百分比 /%	28.8	71.2	100.0
		受害人性别的百分比 /%	68.7	69.7	69.4
		总计的百分比 /%	20.0	49.4	69.4
	是	计数	31	71	104
		期望值	30.3	73.7	104.0
		将受害人重新编码为是或否的百分比 /%	29.8	70.2	100.0
		受害人性别的百分比 /%	31.3	30.3	30.6
		总计的百分比 /%	9.1	21.5	30.6

续表

			受害人性别		
			男性	女性	合计
合计		计数	99	241	340
		期望值	99.0	241.0	340.0
		将受害人重新编为是或否的百分比 /%	29.1	70.9	100.0
		受害人性别的百分比 /%	100.0	100.0	100.0
		总计的百分比 /%	29.1	70.9	100.0

表 8-2　列百分比表：受害人及性别

受害人	性别		合计
	男性	女性	
否	68.7	69.7	69.4
是	31.3	30.3	30.6
合计	100.0	100.0	100.0

表 8-1 的例子显示了列百分数为什么应该被用于分析中。在交叉表中可以看到，分布中女性的数量远高于男性的数量（241 个女性，99 个男性），这可能导致一个结果，即女性受害人的频数超过男性受害人的频数。然而，这歪曲了变量间的关系。正如表 8-2 所示，如果将列百分比用于比较，控制女性的样本数量，则会发现两个单元格的数字更为接近。男性与女性未受害比例差值在 1% 以内。另外，男性与女性的受害率规律与基于频数得出的结论正好相反（31.3% 对比 30.3%）。通过对比自变量的类别，可以对变量之间的关系进行有效对比。

一旦表格建立起来，变量间的差异（表示关系的存在）能够通过计算 Epsilon（**希腊字母 ε**）来确定。Epsilon 通过确定列百分比与行百分比的差异来计算。

表 8-2 可以视作检验受害人与性别关系的一个例子。由于是行之间的比较，所以表格按列总计，如此证明列总计为 100%，行总计为 69.4% 和 30.6%。对比必须基于每行列百分比的差异。在表 8-2 中，我们想了解性别是否影响受害，所以我们将观察表中上面的“是”这一行。男性和女性受害的区别，ε，就是第一行的差别（31.3%–30.3%=1%）。实际上，如果表的各行间存在差异，那么将会存在 ε，也就是说，存在非零 ε，就表示存在关系。ε 为 1% 意味着变量之间有差异，并且存在关联。

使用 ε 作为测量两个变量间关系的方法的问题在于，ε 本身并不能确定差异是出于偶然还是真实存在的（变量间 1% 的差异是否有意义？）。在社会科学研究中，总是存在差异，但是差异可能来源于数据排列方式、不走运或是其他因素。我们需要做的是，能够说清楚这个差异是否有意义，或者数据排列的方法是否出于偶然。

检测关系的更精确的方法是确定**数据是否具有统计显著性**（statistically significant）。这个方法非常重要，因为如果数字的排列是偶然的（即对于真正的差异来说，他们的统计差异不够大），这些数字就没有意义。通常认为，只有当关系是显著的，才值得实施其他的双变量分析。很多人可能会辩解，这里的讨论更多的是关于推论统计分析（参见本书推论分析一章）而不是描述分析。检测两个变量间的差异性，毫无疑问是个推论分析问题。然而，它也是个描述分析问题。即使你在检测两个代表人口数据的变量，你仍然会想知道他们在统计上是否相关。如果没有真实的关联——如果数据排列是由于偶然或者整合方式——那么就不值得花费大量的时间进一步描述变量。如果只是偶然有关联，收集额外的数据可能会改变描述关系的方法，其他研究者也可能无法找到相同的答案。即使在描述分析中，在开始其他分析前，确定关系的存在也是很重要的。此外，即使描述分析意味着描述总体，描述的总体通常可能相当小，例如堪萨斯城的罪犯。即使研究的发现应该仅运用于该总体，研究者通常也想作出这样的假设，即希望研究发现能推论到更大的群体，例如整个美国的罪犯。对于数据如何推广到更大的群体（总体）以得出一些结论（或推论），使用本章节讨论到的关系存在性的检测（尤其是卡方检验）有助于验证这个假设。

通过**卡方独立性检验**（Chi-square Test of Independence）运算，双变量表能够验证关系是否是显著的。这是基于**德尔塔**（Delta）统计量，其能够验证两个变量间没有关系的原假设（参见第 12 章零假设的描述）。Delta（标记为“Δ”）通过以下方式计算：首先，如果变量间没有关联（所有类别中 ε=0），单元格频数应是多少，然后计算实际的频数与其的差异。这个过程的第一步是确定每个单元的**期望值**（expected value）（在一些 SPSS 版本中被称为期望频数），用 f_e 表示值的期望频数。期望值就是如果变量间确定没有关联，我们所预期得到的值。如果观测落入给定单元格的可能性仅仅是组成两个变量类别各单元格的边际之和（行总计或列总计），那么将会得到期望值并且可以认为变量没有关联。若期望值没有在交叉表给出，可以用行总计乘以列总计再除以 N 来计算，如下所示：

$$f_e = \frac{\text{行总计} \times \text{列总计}}{N}$$

上述计算过程可以运用于每一个单元格。[1] 可以用表 8-1 中的数据加以计算，其结果如表 8-3 所示。这些计算出的期望值可以对比每个种类的频数分布。若实际观察到的频数与期望值相去甚远，那么这些变量或多或少是相关联的。期望值的分布被称为**无关联模型**（model of no association）。如果两个变量间没有关系，那么这些值（68.7，167.3，30.3 和 73.7）代表**观测值**（observed values）所预期的值。实际观察与无关联模型的偏差代表两个变量间的关系程度。

表 8-3 列百分表：受害人与性别

受害人	性别		行合计
	男性	女性	
否	$f_e=\frac{236\times 99}{340}$ $=68.7$	$f_e=\frac{236\times 241}{340}$ $=167.3$	236
是	$f_e=\frac{104\times 99}{340}$ $=30.3$	$f_e=\frac{104\times 241}{340}$ $=73.7$	104
列合计	99	241	340

检验关系存在的下一步是确定分布中每个单元格的观察值，用符号 f_o 表示，代表观察值的频数。这是第 7 章“双变量描述统计概述”所评估的单元格频数。表 8-1 的单元格频数是 68，168，31 和 73。注意，这里从百分数向频数的转变，这是一个很重要的变化。对于 Epsilon 或其他粗略比较来说，百分比是有价值的，因为他们将数据标准化处理了。然而，更为精确的频数测量，则有助于开展更有效的统计方法。

Delta 通过比较单元的观测值（f_o）和期望值（f_e）来进行评估。这个公式将确定变量间是否有关联。Delta 按如下方式计算：

$$\Delta=(f_{o11}-f_{e11})\ (f_{o12}-f_{e12})\ (f_{o21}-f_{e21})\ (f_{o22}-f_{e22}),\ \cdots$$

如果分类中有一个 Δ 值为非零值，那么变量间就存在一些关系。在表 8-1 中，Delta 按如下方式计算：

$$\Delta=(68-68.7)\ (168-167.3)\ (31-30.3)\ (73-73.7)$$
$$=(-0.7)\ (0.7)\ (0.7)\ (-0.7)$$

每个评估的 Delta 值为非零值，显示出变量间存在联系。即使如上每个计算所得的 Delta 值都有差异，但是并不强制要求所有的 Delta 均显示差异；即只要存在一个 Delta 为非零值，则表示存在关系。

观测值与期望值之间的差异，显示出变量间有关系。然而，Delta 存在两个问题。第一，Delta 只存在于在特定分布中某一个分类间有差异的情况。一个更好的方法是，检查期望值和观察值之间所有的差异，并且提供测量两个变量的关系的总结。仅仅用 Delta 无法实现这个功能。但是，如果两个变量各分类的多个 Delta 值都可以相加合并为一个值，这就变得更加容易了。这可以通过如下公式实现：

$$\Delta=\sum(f_o-f_e)$$

延伸这个公式将产生以下衍生公式：

$$\begin{aligned}\Delta &= \sum (f_o - f_e) \\ &= \sum f_o - f_e \\ &= N - N \\ &= 0\end{aligned}$$

上例中的 Delta，可以汇总产生这样的结果［–0.7+0.7+0.7+（–0.7）= 0］。因为 Delta 是基于无关模型，所以汇总 Delta 值总是得到零值。这无助于确定两个变量的总关系。但是，通过把（$f_o - f_e$）平方，这个问题可以得到克服，在避免方差为零时也用到同样的方法。只有当两个分布间存在真实的拟合并且当观察值和期望值间没有差异时，下列公式才会导致零值：

$$\Delta = \sum (f_o - f_e)^2$$

Delta 的另一个问题是，其不考虑单元格频数大小的差异。例如，在简单测量期望值和观察值的差异时，Delta 无法识别出分布中女性人数是男性人数的两倍。克服这个问题需要进行标准化处理，将上述公式除以期望值。公式的结果为：

$$\Delta = \sum \frac{(f_o - f_e)^2}{f_e}$$

这便是卡方检验的公式。

8.3 卡方

卡方检验（Chi-square test），用符号 χ^2 表示，是衡量两个定类变量或更高级别的变量是否存在统计显著关联的主要方法。卡方允许研究者从简单验证关系存在与否，到通过零假设（参见本书推论分析一章）检测关联关系在统计上的显著性。所验证的零假设是指研究的变量间不存在统计上的关系显著性：换言之，被检测的表中观察频数和预期频数之间没有差异。[2] 如果零假设被拒绝，那么可以确定地说两个变量存在关系。

卡方检验通常要追溯到卡尔·皮尔逊（Pearson，1900）。处理分布之间的关系检验，有包含卡方检验在内的大量统计方法。**卡方**（Chi-aquare）是适用于样本分布系列的一种方法。更受欢迎的两个统计方法分别是**卡方拟合优度检验**（Chi-aquare Test of Goodness of Fit），通过比较抽样分布和理论分布来确定两者间的拟合程度，和**卡方独立性检验**（Chi-aquare Test of Independence），用于检测两个定类变量之间的关系。他们使用相同的公式，但是应用场景不同。在这里使用的是**皮尔逊卡方独立性检验**（Pearson Chi-square Test of Independence），用以检测观察到的频数是否类似于两个变量相互独立时产生的期望频数。

在验证关系存在性时，卡方检验检测了观察频数和期望频数之间的差异。这两者之间的差异暗示了两个结论之一：要么差异来源于偶然，且零假设是正确的；要么值的差异较大，以至于不能归因于偶然，且必须拒绝零假设。尽管卡方通常要验证样本中的两个变量在总体中是否是独立的，它也通常用于检验样本（或者总体，如果研究的目的纯粹是描述性统计的话）中的变量是否独立。

卡方将 Delta 平方后除以期望值，并将其求和，卡方公式是：

$$\chi^2 = \sum\left[\frac{(f_o - f_e)^2}{f_e}\right]$$

需注意的是，这个计算公式测量出的表中观察频数与期望频数的差异程度，可以帮助验证零假设是否成立。上述公式计算出来的结果就是观察值与期望值之间差异的绝对值。当解释计算的结果时，观察值与期望值之间的差异越大，卡方值越大。卡方值的范围从零到成百上千。[3] 如果观察值与期望值相等，那么卡方值就为 0。在表 8-1 的例子中，卡方将按如下方式计算：

$$\chi^2 = \sum\frac{(f_o - f_e)^2}{f_e}$$

$$\chi^2 = \frac{(68-68.7)^2}{68.7} + \frac{(168-167.3)^2}{167.3} + \frac{(31-30.3)^2}{30.3} + \frac{(73-73.7)^2}{73.7}$$

$$\chi^2 = \frac{(-0.7)^2}{68.7} + \frac{(0.7)^2}{167.3} + \frac{(0.7)^2}{30.3} + \frac{(-0.7)^2}{73.7}$$

$$\chi^2 = \frac{0.49}{68.7} + \frac{0.49}{167.3} + \frac{0.49}{30.3} + \frac{0.49}{73.7}$$

$$\chi^2 = 0.0071 + 0.0029 + 0.0162 + 0.0066$$

$$\chi^2 = 0.0328$$

在这里，我们需要做的是计算表格中每个单元格的 Delta 值（f_o-f_e），然后进行平方，除以 f_e，最后计算这些值的总和。

用这种方式计算卡方为偶然出现的特定数据排列的可能性提供了数值参考，但是需要一些方法来解释这个值。这可以通过确定变量的自由度，并参考卡方值表格来实现。

然后，下一步是确定两个变量的**自由度**（degree of freedom）。计算自由度是弥补误差的统计方法，这种误差通常产生于样本而非总体。在描述分析中，自由度对于小数据也是一种弥补，即使不是所有的数据都是偶然的，但是不排除一些数据是偶然发生的。由于研究者很难确定所有值的准确性，即使在假设数据是总体的情况下，还是要弥补数据与分布的真实属性间的差异。当使用交叉表时，自由度本质上是在已知边际分布的前提下，至少需要多少个单元格的值才能补充其他值的一个度量，自由度是通过如下方法计算的：

$$df=（行种类-1）\times（列种类-1）$$

对于 2×2 表，自由度是（2–1）×（2–1）或 1。这意味着我们仅需要有一个值就可以去计算其他单元格的值。例如，在交叉表 8-4（同表 8-1 的例子）中，我们只需要一个值就能确定其他三个值，因为我们可以用行总计或列总计减去那个值，就能得到其他三个值。此时，我们知道了 1 行 1 列单元格的值是 68，行总数是 236，很容易计算出 1 行 2 列单元格的值为 168（236–68=168）。

表 8-4　交叉表中自由度的说明

受害人	性别		列总计
	男性	女性	
是	68	—	236
否	—	—	104
行合计	99	241	

类似地，知道 1 行 1 列单元格的值为 68，列总计为 99 之后，我们知道 2 行 1 列单元格的值为 31（99–68=31）。最后，在知道 2 行 1 列单元格的值为 31 和行总计为 104 之后，我们知道 2 行 2 列单元格的值为 73（104–31=73）。

自由度的值越大，我们就越接近真实的总体和分布的真实性。更小的值，意味着数据不是对数据分布真实性的准确测量。并且对于推论分析来说，样本有可能仅是从总体中抽取的一小部分，不具有代表性。

确定表格卡方分析有效性的最后一个要素是，置信水平或统计显著性，这有助于对数据作出结论。换句话说，我们有多高的概率确信相关性并非偶然的结果。在统计分析中，统计显著性的两个最常见的置信水平分别为：95% 和 99%。这意味着变量间的关系不会偶然发生的可能性为 95% 或 99%（对应有 5% 和 1% 的可能会偶然发生）。如附录 B 表 B-2“统计表”所示，常用到的其他值为 99.9%，90%，80% 和 70%。显著性水平最终取决于研究者。

上述三个信息可以用于确定临界值（critical value），临界值可以在附录 B 表 B-2“统计表”中找到。计算取得的卡方值（obtained value）和自由度，将其与附录 B 表 B-2“统计表”中所选取的显著性水平下对应的临界值进行对比，这可以确定两个变量间是否存在显著的统计关系。要使用这三点信息，需要借助于附录 B 表 B-2 所示的“统计表”。首先，选择与所研究相同的自由度所在的行。接着，选取包含所选取的显著性水平的列。行列相交的位置则为 χ^2 的临界值。如果所获得的 χ^2 比临界值大，那么原假设将被拒绝，并且得出存在统计显著性关系的结论。若所获得的 χ^2 比临界值小，我们则无法拒绝原假设，这种关系可能是偶然发生的结果。

由于本例中的表格为 2×2 表，如前所计算的自由度为 1。下一步，我们有 95% 的概率确定关系不是偶然发生的，这需要使用附录 B 表 B-2“统计表”进行判断。在显著性水平为 0.95 和自由度为 1 的情况下，得到的临界值是 3.841。这意味着对于自由度为 1、分布的卡方值为 3.841 或更大的数值而言，在 100 次中偶然发生的频率仅为 5 次。我们应当充满自信，基于这个值所做出的判断在 95% 的时候都是正确的（100 次中可能错误 5 次）。但是，本例中查表获得的临界值 3.841，比使用卡方公式计算出的 0.0328（取得值）大。因此，我们无法拒绝零假设，并得出观察值和期望值的差异是偶然发生的结论。

为了巩固这个重要的统计方法，从表 8-5（示例 8-1）中再举一个卡方计算的例子。在这个例子中，12 组期望值都要计算。

你该如何操作?

在 SPSS 中获得卡方检验

1. 打开一个数据集：
   a. 启动 SPSS；
   b. 选择“File”，点击“Open”，然后点击“Data”；
   c. 选择你想打开的文件，然后选择“Open”。
2. 一旦数据能够正常显示，选择“Analyze”，然后点击“Descriptive Statistics”，然后“Crosstabs”。
3. 选择你想总结的变量作为自变量，并点击行窗口旁边的▶按钮。
4. 选择你想总结的变量作为因变量，并点击列窗口旁边的▶按钮。
5. 选择单元按钮并检查你想出现在交叉表中的信息框。对于有全部信息的交叉表，选择“observed”“expected”“row”“column”和“total”；然后点击“Continue”。
6. 选择“Format”按钮，并勾选“Descending”。
7. 选择窗口底部的“Statistics”按钮。
8. 检查“Chi-square”旁边的窗口。
9. 选择“Continue”，然后就完成了。
10. 将会显示输出窗口，包含类似表 8-5 中的分布。

这些期望值将进行以下计算：

$$\chi^2 = \sum \frac{(f_o - f_e)^2}{f_e}$$

$$\chi^2 = \left[\begin{array}{l} \frac{(13-5.8)^2}{5.8} + \frac{(5-8.0)^2}{8.0} + \frac{(1-5.1)^2}{5.1} + \frac{(26-20.2)^2}{20.2} + \\ \frac{(27-27.9)^2}{27.9} + \frac{(13-17.8)^2}{17.8} + \frac{(3-13.2)^2}{13.2} + \\ \frac{(24-18.2)^2}{18.2} + \frac{(16-11.6)^2}{11.6} + \frac{(0-2.8)^2}{2.8} + \\ \frac{(2-3.8)^2}{3.8} + \frac{(7-2.4)^2}{2.4} \end{array} \right]$$

$$\chi^2 = \frac{7.2^2}{5.8} + \frac{(-3)^2}{8.0} + \frac{(-4.1)^2}{5.1} + \frac{5.8^2}{20.2} + \frac{(-0.9)^2}{27.9} + \frac{(-4.8)^2}{17.8} + \frac{(-10.2)^2}{13.2} +$$

$$\frac{5.8^2}{18.2} + \frac{4.4^2}{11.6} + \frac{(-2.8)^2}{2.8} + \frac{(-1.8)^2}{3.8} + \frac{4.6^2}{2.4}$$

$$\chi^2 = \frac{51.84}{5.8} + \frac{9}{8.0} + \frac{16.81}{5.1} + \frac{33.64}{20.2} + \frac{0.81}{27.9} + \frac{23.04}{17.8} + \frac{104.4}{13.2} +$$

$$\frac{33.64}{18.2} + \frac{19.36}{11.6} + \frac{7.84}{2.8} + \frac{3.24}{3.8} + \frac{21.16}{2.4}$$

$$\chi^2 = 40.22$$

注意，当计算 Delta 时，这些数字比之前所显示的值更复杂，但在平方前分子的和仍然为 0。

我们所需要的下一步信息是自由度。由于这是 4×3 表，自由度将为（行 -1）×（列 -1）或（4-1）×（3-1）=3×2=6，所以这个表的自由度为 6。若设定的置信水平为 0.99，附录 B 表 B-2“统计表”将确定两个变量间没有关联的零假设是否可以被拒绝。自由度为 6，置信水平为 0.99，其临界值是 16.812。在这个案例中，由于计算出的卡方值（40.22）远远大于临界值，零假设能被拒绝，并且可以推测两个变量相关。所以，人们对警察从报警到响应的时间差满意度，与他们对警察所做工作质量的感知之间存在关系。

表 8-5 相关交叉表

在你周边，你认为警察履行职责的情况如何？

警察处理的时间是否让你满意？

			警察处理的时间是否让你满意？			合计
			1 一点都不满意	2 有些满意	3 非常满意	
在你周边，你认为警察尽职情况如何？	4 非常好	计数	13	5	1	19
		在你周边，你认为警察尽职情况如何的百分比 /%	68.4	26.3	5.3	100.0
		警察处理的时间是否让你满意的百分比 /%	31.0	8.6	2.7	13.9
		总计的百分比 /%	9.5	3.6	0.7	13.9
	3 一般	计数	26	27	13	66
		在你周边，你认为警察尽职情况如何的百分比 /%	39.4	40.9	19.7	100.0
		警察处理的时间是否让你满意的百分比 /%	61.9	46.6	35.1	48.2
		总计的百分比 /%	19.0	19.7	9.5	48.2
	2 低于平均	计数	3	24	16	43
		在你周边，你认为警察尽职情况如何的百分比 /%	7.0	55.8	37.2	100.0
		警察处理的时间是否让你满意的百分比 /%	7.1	4.14	43.2	31.4
		总计的百分比 /%	2.2	17.5	11.7	31.4
	1 一点都不	计数		2	7	9
		在你周边，你认为警察尽职情况如何的百分比 /%		22.2	77.8	100.0
		警察处理的时间是否让你满意的百分比 /%		3.4	18.9	6.6
		总计的百分比 /%		1.5	5.1	6.6
	合计	计数	42	58	37	137
		在你周边，你认为警察尽职情况如何的百分比 /%	30.7	42.3	27.0	100.0
		警察处理的时间是否让你满意的百分比 /%	100.0	100.0	100.0	100.0
		总计的百分比 /%	30.7	42.3	27.0	100.0

卡方检验

	值	自由度	渐进显著性（双尾）
皮尔逊卡方检验	39.874	6	0
相似比	42.699	6	0
线性关系	33.303	1	0
有效样本 N	137		

注意：3 个单元（25.0%）的期望值都低于 5，最小的期望值是 2.34。

示例 8-1　表 8–5 中期望值的数集

$$F_{e1\text{-}1}=\frac{(19)(42)}{137}=5.8 \qquad F_{e1\text{-}2}=\frac{(19)(58)}{137}=8.0 \qquad F_{e1\text{-}3}=\frac{(19)(37)}{137}=5.1$$

$$F_{e2\text{-}1}=\frac{(66)(42)}{137}=20.2 \qquad F_{e2\text{-}2}=\frac{(66)(58)}{137}=27.9 \qquad F_{e2\text{-}3}=\frac{(66)(37)}{137}=17.8$$

$$F_{e3\text{-}1}=\frac{(43)(42)}{137}=13.2 \qquad F_{e3\text{-}2}=\frac{(43)(58)}{137}=18.2 \qquad F_{e3\text{-}3}=\frac{(43)(37)}{137}=11.6$$

$$F_{e4\text{-}1}=\frac{(9)(42)}{137}=2.8 \qquad F_{e4\text{-}2}=\frac{(9)(58)}{137}=3.8 \qquad F_{e4\text{-}3}=\frac{(9)(37)}{137}=2.4$$

另外，也需注意，皮尔逊卡方值非常接近于以上计算所获取的值。实际上，这些值是相同的。唯一的区别在于保留小数的四舍五入问题，实际上 SPSS 可以处理更多的小数位。计算所获得的值与 SPSS 输出的卡方值相同，这一事实是非常重要的。这意味着，大多数统计程序的输出都包含了使用卡方来评估关系重要性所需的所有信息，而无需求助于统计表。计算机的速度和准确度，使研究人员能够计算两个分布偶然性的精确概率，而不必依赖于近似值。表 8-6 仅显示了表 8-1 SPSS 输出值的卡方部分。在这个表中，卡方值与手动计算出的值相同（0.03），但是所获得的卡方值不是计算关系的重要信息。有了这个输出之后，重要内容是皮尔逊（卡方）的**显著性**（**significance**）。我们将使用 90%，95%，99% 等作为显著水平，0.05 或 0.01 的使用将取决于我们想要的置信水平。如果“渐进显著性（双尾对称检验）”列中的数值大于期望（显著性水平）值，我们就不能拒绝原假设；如果输出值等于或小于我们希望的临界（显著性水平）值，我们可以拒绝原假设。在这个例子中，输出值（0.853）远超过临界值（不论是 0.05 还是 0.01），所以我们不能拒绝零假设。

表 8-6　SPSS 中的卡方输出

卡方检验

	值	自由度	渐进显著性（双尾）	精确显著性（双尾）	精确显著性（单尾）
皮尔逊卡方检验	0.035	1	0.853		
连续校正	0.003	1	0.955		
似然比	0.034	1	0.853		

续表

	值	自由度	渐进显著性（双尾）	精确显著性（双尾）	精确显著性（单尾）
费雪精确检验				0.897	0.475
线性关系	0.034	1	0.853		
有效案例数	340				

注意：仅适用于 2×2 表计算。

0 单元格（0.0%）的期望值小于 5。最小期望值是 30.28。

8.3.1 使用卡方的要求

卡方对于确定关系的统计显著性是一个很有用的方法。但是，使用它有一些条件和要求。首先，交叉表中的 N 应当是单元格数的 5 倍。这确保有足够大的数据来得出关于关系的结论。如果一个表中有 30 个单元格，但样本 N 只有 10 个，这种情况是不可取的。因为大多数单元格是空白的，这让解释数据变得困难。在表 8-1 的例子中，样本的数量应当至少是 20 个（4 个单元格 ×5=20）。由于数据组中的样本 N 有 340 个，因此满足要求。同时，在表 8–5 中，样本量 N 应当至少为 60（12 个单元格 ×5=60）。因为数据组有 137 个 N，所以符合要求。

如果 N 没有超过单元格的五倍，可以通过耶茨校正（1934）或费雪精确检验（1922）来分析数据。这两个统计方法可以弥补小样本 N 的缺陷，通过降低 χ^2 而更难拒绝零假设。[4]

耶茨校正（Yates Correction）在卡方公式的分子中加入了一个 0.5 的值，从而改变了观察值与期望值之间的绝对值差异，如下所示：

$$\chi^2_{\text{Yates}} = \sum \frac{(|f_o - f_e| - 0.5)^2}{f_e}$$

这会产生降低分子值的效果。从数学效果上，会降低卡方的获得值，使得其更难拒绝零假设。很多人认为耶茨校正应当总是被用于 2×2 表。

小样本的**费雪精确检验**（Fisher’s Exact Test）利用了更准确的可行数据测量方法，使用了更准确的关系判定的评估自由度的替代方法。大多数人认为费雪精确检验是卡方的延伸，这样的理解并不准确。费雪精确检验实际上运用了多项式分布或超几何分布的性质，来计算样本代表总体的确切概率。例如，假设缓刑官可以分为大学毕业生和非大学毕业生，并且他们对司法矫正的态度可以分为支持社区矫正和反对社区矫正。如表 8-7 所示，边际分布 $(a+c)$, $(b+d)$, $(a+b)$ 和 $(c+d)$ 代表了频数分布。费雪精确检验计算了在一个随机选择的样本中，缓刑官 a 归于列 C_1 和缓刑官 b 归于列 C_2 的可能性。

在这个案例中，费雪精确检验将使用超几何分布来确定这个可能性，公式如下：

$$\frac{(a+b)!(c+d)!(a+c)!(b+d)!}{N!a!b!c!d!}$$

在这个等式中，字母与表 8-7 对应，N 代表样本的总数，！代表阶乘。这个计算要求所有可能的组合刚好等于边际和。显然，这需要大量的工作，并且仅适用于小样本计算或完全由计算机计算。

计算的结果是交叉表中 a，b，c，d 随机分布的概率。在所有计算做出后，计算获取的值可以作为渐进显著性的近似值（例如，0.05 以下是显著的），或者能够与费雪精确检验表做对比，以便使用更少量的计算获取费雪精确检验的近似值。

在 SPSS 中，如果没达到样本要求或者一个单元格的频数少于 5 时，费雪精确检验将自动代替卡方检验。因为输出结果并未发生改变，所以 SPSS 通常不会告知其进行了自动转换的操作。但是由于这一过程有助于确认卡方假设是否满足，所以对于分析来说也是重要的补充。

卡方的第二个要求是，80% 单元的期望频数应当大于 5。[5] 卡方用于检验观察值和期望值之间的差别。如果有大量的期望值少于 5，计算将会不稳定。例如，在包含种族的研究中，因为在所选择的样本中可能存在，也可能不存在这个种族的人，因此有时单独列举某一组群种类是不明智的。由于观察频数或期望频数比较小，所以某个数值**偶然**（chance）出现的可能性相当大。如果表格中 20% 的单元格包含这种数据，那么可能导致测试的显著性很不稳定。至少五倍单元格数的样本大小确保了有足够的值可供选择，而 80% 的规则有助于确保表中单元格的频数是有效的，从而有助于分析。例如，一个容量为 300 的样本，如果所有的值都放入 4×4 表的两个单元格中，那么检验将是无效的。正如以上要求所说，如果违反了这些规则，SPSS 会自动使用费雪精确检验。

表 8-7　费雪精确检验的人口和样本

	C_1	C_2	合计
R_1	a	b	$a+b$
R_2	c	d	$c+d$
合计	$a+c$	$b+d$	

如果上述要求并未被满足，通常的做法是进行重新分类。这意味着，如果表格中有五种分类，其中一个的观察值或期望值很小，那么这两个种类可以进行合并以提高观察值和期望频数。尽管这种情况很常见，但是它的运用必须十分谨慎。因为卡方事先假定，样本和种类都是随机选取的结果。在数据已经获取之后，改变现有分类可能违反这些假定，因此得出的结论可能是错误的。如果对于合并分类的精确度存在疑问的话，应当停止合并。因为其可能承担了不能得出解释的风险，

这一风险比违反卡方假设更为严重。

卡方的第三个要求是分类必须互斥，且穷尽。这一点是非常重要的，因为存在变量间相互独立的假设。如果两个变量测量的是同一种现象，关系显著性则毫无意义。另外，如果没有用尽所有的分类，表格将会不完整，变量也无法正确测量，从而导致计算不可靠。这些重要的特性在第 7 章“双变量描述统计概述”所概括的双变量表的构建中有所介绍。在第 7 章中，两个变量的频数被各自置于分类中，各行代表一个变量，各列则代表另一个变量。为了在单元格中填入适当的数据，每个交叉表中频数必须只能对应一个单元格。如果每个变量的组成部分都能适应三列中的两列，那么将会很难或不可能确定数据到底应当归于哪列。另外，如果变量不能完全穷尽，那么即使交叉频数被放到表格中，变量仍然不能被准确测量。

8.3.2 卡方的局限性

尽管卡方是确定统计显著性关系的有效工具，但是它也存在问题。使用卡方作为存在性测量时，至少需要考虑到三个限制。第一，卡方能够确定两个变量是否显著相关，但仅此而已。它无法体现关系是有意义的或关系的属性是什么。因此，它通常被认为是个起点，而不是终点。

这也显示了使用卡方分析关系和使用方差分析（ANOVA；参见第 14 章）的区别。在方差分析中，数值本身是比较的基础，但是卡方仅是将数值进行分类。方差分析基于两个组的均值的差异，从而得出关于两个组间的差异大小的结论。这意味着卡方只能确定两个变量间存在显著性差异，ANOVA 却能够补充变量间如何存在差异和差异大小的相关信息。这就是如果满足数据水平（定距或定比）和其他准则的话，更偏好方差分析的原因。

而且，卡方容易受到样本大小的影响。这是一个难以逾越的障碍。卡方要求之一是有个相当大的样本量 N，否则无法进行独立性检验。如果 N 比精确结果所要求的大得多，就很容易会出现变量间的一小点差异就会得到显著的结果的情况。一个最恰当的比喻就是，地球上任何事物至少都在某种程度上相关，所以只要数据量足够大，任何两个比较的变量都可以呈显著相关。

这个缺陷，也能通过检查附录 B“统计表”中的表 B-2 得以证明。注意这个表止于 30 自由度。尽管它处理的是自由度而不是样本量大小，但是它足够说明大量数据对卡方检验的影响。[6] 因为卡方分析达到了收益递减的拐点，所以表格止于 30 自由度。由于到达这个点以后卡方值相对较小，所以即使变量相关度较弱，大样本也会出现显著的结果。

卡方最后一个限制是，研究假设并不因拒绝零假设而获得支持。因为我们拒绝变量间没有关系的零假设，并不能支持确定关系存在的论证。还需要更深层次的统计分析，以进一步检测变量间的关系。

8.3.3 卡方的最后注意事项

卡方的程序、分析和解释与推论分析讨论所提及的内容相似，区别在于测量的对象不同。推论分析要求变量呈正态分布，且是定距水平的数据。这允许使用平均数或方差等简单的测量方法，这样一来就可以运用于两个分布间的比较。但是，定类或定序数据不能上升至这种复杂数据的水平。例如，使用众数或全距比较在数学上没有意义。卡方用可行的变量（观察值和期望值）进行比较，但除此之外并无他法。这允许研究者将推论分析的理论和过程运用于较低水平的数据之中。

8.4 定类和定序数据的关系存在性检验

如上所述，卡方在确定定类水平数据和定序水平数据的相关关系是否存在上很受欢迎。还有专用于定序水平数据的卡方检验的衍生方法。在这些检验中最受欢迎的大概是**柯尔莫哥罗夫 - 斯米尔诺夫检验**（Kolmogorov–Smirnov Test），尽管这些检验都特意避免取代卡方检验或本章提到的其他检验方法。

SPSS 提供了检验上述关系显著性的功能。在 SPSS 中所用的拉姆达（λ）和其他定序关系检测，包含了**渐进显著性值**（approximate significance）。正如其名称所暗示的那样，这个值提供了一个有关近似数据显著性的方法。然而，从技术上来说，这些值与卡方分析并不相似。正如之前所说，有许多版本的假设检验与卡方不同，一些方法强调有关相关强度的假设，而非仅仅是关系存在与否。渐进显著性实际上检测了相关强度的假设，而不是关系是否存在。

对于拉姆达（λ）而言，与卡方相比，用近似性可能没什么价值。然而，对于定序数据来说，这些存在 / 显著性测量，以及斯皮尔曼相关和皮尔逊相关系数，与卡方相比可能就有一些优势。第一，高阶分析的显著性可以实现两个目标，即相关关系的存在性的检测，以及零假设的检验，从而使关系强度的描述在更大群体中也能成立。第二，卡方仅能检测两个变量是否存在关系，并不会涉及变量的排序。变量的方向可能是研究的主要兴趣（参见第 10 章，关系方向和属性测量）。渐进显著性测量可能优于卡方，因为它是关系的直接衡量，而不仅是独立性衡量。

8.4.1 定序变量的计算和解释

检验定序变量关系的渐进显著性（Gamma，Sombers’ d，Tau-b 和 Tau-c）的标准方法，就是使用这些方法稍微修正后的公式（参见第 9 章），他们都利用 Z

分数进行判断（参见第 6 章）。这些测量的一般公式，可以通过**伽马**（Gamma）的公式展示，如以下所示：

$$Z = (G - \Gamma)\sqrt{\frac{N_s + N_d}{2N(1 - G^2)}}$$

在这个公式中，G 是伽马值，按照第 9 章“关系强度的测量”介绍的方式计算。因为这是对零假设的检验，即我们想表明两者关系是零，因此 G 的总体参数（也读作伽马）也将是 0。$N_S + N_d$ 是伽马公式的标准分子，N 是交叉表中值的总量。

尽管这些公式很重要，但是它们的分析结果与 SPSS 输出的值不一致，表现为 Z 分数的显著性与渐进显著性之间的差异。SPSS 的输出如表 8-8 所示，这里描述了对输出结果的解释，而不是前面给出的公式结果。尽管近似值 T 能够通过 SPSS 输出来计算显著性，但是最好的方法是直接使用最后一列（渐进显著性）。如果输出的渐进显著性低于期望的临界水平（0.05 或 0.01），那么将拒绝原假设，并且得出结论：两个变量存在关联。如果是表 8-8 得到的值，就无法拒绝零假设了，结论是这些数据可能是随机排列的结果，两个变量之间没有相关性。

表 8-8　关联和显著性的定序测量的 SPSS 输出

方向测量

			值	渐近标准误 [a]	近似 T 值 [b]	渐进显著性
定序与定序	Sombers’ *d*	对称	–0.061	0.056	–1.071	0.284
		你夜晚在附近散步的频率是怎样的？因变量	–0.044	0.041	–1.071	0.284
		你的周边安全状况有变化吗？因变量	–0.096	0.089	–1.071	0.284

[a] 不假定零假设。

[b] 使用渐近标准误判定零假设。

对称测量

		值	渐近标准误 [a]	近似 T 值 [b]	渐进显著性
定序与定序	Kendall’s Tau-b	–0.065	0.060	–1.071	0.284
	Kendall’s Tau-c	–0.040	0.037	–1.071	0.284
	Gamma	–0.154	0.139	–1.071	0.284
有效案例数		256			

[a] 不假定零假设。

[b] 使用渐近标准误判定零假设。

8.4.2 斯皮尔曼 Rho 值和皮尔逊相关系数

使用**斯皮尔曼 Rho 值**（Spearman's Rho）（即斯皮尔曼相关系数），也能判定两个全序定序水平变量数据之间的关系存在性。同时，使用**皮尔逊相关系数**（Pearson's *r*）可以确定定距和定比水平数据之间的关系存在性。

你该如何操作？

偏序数据的关系测量

1. 打开一个数据集：
   a. 启动 SPSS；
   b. 选择 "File"，点击 "Open"，然后点击 "Data"；
   c. 选择你想打开的文件，然后选择 "Open"。
2. 一旦数据是可见的，选择 "Analyze"，然后点击 "Descriptive Statistics"，然后点击 "Crosstabs"。
3. 选择你想总结的变量作为因变量，并点击 "Row" 窗口旁边的▶按钮。
4. 选择你想总结的变量作为自变量，并点击 "Column" 窗口旁边的▶按钮。
5. 选择 "Cells" 按钮并检查你想出现在交叉表中信息框。对于有全部信息的交叉表，选择 "observed" "expected" "row" "column" 和 "total"；然后点击 "Continue"。
6. 选择 "Format" 按钮，并框选 "Descending"。
7. 选择窗口底部的 "Statistics" 按钮。
8. 勾选 "Chi-square" 旁边的方框，并勾选第 9 章所讨论的定序测量旁边的框，"Measures of Strength of a Relationshig"。
9. 选择 "Continue"，然后选择 OK。
10. 将会显示输出窗口，包含类似表 8-8 中的分布。

研究者更有可能去试图超越单纯的描述，而去推论到更大的群体（例如，对一个城市的罪犯进行调查，但结果可能适用于其他城市）。因此在这个层次上，通过统计显著性去检验关系的存在与否可能更合适。1904 年，斯皮尔曼提到这一过程的重要性："尽管这两组数据之间的相关性是绝对的数学事实，但它的真正价值在于我们能够假设将来的样本也会出现类似的情况，或者是我们想将这一结果视为真正有代表性的样本。"因此，重要的是，不仅要从数学上计算相互关系，而且要能够对描述性检验的关系在更大的数据集，或在其他地方检验时可能如何成立作出一些假设。

由于斯皮尔曼相关系数仅是根据值的排序所计算得出的一个简单皮尔逊相关系数（参见第 9 章），在对定序水平数据和定距水平数据进行显著性检验时，经常使用相同的公式。然而，需提醒的是，总的来说，在推论分析中，两个变量潜在的联合分布呈正态分布（见推论分析的讨论）。从本质上讲，正态分布通常假定数据的最低水平为定距数据。当使用定序水平数据时，重要的是确定数据是否接近正态分布，或者是否接近定距水平，以便使用高阶的假设检验。检验两个定序水平变量之间独立性假设的公式为：

$$t = r\sqrt{\frac{\text{可解释方差}}{\text{总方差}}}$$

计算形式为：

$$t = r\sqrt{\frac{N-2}{1-r^2}}$$

从本质上来说，这是以 $N-2$ 为自由度的学生 t 检验（Student’s t-test）。对于这个测试，单尾或双尾检测都可以进行（参见 12 章）。斯皮尔曼相关系数的显著性 Z 检验，也可以由公式推导出来：

$$Z = \frac{r_s - 0}{1/\sqrt{N-1}}$$

表 8-9 中的数据用于“关系强度的测量”，用于展示皮尔逊相关系数强度的计算。它也可以用来表示关系存在 / 统计显著性的计算。这是关于罪犯的教育水平及其入狱前所犯罪次数的数据。

表 8-9 教育水平与监狱犯人的犯罪次数

X 教育	Y 犯罪
7	13
4	11
13	9
16	7
10	5
22	3
19	1
$\sum$ X91	$\sum$ Y49

计算显著性所需要的信息就是关系强度。正如“关系强度的测量”所示（参见第 9 章），这个数据集的皮尔逊相关系数值是 0.8214，是非常高的一个值。然而，还是有必要确定这个值是否是偶然的结果，或是数据的统计异常。为了确定皮尔逊相关系数是否为偶然出现的，应当进行显著性检验。利用上述数据对皮尔逊相关系数进行显著性检验，计算方法如下：

$$
\begin{aligned}
t &= -0.8214\sqrt{\frac{7-2}{1-(-0.8214)^2}} \\
&= -0.8214\sqrt{\frac{7-2}{1-0.67}} \\
&= -0.8214\sqrt{\frac{5}{0.33}} \\
&= -0.8214\sqrt{15.37} \\
&= -0.8214(3.92) \\
&= -3.22
\end{aligned}
$$

在这个公式中，第一个值是从第 9 章“关系强度测量”中所获得的皮尔逊相关系数，7 是被研究的囚犯人数，1 和 2 是常数。计算得到值为 –3.22，与前面所讨论得到的卡方值过程类似。与卡方一样，这个值必须在特定的显著性水平和自由度上与临界值对比进行检验。要做到这一点，请看附录 B 表 B-3，“统计表”。对于皮尔逊相关系数，自由度用 N–2 来计算。这里的自由度是 7–2，为 5。如表所示，0.05 水平的临界值为 2.015，0.01 水平的临界值是 3.365。当与获取值进行比较，–3.22 低于 –2.015，所以可以在 0.05 水平上拒绝零假设。然而，–3.22 在 –3.365 之上，因此不能在 0.01 水平上拒绝零假设。这表明即使是强相关性或较大的皮尔逊相关系数，也可能出现不显著的结果。

你该如何操作？

全序数据和定距数据水平的关系存在性测量

1. 打开一个数据集：
   a. 启动 SPSS；
   b. 选择“File”，点击“Open”，然后点击“Data”；
   c. 选择你想打开的文件，然后选择“Open”。
2. 一旦数据是可见的，选择“Analyze”，然后点击“Descriptive Statistics”，然后点击“Crosstabs”。
3. 选择你想总结的变量作为因变量，并点击“Row”窗口旁边的▶按钮。
4. 选择你想总结的变量作为自变量，并点击“Column”窗口旁边的▶按钮。
5. 选择“Cells”按钮并检查你想出现在交叉表中的信息框。对于有全部信息的交叉表，选择“observed”“expected”“row”“column”和“total”；然后点击“Continue”。

6. 选择“Format”按钮，并框选降序“Descending”。
7. 选择窗口底部的“Statistics”按钮。
8. 检查“Correlations”旁的框。
9. 选择“Continue”，然后点击 OK。
10. 将会出现一个类似于表 8-10 这样包含了分布的窗口。

虽然这些计算可以手动进行，但在这个层次上测量关系的存在 / 显著性通常涉及计算机的使用。表 8-10 显示了一个人对夜间散步的恐惧与他或她对附近的安全程度的感知的双变量分析结果。表 8-10 中的大多数数值都在第 9 章“关系强度的测量”中得到解释。对于本章的主题来说，更重要的是“渐进显著性”一列中的值。这些值表明，夜间散步与对于城市的安全程度的感知两者在 0.05 显著性水平上存在关系。此处结果的显著性表明，两者相关（0.125 为皮尔逊关系数和 0.122 为斯皮尔曼相关系数）不是偶然的结果，在其他组进行检验也会得到相同的结果。再次强调，通过使用皮尔逊相关系数 r，我们可以根据两个变量间的值拒绝零假设。然而，通过斯皮尔曼相关性，我们只能拒绝涉及两个变量排序不相关的零假设。

表 8-10 皮尔逊和斯皮尔曼相关性的 SPSS 输出

WALK_NIT（你晚上散步的频率是多少？）与 LR_SAFE（你附近安全程度怎样？）

对称测量

		值	渐近标准误[a]	近似 T 值[b]	渐进显著性
定距与定距	皮尔逊相关系数	0.125	0.071	1.997	0.047[c]
定序与定序	斯皮尔曼相关性	0.122	0.065	1.942	0.053[c]
有效案例数		253			

[a] 未假定零假设。

[b] 使用渐近标准误来判定零假设。

[c] 基于正态分布的近似。

最后，是关于这些发现的解释需要注意一些事项。未能拒绝原假设意味着变量间不存在关系。但是，斯皮尔曼相关性未能拒绝原假设也意味着这个关系是非单调的。同样，对于皮尔逊相关系数，未能拒绝原假设意味着关系可能是非线性的。这些重要的问题会在第 10 章详细介绍。

8.5 显著性问题

在较早的时候，确立显著性非常简单。通过手动计算和表格的使用，研究人员可以确定他们想要确定的显著性水平、分析数据、比较观察值和临界值并做出决定。这个决定的切入点非常清晰：表中值分别为 0.05、0.01 或 0.001。

正如许多其他事物一样，统计分析中计算机的使用有时使决定更复杂。如今统计输出为分析提供了确切的显著性值，通常到四个小数位。精确水平有时在确定是否驳回原假设上陷入两难的境地。例如，若给出 0.0551 显著性值，在 0.05 的水平上你应该拒绝原假设吗？

表 8-10 的输出结果进一步说明了显著性水平精确度的问题。此时，皮尔逊相关系数的显著性值为 0.04688。尽管接近于 0.05 临界值，但仍然不够小。然而，是否远低于 0.05 临界值时，拒绝原假设的决定更合适一些呢？进一步深化这个问题，斯皮尔曼相关显著性值为 0.05320。严格来说是高于临界值 0.05。你会得出关系是不显著的结论吗，或是四舍五入让其等于 0.05 从而拒绝原假设？这个答案并不确定，决定权最终交给了研究者。然而，在开始你自己的研究之前，你应当思考这个问题。

8.6 结论

在本章中，我们介绍了检验关系存在的方法，讨论了如何确定是否存在关系，以及确定统计显著性的程序。通常而言，这是进行双变量分析的第一步。如果两个变量间的相关关系显著，则可以继续进行后续分析以确定关系的强度、方向和属性，这将在第 9 章“关系强度的测量”以及第 10 章“关系方向和属性测量”讨论到。如果两个变量间关系不显著，研究者需要决定是否进行后续其他分析。

8.7 关键术语

渐进显著性（approximate significance）
关系（association）
卡方（Chi-square）
列百分比表（column percentaged table）
自由度（degrees of freedom）
（δ）德尔塔，希腊语第四个字母（Delta）
（ε）艾普西隆，希腊语第五个字母（Epsilon）
存在（existence）
期望值（expected value）
费雪精确检验（Fisher’s Exact Test）
无关联模型（mode of no association）
观察值（observed value）
排序（ranks）
行百分比表（row percentaged table）
显著性（significance）
统计显著性（statistically significance）
总百分比表（total percentaged table）
耶茨校正（Yates Correction）

8.8 公式概览

期望值

$$f_e = \frac{\text{行合计} \times \text{列合计}}{N}$$

德尔塔

$$\Delta = (f_{o11} - f_{e11})\ (f_{o12} - f_{e12})\ (f_{o21} - f_{e21})\ (f_{o22} - f_{e22}),\ \cdots\cdots$$

卡方

$$\sum \frac{(f_o - f_e)^2}{f_e}$$

自由度（卡方）

$$df = (\text{行种类}-1)(\text{列种类}-1)$$

卡方（耶茨校正）

$$\chi^2_{\text{Yates}} = \sum \frac{(|f_o - f_e| - 0.5)^2}{f_e}$$

费雪精确检验

$$\frac{(a+b)!\,(c+d)!\,(a+c)!\,(b+d)!}{N!\,a!\,b!\,c!\,d!}$$

皮尔逊关系的 Z 检验

$$Z = \frac{r_s - 0}{1/\sqrt{N-1}}$$

8.9 练习

1. 对于下列的数据和表（和第 7 章练习 1 和 3 相同）：

a. 计算（ε）艾普西隆；

b. 计算（δ）德尔塔；

c. 计算卡方；

d. 确定自由度；

e. 通过比较卡方值和附录 B“统计表”表 B-2 中的适当值，确定这个关系是否是显著的；

犯罪与性别的关系

受害人		性别		合计
		1 男性	2 女性	
2	是	20	37	57
1	否	27	48	75
列合计		47	85	132

f. 在下列空格中，建立一个每月犯罪量（因变量）与收入（自变量）的定序双变量表。对于每个月犯罪量来说，使用类别“小于等于 10”和“大于 10”。对于收入水平来说，使用类别“大于等于 21000”和“小于 21000”。

______ 和 ______ 的交叉表

	______		______	
______	______		______	______
______	______		______	______
______	______		______	______

每月的犯罪量	收入	每月的犯罪量	收入
15	18000	15	24000
5	21000	15	18000
15	23000	15	21000
10	22000	15	31000
10	25000	20	52000
5	14000	7	21000
20	23000	7	17000
20	46000	20	48000
5	15000	20	45000
5	17000	10	19000

2. 对于下列表，确定是否存在合适的关系检验方法，并且解释两个变量存在关系的意义。

3. 对于练习 2 中的表格，检验皮尔逊相关和斯皮尔曼相关的显著性，并考虑如果两个变量均是定序、定距或定比数据，那么对于变量来说关系存在性的意义是什么。

相关交叉表

			受害人种族			合计
			1 黑人	2 白人	3 其他	
将受害人重新编码为是或否	2 否	计数	101	128	2	231
		期望值	99.2	129.0	2.8	231.0
		将受害人重新编码为是或否的百分比 /%	43.7	55.4	0.9	100.0
		受害人种族的百分比 /%	70.6	68.8	50.0	69.4
		总计的百分比 /%	30.3	38.4	0.6	69.4

续表

			受害人种族			合计
			1 黑人	2 白人	3 其他	
将受害人重新编码为是或否	1 是	计数	42	58	2	102
		期望值	43.8	57.0	1.2	102.0
		将受害人重新编码为是或否的百分比 /%	41.2	56.9	2.0	100.0
		受害人种族的百分比 /%	29.4	31.2	50.0	30.6
		总计的百分比 /%	12.6	17.4	0.6	30.6
	合计	计数	143	186	4	333
		期望值	143.0	186.0	4.0	333.0
		将受害人重新编码为是或否的百分比 /%	42.9	55.9	1.2	100.0
		受害人种族的百分比 /%	100.0	100.0	100.0	100.0
		总计的百分比 /%	42.9	55.9	1.2	100.0

案例处理过程总结

	案例					
	有效		缺失		合计	
	N	百分比 /%	*N*	百分比 /%	*N*	百分比 /%
将受害人按种族重新编码为是或否：受害人种族	333	96.0	14	4.0	347	100.0

卡方检验

	值	*df*	渐进显著性（双尾）
皮尔逊卡方	0.840[a]	2	0.657
相似比	0.785	2	0.675
线性关系	0.350	1	0.554
有效样本 *N*	333		

[a] 两个单元格（33.3%）的期望值小于 5。最小期望值是 1.23。

方向测量

			值	渐近标准误[a]	近似 T 值[b]	近似显著性
定类与定类	λ	对称性	0.000	0.008	0.000	0.000
		将受害人按种族编码为是或否 # 因变量	0.000	0.020	0.000	0.000
		受害人的种族 # 因变量	0.000	0.000	[c]	[c]

续表

			值	渐近标准误[a]	近似T值[b]	近似显著性
定类与定类	Goodman and Kruskal Tau	将受害人按种族编码为是或否 # 因变量	0.003	0.006		0.658[d]
		受害人的种族 # 因变量	0.000	0.002		0.872[d]
定序与定序	Somers' *d*	对称性	−0.029	0.054	−0.528	0.598
		将受害人按种族编码为是或否 # 因变量	−0.027	0.050	−0.528	0.598
		受害人的种族 # 因变量	−0.031	0.059	−0.528	0.598

[a] 未假定零假设。

[b] 使用渐近标准误来判定零假设。

[c] 由于渐近标准误等于零，因此无法计算。

[d] 基于近似卡方。

对称测量

		值	近似标准误[a]	近似T值[b]	近似显著性
定序与定序	Kendal's Tau-b	−0.029	0.055	−0.528	0.598
	Kendal's Tau-c	−0.027	0.051	−0.528	0.598
	γ	−0.062	0.118	−0.528	0.598
	斯皮尔曼相关系数	−0.029	0.055	−0.528	0.598
区间与区间	皮尔逊相关系数	−0.032	0.055	−0.591	0.555[c]
有效案例数		−0.333			

[a] 未假定零假设。

[b] 使用近似标准误判定零假设。

[c] 基于近似正态分布。

相关交叉表

		在你的周边，你认为警察履职情况如何？				合计
你的周边安全状况在改变吗？		1 非常好	2 一般	3 低于平均水平	4 一点都不好	
3 变得更不安全	计数	21	88	45	8	162
	期望值	29.2	87.2	39.6	5.9	162.0
	你的周边安全状况在改变吗的百分比 /%	13.0	54.3	27.8	4.9	100
	在你的周边，你认为警察履职情况如何的百分比 /%	35.6	50.0	56.3	66.7	49.5
	合计的百分比 /%	6.4	26.9	13.8	2.4	49.5

续表

你的周边安全状况在改变吗?		在你的周边，你认为警察履职情况如何?				合计
		1 非常好	2 一般	3 低于平均水平	4 一点都不好	
2 没有改变	计数	21	58	33	2	114
	期望值	20.6	61.4	27.9	4.2	114.0
	你的周边安全状况在改变吗的百分比 /%	18.4	50.9	28.9	1.8	100
	在你的周边，你认为警察履职情况如何的百分比 /%	35.6	33.0	41.3	16.7	34.9
	合计的百分比 /%	6.4	17.7	10.1	0.6	34.9
1 变得更安全	计数	17	30	2	2	51
	期望值	9.2	27.4	12.5	1.9	51.0
	你的周边安全状况在改变吗的百分比 /%	33.3	58.8	3.9	3.9	100
	在你的周边，你认为警察履职情况如何的百分比 /%	28.8	17.0	2.5	16.7	15.6
	合计的百分比 /%	5.2	9.2	0.6	0.6	15.65
合计	计数	59	176	80	12	327
	期望值	59.0	176.0	80.0	12.0	327.0
	你的周边安全状况在改变吗的百分比 /%	18.0	53.8	24.5	3.7	100
	在你的周边，你认为警察履职情况如何的百分比 /%	100.0	100.0	100.0	100.0	100.0
	合计的百分比 /%	18.0	53.8	24.5	3.7	100

案例处理过程总结

	案例					
	有效		缺失		合计	
	N	百分比 /%	*N*	百分比 /%	*N*	百分比 /%
你的周边安全状况在改变吗？与在你的周边，你认为警察履职情况如何?	327	94.2	20	5.8	347	100.0

方向测量

			值	渐近标准误[a]	近似T值[b]	近似显著性
定类与定类	λ	对称性	0.000	0.021	0.000	1.000
		你的周边安全状况在改变吗？ # 因变量	0.000	0.039	0.000	1.000
		在你的周边，你认为警察履职情况如何？# 因变量	0.000	0.000	[c]	[c]
	Goodman and Kruskal Tau	你的周边安全状况在改变吗？ # 因变量	0.026	0.010		0.010[d]
		在你的周边，你认为警察履职情况如何？# 因变量	0.022	0.007		0.001[d]
定序与定序	Somers' *d*	对称性	0.172	0.048	3.565	0.000
		你的周边安全状况在改变吗？ # 因变量	0.171	0.048	3.565	0.000
		在你的周边，你认为警察履职情况如何？# 因变量	0.173	0.048	3.565	0.000

[a] 未假定零假设。

[b] 使用渐近标准误来判定零假设。

[c] 由于渐近标准误等于零，因此无法计算。

[d] 基于近似卡方。

对称测量

		值	近似标准误[a]	近似T值[b]	近似显著性
定序与定序	Kendal's Tau-b	0.172	0.048	3.565	0.000
	Kendal's Tau-c	0.158	0.044	3.565	0.000
	γ	0.279	0.076	3.565	0.000
	斯皮尔曼相关系数	0.192	0.053	3.518	0.000[c]
定距与定距	皮尔逊相关系数	0.201	0.053	3.692	0.000[c]
有效案例数		327			

[a] 未假定零假设。

[b] 使用渐近标准误来判定零假设。

[c] 基于近似正态分布。

相关性测量

		人口普查区的违法事件	木板房	自有住房	未成年人的比例	1980—1990 年的人口变化
人口普查区的违法事件	皮尔逊相关系数	1	0.482**	-0.004	0.339**	-0.011
	显著性（双尾）		0.001	0.981	0.023	0.941
	N	45	45	45	45	45
木板房	皮尔逊相关系数	0.482**	1	-0.234	0.029	-0.222
	显著性（双尾）	0.001		0.122	0.848	0.143
	N	45	45	45	45	45
自有住房	皮尔逊相关系数	-0.004	-0.234	1	0.752**	0.323*
	显著性（双尾）	0.981	0.122		0.000	0.030
	N	45	45	45	45	45
未成年人的比例	皮尔逊相关系数	0.339*	0.029	0.752**	1	0.436**
	显著性（双尾）	0.023	0.848	0.000		0.003
	N	45	45	45	45	45
1980—1990 年的人口变化	皮尔逊相关系数	-0.011	-0.222	0.323*	0.436**	1
	显著性（双尾）	0.941	0.143	0.030	0.003	
	N	45	45	45	45	45

* 在 0.05 水平上相关性显著（双尾）

** 在 0.01 水平上相关性显著（双尾）

8.10 参考文献

Conover，W. J. (1967) .Some reasons for not using the Yates continuity correction on a 2 × 2 contingency table. *Journal of the American Statistical Association*，69(346)，374-376.

Fisher，R. A. (1922) . On the interpretation of χ^2 from contingency tables，and the calculation of *P*. *Journal of the Royal Statistical Society*，85，97-94.

Gizzle，J. E. (1967) . Continuity correction in the χ^2 test for 2 × 2 tables. *The American Statistician*，21(4)，28-32.

Pearson，E. S. (1947). The choice of a statistical test illustrated on the interpretation of data classed in a 2 × 2 table. *Biometrika*，37，139-167.

Pearson，K. (1900). On the criterion that a given system of deviations from the probable in the case of a correlated system of variavles in such that it can be reasonably supposed to have risen from random sampling. *The London*，*Edinburgh*，*and Dublin Philosophical Magazine and Journal of Science(Fifth Series)*，50，157-175.

Placket，R. L. (1964). The continuty correction in 2 × 2 tables. *Biomeridka*，51，327-337.

Spearman，C. (1904). The poof and measurement of association between two things. American *Journal of Psychology*，15，72-101.

Starmer，C. F. ，Grizzle，J. E.，& Sen，P. K. (1967). *Comment. Journal of the American Statistical Association*，69(346)，376-378.

Yates，F. (1934). Contingency tables involving small numbers and the χ^2 test. *Journal of the Royal Statistical Society(Series B)*，*I*(2)，217-235.

8.11 拓展阅读

Goodman，L. A.，& Kruskal，W. H.（1963）. Measures of association for cross classifications Ⅲ: approximate sampling theory. *Journal of the American Statistical Association*，58（302），310-364.

8.12 注释

1. 这个过程简化为 2 × 2 表。在计算出表中第一个单元格的期望值后，其他期望值能够简单地通过用行列总数减去那个值得以确定。也见关于自由度的讨论。
2. 注意一些误解需要澄清，尽管假设检验通常能验证关系的存在，但并不是所有的零假设都能验证存在。假设检验能够验证任何假设。例如，你能检验 Lambda 或 Somers' *d* 的值为非零的假设（正如第 9 章“关系强度的测量”中讨论关系强度）。
3. 有许多标准化的卡方统计量经常被使用到（值的范围从 0 到 1），包括 Phi 和 Cramer's *V*。这两者都设法减小样本量对卡方的不利影响。Phi 是卡方值的平方根，除以 *N* 并且等于 2 × 2 表中的皮尔逊相关系数。对于大于 2 × 2 的表，更倾向于使用 Cramer' s *V*，因为其最大值为 1，但 Phi 的最大值却不为 1。计算 Cramer' s *V* 是将卡方值的平方根再除以 *N*（*k* -1），*k* 是行或列二者相比的较小数。
4. 反之，值得注意的是，由于这些测量方式适合用于小样本，因此很难拒绝零假设。所以，许多人批评这两种方法太过于保守，导致研究者应当拒绝原假设时却没有拒绝，或并不比单独使用卡方检验判定关系时效果更佳（Conover，1967；Grizzle，1967；Pearson，1947；Placket，1964；Starmer，Grizzle，and Sen，1967）。
5. 一些保守派统计学家认为，如果任何一个单元格的频数少于 5，就根本不应该使用卡方检验。但这是个人偏好而不是一项规则，并且大多数人认为费雪精确检验能够进行适当矫正。

6. 皮尔逊（Pearson，1900）首先提出，卡方临界值表应该限制到 30 以内。在介绍卡方检验公式和分析方法时，皮尔逊指出："因此，如果我们用大量的群组，我们的检验就变得太虚幻。我们必须把注意力集中到计算一个有限群组的 P 值，这毫无疑问是真正的统计学应该关注的地方。N（实际上是自由度，而不是值的数量）很少超过 30，通常不会大于 12。"

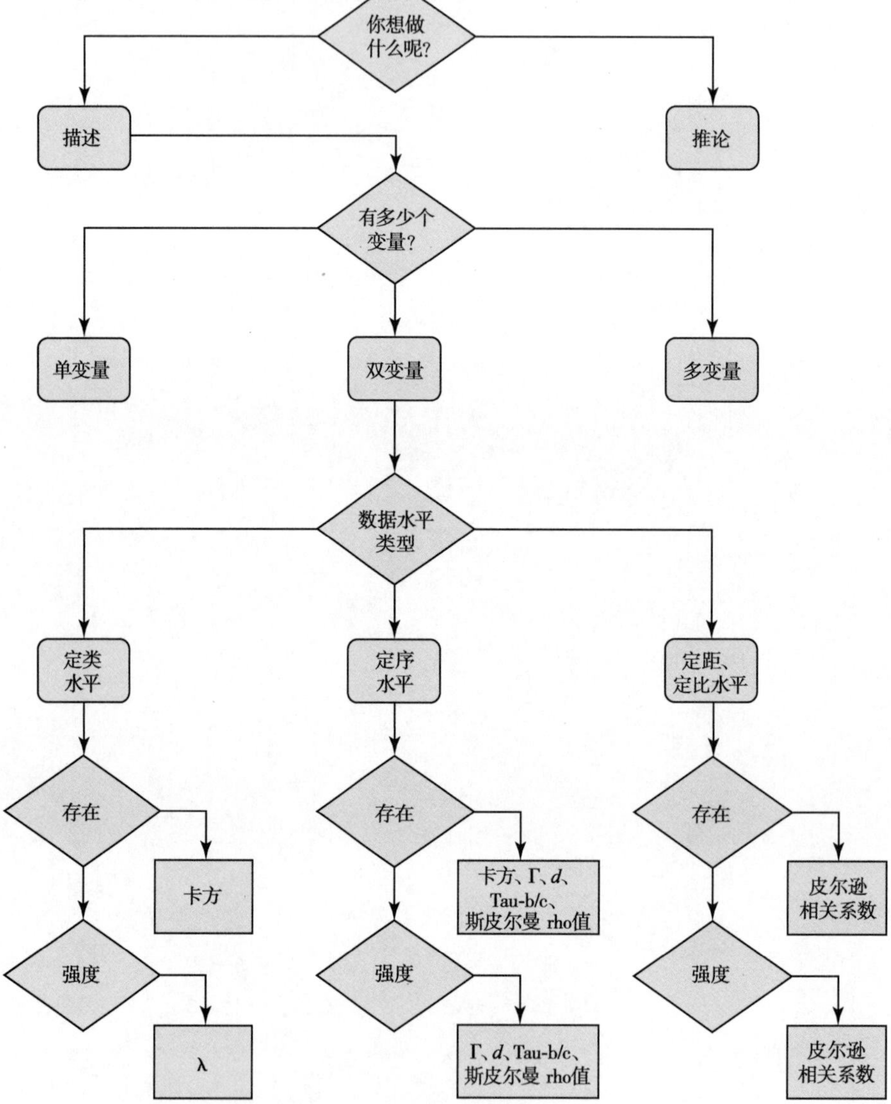
你想做什么呢?
描述
推论
有多少个变量?
单变量
双变量
多变量
数据水平类型
定类水平
定序水平
定距、定比水平
存在
卡方
强度
λ
存在
卡方、Γ、d、Tau-b/c、斯皮尔曼 rho值
强度
Γ、d、Tau-b/c、斯皮尔曼 rho值
存在
皮尔逊相关系数
强度
皮尔逊相关系数

第 9 章
关系强度的测量

学习目标

- 理解两个变量之间的关系强度
- 能够解释交叉频数表中数据的关系
- 理解成消减误差比例
- 理解对称测量与非对称测量之间的区别
- 计算定类数据、定序数据、定距变量和定比数据的关系强度
- 能运用 λ（lambda）、萨默斯 d 系数、斯皮尔曼 rho 值、皮尔逊相关系数 r 解释关系强度
- 能够理解并说明相关矩阵
- 理解决定系数

除了确定关系存在之外，了解**关系强度**（strength of association）也很重要。这一点，连同关系的方向和性质，通常被称为**关系测量**（measure of association）。值得强调的一点是，两个变量之间关系强度的测量是基于此假设：我们估计的是整个作为研究对象的总体，而不是总体中的某一个样本。同时，这些依然属于**描述**（descriptive）统计而不是推论统计。

关系强度测量代表了关系的另一种**总结性测量**（summary measure）。正如第 4—6 章所述，单变量测量（方法）可以描述一种关系，而通过检测百分比表或交叉表中的交叉分组（情况）也可以描述一种关系，如第 7 章所述。然而，正如古德曼和克鲁斯卡（Goodman & Kruskal，1954）所说，基于这样的检测汇报的结果可能存在两个问题。第一是常常存在过多的信息，以至于读者（对结果的理解）必须依赖于作者对关系的解释。如果作者的结论是错误的或是有问题的，读者将很难发现。同样，作者也可能会只选择适合其理论的数据或者变量比较。萨默斯（Somers，1962）在他的著述中支持了这一观点，即只有 2×2 的百分比表能够被恰当地检测。萨默斯认为，由于有许多不同百分比的集合，因此如果没有总结性测量是很难对更大分组的关系进行检测的。关系测量方法能解决一部分这样的问题。这些测量方法将大量的列联表或者交叉表转换成一些总结值，这些值可以被比较，并成为参照标准。这能极大地增加研究的价值，并有助于数据的解释。

9.1 什么是关联?

两个变量可以在**交叉表**（crosstab）中进行比较。根据变量分类的排列情况，可以判断两个变量是否在**统计学意义上显著性相关**（statistically significantly related）。下一步，就是讨论变量间的关系紧密程度——关系强度。

历史回顾

根据美国的一份报告，分类数据的关系强度测量的历史能追溯到1884年，信号兵军士试图预测龙卷风的发生（Finley, 1884）。虽然芬利的方法最后被证明是有缺陷的，但是这引起了人们探索测量变量的交叉分类的新方法的兴趣。在芬利的文章发表后不久，C. S. 皮尔士（Peirce, 1884）在他写给《科学》（*Science*）杂志编辑的一封信中又补充解释了这些测量方法。他写到这些测量需要考虑“……预测一场龙卷风所获得的利益、节约的成本，以及……每一次没有预测到龙卷风所带来的损失……”同时，法国和德国学者也试图开始对关系测量进行计算。虽然大部分内容都未被翻译，但我们知道克劳斯（Korosy）和凯特列（Quetelet）在这期间致力于研究这些测量方法。1886年，高尔顿（Galton）首次提出对定距和定比数据以相关关系形式进行测量，这也是关系测量史上第一次真正的突破。

表 9-1 是从表 9-2 中得到的一份数据交叉表。在这个交叉表中，括号里的频数表示发生（合计百分比）的联合频数。在某些情况下，如果要随机预测 *D*（因变量）的类别，且对自变量 *I* 一无所知，你会选择哪一种类型呢？回顾一下第 4 章中提到的“集中趋势测量”问题，你可能会选择 *D*1，因为它的边际总和（marginal total）为 177（主要类别），而 *D*2 的边际总和只有 161。在这个例子中，你选择 *D*1 的正确率是 52.3%，而选择 *D*2 的正确率只有 47.7%。也就是说，预测 *D*1 犯错误的概率为 47.7%，这个值是用 1 减去正确率计算出来的。

表 9-1 事件发生的联合频数和概率表

	*I*1	*I*2	总计
*D*2	60 （0.178）	101 （0.299）	161 （0.477）
*D*1	44 （0.13）	133 （0.399）	177 （0.523）
总计	104 （0.308）	234 （0.692）	338 （1.00）

如果你需要预测 D 的类别，并且已知 I 的类型呢？如果已知 I 的值为 $I1$，你可能会选择 $D2$，因为在 $I1$ 类别中（见表格第二列）$D2$ 的可能性最大。因此，在 $I1$ 类别中获得 D 的正确答案概率为 57.7%，如下列公式所示：

$$\frac{60}{104}=0.577$$

表 9-2　SPSS Lambda 输出结果

相关交叉表

			受害人回答（是 / 否）		总计
			是	否	
犯罪是否是一个严重的问题，以至于你在过去的 12 个月里考虑过搬家？	否	计数	60	101	161
		期望值	49.5	111.5	161.0
		犯罪是否是一个严重的问题，以至于你在过去的 12 个月里考虑过搬家的百分比 /%	37.3	62.7	100.0
		受害人回答是或否记录的百分比 /%	57.7	43.2	47.6
		总计的百分比 /%	17.8	29.9	47.6
	是	计数	44	133	177
		期望值	54.5	122.5	177.0
		犯罪是否是一个严重的问题，以至于你在过去的 12 个月里考虑过搬家的百分比 /%	24.9	75.1	100.0
		受害人回答是或否记录的百分比 /%	42.3	56.8	52.4
		总计的百分比 /%	13.0	39.3	52.4
总计		计数	104	234	338
		期望值	104.0	234.0	338.0
		犯罪是否是一个严重的问题，以至于你在过去的 12 个月里考虑过搬家的百分比 /%	30.8	69.2	100.0
		受害人回答是或否记录的百分比 /%	100.0	100.0	100.0
		总计的百分比 /%	30.8	69.2	100

卡方检验

	值	自由度 *df*	近似显著性（双尾）	精确显著性（双尾）	精确显著性（单尾）
皮尔逊卡方	6.094[b]	1	0.014		
连续校正[a]	5.525	1	0.019		
似然比	6.103	1	0.013		
费雪精确检验				0.018	0.009
线性相关	6.076	1	0.014		
有效样本 *N*	338				

[a] 只输出 2×2 列联表。

[b] 单元格为 0（0.0%）意味着期望值小于 5。最小期望值为 49.54。

方向测量

			值	渐进标准误[a]	近似 T 值[b]	渐进显著性
定类变量与定类变量	λ	对称	0.060	0.037	1.575	0.115
		犯罪是否是一个严重的问题，以至于你在过去的 12 个月里考虑过搬家？（因变量）	0.099	0.060	1.575	0.115
		记录受害人的回答（是或否）（因变量）	0	0	[c]	[c]
定类变量与定类变量	Goodman and Kruskal Tau	犯罪是否是一个严重的问题，以至于你在过去的 12 个月里考虑过搬家？（因变量）	0.018	0.014		0.014[d]
		记录受害人的回答（是或否）（因变量）	0.018	0.014		0.014

[a] 不假定零假设。

[b] 使用渐进标准误来判定零假设。

[c] 不能被输出，因为渐进标准误等于 0。

[d] 基于卡方近似值。

*I*1 类别中可能存在的 104 个回应值，其中 *D*2 行 *I*1 列单元格包含了 60 个。这意味着 *D*2 行 *I*1 列单元格占 *I*1 回应值的 57.7%，单元格 *D*1 占那些值的 42.3%。然后，获得正确答案的概率是 57.7%，犯错误的概率是 42.3%。

注意，当我们对 *I* 不了解又试图正确预测 *D* 的类型时，我们犯错误的可能性为 47.7%。然而，知道了 *I* 的类型后，我们犯错的概率就减少到了 42.3%。这样，我们可以说，错误的减少与了解 *I* 的信息（多少）有关。这是大部分关系强度测量的基础：与不知道自变量的情况下预测因变量所出现的误差相比，知道自变量的信息可以减少这些误差。很快你将理解这就是**“消减误差比例”**（proportional reduction of errors）的统计思想。

9.2 定类水平数据

在定类水平上，关系测量的目的是根据自变量提供的信息，预测因变量的众数（mode）[1]或类型（category）。如果要确定一个随机抽选的人是否是罪犯，在不知道其他有效信息的情况下，你可能只有去瞎猜。然而，给了关于人的单变量特征，那么你猜测的准确率就会有所提高。例如，在研究中，人们倾向于认为男性犯罪的可能性大于女性。所以，如果知道那个人是男性或者女性，那么你预测的准确度与凭空预测相比，会有所提高。关系测量的作用不仅如此。例如，如果你了解这个人的犯罪记录，那么你可能预测有前科记录的人是罪犯，以及没有前科的不是罪犯。因为，研究已经证明，更多的罪犯是惯犯，而不是初犯。在这里，你所做的事情就是在知道一个人犯罪前科的情况下（自变量），预测这个人是否为罪犯（因变量）。这是大多数关系测量的目的，尤其是在定类水平上更是如此。

关于定类水平，最受欢迎的关系测量是 Lambda 方法（用符号 λ 表示）。Lambda 测量方法由格特曼（Guttman，1941）提出，然后由 1954 年古德曼（Goodman）和克鲁斯卡（Kruskal）将其进一步拓展（事实上，Lambda 常指的是古德曼和克鲁斯卡的 Lambda 测量方法）。Lambda 被定义为一种消减误差比例的非对称的关系测量方法，能运用已知自变量 X 的信息预测因变量 Y 的众数值或类别。关于 Lambda 的定义，包含了以下几个方面的信息。

首先，它是**非对称**（asymmetric）的。[1] 这意味着它是基于自变量的信息来预测因变量的。换句话说，与简单地确定变量间存在某种不同关系，一个不对称的测量表明，了解一个特定的变量（一般指自变量）有助于减少预测因变量类型时犯的错误。这不同于**对称**（symmetric）测量，对称测量显示了变量间的关系强度，但不能决定（两个变量中）哪个变量更适合预测另一个变量。对于 Lambda 来说，它能通过其他变量（X）的信息去预测一个变量（Y），但是却不能通过变量（Y）的信息去预测变量（X）的任何信息。

其次，Lambda 也是一种**消减误差比例**（proportional reduction of error，PRE）测量方法。古德曼和克鲁斯卡（Goodman & Kruskal，1954）提出了 PRE 测量方法。PRE 是指在没有因变量的相关信息的情况下，和从自变量中获取因变量相关信息

---

[1] 原文为“mode”，mode 有两个统计学上的意思，一是“众数”，二是“模式”或“模型”。根据上下文关于犯错的概率明显也与众数有关，甚至可以说所有的预测都与众数有关。虽然原文中的“mode”和“category”用“or”并列，但下一段的“modal values and category”是 value 和 category 并列，故本书翻译成“众数”。详细解释，见下文的 Lambda 公式。——译者注

的情况相比较，预测（正如“什么是关联”这一节中所述）时两者产生的误差之比。在前面的例子中，我们在缺乏额外的有关信息时，可以通过重复几次实验，计算预测某个人犯罪的正确和错误的次数。同样，我们在了解某个人的犯罪前科信息后，也能计算预测某个人犯罪的正确和错误的次数。然后，将获得的两个值代入下面的公式中（与之前的公式一样），从而确定获得正确答案的概率。例如，不知道某个人的任何信息，你所能做的就是猜测某个人的犯罪可能性。这时你猜对的最大概率为 50。然而，如果知道了这个人的犯罪前科，那么你猜对的可能性将显著提高。例如，如果你知道研究中 75 的人目前因犯罪被捕，那么你可以使用这个公式算出下列结果：

$$\frac{50}{75} = 0.666$$

你该如何操作？

交叉表与关系强度测量

注：下列概述的程序用于交叉表。如果你不用交叉表分析定距或者定比数据，请见本章中皮尔逊相关系数 r 这一节中相应方框内容。

1. 打开一个数据集：
   a. 启动 SPSS；
   b. 依次选择 “File”，点击“Open”，然后点击“Data”；
   c. 选择你想打开的文件，然后点击“Open”。
2. 一旦数据可视（打开数据文件），依次选择“Analyze”，单击“Descriptive Statistics”命令下的 “Crosstabs”命令。
3. 选择你希望包含的变量作为因变量，然后按下靠近行“Row（s）”窗口的▶按钮。
4. 选择你希望包含的变量作为自变量，然后按下靠近列“Column（s）”窗口的▶按钮。
5. 选择 “Cells”按钮并检查你想出现现在交叉表中的信息框。对于有全部信息的交叉表，选择“observed”“expected”“row”“column”和“total”，然后点击 “Continue”。
6. 选择 “Format”按钮，并框选“Descending”。
7. 选择窗口底部的“Statistics”按钮。
8. 像本章中概述的一样（Lambda 适用于定类数据，Somers’ d 适用于部分偏序定序数据，Correlations 适用于全序定序数据），选择合适的强度测量方法，点击旁边的复选框。
9. 选择“Continue”键，然后选择 OK。

10. 出现输出结果的窗口，且包含的分布应该类似于表 9-2 到表 9-4，以及表 9-6 的格式。

这意味着，在了解个人犯罪前科记录的情况下，你预测正确的概率将提高到 67。这个比率显示，了解某个人的犯罪前科后的预测误差比例已经减少。因为 Lambda 具有不对称性，并且消减误差比例还能表示出在测量中，相对于不用 X 预测时，用 X 值预测 Y 值时误差减少的程度。

9.2.1 计算

当计算 Lambda 时，其被标记为 λ_{yx}，其中 y 为因变量，x 为自变量。这表示，哪个变量基于另外的变量被预测。一个对称模型中的 λ 没有下标。交叉表中，计算 Lambda 的公式是：

$$\lambda_{yx}=\frac{\sum m_y - M_y}{N - M_y}$$

这里，N 表示样本总量，M_y 表示因变量的众数，m_y 表示自变量的每种类别下因变量的众数。本公式也可由 PRE 测量的一般公式推出。公式具体如下：

$$\lambda_{yx}=\frac{(N - M_y) - (N - \Sigma m_y)}{N - M_y}$$

分子中（括号中）第一个值表示，在不知道任何其他信息的情况下，预测因变量的错误数量。分子中（括号中）第二个值表示，知悉自变量信息后错误预测的次数。该公式可以简化如下：

$$\lambda_{yx}=\frac{E_1 - E_2}{E_1}$$

E_1 表示在不知道任何其他信息的情况下预测因变量的错误数量，E_2 是知悉自变量信息后错误预测的次数。这个公式就推出了 Lambda 的计算公式，即 E_1=（N–最大行总计数），E_2=$\sum$（每列总和 – 该列中的最大单元格频数），公式表示如下：

$$\frac{(N - R_t) - [\sum(C_t - f_i)]}{N - R_t}$$

在表 9-2 的例子中，Lambda 的计算结果如下所示：

$$\lambda=\frac{(338 - 177) - [(104 - 60) + (234 - 133)]}{338 - 177}$$

$$\lambda=\frac{(338 - 177) - (44 + 101)}{338 - 177}$$

$$\lambda=\frac{161 - 145}{161}$$

$$\lambda = 0.09938$$

这意味着我们知道某个人是否为受害人后，在预测一个人在过去的 12 个月里是否考虑搬家的问题时，能减少约 10% 的错误量。还需要注意的是，这是与是否搬家变量（MOVE）相同的值，即表 9-2 输出结果中 Lambda 的因变量。

9.2.2 解释

Lambda 的取值范围为 0 到 1。0 表示没有（关系）强度——在预测因变量的类型时，自变量不能减少错误数量。Lambda 取值为 1 表示完全相关——补充的自变量信息使我们每次都能得到一个关于因变量的准确预测。在上述例子中，Lambda 的值为 0.099。这个值在 0 到 1 之间，更接近 0，表明其关系并不强。如果每个自变量类型的众数值只落在因变量的一个类别中，也就是说，如果所有的自变量的值都在交叉表的同一列，那么 Lambda 将接近于 1。如果因变量是多峰的，且因变量的众数值分布在自变量的每个类别中（即最大的频数位于表中的同一行的每一列中），那么即使存在关系，Lambda 也能取 0 值。如果所有的自变量的值分散在因变量的（众数）类别中，那么 Lambda 也将等于 0。由于我们试图进行更好的预测，如果所有自变量的值都在相同的因变量（众数）类别中，不能获取任何信息，在不知道自变量的任何信息的情况下，我们就会选择这个众数类别。最后，即使变量之间有关系，但如果样本是极度偏态的，那么 Lambda 将等于 0。在 Lambda 等于 0 或者适当分析数据的能力有些不足的情况下，应该用其他定类水平的关系测量方法。Phi 系数和 Cramer's *V* 系数都以卡方为基础，并且都提供了一种关于两个变量间关系强度的测量方法。Phi 系数用于 2×2 表格可能更好，因为它的值等于表中的皮尔逊相关系数值。鉴于 Phi 系数的局限性，Cramer's *V* 系数适用于大表格。同时也要注意，在 Lambda 中，不存在负的关系值。这是因为，定类水平的关系没有方向。

表 9-2 中有三个 Lambda 值，反映了在上一年内一个人是否受害和他决定搬家的双变量关系。对称值是后面将要讨论的两个非对称值的组合，该对称值比这两个非对称值的均值略大。这两个值是两个可能的 Lambda 系数的非对称测量值，λ_{yx} 和 λ_{xy}。为最大程度地提高灵活性和解释力度，SPSS 为两个被视为因变量的变量提供了不对称的 Lambda 系数值。

在这个例子中，某个人是否考虑搬家是因变量，它的分类分布在表格的行中。这里的 Lambda 值为 0.09938，与先前的预测计算相同。这表明，在知道一个人去年是否成为犯罪的受害者的情况下，预测这个人是否考虑搬家的错误率下降了近 10%。同时需要注意，在知道某个人是否考虑搬家的情况下，预测其受害情况，则 Lambda 值为 0。这表明，尝试预测受害情况时，了解一个人是否考虑过搬家变得毫无意义。这很符合直觉判断，一个人考虑是否搬家并不能说明他或她是否已经受害。被害可能影响一个人搬家的决定，但搬家与否不影响一个人是否受害。同样注意，与非对称测量相比，对称测量不太依赖是否搬家变量

（MOVE），更依赖是否被害变量。这是因为，对称测量计算考虑了两个非对称测量方法。

关于 Lambda 的最后一个问题。它适用于任何规模的表格，包括正方形和长方形的表。但它不能进行所有的双变量关系测量，一些情况下只适合正方形或者长方形表格中的一种。对于长方形表格来说，用 Lambda 会引发其他问题。在前面的例子中，Lambda 用于正方形（2×2）表格计算。这允许使用两个众数（m_y）去预测因变量的两个类别。然而，如果是长方形表格，问题就出现了。例如，如果因变量有 5 个分类，但自变量只有 4 个分类，那么 Lambda 值将不够精确，因为我们只使用 4 种类别去预测，而不是 5 种。与此相反，当自变量的类别数量超过因变量的类别数量时，Lambda 的值会更精确。

9.3 定序水平数据

为充分使用定序水平的关系测量，两个变量都应该具有定序水平、二分定类水平或者属于类别化的定距水平数据。定序水平的关系测量比定类测量更有说服力，因为它们既能表明关系强度，又能表示方向（参见第 10 章“关系方向和属性测量”）。

对于定序数据，其目标是预测**配对值的秩**（rank order of pairs of scores）来代替众数。[1]**配对值**（pairs of scores）是指一个自变量的类别，如上层、中层、下层级别的社会经济地位，可以与一个因变量的类别，如实施暴力犯罪的高、中、低可能性相比较。具体来讲，配对值的作用是确定例子中一个变量的秩，在预测另一个变量的秩时是否有用。如果已知一个变量的秩情况完全可以预测另一个变量的秩情况，这时关系被称为完全相关，关系测量值为 1。如果已知的一个变量的秩序情况，对预测另一个变量的秩序情况完全没有作用，那么关系测量值为 0。这表示，通过自变量的补充信息预测因变量没有任何意义。

变量的秩分布可能有 5 种情况（示例 9-1）。**同序对**（concordant pairs），N_s，是指在两个变量中具有相同秩的一组配对。根据前面的例子，同序对就是一个人的社会经济地位处在“下层”，其暴力犯罪可能性为“低”。**异序对**（discordant pairs）用 N_d 表示，即一个变量以某种等级序列分布，而另一个变量则以相反的秩分布。以前述例子为例，一个人的社会经济地位为下层时，其对应的实施暴力犯罪的可能性却为“高”。配对有些时候会在因变量而非自变量处出现同秩（具有相同的秩），用 T_y 表示。在自变量而非因变量处出现同秩，用 T_x 表示。最后，能同时在两种变量中出现同秩，用 T_{xy} 表示。同秩的相关例子详见示例 9-1。

[1] 简单地讲，就是按照值的大小排序进行组合或排列比较，看是否存在一定关系。——译者注

N_s 和 N_d 的不同决定了关系是正相关，还是负相关（参见第 10 章“关系方向和属性测量”）。如果 N_s 对比 N_d 对更多，那么关系是正相关的。如果 N_d 对比 N_s 对更多，关系则是负相关的。定序变量的关联测量值分布在［–1，1］。正值表示正向关系，负值表示相反的关系或者负相关关系。N_s 或者 N_d 的配对数越多，值越接近 1。如果 N_s 和 N_d 的配对数相同，那么关系测量值为 0。同时，如果使用的关系强度测量方法不同，同秩（ties）[1] 可能严重影响分析结果。

秩，尤其是同秩，概念常常难以掌握，但却是理解定序分析的基础。利用下表的调查数据，观察 6 个人是怎么回答“你的社区安全情况改变了吗？”（HOOD_SAFE）和“您的社区活动对您的人身安全有多大影响？”（ACT_FEAR）这两个问题的。他们的回答决定了变量之间的关系类型。

回答者	自变量 HOOD_SAFE	因变量 ACT_FEAR
1	不太安全（3）	没有改变（2）
2	没有改变（2）	没有改变（2）
3	不太安全（3）	效果很好（3）
4	变得更安全（1）	没有改变（2）
5	没有改变（2）	没有效果（1）
6	变得更安全（1）	没有改变（2）

以下是一些受访者回答关于这两个变量的可能的类型。

配对	第二位受访者在自变量上____	第二位受访者在因变量上____	配对类型
1，5	较低（3，2）	较低（2，1）	N_s，同序对
4，5	较高（1，2）	较低（2，1）	N_d，异序对
1，2	较低（3，2）	同秩（2，2）	T_y，因变量中出现同秩
1，3	同秩（3，3）	较高（2，3）	T_χ，自变量中出现同秩
4，6	同秩（1，1）	同秩（2，2）	$T_{\chi y}$，两种变量出现同秩

示例 9-1　计算秩和同秩

分析定序数据有多种选择。对于偏序变量，最常见的选择是使用 Tau-b 和 Tau-c，Gamma 或者 Somer’ d 系数，Spearman’ s Rho 系数则适用于全序变量。所有的这些测量都是（或者能用）PRE 测量法，即表示当预测配对的秩（正或负）时，与猜测其秩或随机选择其秩相比，测量的误差减少量。各自的关系测量值，如表 9-3 所示。

［1］有的统计学教材也称之为结。——译者注

表 9-3 SPSS 输出结果：定序水平关系测量

相关交叉表

			犯罪问题的严重程度有多大？			
			不是问题	是小问题	是大问题	合计
你晚上在附近散步的频率？	经常	计数	2	2	0	4
		期望值	2.7	1.2	0.2	4.0
		你晚上在附近散步的频率的百分比 /%	50.0	50.0	0.0	100.0
		犯罪问题的严重程度有多大的百分比 /%	1.2	2.8	0.0	1.6
		总计的百分比 /%	0.8	0.8	0.0	1.6
	偶尔	计数	20	13	3	36
		期望值	23.9	10.4	1.7	36.0
		你晚上在附近散步的频率的百分比 /%	55.6	36.1	8.3	100.0
		犯罪问题的严重程度有多大的百分比 /%	12.1	18.1	25.0	14.5
		总计的百分比 /%	8.0	5.2	1.2	14.5
	从不	计数	143	57	9	209
		期望值	138.5	60.4	10.1	209.0
		你晚上在附近散步的频率的百分比 /%	68.4	27.3	4.3	100.0
		犯罪的严重程度有多大的百分比 /%	86.7	79.2	75.0	83.9
		总计的百分比 /%	57.4	22.9	3.6	83.9
合计		计数	165	72	12	249
		期望值	165.0	72.0	12.0	249.0
		你晚上在附近散步的频率的百分比 /%	66.3	28.9	4.8	100.0
		犯罪的严重程度有多大的百分比 /%	100.0	100.0	100.0	100.0
		总计的百分比 /%	66.3	28.9	4.8	100.0

卡方检验

	值	自由度	渐进显著性（双尾）
皮尔逊卡方检验	3.613[a]	4	0.461
似然比	3.539	4	0.472
卡方线性趋势	2.462	1	0.117
有效样本（N）	249		

[a]4 个单元格（44.4%）的期望值小于 5。最小的期望值为 0.19。

方向检验

			值	标准误[a]	近似 *T* 值[b]	近似 *P* 值
定类与定类	λ	对称	0.265	0.000	[c]	[c]
		你晚上在附近散步的频率？因变量	0.472	0.000	[c]	[c]
		犯罪问题的严重程度有多大？因变量	0.157	0.000	[c]	[c]
	Tau[1]	你晚上在附近散步的频率？因变量	0.010	0.013		0.268[d]
		犯罪问题的严重程度有多大？因变量	0.009	0.012		0.331[d]
定序与定序	Somers' *d*	对称	0.100	0.062	1.578	0.115
		你晚上在附近散步的频率？因变量	0.079	0.050	1.578	0.115
		犯罪问题的严重程度有多大？因变量	0.136	0.085	1.578	0.115

[a] 未假定零假设。

[b] 使用近似标准误判定零假设。

[c] 不能计算，因为近似标准误等于零。

[d] 基于卡方近似。

对称性检验

		值	标准误[a]	近似 *T* 值[b]	近似 *P* 值
定序与定序	Tau-b	0.104	0.065	1.578	0.115
	Tau-c	0.056	0.036	1.578	0.115
	Gamma	0.263	0.149	1.578	0.115
	斯皮尔曼相关	0.107	0.067	1.686	0.093[c]
定距与定距	皮尔逊 *r*	0.100	0.065	1.574	0.117[c]
有效样本（*N*）		249			

[a] 未假定零假设。

[b] 使用近似标准误判定零假设。

[c] 基于正态近似。

每一个定序水平的关系测量都有相同的分子（分数上面的值），它测量的是 N_s 和 N_d 之间的差异。测量差异取决于分母。一些测量方法往往排斥更多可能的同秩，而另一些测量则不排斥任何同秩。这些测量方法将在本章余下部分讨论。

[1] 古德曼和克鲁斯卡 Tau (Goodman and Kruskal Tau)。——译者注

9.3.1 Tau

虽然在 Tau 值发展起来之前，就有其他的统计方法，但是 Tau 值仍然被认为是第一个适用于定序变量的关系测量法。实际上有 3 种测量定序变量的 Tau 值方法：Tau-a，Tau-b 和 Tau-c。每种方法都运用于特定的情形，每一种都可以说是在其他基础上的改进。

历史回顾

Tau 值（在肯德尔提出该方法之后，尤其以“Kendall’ s Tau”而闻名）在 1938 年由肯德尔引入。虽然肯德尔促进了 Tau 值的发展，但本质上相同的计算在这之前就已经存在。人们认为第一个使用类似于 Tau 值测量方法的人是费克纳（Fechner，1897），他使用这种方法分析了时间序列。相对于 1900 年提出的 Yule’ s Q 方法， 利普斯（G. F. Lipps）于 1905 年开创了一种与 Kendall’s Tau 值相同的方法。利普斯的成果被古斯塔夫·多伊希勒（Gustav Deuchler，1909，1914）拓展，他使用这种方法去测试关于变量独立性的零假设。这些早期成果被德国人记录下来，但从未被翻译成英文，并且许多记录没有出版。我们只能通过克鲁斯卡（Kruskal，1958）的成果，以及其他复制了这些成果的人，才知道 Tau 系数先于肯德尔而存在。肯德尔在他 1948 年的书中，将 Tau 值作为一种定序数据的关系测量方法介绍在前言中。

计算

每一种 Tau 值都可以用分子相同的公式进行计算。各 Tau 值之间的差异在于公式的分母不同。最简单的定序水平关系测量法是 Tau-a。该方法是用同序对减去异序对的数量差，再除以互不相同的配对总数，公式如下：

$$\tau_a = \frac{N_s - N_d}{T}$$

在这个公式中，T 的计算方式如下：

$$\frac{N(N-1)}{2}$$

Tau 的计算，从表格左下方单元格中的值开始，依次将该值乘以其右上方的所有单元格值的总和。这样计算，就得到同序对值（N_s）。其他各列右上方的值也应该这样做。例如，在表 9-3 中，N_s 的计算如下：

N_s=［143×（13+3+2+0）］+［57×（3+0）］+［20×（2+0）］+［13×0］

=［143×（13+3+2+0）］+［57×（3+0）］+［20×（2+0）］+［13×0］

=［143×18］+［57×3］+［20×2］+［13×0］

=2574+171+40+0

=2785

接着，从表格右下方单元格中的值开始，依次将该值乘以其左上方所有单元格值的和。这样计算得到异序对值（N_d）。用表 9-3 中的数据进行计算，结果如下：

N_d=［9×（13+20+2+2）］+［57×（20+2）］+［3×（2+2）］+［13×2］

=［9×37］+［57×22］+［3×4］+［13×2］

=333+1254+12+26

=1625

将这些值放进 Tau-a 公式中，将得到以下结果：

$$\tau_a = \frac{N_s - N_d}{T}$$

将 T 公式代入计算公式，结果如下：

$$T = \frac{N(N-1)}{2}$$

$$= \frac{N_s - N_d}{N(N-1)/2}$$

用表 9-3 中的数据带入计算，得：

$$\tau_a = \frac{2785 - 1625}{(249)(249-1)/2}$$

$$= \frac{2785 - 1625}{30876}$$

$$= \frac{1160}{30876}$$

$$= 0.0376$$

注意，这个值不在 SPSS 输出的结果表 9-3 中。这是因为，虽然输出结果中包含了一些不同类型的 Tau 值，但是 Tau-a 不在其中。

因为，Tau-a 属于 PRE 测量，所以这个结果可以表述为，在了解一个人对犯罪问题的看法后，我们在预测“在晚上散步的频率”时能减少 4% 的误差（见后面的解释）。

Tau-b 系数本质上是两种 Somers’ d 系数值的算术平方根（见后面的解释）。它考虑了每个变量（T_y 或者 T_x）的同秩，但并不同时考虑两个变量的同秩（T_{yx}）。Tau-b 系数，有如下两种表达方式：

$$\tau_b = \sqrt{d_{xy}d_{yx}} \text{ 或 } \tau_b = \frac{N_s - N_d}{\sqrt{(N_s + N_d + T_y)(N_s + N_d + T_x)}}$$

除了得到 $N_s - N_d$ 之差所需的计算（与前述 Tau-a 的计算相同）外，这个公式还要求计算因变量的同秩数 T_y、自变量同秩数 T_x，以及同序对和异序对。通过将每行中的频数乘以其右侧频数的和，然后将它们相加在一起来计算 T_y。利用表 9-3 中的数据计算可得：

$$T_y=[2\times(2+0)]+[2\times0]+[20\times(13+3)]+[13\times3]+[143\times(57+9)]+[57\times9]$$
$$=[2\times2]+[2\times0]+[20\times16]+[13\times3]+[143\times66]+[57\times9]$$
$$=4+0+320+39+9438+513$$
$$=10314$$

除了把行换为列以及按照从上到下的顺序以外，T_x 的计算过程与因变量中同秩的计算过程相似，以表 9-3 为例，计算过程如下：

$$T_x=[2\times(20+143)]+[20\times143]+[2\times(13+57)]+[13\times57]+[0\times(3+9)]+[3\times9]$$
$$=[2\times163]+[20\times143]+[2\times70]+[13\times57]+[0\times12]+[3\times9]$$
$$=326+2860+140+741+0+27$$
$$=4094$$

加入上述计算的结果值，以及 Tau-a 中的已知条件，可得出以下计算：

$$\tau_b=\frac{N_s-N_d}{\sqrt{(N_s+N_d+T_y)(N_s+N_d+T_x)}}$$
$$=\frac{2785-1625}{\sqrt{(2785+1625+10314)\times(2785+1625+4094)}}$$
$$=\frac{1160}{\sqrt{14724\times8504}}$$
$$=\frac{1160}{\sqrt{125212896}}$$
$$=\frac{1160}{11189.8556}$$
$$=0.103665$$

在表 9-3 提供的数据中，用 Tau-b 值代替 Tau-a 值，将把预测晚上散步频率的错误减少率提高到 10% 以上。这是一个大幅度的增加，这说明 Tau-b 值是分析这种分布的更好方法。其原因就在于，同秩的数量影响了 Tau-a 系数（见后文解释）。

Tau-a 值和 Tau-b 值应该用于正方形表格。如果表格是长方形的，那么应该用 Tau-c 值代替。Tau-c 的计算与其他两种测量方式略有不同，因为它必须考虑表格的不规则形状。Tau-c 值的包含了这个不规则值 m，即表格中行或者列数中较小的那个值。这种方法能够把一个长方形表格“正方形化”，Tau-c 值的计算公式如下：

$$\tau_c=\frac{2m(N_s-N_d)}{N^2(m-1)}$$

表 9-4 是长方形的，列数多于行数。因此，该表格不适用于 Tau-a 值和 Tau-b 值方法，而应用 Tau-c 值进行关系测量。

利用 Tau-c 公式计算表 9-4 中的数据，结果如下：

$$
\begin{aligned}
\tau_c &= \frac{2\times3\times(-25371)}{310^2\times(3-1)} \\
&= \frac{6\times(-25371)}{96100\times4} \\
&= \frac{-152226}{384400} \\
&= -0.3960
\end{aligned}
$$

表 9-4　**长方形双变量表**

			在你的社区，你认为警察尽职情况如何？				合计
			一点也不好	低于平均水平	一般	非常好	
警察部门需要改进的程度	不需要改变	计数	4	3	0	0	7
		期望值	1.2	3.7	1.8	0.3	7.0
		警察部门需要改进的程度的百分比 /%	57.1	42.9	0.0	0.0	100.0
		在你的社区，你认为警察尽职情况如何的百分比 /%	7.3	1.8	0.0	0.0	2.3
		总计的百分比 /%	1.3	1.0	0.0	0.0	2.3
	需要一些改变	计数	48	111	25	0	184
		期望值	32.6	97.3	46.3	7.7	184.0
		警察部门需要改进的程度的百分比 /%	26.1	60.3	13.6	0.0	100.0
		在你的社区，你认为警察尽职情况如何的百分比 /%	87.3	67.7	32.1	0.0	59.4
		总计的百分比 /%	15.5	35.8	8.1	0.0	59.4
警察部门需要改进的程度	需要大的改变	计数	3	50	53	13	119
		期望值	21.1	63.0	29.9	5.0	119.0
		警察部门需要改进的程度的百分比 /%	2.5	42.0	44.5	10.9	100.0
		在你的社区，你认为警察尽职情况如何的百分比 /%	5.5	30.5	67.9	100.0	38.4
		总计的百分比 /%	1.0	16.1	17.1	4.2	38.4

续表

			在你的社区，你认为警察尽职情况如何？				合计
			一点也不好	低于平均水平	一般	非常好	
合计		计数	55	164	78	13	310
		期望值	55.0	164.0	78.0	13.0	310.0
		警察部门需要改进的程度的百分比 /%	17.7	52.9	25.2	4.2	100.0
		在你的社区，你认为警察尽职情况如何的百分比 /%	100.0	100.0	100.0	100.0	100.0
		总计的百分比 /%	17.7	52.9	25.2	4.2	100.0

卡方检验

	值	自由度	双侧近似 *P* 值
皮尔逊卡方检验	83.783[a]	6	0.000
似然比	94.117	6	0.000
卡方线性趋势	79.094	1	0.000
有效样本（*N*）	310		

[a]5 个单元格（41.7%）的期望值小于 5。最小的期望值为 0.29。

对称性检验

		值	标准误[a]	近似 *T* 值[b]	近似 *P* 值
定序与定序	Tau-b	–0.473	0.039	–10.926	0.000
	Tau-c	–0.396	0.036	–10.926	0.000
	Gamma	–0.778	0.047	–10.926	0.000
	斯皮尔曼相关	–0.505	0.042	–10.270	0.000[c]
定距与定距	皮尔逊 *r*	–0.506	0.038	–10.294	0.000[c]
有效样本（*N*）	310				

[a] 未假定零假设。

[b] 利用近似标准误判定零假设。

[c] 基于正态近似。

本例中，公式中的 2 是一个常量。因为这是一个 4 × 3 的表格，较小的列或行数是 3。–25371 是表格 9-4 中的数据 $N_s – N_d$ 的计算结果（这里并未显示）。N 是 310，即公式中被平方的数值。最后，分母中的 3 与分子中的 3 相同（m），1 是一个常量。

本例计算得到值 –0.3960 的结果，与表 9-4 中显示的值相同。在这个例子中，只有了解民众与警察的接触经历后，我们才能降低错误预测警察改进程度的几率。也就是说，民众的感受对于警察部门必须提高（业务）水平如此重要，以至于可以减少 40% 的误差率。

解释

Tau-a 值和 Tau-b 值、Tau-c 值的取值范围在 −1 到 +1 之间，具体根据关系的正负而定。当关系为 0 时，表示同序对和异序对的数量相同（没有关系）。当关系为 1 时，表明所有可能的对数，不是同序对（+）就是异序对（−）。当关系取非 0 或非 1 的值时，表示有一定的关系，但并不是上述的那些绝对的关系。

Tau-a 是一种对称测量方法，适用于任何规模的表格。但 Tau-a 的问题是，如果存在同秩的话，不能得到 ±1 的值，而这种情况常常发生。Tau-a 值不能取 ±1，因为其分母总是大于分子。因此，Tau-a 值总体上逊色于 Tau-b 值和 Tau-c 值。

Tau-b 值只适用于正方形表格，而 Tau-c 只适用于长方形表格。这是因为，Tau-b 值不能在长方形表格中取 ±1，而如果表格是正方形的，那么在自变量和因变量中的同秩数量相等。然而，如果表格是长方形的，那么在某个或者其他变量中，同秩数量总会是奇数，以至于类别少的变量出现的同秩数量比另一个变量多。因此，公式中的分母不能等于分子。只有当所有的频数落在对角线上时，Tau-b 值才能取 ±1。这就是说，如果所有的单元格频数都不在对角线上时，Tau-b 值为 0。Tau-c 值被用于长方形表格。除了能在长方形表格中取 1 值外，Tau-c 的解释与 Tau-b 相同。

Tau-b 和 Tau-c 有一个相当直接的解释。简单地讲，计算 Tau-b 值的公式就是用同序对的数量减去异序对的数量，再除以配对的总数量，包括自变量和因变量中的同秩。从左下角开始逐一开始向右上方求和，本质上是计算变量之间的正相关关系的强度（因变量的类别从低到高与自变量的类别从低到高）。从右下角开始逐一向左上方求和，就是计算负相关的强度（因变量的类别从低到高与自变量的类别从高到低）。将因变量右侧所有的值求和，包括那些被排除的 N_s 和 N_d 同秩计算值。也可以说，计算自变量中各类别值的总和。当这些值以比率形式呈现时，它描述的是，包括同秩在内的，正相关关系和负相关关系之间的关系。

注意，最重要的信息是 N_s 同序对和 N_d 异序对的比例。如果同序对多于异序对，那么 Tau 将取正值。同序对越多，值越接近 1。如果异序对多于同序对，那么 Tau 将取负值。异序对越多，值越接近 −1。

在表 9-3 的数据中，Tau-a 的值为 0.0376（SPSS 的输出结果中没有显示）。这告诉我们两条信息。首先，存在正相关关系。随着受访者对犯罪的态度从认为不是问题到认为是大问题的转变，他们在夜间散步的频率也从经常转变为从不。0.0376 这个值也告诉我们，知道一个人对犯罪问题的态度，减少了预测一个人在夜间散步的频率时犯错误的概率。但仅有 4%，误差减少程度并不高。

在表 9-3 中，Tau-b 值为 0.10367。这告诉我们两个信息。首先，与 Tau-a 值一样，它告诉我们这是一个正相关关系。其次，知道一个人对犯罪问题的态度后，预测一个人夜间散步的频率的错误率将减少大约 10 %。与 Tau-a 值相比，这个减少比较有说服力。

如上所述，虽然公式不同，但是 Tau-c 值的解释与 Tau-b 值一样。在表 9-4 中，Tau-c 的值是 –0.39612。同样，这告诉我们两个信息。首先，关系是负相关的：那些早期与警察有过接触，认为警察执行工作能力非常好的人更有可能认为警务部门不需要改变，而那些在早期接触中对警察的工作并不完全满意的人则可能认为有许多地方需要改变。其次，–0.39612 这个值表明了一个相当强的关系。这也告诉我们，如果知道人们以前与警察的接触的感受，那么在预测人们对警务部门改革情况的回答时，几乎可以减少 40% 的错误预测概率。

一个对 Tau 值略有不同的解释直接考虑了两个变量之间的关系。表 9-3 中的 Tau-b 值（0.10367）可以被解释为，随机抽取的配对值具有相同排序而不是相反排序的概率为 10%。类似，运用表 9-4 中的数据，Tau-c 值（–0.39621）可以被解释为，从数据集中随机抽取的配对值秩相反（异序对）的可能性比组成同序对的可能性高约 40%。

9.3.2 Gamma 系数

古德曼（Goodman）和克鲁斯卡（Kruskal）在 1954 年撰写的论文，对相关性测量及其功效的贡献可能比其他任何人都要多。他们在文章中提出了测量定序数据的一种关系测量方法——**Gamma 系数**，用符号 Γ 来表示。古德曼和克鲁斯卡发明了 Gamma 系数测量方法，因为他们认为 Tau 值在解释上不具有实用性，这在当时可能是正确的。然而，正如先前一节所表明的，Tau 值的实用性解释已有充分发展，这恰恰又得益于古德曼和克鲁斯卡的 Gamma 系数理论。Gamma 系数和 Tau 值的主要区别在于，同秩出现以后的处理方式不同。当数据中不存在同秩时，Gamma 系数和 Tau 值取相同的值。然而，如果同秩数量很多，Gamma 系数很容易对变量关系作出过高估计，这可能不是我们所希望的。Gamma 系数和 Tau 值的结构和解释在技术和数学方面也存在不同，但在这里不做介绍。

Gamma 系数，比较了两个变量相同秩的次数及不同秩的次数。这也是一种 PRE 测量方法，但是只适用于没有同秩的情况下的排序取值。这是因为它完全不考虑同秩，同秩被排除在计算之外。实际上，如果剩余的都是同秩，那么 Gamma 值取 1 只需要一组配对值就可以实现。这恰恰是 Gamma 系数的一个缺点，即有时会使关系的值膨胀，通常比 Somer' *d* 系数或 Tau-b、Tau-c 得出的值更大。Gamma 系数是一种对称的关系测量方法，所以它不区分自变量和因变量。Gamma 系数可以被用于任何规模的表格。

计算

Gamma 系数的计算是一个比例形式，即同序对数和异序对数之差，除以同序对和异序对之和：

$$\Gamma = \frac{N_s - N_d}{N_s + N_d}$$

计算 Gamma 系数的过程与 Tau-a 值、Tau-b 值的计算基本相同。表 9-3 中的相同的计算过程和数值可以用于计算 N_s 和 N_d。可以直接将这两个值代入 Gamma 系数公式，结果如下：

$$\begin{aligned}\Gamma &= \frac{N_s - N_d}{N_s + N_d}\\ &= \frac{2785 - 1625}{2785 + 1625}\\ &= \frac{1160}{4410}\\ &= 0.263038\end{aligned}$$

在这个示例中，Gamma 系数的计算只是用 N_s 和 N_d 的差，除以 N_s 与 N_d 的和。示例中的结果显示减少犯错误的概率为 26%，这个比例高于其他定序水平的关系强度测量方法测出的值。这是因为，这个数据中有多个同秩，但 Gamma 系数又不考虑这些同秩。如上所述，这使得 Gamma 系数计算的配对数，比实际存在于数据中的配对数量更少，因而常常使实际关系膨胀，就像这里的计算结果一样。

解释

按照古德曼和克鲁斯卡的设计，Gamma 系数有一个非常直观的解释。从公式中我们可以看到，Gamma 系数仅仅是用同序对数减去异序对数，再除以两者之和，且在计算中排除了同秩。除了不计算同秩外，Gamma 系数的解释和 Tau 系数的解释基本相同。从左下角开始，并依次向右上方求和，计算变量之间的正相关关系强度（因变量从低到高排列、自变量从低到高排列）。从右下角开始，并依次向左上方求和，计算负相关关系的强度（因变量的类别从低到高排列，自变量的类别从高到低排列）。当这两个值以比率形式呈现时，它描述的是正相关和负相关之间的关系。如果关系一方比另一方更强，那么强的一方将决定 Gamma 系数的方向。同样，值越高，正相关或负相关系强度越大，Gamma 系数值也越大。与 Tau 值一样，Gamma 系数的取值范围在 –1 到 +1 之间。

在上述例子中，Gamma 系数的值为 0.263038。这表明了两层含义。第一，这是一个正相关关系。当被调查者的态度转变时，从认为犯罪不是问题到把犯罪看成是一个大问题，那么他们在夜间散步的频数就会从“经常”变为“从不”。第二，0.26308 这个值也表明，我们减少了 26% 预测错误的概率，即在了解人们关于犯罪问题的态度之后，预测人们夜间散步的频数配对次序等级时，错误率减少了 26%。

在表 9-4 中，Gamma 系数的值为 –0.77794，这比其他测量方法测出的值几乎高出两倍。正如先前所述，这表示在了解受访者对过去与警务部门接触的满意度后，预测人们对警务部门需要改进程度的看法时，预测水平可以提高约 80%。如同在“关系方向与属性测量”一章（第 10 章）中所述，这个值也表示，这是一个负相关关系。这个结果同时也表明了其他信息：这个数据库中可能存在大量的同秩。

从定序水平的关系测量来看，有大量同秩存在的事实是显而易见的。由于 Gamma 系数不计算同秩，因此它的测量结果在所有测量值中最大。Tau 的值较小，因为它计算同秩，在上述例子中，同秩可能分解了同序关系的属性。这也是研究者必须努力克服的问题。当数据越来越接近连续测量时（分类越来越多），越大的表格越有可能含有更多的同秩。这将产生关系强度测量上的差异，所以务必做出使用哪一种测量方法的决定。

当表中所有的值在表格的某一行或者某一列时，Gamma 系数的值为 0（或者说不可测定）。当值都集中在表格中的两条对角线上时，如下图所示，Gamma 系数的值也为 0。

5	0	5
0	5	0
5	0	5

就上例来说，在一条对角线上的值输出可以产生一个 Gamma 系数值 +1，但这与另一条对角线输出的值 –1 完全抵消。因此，检查表格非常重要。根据 Gamma 系数的测量方法，有可能得出的结论是这两个变量之间没有关联。但事实是，这两个变量之间有很强的关系。实际上，这里存在两个关系，只是它们相互抵消了。这种现象对本章余下内容，以及第 15、16 章讨论相关性和线性的内容，都很重要。

关于 Gamma 系数，最后需要注意的一点。Gamma 系数与 Yule’s Q 系数一样，适用于 2 × 2 的表格。这个值由尤尔（G. Undy Yule）在 1900 年所发明，用表格中的二项式的比值进行测量。[1] 尤尔把他的测量方法以凯特勒（Adolphe Quetelet）的名字命名，因为他主要是从凯特勒那里借鉴的方法。

[1] 对于任何一个 2×2 表格，如果四个表格从左到右、从上到下的分布结果为 a，b，c，d，则 *Yule's Q*=（ad–bc）/（ad+bc）。以本章表 9-2 为例，则其分布（60 × 133）–（101 × 44）/（60 × 133）+（101 × 44）=–0.1365。——译者注

9.3.3　萨默斯 d 系数

萨默斯 d 系数（Somers' d）与 Gamma 系数相反，专门用于非对称测量。罗伯特·萨默斯（Robert Somers，1962）发明了萨默斯 d 系数。与对称的关系测量方法不同，他认为定序变量需要一个非对称测量方法。对于非对称性测量，必须考虑因变量中的同秩，同时必须排除自变量的同秩。在这种情况下，只要自变量排序不同，就可以用这种方法去考虑因变量关系。由于萨默斯 d 系数本身就考虑了自变量中的同秩，所以它也属于（自变量）没有同秩和因变量有同秩的消减误差比例方式（PRE measure），但绝对不适用于自变量存在同秩的测量。萨默斯 d 系数可用于任何规模的表格。

计算

萨默斯 d 系数的计算除了将因变量中的同秩包括在内以外，其他计算过程与 Tau-b 值的计算过程相同。萨默斯 d 系数的计算公式如下：

$$d_{yx} = \frac{N_s - N_d}{N_s + N_d + T_y}$$

正如在 Tau-b 值的计算中所示，T_y 等于每一行的频数乘以其右边频数之和，然后再将这些结果相加。表 9-3 中的数据，除了适用于 Gamma 系数的（特殊）计算外，也适用于萨默斯 d 系数的计算：

$$T_y = [2\times(2+0)] + [2\times0] + [20\times(13+3)] + [13\times3] + [143\times(57+9)] + [57\times9]$$
$$= [2\times2] + [2\times0] + [20\times16] + [13\times3] + [143\times66] + [57\times9]$$
$$= 4+0+320+39+9438+513$$
$$= 10314$$

注意，这里 T_y 的计算与 Tau-b 值中 T_y 的计算相同。将该值与计算 Gamma 系数中获得的值一起代入萨默斯 d 系数公式，计算结果如下：

$$d_{yx} = \frac{N_s - N_d}{N_s + N_d + T_y}$$

$$= \frac{2785 - 1625}{2785 + 1625 + 10314}$$

$$= \frac{1160}{14724}$$

$$= 0.07878$$

这个结果表示在了解对犯罪问题的看法之后，对人们夜间散步的预测正确率提高了约 8%。同时也注意，这个值和在表 9-3 中，用 SPSS 中输出的萨默斯 d 系数值相同。同时，我们也可以看到表 9-3 中包含了 3 个萨默斯 d 系数值。这似乎违背了上述讨论，即关于因变量应被考虑在内的讨论。SPSS 中的三个值实际上是表示萨默斯 d 系数的三种不同的计算方式。因为 SPSS 不知道哪个是因变量，

所以在计算萨默斯 d 系数时，把所用的每个变量都看成是因变量。然后，把这些值的集合都计算出来，从而实现对称测量。每个非对称测量计算萨默斯 d 系数，所使用的公式在本节中都已呈现。

解释

萨默斯 d 系数的解释与 Tau、Gamma 系数的解释基本相同，取值范围在 –1 到 +1 之间。如果所有的配对都是 N_s（同序对），那么萨默斯 d 系数的值为 1；如果所有的配对都是 N_d（异序对），那么萨默斯 d 系数的值为 –1。表 9–3 中的萨默斯 d 系数的解释与其他定序水平测量结果的解释相同。0.07878 这个值表示，N_s 的数量多于 N_d，同时也表示 PRE 约为 8%。

对于正方形表格，只有当所有的变量值都落在对角线上时，萨默斯 d 系数的取值才为 1。对于长方形表格，见表 9-4，萨默斯 d 系数只要求变量值是单调的（monotonic）。当表格中的因变量值按逐级方式移动，因变量并没有在自变量中出现多个值时，此时就可以说存在单调关系。在表格的某一列中，频数可以超过一个，但任意一行的频数不能超过一个，如图 9-1 所示。

0	0	0	10
0	0	8	0
0	14	15	0
0	12	0	0
11	0	0	0

←

0	0	0	10
0	0	8	0
0	14	0	0
0	12	0	0
11	0	0	0

图 9-1 萨默斯 d 系数比较表

在图 9-1 左边的图中，萨默斯 d 值为 0.91。尽管有许多值落在对角线上，但该值仍然没有上升为 1，这是因为第三行包含了两个值。由于考虑了因变量（各行）中的同秩，这使得分母的值增加，因而萨默斯 d 值就变小了。然而，在图 9-1 右边的图中，自变量（各列）中的值有些重叠，但因变量值没有重叠。此时，萨默斯 d 系数的值为 1.00。

除数学解释外，图 9-1 中表格的常识性解释也可以支持萨默斯 d 系数的研究结果。在这里，自变量中的同秩将使因变量的解释变得模糊。例如，在图 9-1 左边的表格中，第三行有两个属于因变量类型的值。在试图将因变量分类时，我们不应该有两个关于自变量的预测变量。在图 9-1 右边的表格中，尽管这同样有利于预测因变量的两个类别，但自变量中只有一个类别在预测因变量的类别。事实上，因变量中存在同秩，并不意味着自变量中没有值对其进行预测，它只是意味着值减少了或者说并不完美（1.00）。举例来说，如果说一个人的金钱和家庭背景可以预测这个人会变成小偷，那么这个预测将是不完美的（尽管它可能被接受）。

在这个例子中，自变量的两个类别解释了因变量的一个类别。然而，假如我们知道金钱背景可以预测一个人成为小偷或者强盗，我们也能（让两者）保持一个完美的联系。在这里，我们仍然只使用了自变量的一个类别，去预测因变量的两个类别。

9.3.4 斯皮尔曼等级相关系数

斯皮尔曼等级相关系数（Spearman's Rho），用符号 r_s 表示，常用于全序定序数据，或呈偏态分布的定距数据（不是正态分布）。Spearman's Rho 也被称为斯皮尔曼等级相关系数，用于测量各种情况的排序差异强度、显著性（参见第 8 章）和方向（参见第 10 章）。

斯皮尔曼等级相关系数是由查尔斯·斯皮尔曼（Charles Spearman）发明的。虽然在他的一些著作中显示，这是为了满足数据次序等级的“积矩”（Pearson's r）测量的需要，但是直到 1902 年他才开发出这种测量方法，并在 1904 年的文章中具体概述了该统计过程。斯皮尔曼等级相关系数（Rho）不属于 PRE 测量，但是 r^2_s 是一种 PRE 测量。作为一种 PRE 测量，测量值的平方概念和相关性测量是斯皮尔曼于 1904 年提出来的。他认为：“简而言之，不是高尔顿的相关性测量，而是它的平方去表明一个因子的相对影响。例如，A 中的因素对观察对象 B 中对应关系的相对影响。”

斯皮尔曼等级相关系数仅仅是将皮尔逊相关系数（Pearson's r，见皮尔逊相关系数这一节）应用于数据值的排序，而不是数据值本身。对定序数据而言，斯皮尔曼等级相关系数是一种被广泛接受的方法。然而，关于在次序等级上使用斯皮尔曼等级相关系数（进行测量），而不是使用原始数据进行皮尔逊相关系数测量的适当性问题，存在很大的争议，例如当数据具有定距水平（可能适合皮尔逊相关系数测量方法），但是是非正态（使用皮尔逊相关系数可能有问题）的时候。在计算机和计算器出现之前，斯皮尔曼等级相关系数的计算要比皮尔逊相关系数更简单。事实上，这是斯皮尔曼起初发明这个统计程序的一个重要原因，为了减少皮尔逊相关系数的计算难度且得到相同的测量值。然而，当皮尔逊相关系数的一些假设被违背时，研究者更加普遍地将数据排序并使用斯皮尔曼等级相关系数（进行测量）。这种做法似乎是被斯皮尔曼（Spearman，1904，p.81）支持的，但不久就遭到严重的攻击，一些人认为仅将数据等级排序并使用斯皮尔曼等级相关系数测量（或者使用皮尔逊相关系数对等级数据进行测量）并不足以规避皮尔逊系数的基本假设（见 Roberts & Kunst，1990）。

计算

斯皮尔曼等级相关系数（Spearman's Rho）是一种对称性测量，测量的是变量值的次序等级。它的计算公式如下：

$$r_s = 1 - \frac{6\sum D^2}{N(N^2 - 1)}$$

这里，D 表示因变量的等级减去自变量的等级。由于 D 这个值的总和为 0，所以它必须被平方以获得一个实际的差值。分母 $N(N^2-1)$ 是最大可能差值（D^2）的一种数学计算，我们可以在具体的数据集中获取该值。

这个公式虽然看起来复杂，但是实际上却非常简单。求和 D^2 是公式的主要组成部分。这也是数据的等级被比较之处。为了用标准值比较差异，我们需要得到一个关于分子中已知差值和分母中最大可能差值的比例，公式如下：

$$\frac{N(N^2 - 1)}{3}$$

公式的其余部分，代表为使公式标准化的数学推导，实现（正负）符号的正确标记，系数处于 +1 和 –1 之间，0 代表没有关系。

这里应该注意的是，在不同的情况下，SPSS 对斯皮尔曼等级相关系数的计算也不同。在交叉表中，使用的是皮尔逊相关系数公式测量数值的次序等级。在其他情况下，使用的是专用于定序数据的斯皮尔曼公式计算。而且，对数据的处理方式不同，往往也足够影响各种斯皮尔曼公式的计算。因为，SPSS 使用多种公式，本节将不会显示斯皮尔曼等级相关的手动计算过程，直接用 SPSS 的输出结果进行解释。

解释

如果变量间的排序完全匹配（正相关），斯皮尔曼等级相关系数为 +1；如果变量间的等级排序完全相反（负相关），斯皮尔曼等级相关系数则为 –1；如果两个变量间没有关系（没有等级模式），斯皮尔曼等级相关系数则为 0。任何其他不为 0 的值都意味着有一定的关系。

这里需要着重说明的是，斯皮尔曼等级相关系数是关于数据排序的关系测量，而不是针对数据本身的测量。因此数据的任何解释，一定是专门针对次序等级的解释。并且注意，斯皮尔曼等级相关系数往往比其他定序水平的关系测量方法给出的结果更大。这是因为，斯皮尔曼等级相关系数将差异平方了，因此容易虚增各种极值（异序对）的权重。而且，如果数据里含有许多异常值，那么斯皮尔曼等级相关系数的值一般也比皮尔逊相关系数的值更小；如果数据具有单调性且属于非线性关系，那么斯皮尔曼等级相关系数的值一般比皮尔逊相关系数值更大。

表 9-5 是关于应用斯皮尔曼等级相关系数的例子。这个表格来源于一项对美国刑事司法和犯罪学毕业生的生产力研究，旨在探究全国学术机构的服务和刊物之间的关系（Walker，1995）。每个学校的服务和刊物等级都已列出。我们从表中可以看到，等级里有一些同秩。这些同秩在表 9-6（a）部分的斯皮尔曼等级相关系数值中能够反映出来。同秩的人为修正结果（任意地将存在同秩的学校安排

不同的排序）在表 9-6（b）中显示。

使用表 9-5 中的数据，斯皮尔曼等级相关系数在表 9-6(a)部分中的值为 0.091，在（b）部分中的值为 0.140。这两个值都表示出两个变量之间的关系不强。将这些测量值平方，以获得 PRE 测量，这样能够突出这两个变量之间的关系之弱。在(a)部分中，我们在预测学校刊物的等级时，减少的错误率低于 1%；（b）部分显示，错误率仅减少了约 2%。在这个例子中，斯皮尔曼等级相关系数的值也大于皮尔逊相关系数值。这表明，数据是有序的，且可能是偏态的，这不利于皮尔逊相关系数的精确测量（见后面对皮尔逊相关系数的讨论）。

当检验总体中变量之间没有关系的零假设时，变量的独立性同样可以展示。在这个例子中，何种情况下零假设都不会被拒绝，因为斯皮尔曼等级相关系数的渐进显著性在（a）部分为 0.778，在（b）部分为 0.664，都超过了 0.01 或者 0.05 这两个统计意义上的显著性节点。

表 9-5　博士毕业生的服务等级和刊物等级

学校	服务等级	刊物等级
密歇根州立大学	1	7
萨姆休斯顿州立大学	2	13
俄亥俄州立大学	3	3
华盛顿州立大学	3	4
佛罗里达州立大学	5	2
纽约州立大学	6	1
印第安纳大学	7	9
马里兰大学	7	12
加州大学伯克利分校	10	9
北卡罗来纳大学	10	6
宾州大学	10	5
华盛顿大学	10	7

表 9-6　斯皮尔曼等级相关系数和皮尔逊相关系数在 SPSS 中输出结果：对称性测量

		值	标准误 [a]	近似 *T* 值	近似 *P* 值
定序与定序	斯皮尔曼相关	0.091	0.282	0.290	0.778
定距与定距	皮尔逊相关	0.043	0.242	0.135	0.895
有效样本（*N*）		12			

（a）

定序与定序	斯皮尔曼相关	0.140	0.287	0.448	0.664
定距与定距	皮尔逊相关	0.087	0.251	0.275	0.789
有效样本（*N*）		12			

（b）

局限性

如表 9-6 中所示，斯皮尔曼等级相关系数会受大量同秩的影响。斯皮尔曼等级相关系数的一个基本假设是，数据中的同秩很少，甚或没有同秩。如果数据中有大量的同秩，那么斯皮尔曼等级相关系数的值将会减少。事实上，由于存在这样的同秩问题，一些人（如 Roberts & Kunst，1990）曾提议放弃斯皮尔曼等级相关系数的使用，而用其他定序测量方法讨论，或者用皮尔逊相关系数取而代之。斯蒂芬斯（Stevens，1951）也反对使用斯皮尔曼等级相关系数，除了对次序等级的假设进行测试外。斯蒂芬斯认为，使用斯皮尔曼等级相关系数作为皮尔逊相关系数的近似值假定了定距数据和双变量的正态分布，这对于定序数据而言太过宽泛。

关于定序水平关系强度测量的最后提示。由于你处理的数据可以被排序，且有可能是相对连续的，那么数据的属性（参见第 10 章）就变得更加重要。曲线关系（偏态数据）极大地减少了关联测量值，且使得出的解释变得难以理解或者令人怀疑。如果关系测量得到的值低于期望值，那么其意味着需要对关系的属性进行检验。

9.4 定距水平数据

寒潮与温度的关系

如果两个变量都具有定距或者定比水平，那么可以使用更高级的定距水平统计分析方法去分析这样的变量。斯皮尔曼等级相关系数和皮尔逊相关系数之间真正的区别在于，前者测量的是两个变量之间关系的单调性，后者测量的是变量之间的线性关系。如在“关系方向和属性测量”（第 10 章）一章中阐述的那样，一种关系可能是单调的，但却不是线性的。

虽然常常以错误的方式检验定类数据或者定序数据，但运用定距水平的测验方法可以较好地反映变量之间的相关性。PRE 测量，乃至斯皮尔曼等级相关系数，都不能提供一个变量变化的比例被另一个变量的变化所解释的水平，它们只能在预测变量的类别或者次序等级时强调误差消减的比例。本章所描述的相关性测量方法，不仅能预测类别变量的类别，而且还可以描述变量之间的线性关系。更重要的是，在这个水平上的分析可以得出，自变量可能是引起因变量变化的原因（Spearman，1904）。

定距双变量数据的分析目标是更好地预测因变量的准确值，而不限于预测因变量的平均值。这个目标的实施需要借助自变量中的信息。如第 3 章“结构化理解数据”所述，如果只知道数据集是定距水平，对其他信息一无所知，均值此时就是一种很好的方式以预测数据集中的一个值。如果我们能借助自变量信息改善均值的预测，就能够满足消减误差比例的各种要求。

假定我们能预测出某个点落在分布或者图中的具体位置，这种情况我们叫作 Y'。借助于已知信息并标出实际值，我们能计算出消减误差的预测程度。这可以通过一个呈直线状的线性公式进行表示：

$$Y' = a + b(X)$$

Y'在这里表示我们想预测的那个值，a 表示直线起点的常数（此时直线交于 Y 轴），是一个常量，b 表示直线的斜率（直线在图中形成的斜角），X 表示与因变量相对应的自变量值。

借助大量的数值，我们都可以使用这些计算方法去分析数据中预测值与实际值的匹配程度。这个过程的目的是要获得一条最优拟合直线，简要描绘出两个变量值之间的线性关系。达到这个目的的方法之一是使用**最小二乘法**（least squares method）。这个方法的逻辑是建立一条直线，以使每个点到这条线距离的平方和为最小值。这条直线将每个点（X，Y）到这条线的距离最小化，并概括了因变量 Y 和自变量 X 之间的关系。这不会改善每个预测值，但它会提高预测的平均水平。

图 9-2 显示了上述过程。如图所示，数据点聚集成一个相对统一的模式。通过这些数据点能画出一条直线，以使方差值[1]（每个点到线之间的距离之和）最小。例如，在图 9-2 中，可以在其中寻找两个点，计算它们到最优拟合线的垂直距离。如果将每个点与直线的最小距离求和，那么它表示在任何值所连接的线条中，这条线与各点之间的距离之和最小。这也是一个方差图形描述。

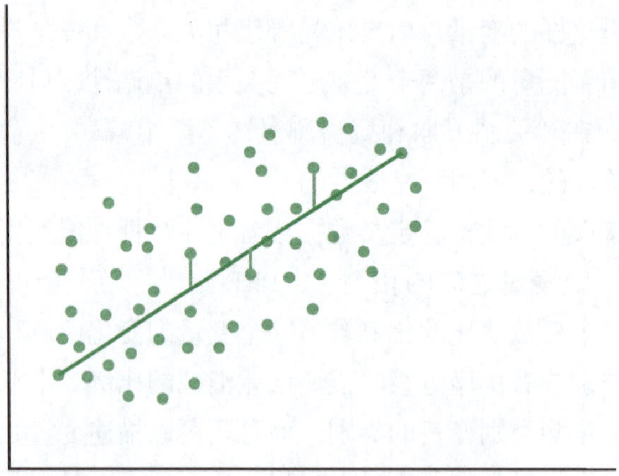

图 9-2 数据散点图和最优拟合直线图

必须强调，这条线一定要是一条直线。即使存在强相关关系（如图 9-3 的例

[1]其实应为残差。不过，考虑到本书后面的章节会进一步介绍残差，所以作者在这儿使用方差（variance）来指代——。译者注

子及其在第 10 章中的进一步解释），曲线关系也总会产生更小的值。因此，必须仔细检测关系的属性，然后对数据进行适当转换，或者直接考虑曲线关系（参见第 10 章）。还要注意的是，得到一条直线并不意味着这是最好的结果，还必须根据可行的数据进行解释。如下所述，皮尔逊相关系数可用于虚拟（二分）数据。在这些例子中，重要的是数据点（变量的类型）的数量。如果每个变量只有一个类型，画出它们的图形，用皮尔逊相关系数去分析，你得到的结果将是完美的关系。真的是因为变量完全相关吗？不是，这是因为变量只有两个类别，通常只能画出一条直线，没有足够的数据点去检测数据。换句话说，之所以得出两个变量完全拟合的结果，是因为数据的类别太少。

9.4.1 皮尔逊相关系数

双变量分析中的最优拟合曲线就是**皮尔逊积差相关系数**（Pearson's Product Moment Correlation），或者称为**皮尔逊相关系数**（Pearson'***r***）。皮尔逊相关系数是指相同案例或者观测值在两个变量中占据相对位置的程度。它能测量关系强度、检验关系是否存在以及确定关系方向。

历史回顾

1846 年，布拉维（Bravais）提出了相关分析。高尔顿（Galton，1886；1888）发展了这一成果。高尔顿在他的人类解剖实验中使用“相关”这一术语，描述了在相同取值范围内两个线性回归变量的相似斜率。在这个例子中，如果前臂和头部的长度都用潜在的误差单元来表示，它们的直线斜率（高尔顿用 r 表示）则相同。这个“相关的指标”是对高尔顿回归理论的进一步拓展，即发展了双变量分析中的回归系数。

卡尔·皮尔逊（Karl Pearson，1914—1930）将高尔顿的相关关系理论进一步深化，他认为高尔顿是相关理论的创始人。皮尔逊甚至承认，他在 1896 年的著作中细化了高尔顿的研究成果，他认为：“现在进行的相关性研究，除了某些明确的结论外，都未取得新的研究成果。然而，这些研究致力于获取遗传学案例中必要的基本公式，清晰地阐述真正作出的假设以及在遗传学案例中看起来合理的特殊参数。”在提炼高尔顿的理论过程中，皮尔逊（Pearson，1896）使用了术语 $\sum(xy)$ 来估计遗传的“积差”。这最终变成相关性的计算标志，此后，这个术语就被称为“皮尔逊积差相关”。

皮尔逊相关系数是关系测量中使用最为广泛的方法。它要求数据服从正态分布，并且具有定距水平。皮尔逊相关系数也能用于检测连续变量、定距变量和二分变量之间的关系。有一个技术问题需要指出，二分变量被用于该类分析时，被称作**“点二序列相关”**（point-biserial correlation），变量必须是真正的二分数据。如果两个值之间存在潜在的连续性，那么就不适合用点二序列相关的分析方法。例如，在一份样本量为1000人的死刑调查中，绝对支持或者反对死刑的观点实际上很少出现。因此，即使存在“支持，但是……”这一具有潜在的连续性的回答可能性，因问卷的设计，人们在调查中只能选择“支持”或“反对”。本例中，变量并非真的是二分的，因此不能使用皮尔逊相关系数进行测量。皮尔逊相关系数（r）可以用于二分变量，但在这种情况下，皮尔逊相关系数 r 被称为Phi系数。记住，使用二分变量时，关系的方向是任意的；赋值最高的决定了其结果的解释（参见第10章）。皮尔逊相关系数通常无法通过交叉表呈现，因为取值太多而无法被放在一个表格里。

皮尔逊相关系数的运作是通过最小二乘直线进行的。皮尔逊相关系数测量最小二乘直线的四周的分布数量和直线的斜率。四周的分布数量决定了关系强度。如果所有的值都在直线上，那么将得出两个变量之间完全相关的结果：一个变量每增加一个单位，就会使另一个变量也增加一个单位（图9-3）。然而，如果根据值的分布，我们能作出一条平行于X轴的最优直线，则表示相关性为0（图9-3）。

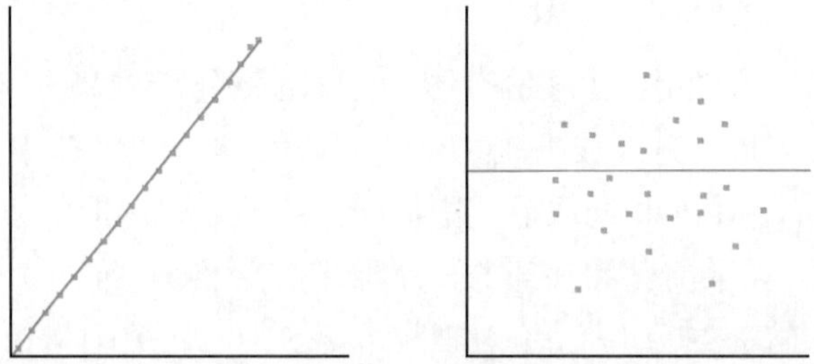

图9-3 皮尔逊相关的最优拟合线

皮尔逊相关系数中有一个要求常被忽略，即两个变量必须有变化，否则在计算中得不到任何结果。有时，研究者会遇到某个变量是常数项的情况（不能在分析单元中改变的类别或者测量值）。例如，研究者研究SAT分数，假设研究中的所有学生都在同一个年级，年级这个特征就是一个常量，而非变量。这样就不可能检测到是否一个变量的变化会引起其他变量的变化，因为没有变量变化。

计算

皮尔逊相关系数的计算公式如下：

$$r=\frac{N(\sum XY)-(\sum X)(\sum Y)}{\sqrt{[N(\sum X^2)-(\sum X)^2][N(\sum Y^2)-(\sum Y)^2]}}$$

虽然公式看起来很复杂，但理解起来其实并不困难。它仅仅是值 XY（$X \cdot Y$），X^2 和 Y^2 的的求和。用表 9-7 中的数据举例，测量教育水平与犯罪（已经被宣告有罪）数量之间的关系。代入数据，皮尔逊相关系数的计算如下：

表 9-7 计算皮尔逊相关系数所使用的数据

教育水平（X）	犯罪数量（Y）	XY	X^2	Y^2
7	13	91	49	169
4	11	44	16	121
13	9	117	169	81
16	7	112	256	49
10	5	50	100	25
22	3	66	484	9
19	1	19	361	1
$\sum X=91$	$\sum Y=49$	$\sum XY=499$	$\sum X^2=1435$	$\sum Y^2=455$

$$
\begin{aligned}
r &= \frac{7\times 499-91\times 49}{\sqrt{[7\times 91^2-(91)^2][7\times 49^2\times(49)^2]}}\\
&= \frac{7\times 499-91\times 49}{\sqrt{(7\times 1435-8281)(7\times 455-2401)}}\\
&= \frac{3493-4459}{\sqrt{(7\times 1435-8281)(7\times 455-2401)}}\\
&= \frac{-966}{\sqrt{(7\times 1435-8281)(7\times 455-2401)}}\\
&= \frac{-966}{\sqrt{(10045-8281)\times(3185-2401)}}\\
&= \frac{-966}{\sqrt{1764\times 784}}\\
&= \frac{-966}{\sqrt{1382976}}\\
&= \frac{-966}{1176}\\
&= -0.8214
\end{aligned}
$$

在这里，当 N 为 7 时，分子中包含了表 9-7 中所有的合计值（$\sum XY=499$，$\sum X=91$，$\sum Y=49$），分母包含了 $\sum X$ 值，$\sum Y$ 值和 N 值。计算得出皮尔逊相关系数的值为 −0.8214，这个值表示变量间的关系很强（见后文）。

相关矩阵

以表 9-6 的形式呈现皮尔逊相关系数（或斯皮尔曼相关系数）并不普遍。更典型的情况是，它们会以**“相关矩阵”**（correlation matrix）的形式出现。表 9-8 展示的是一个相关矩阵。相关矩阵的数据及其解释与皮尔逊相关系数没有什么区别，只是呈现的方式不同。定距水平分析的本质在于，它是诸多变量分析的一部分。在实例中，如上所述，一般不可能有单独的表格，因为一般数据的规模很大，以至于难以包含在一张表中。此外，像表 9-6 一样用不同的表格和输出结果，分别报告各种相关性的组合结果可能会花费篇幅。

你该如何操作？

定距数据、定比数据的关系强度测量

1. 打开一个数据集。
   a. 启动 SPSS；
   b. 选择“File”，点击“Open”，选取“Data”；
   c. 选择你想打开的文件，然后选择 Open（打开）。
2. 一旦数据可视，选择“Analyze”，点击“Correlate”，然后点击“Bivariate”。
3. 选取你需要研究的自变量和因变量，然后点击变量窗口旁边▶按钮。
4. 选择适合数据的相关系数统计方法(Spearman 系数适用于全序定序数据，Pearson 系数适用于定距变量）。
5. 现在不要点击“Test of Significance”复选框。
6. 确认“Flag Significant Correlations”复选框被选中。
7. 选择“Continue”，然后选择 OK。
8. 出现输出结果的窗口，结果的分布与表 9-8 相同。

表 9-8 显示的是 14 个不同变量之间的相关性。注意，每个变量都在表的顶部和左侧列出。这就可以描述每个变量与其他变量的相关情况。由于每个变量被列出两次，因此如果所有的相关性都被包括，那么在表格中，每种相关性可能会出现两次。例如，年级和平均分之间的相关系数（–0.01）将出现在“平均分”列及“年级”行下面（表 9-8 中没有显示），也出现在“年级”列和“平均分”行中（表 9-8 中有显示）。但我们没有必要将相同的系数列举两次，所以相关矩阵一般只选取表中一半的值，值分布在对角线的上面或者下面。落在对角线上的系数值都为 1.00。这条对角线表示两个相关性集合的分界线。之所以每个相关系数都是 1.00，是因为它表示变量与它自己的相关程度（如，列变量中的性别与行变量中的性别之间的相关程度）。

表 9-8 学生作弊的相关矩阵：变量之间的相关性（$N = 330$）

	性别	年级	平均分	道德信仰	耻辱	快乐	自我控制弱	外部制裁	朋友行为	中学	去年作弊	被发现作弊	主修	作弊意图
性别	1.00													
年级	0.09	1.00												
平均分	−0.21*	−0.01	1.00											
道德信仰	−0.09	0.14*	0.12	1.00										
耻辱	−0.29*	0.05	0.22*	0.47*	1.00									
快乐	0.07	−0.08	−0.19*	−0.39*	−0.44*	1.00								
自我控制弱	0.28*	−0.09	0.30*	−0.22*	−0.35*	0.32*	1.00							
外部制裁	−0.32*	−0.06	0.10	0.30*	0.47*	−0.15*	−0.29*	1.00						
朋友的行为	0.03	−0.14*	−0.26*	−0.28*	−0.36*	0.40*	0.25*	−0.24*	1.00					
中学	0.06	−0.21*	−0.06	−0.31*	−0.27*	0.19*	0.16*	−0.24*	0.24*	1.00				
去年作弊	0.05	−0.08	−0.22*	−0.25*	−0.26*	0.26*	0.19*	−0.15*	0.41*	0.17*	1.00			
被发现作弊	0.06	−0.09	−0.09	−0.10	−0.14*	0.15*	0.17*	−0.04	0.21*	0.11	0.11	1.00		
主修	−0.16*	−0.25*	0.09	0.04	−0.00	−0.05	−0.04	−0.03	−0.00	−0.01	−0.09	0.05	1.00	
作弊意图	0.20*	−0.09	−0.25*	−0.51*	−0.55*	0.48*	0.32*	−0.30*	0.50*	0.32*	0.52*	0.21*	−0.03	1.00

*$p<0.01$；单尾。

来源：经许可转载，Tibbits，S. G. Differences between criminal justice and non-criminal justice majors in determinants of test cheating intention. *Journal of Criminal Justice Education*，9（1），81-94. ©1998，Academy of Criminal Justice Sciences.

解释

皮尔逊相关系数的取值范围也是［–1，1］，1 表示完全的正相关关系，–1 表示完全的负相关关系。皮尔逊相关系数值为 0 一般表示没有关系，但为了谨慎起见，必须检验以确保不是曲线关系。我们需要时刻检查数据的性质，以确定是否存在曲线关系（参见第 10 章）。皮尔逊相关系数值较低可能意味着弱相关。但在曲线关系的情况下也有可能显示出关系较强，此时的皮尔逊相关系数就无法代表真实的关系。

皮尔逊相关系数不论是作为交叉表（表 9-6）输出的一部分，还是相关矩阵（表 9-8），解释的方式都是相同的。关系强度通过系数值展现出来，值越接近 –1 或者 1，相关性越强。例如在表 9-8 中，“性别”和“年级”的相关系数是 0.09。这表示变量间的相关性很低，几乎可以认为两个变量之间没有关系。

决定系数

皮尔逊相关系数的平方被称为**决定系数**（coefficient of determination，r^2）。它表示因变量的**变化**（variation）被自变量的变化解释的比例。在表 9-7 这个例子中，皮尔逊相关系数是 –0.82。将这个值平方，得到决定系数值 0.67。当我们将这个值乘以 100 时，我们将得到一个百分比，即 67%。这意味着，在犯罪活动中，有 67% 的变化能被受教育年限所解释。对于社会科学数据来说，这其实是一种非常强的关系。

决定系数的解释解决的是一个变量对另一个变量的影响量。再次考虑，将犯罪行为视为因变量。犯罪学的目标是解释犯罪行为：罪犯与非罪犯之间的差异，或者为什么一些人是罪犯而其他人不是。当然，我们并不能解释罪犯与非罪犯之间的所有差异，但是研究结果可以显示罪犯与非罪犯在某些层面上的差异。得到这个结果，研究者就可以解释罪犯和非罪犯的一些差异。使用统计学术语来说就是，研究者借助自变量中的信息，解释因变量（犯罪行为）中的一些差异。

在进行相关性比较时，尤其是在进行决定系数的比较时，有一点需要注意：相关系数（r）和决定系数（r^2）并不是比例水平本身。例如，在一个 0.10 的 r^2 值中增长 0.05，与在 0.8 的 r^2 值中增长 0.05，结果并不相等。因为相关系数自身并不是定距水平测量，它们会更大地偏离与 0 的绝对值差值（因而呈非正态分布）。更重要的是，决定系数表示的是一种变化的比例。这意味着变化比例被加入的变量所解释，但变化本身却未被解释。在上面的例子中，0.05/0.10=0.5，然而 0.05/0.80=0.0625。因此，就已知在 80% 变化解释率中增加 5%，比在 10% 变化解释率中增加 5% 的解释效果更弱。所以，当比较相关系数和决定系数时，细心谨慎是很重要的，不要想当然认为相似的增长或被解释的差异就一定相等。

同时也应该注意，使用 r^2 作为决定系数只在某些领域如此，刑事司法就是其中之一。在其他领域，由于研究目的不同，相关系数本身就被当成了决定系数。

例如，在共同要素的统计学理论之下，r，而不是 r^2，充当了决定系数（Ozer，1985）。此外，信度估计不要求相关性的平方，因为它们已经是两个变量之间的变化比例的测量（Nunnally，1978）。

相关性和因果关系

在统计课程中常有这样一句话，即“相关关系并不等同于因果关系”。这是因为许多人错误地认为，如果两个变量相关，其中一个变量一定是另一个变量的原因，这不一定是正确的。研究可能使我们更接近因果，但是并不足以获取因果关系。然而，这里存在争论，即相关性是建立因果关系的一个必要条件，但并非充分条件。很难想象的一个情境（虽然有可能，至少在实验条件下如此）是，两个变量在并不相关的情况下，一个变量还能成为另一个变量的原因。反之则是，两个变量之间存在实证性（相关）关系，仅是检测因果关系的起点。一个强且显著的相关肯定支持因果关系的结论，也自然能引起进一步探究因果关系的可能性。如果要建立任何因果关系，必须先使用其他方法论工具加以验证，如时间排序或者控制其他竞争性因素（参见第 1 章，Labovitz & Hagedorn，1978）。

局限性

皮尔逊相关系数（r）的最大局限是极易受非正态数据的影响。即使数据的关系模式非常明显，但曲线关系仍可能导致较低的相关度（且可能不显著）。正如“集中趋势测量”（第 4 章）一章中所述，曲线展示的是数据中的单变量分析。如果数据是有偏的、截断的，甚至对称但却含有许多异常值，那么数据可能不会服从正态分布。更具体的线性和属性测量将在第 10 章中讨论。如果数据违反了正态假设，那么选用相关性的非参数分析法更为适合，如曼恩 - 惠特尼（Mann-Whitney）和科尔莫戈罗夫 - 斯米尔诺夫（Kolmogorov-Smirnov）检验。

皮尔逊相关系数也受样本大小的影响。当样本量大时，弱相关可能变得很显著。此外，如表 9-7 所示，小样本的相关可能是不稳定的。在那个例子中，一个额外的数据就有可能极大地改变相关性。

9.5 结论：选择最恰当的强度测量方法

在本章中，我们介绍了测量关系强度的方法。这些讨论建立在第 8 章的基础之上，以确定是否存在统计学上的显著相关关系，从而来预测因变量中的值。这一般被视为双变量分析中的第二步。这一步是必须的，因为显著性测量并不提供所有必要的信息。如果我们得到一个在统计意义上显著的卡方值，就可以说被测量的两个变量之间并不独立，但它没有提供关系强度的信息。我们知道，如果样本量大的话，即使这种统计关系几乎是不存在的，但还是会出现很高的且统计显著的卡方值。这会欺骗研究者，使之陷入一种错误的成就感。然而，关系强度测量，确定了预测（众数、中位数、均值）的能力，增强了结论的正确性。

仍然需要注意的是测量方法的使用。在不同情形下，我们需要选一种最适合的测量方法。例如，定类变量要求使用 Lambda 系数测量方法。然而，在其他的情况下，一些测量方法可能看起来更适合，尤其是对于定序数据来说更是如此。在这些情况下，研究者必须严密地检测数据，并尝试确定哪种测量方法最能代表数据。然而，你需要谨慎，不要迷信测量水平最高的分析方式。正如斯皮尔曼（Spearman，1904）所说："像这样备选的测量方法很多，它们的测量结果偶尔会在一定程度上彼此偏离。所以，粗心的人或'自我暗示'型研究者可能常无意识地挑选一个最有利于他的关注焦点的方法，甚至还声称他所使用的方法是正确的。"无论是有意识的还是无意识的，仅仅因为提供了最有利的结果，就选择这种测量方法是危险的。最好在进行分析之前就选好测量方法，并在标准清晰的基础上进行选择。

无论出现什么样的统计结果，检测数据的方向和属性通常是明智的做法。它将进一步确定两个变量之间的关系，并且能解释比期望的相关强度测量更弱的结果。这种检测就是第 10 章要介绍的主旨。

9.6 关键术语

非对称（asymmetric）
因果关系（causation）
决定系数（coefficient of determination）
相关矩阵（correlation matrix）
Γ 系数（Gamma）
λ 系数（Lambda）
关系测量（measure of association）
皮尔逊相关系数（Pearson's r）
消减误差比例（proportional reduction of errors）
萨默斯 d 系数（Somer's d）
斯皮尔曼 Rho（Spearman's Rho）
关系强度（strength of association）
对称（symmetric）
Tau 系数（Tau）
变化（variation）

9.7 公式概览

Lambda

$$\lambda = \frac{(N - R_t) - [\sum(C_t - f_i)]}{N - R_t}$$

Tau-a

$$\tau_a = \frac{N_s - N_d}{T}$$

Tau-a 公式中的 T

$$T = \frac{N(N-1)}{2}$$

Tau-b

$$\tau_b = \frac{N_s - N_d}{\sqrt{(N_s + N_d + T_y)(N_s + N_d + T_x)}}$$

Tau-c

$$\tau_c = \frac{2m(N_s - N_d)}{N^2(m - 1)}$$

Gamma

$$\Gamma = \frac{N_s - N_d}{N_s + N_d}$$

萨默斯 d 系数

$$d_{yx} = \frac{N_s - N_d}{N_s + N_d + T_y}$$

斯皮尔曼 Rho

$$r_s = 1 - \frac{6\sum D^2}{N(N^2 - 1)}$$

皮尔逊积差相关系数

$$r = \frac{N(\sum XY) - (\sum X)(\sum Y)}{\sqrt{[N(\sum X^2) - (\sum X)^2][N(\sum Y^2) - (\sum Y)^2]}}$$

9.8 练习

在下列图表中（与第 8 章练习中使用的图表相同）：

1. 确定每个变量的测量水平；

2. 选择合适的相关强度测量方法，并说明理由；

3. 对每个关系测量进行恰当的计算；

4. 讨论关系强度，并分析哪个变量引起了变化。

相关交叉表

			受害人种族			合计
			1 黑人	2 白人	3 其他	
将受害人重新编码为是或否	2 否	计数	101	128	2	231
		期望值	99.2	129.0	2.8	231.0
		将受害人重新编码为是或否的百分比 /%	43.7	55.4	0.9	100.0
		受害人种族的百分比 /%	70.6	68.8	50.0	69.4
		总计的百分比 /%	30.3	38.4	0.6	69.4

续表

			受害人种族			合计
			1 黑人	2 白人	3 其他	
将受害人重新编码为是或否	1 是	计数	42	58	2	102
		期望值	43.8	57.0	1.2	102.0
		将受害人重新编码为是或否的百分比 /%	41.2	56.9	2.0	100.0
		受害人种族的百分比 /%	29.4	31.2	50.0	30.6
		总计的百分比 /%	12.6	17.4	0.6	30.6
	合计	计数	143	186	4	333
		期望值	143.0	186.0	4.0	333.0
		将受害人重新编码为是或否的百分比 /%	42.9	55.9	1.2	100.0
		受害人种族的百分比 /%	100.0	100.0	100.0	100.0
		总计的百分比 /%	42.9	55.9	1.2	100.0

案例处理过程总结

	案例					
	有效		缺失		合计	
	N	百分比 /%	***N***	百分比 /%	***N***	百分比 /%
将受害人按种族重新编码为是或否：受害人种族	333	96.0	14	4.0	347	100.0

卡方检验

	值	*df*	渐进显著性（双尾）
皮尔逊卡方	0.840[a]	2	0.657
相似比	0.785	2	0.675
线性关系	0.350	1	0.554
有效样本 *N*	333		

* 两个单元格（33.3%）的期望值小于 5。最小期望值是 1.23。

方向测量

			值	渐近标准误[a]	近似T值[b]	近似显著性
定类与定类	λ	对称性	0.000	0.008	0.000	0.000
		将受害人按种族编为是或否 # 因变量	0.000	0.020	0.000	0.000
		受害人的种族 # 因变量	0.000	0.000	[c]	[c]
	Goodman and Kruskal Tau	将受害人按种族编为是或否 # 因变量	0.003	0.006		0.658[d]
		受害人的种族 # 因变量	0.000	0.002		0.872[d]

续表

			值	渐近标准误[a]	近似 T 值[b]	近似显著性
定序与定序	Somers' *d*	一致性	–0.029	0.054	–0.528	0.598
		将受害人按种族编为是或否 # 因变量	–0.027	0.050	–0.528	0.598
		受害人的种族 # 因变量	–0.031	0.059	–0.528	0.598

[a] 未假定零假设。

[b] 使用渐近标准误来判定零假设。

[c] 由于渐近标准误等于零，因此无法计算。

[d] 基于近似卡方。

对称测量

		值	近似标准误[a]	近似 T 值[b]	近似显著性
定序与定序	Kendal's Tau–b	–0.029	0.055	–0.528	0.598
	Kendal's Tau–c	–0.027	0.051	–0.528	0.598
	γ	–0.062	0.118	–0.528	0.598
	斯皮尔曼相关系数	–0.029	0.055	–0.528	0.598
区间与区间	皮尔逊相关系数	–0.032	0.055	–0.591	0.555[c]
有效案例数		–0.333			

[a] 未假定零假设。

[b] 使用近似标准误判定零假设。

[c] 基于近似正态分布。

相关交叉表

		在你的周边，你认为警察履职情况如何？				合计
你的周边安全状况在改变吗?		1 非常好	2 一般	3 低于平均水平	4 一点都不好	
3 变得更不安全	计数	21	88	45	8	162
	期望值	29.2	87.2	39.6	5.9	162.0
	你的周边安全状况在改变吗的百分比 /%	13.0	54.3	27.8	4.9	100
	在你的周边，你认为警察履职情况如何的百分比 /%	35.6	50.0	56.3	66.7	49.5
	合计的百分比 /%	6.4	26.9	13.8	2.4	49.5

续表

你的周边安全状况在改变吗？		在你的周边，你认为警察履职情况如何？				合计
		1 非常好	2 一般	3 低于平均水平	4 一点都不好	
2 没有改变	计数	21	58	33	2	114
	期望值	20.6	61.4	27.9	4.2	114.0
	你的周边安全状况在改变吗的百分比 /%	18.4	50.9	28.9	1.8	100
	在你的周边，你认为警察履职情况如何的百分比 /%	35.6	33.0	41.3	16.7	34.9
	合计的百分比 /%	6.4	17.7	10.1	0.6	34.9
1 变得更安全	计数	17	30	2	2	51
	期望值	9.2	27.4	12.5	1.9	51.0
	你的周边安全状况在改变吗的百分比 /%	33.3	58.8	3.9	3.9	100
	在你的周边，你认为警察履职情况如何的百分比 /%	28.8	17.0	2.5	16.7	15.6
	合计的百分比 /%	5.2	9.2	0.6	0.6	15.65
合计	计数	59	176	80	12	327
	期望值	59.0	176.0	80.0	12.0	327.0
	你的周边安全状况在改变吗的百分比 /%	18.0	53.8	24.5	3.7	100
	在你的周边，你认为警察履职情况如何的百分比 /%	100.0	100.0	100.0	100.0	100.0
	合计的百分比 /%	18.0	53.8	24.5	3.7	100

案例处理过程总结

	案例					
	有效		缺失		合计	
	N	百分比 /%	*N*	百分比 /%	*N*	百分比 /%
你的周边安全状况在改变吗？与在你的周边，你认为警察履职情况如何？	327	94.2	20	5.8	347	100.0

方向测量

			值	渐近标准误[a]	近似T值[b]	近似显著性
定类与定类	λ	对称性	0.000	0.021	0.000	1.000
		你的周边安全状况在改变吗？ # 因变量	0.000	0.039	0.000	1.000
		在你的周边，你认为警察履职情况如何？ # 因变量	0.000	0.000	[c]	[c]
	Goodman and Kruskal Tau	你的周边安全状况在改变吗？ # 因变量	0.026	0.010		0.010[d]
		在你的周边，你认为警察履职情况如何？ # 因变量	0.022	0.007		0.001[d]
定序与定序	Somers' *d*	对称性	0.172	0.048	3.565	0.000
		你的周边安全状况在改变吗？ # 因变量	0.171	0.048	3.565	0.000
		在你的周边，你认为警察履职情况如何？ # 因变量	0.173	0.048	3.565	0.000

[a] 未假定零假设。
[b] 使用渐近标准误来判定零假设。
[c] 由于渐近标准误等于零，因此无法计算。
[d] 基于近似卡方。

对称测量

		值	近似标准误[a]	近似T值[b]	近似显著性
定序与定序	Kendal's Tau-b	0.172	0.048	3.565	0.000
	Kendal's Tau-c	0.158	0.044	3.565	0.000
	γ	0.279	0.076	3.565	0.000
	斯皮尔曼相关系数	0.192	0.053	3.518	0.000[c]
定距与定距	皮尔逊相关系数	0.201	0.053	3.692	0.000[c]
有效案例数		327			

[a] 未假定零假设。
[b] 使用渐近标准误来判定零假设。
[c] 基于近似正态分布。

相关性测量

		人口普查区的违法事件	木板房	自有住房	未成年人的比例	1980—1990 年的人口变化
人口普查区的违法事件	皮尔逊相关系数	1	0.482**	−0.004	0.339**	−0.011
	显著性（双尾）		0.001	0.981	0.023	0.941
	N	45	45	45	45	45
木板房	皮尔逊相关系数	0.482**	1	−0.234	0.029	−0.222
	显著性（双尾）	0.001		0.122	0.848	0.143
	N	45	45	45	45	45
自有住房	皮尔逊相关系数	−0.004	−0.234	1	0.752**	0.323*
	显著性（双尾）	0.981	0.122		0.000	0.030
	N	45	45	45	45	45
未成年人的比例	皮尔逊相关系数	0.339*	0.029	0.752**	1	0.436**
	显著性（双尾）	0.023	0.848	0.000		0.003
	N	45	45	45	45	45
1980—1990 年的人口变化	皮尔逊相关系数	−0.011	−0.222	0.323*	0.436**	1
	显著性（双尾）	0.941	0.143	0.030	0.003	
	N	45	45	45	45	45

* 在 0.05 水平上相关性显著（双尾）

** 在 0.01 水平上相关性显著（双尾）

9.9 参考文献

Bravais, A. (1846). Analyse Mathematique sur les Probabilites des Erreurs de Situation d' un Point. *Memoires Presentes par Divers Savants a l' Academie Royale des Sciences de l' Institut de France*, *9*, 255-332.

Deuchler, G. (1909). Beitrage zur Erforschung der Reaktionsformen. *Psychologische Studien*, *4*, 353-430.

Deuchler, Gustav. (1914). Ober die Methoden der Korrelationsrechnung in der Paidagogik und Psychologie. *Zeitschrift fur Padagogische Psychologie und Experimentelle Padagogik*, *15*, 114-31, 145-59, and 229-42.

Fechner, G. T. (1897). *Kollektivmasslehre*. G. F. Lipps (Ed.). Leipzig: Wilhelm Engelmann.

Finley, J. P. (1884). Tornado predictions. *The American Meteorological Journal*, *1*, 85-88.

Galton, F. (1886). Family likeness in stature. *Proceedings of the Royal Society of London*, *40*, 42-73.

Galton, F. (1888). Co-relations and their measurement, chiefly from anthropometric data. *Proceedings of the Royal Society of London*, *45*, 135-145.

Goodman, L. A., & Kruskal, W. H. (1954). Measures of association for cross-classification. *Journal of the American Statistical Association*, *49*, 732-764.

Guttman, L. (1941). An outline of the statistical theory of prediction. In P. Horst, (Ed.), *The Prediction of Personal Adjustment*. Bulletin 48, (pp. 253-318). New York, NY: Social Science Research Council.

Kendall, M. G. (1938). A new measure of rank correlation. *Biometrika*, 30, 81-93.

Kendall, M. G. (1948). *Rank Correlation Methods*. New York, NY: Hafner.

Kruskal, W. H. (1958). Ordinal level measures of association. *American Statistical Association Journal*, 53, 814-861.

Labovitz, S., & Hagedorn, R. (1971). *Introduction to Social Research*. New York, NY: McGraw-Hill.

Lipps, G. F. (1905). Die bestimmung der abhangigkeit zwischen den merkmalen eines gegenstades. *Berichte uber die Vorhandlungen der Koniglich Sachischen Gesellsch-aft der Wissenschaften zu Leipzig, Mathematisch-Physische Klasse*, *57*, 1-32.

Nunnally, J. (1978). *Psychometric Theory*. New York, NY: McGraw-Hill.

Ozer, D. J. (1985). Correlations and the coefficient of determination. *Psychological Bulletin*, 97, 305-315.

Pearson, K. (1896). Contributions to the mathematical theory of evolution. III. Regression, heredity and panrnixia. *Philosophical Transactions of the Royal Society of London*, *191*(A), 253-318.

Pearson, K. (1914-1930). *The Life*, *Letters and Labours of Francis Galton*. Cambridge: Cambridge University Press.

Peirce, C. S. (1884). The numerical measure of the success of predictions. *Science*, *4*, 453-454.

Roberts, D. M., & Kunst, R. E. (1990). A case against the continuing use of the Spearman formula for rank-ordered correlation. *Psychological Reports*, *66*, 339-349.

Somers, R. H. (1962, December). A new asymmetric measure of association for ordinal variables. *American Sociological Review*, *27*, 799-811.

Spearman, C. (1904). The proof and measurement of association between two things. *Journal of American Psychology*, *15*, 72-101.

Stevens , S. S. (1951). Mathematics, measurement and psychophysics. In S. S. Stevens (Ed), *Handbook of Experimental Psychology*. New York, NY: Wiley.

Walker, J. T. (1995). Setting the Stage: Productivity of Doctoral Program Graduates. Presented at the Annual Meeting of the Southwestern Association of Criminal Justice; Houston, TX.

Yule, G. U. (1900). On the association of attributes in statistics: With illustrations from the material from the childhood society, etc. *Philosophical Transactions of the Royal Society of London* (Series A), 194, 257-319.

9.10 注释

1. 一个对称的 Lambda，可以通过结合两种独立计算后的非对称性测量方法计算。

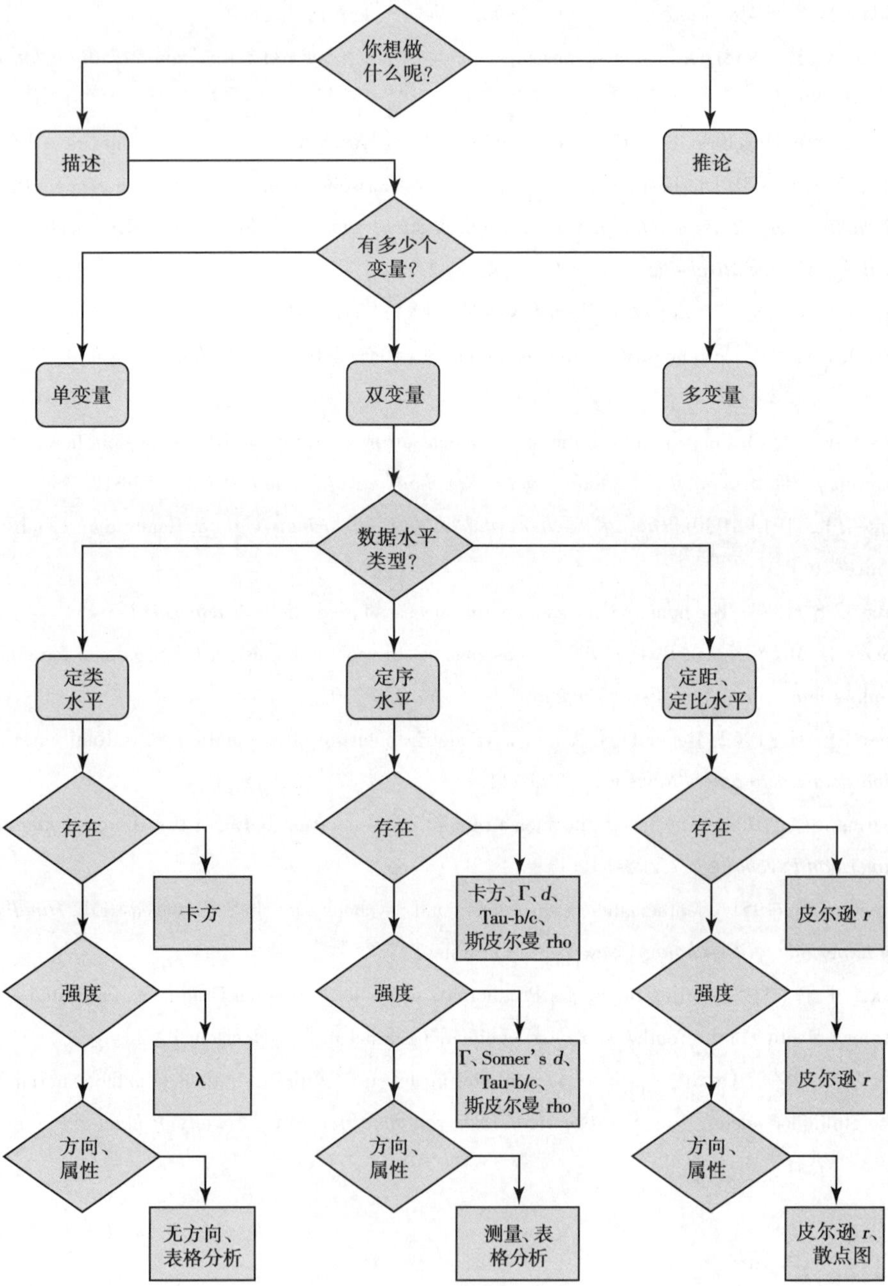
你想做什么呢?
描述
推论
有多少个变量?
单变量
双变量
多变量
数据水平类型?
定类水平
定序水平
定距、定比水平
存在
卡方
强度
λ
方向、属性
无方向、表格分析
存在
卡方、Γ、d、Tau-b/c、斯皮尔曼 rho
强度
Γ、Somer's d、Tau-b/c、斯皮尔曼 rho
方向、属性
测量、表格分析
存在
皮尔逊 r
强度
皮尔逊 r
方向、属性
皮尔逊 r、散点图

第 10 章

关系方向和属性测量

学习目标

- 理解两个变量之间的关系方向和属性
- 能够解释正相关关系和负相关关系
- 用交叉表和关系强度测量法，确定两个变量间相关的方向
- 能够解释线性与单调性
- 用交叉表和关系强度测量法，确定两个变量之间的关系属性

显然，掌握关系（显著性）的存在和强度是重要的。此外，如下两条信息对于充分理解定序数据、定距变量和定比数据的双变量关系来说，同样重要。首先，知道关系**方向**（direction）很重要。在第 9 章“关系强度的测量”中讨论同序对和异序对时，我们介绍过这个概念。在本章中，你将学会当一个变量中的高值与另一个变量中的高值相关，或者当高值与低值相关时，怎样识别关系的方向。最后一个信息是关系的**属性**（nature）。这个概念的讨论建立在第 6 章“分布形态”中的“形态”上，它能反映出何时按此方式造成了双变量关系的分析错误。

10.1 关系方向

当两个变量都是最低的定序水平，就能确定关系方向。定类数据的方向不能被直接测量出来，因为类别数据的顺序是任意的。虽然可以通过定类双变量交叉表展示数据的大致方向，但是数据本身所反映的信息并不能得出两个变量之间关系方向的结论。

N_s（同序对）和 N_d（异序对）的比例构建了定序水平数据的方向，数值的排列方式也说明了定距和定比水平数据的方向。如果一个变量中的高值或者高序列与另一个变量中的高值或者高序列相关，那么我们可以说两个变量之间存在正相关关系（positive relationship）。如果一个变量的高值与另一个变量中的低值相关，那么我们称之为负相关关系（negative relationship）。

关系方向可以通过以下两种方式中的一种确定。一种不太精确的方法是去检测表格或散点图中值的分布。另一种更常用、更精确的方法是使用定序水平或者定距水平关联测量方法，这两种测量方法在第 9 章“关系强度的测量”中讨论过，

它们可以测量关系强度，同时也可以确定关系方向。

10.1.1 确立定序数据的方向

一般来说，检测表格中值的分布只对定序变量有用。用这种方法确定定类数据的方向无论怎样都是不可靠的。定距变量和定比数据一般不被放置在表格中，因为类别比较复杂且数量较多。所以，在考虑使用一张表格去检测方向时，要确定数据至少具有定序水平，确保不会有太多定距或定比的类别。

确定一张大于 2×2 的表格中数据关系的方向，其步骤开始于突出每一行变量中最高的列变量百分比值（表 10-1）。计算过程基本与 ε（Epsilon）相同，并且其可以作为代表大部分交叉值在分布中位置的指标。一旦表格中这些最值被选定，那么确定这些最高值的分布就是一个简单的问题了。这个过程要求设立的表中变量和类别安排妥当，如第 7 章“双变量描述统计概述”中展示的一样。

为了确定值排列的方向，可以利用每个最高值作一条线。如果通过最高值勾画的这条线大体上从左下方移动到右上方（表 10-1），就表明存在正相关关系。如果这条线大体上从左上方移动到右下方，那么表明存在负相关关系。如果这条线直接横跨表格，则表明不存在相关关系，或者关系是非线性、非单调的（卡方检验或关系强度测量可提供依据）。究其原因，这与自变量预测因变量值的能力有关。以 PRE 为例，如果所有的最高值都在同一行中，那么通过补充的信息也得不出任何结论。在预测犯罪行为时，如第 9 章所讨论的那样，如果你需要猜测 10 个人是否是罪犯，但其实他们全都是罪犯。这时，只有当你预测他们是罪犯时，你的猜测才正确。如果增加了额外的信息，如收入，其结果也不会有任何改变，你无法通过额外补充的信息来减少预测错误。

如第 9 章“关系强度的测量”所述，两个变量之间的关系越强，值的百分比越高，值就直接分布在对角线上。然而，需要注意的是，虽然表 10-1 的例子显示出一个非常强的正相关关系，但两个变量之间的关系一点也不完美。这样一来，通过检测表格中的数据来确定方向的做法，就存在一个问题。在大多数情况下，每个列变量中的极值不会落在对角线上。这些值可能会散落在对角线上面或者下面，在对角线上下交替出现。因而，对方向的预测只能是一个主观判断，即判断出大体的方向。如果大部分测量值都在正的方向，那么关系就可能是正向的；反之，如果大部分测量值处在负的方向，那么关系就可能是负向的。如果关系是曲线的，如下所述，关系的方向可能会在表格内发生剧烈的变化。当这种情况发生时，唯一能准确地预测关系方向的方法是借助关系测量方法，以提示关系的方向。

表 10-1 相关交叉表（显示数据的方向）

对犯罪的恐惧在多大程度上影响了你白天散步的决定?

对犯罪的恐惧在多大程度上影响了你对孩子的监管?

			对犯罪的恐惧在多大程度上影响了你对孩子的监管?			合计
			1 没有影响	2 影响较小	3 影响较大	
对犯罪的恐惧在多大程度上影响了你白天散步的决定?	3 影响较大	计数	20	17	43	80
		期望值	39.4	19.1	21.5	80.0
		对犯罪的恐惧在多大程度上影响了你白天散步的决定的百分比 /%	25.0	21.3	53.8	100.0
		对犯罪的恐惧在多大程度上影响了你对孩子的监管的百分比 /%	14.9	26.2	58.9	29.4
		总计的百分比 /%	7.4	6.3	15.8	29.4
	2 影响较小	计数	49	25	18	92
		期望值	45.3	22.0	24.7	92.0
		对犯罪的恐惧在多大程度上影响了你白天散步的决定的百分比 /%	53.3	27.2	19.6	100.0
		对犯罪的恐惧在多大程度上影响了你对孩子的监管的百分比 /%	36.6	38.5	24.7	33.8
		总计的百分比 /%	18.0	9.2	6.6	33.8
对犯罪的恐惧在多大程度上影响了你白天散步的决定?	1 没有影响	计数	65	23	12	100
		期望值	49.3	23.9	26.8	100.0
		对犯罪的恐惧在多大程度上影响了你白天散步的决定的百分比 /%	65.0	23.0	12.0	100.0
		对犯罪的恐惧在多大程度上影响了你对孩子的监管的百分比 /%	48.5	35.4	16.4	36.8
		总计的百分比 /%	23.9	8.5	4.4	36.8
合计		计数	134	65	73	272
		期望值	134.0	65.0	73.0	272.0
		对犯罪的恐惧在多大程度上影响了你白天散步的决定的百分比 /%	49.30	23.90	26.80	100.00
		对犯罪的恐惧在多大程度上影响了你对孩子的监管的百分比 /%	100.00	100.00	100.00	100.00
		总计的百分比 /%	49.30	23.90	26.80	100.00

一般而言，2×2 规格的表格只含有定类数据，无法进行方向测量。定序数据或者更高级的数据通常包含两种以上的类别。同时，即使是定序数据的 2×2 规格表，由于变量内和变量间的类型差异所反映的信息太少，要解释这种表格也非常困难。只有在极少情况下，才需要用 2×2 规格的表格去确定方向，我们可以通过测量值的位置来确定方向。首先，确定表（模型）中最大频数值的位置。如果最大频数在左下角，那么数据的关系就是正向的，表明因变量的低值与自变量中的低值相对应。如果最大频数出现在右上角，数据的关系仍然是正向的，表明因变量的高值与自变量中的高值相对应。如果最大频数出现在右下角，那么数据的关系是负向的，表明因变量的低值与自变量中的高值相对应。如果最大频数值出现在左上角，那么数据关系仍然是负向的，表明因变量的高值与自变量中的低值相对应。

不管数据是否具有定序、定距或者定比水平，检测方向最好的方法就是利用第 9 章"关系强度的测量"中讨论过的关系测量法。只要解释合理，所有的定序水平或者较高级的关系测量法都能检测方向。如表 10-2 所示，其定序水平关系的测量使用了表 10-1 中的数据，测量结果都显示出正向关系，并且是一个相当强的正向关系。这是因为这些测量都具有正值。如果这些测量中有负值，那么数据关系可能被认为是负向的。这个方法还有一个优势，它可以像其他双变量分析一样，直接用于确定数据的方向，不需要强调表格中的各种百分比。

10.1.2 确立定距和定比数据的方向

由于一般不用双变量交叉表格分析定距和定比变量，确定关系方向往往还比较容易。与用散点图标绘数据并用可视化的方式确定方向不同，对定距变量或者定比数据来说，确立关系方向的唯一实用方法就是使用关系强度测量。如前所述，皮尔逊相关系数可用于确定方向，若 r 是正值，则表示正相关关系；若 r 是负值，则表示负相关关系。在表 10-3 中，变量"租金中位数"（MED RENT）和"女性做主的家庭"（FEM HOUSE）之间的关系，以及变量"租金中位数"与"违法行为"（DELINQUENT）之间的关系是负的，反之变量"女性做主的家庭"和"违法行为"之间的关系是正的。

表 10-2 关于"白天在小区里散步的恐惧感与对孩子在小区里玩耍的安全担忧"的双变量分析表

对称性测量

		值	标准误[a]	近似 T 值[b]	近似 P 值
定序与定序	Tau-b	0.336	0.050	6.592	0.000
	Tau-c	0.326	0.049	6.592	0.000
	Gamma	0.496	0.068	6.592	0.000
	斯皮尔曼相关	0.373	0.055	6.611	0.000[c]

续表

		值	标准误[a]	近似 T 值[b]	近似 P 值
定距与定距	皮尔逊相关系数	0.385	0.055	6.853	0.000[c]
有效样本（N）		272			

[a] 未假定零假设。

[b] 使用近似标准误判定零假设。

[c] 基于正态近似。

方向测量

			值	标准误[a]	近似 T 值[b]	近似 P 值
定序与定序	萨默斯 d 系数	对称	0.336	0.050	6.592	0.000
		对犯罪的恐惧在多大程度上影响了你白天散步的决定？因变量	0.345	0.052	6.592	0.000
		对犯罪的恐惧在多大程度上影响了你对孩子的监管？因变量	0.327	0.049	6.592	0.000

[a] 未假定零假设。

[b] 使用近似标准误判定零假设。

表 10-3 关于犯罪与社会特征的相关性矩阵

	女性做主的家庭（FEM HOUSE）	租金中位数（MED RENT）	违法行为（DELINQUENT）
女性做主的家庭 (FEM HOUSE)	1.00		
租金中位数 (MED RENT)	–0.1351	1.00	
违法行为 (DELINQUENT)	0.60008**	–0.3891**	1.00

*p<0.05；**p<0.01（双尾）

关于方向，最后需要说明一点。我们很容易困惑于方向、不对称、单尾及双尾检验等概念。这是可以理解的，因为这些概念包含了相似的数据特征或者代表了相同的统计步骤。但是，它们在数量上是不同的。关系的方向与数据本身有关。研究者不能改变数据的方向，除非改变数据本身。简单来说，就是一个变量中的值如何依据与此相对应的另一个变量中的值来进行排列。对称或非对称测量根据一定的方式测量两个变量之间的关系强度。一般来说，当自变量的种类或者值被用于预测因变量的种类或者值时，非对称测量能够检测消减误差比例。哪些变量是因变量，是否使用非对称测量，这些决定都由研究者自己做出。对每一对的变量，有两个非对称测量（将每个变量视作因变量）和一个对称测量可以运用于计算。选择哪一种方法由研究者决定。最后，也需要在单尾及双尾 t 检验中作出抉择。数据本身并不能说明什么，更多的是研究者想检测什么。单尾检验寻求回答两个（或更多）变量之间的具体变化或者具体关系，[1] 而双尾检测寻求的是统计显著性，但并不寻求回答具体关系。例如，在关于体重变化的研究中，单尾检验将只检测体重的减少，但双尾检验则并不关心研究对象体重增加还是减少，只关心是否有差异。在这种情况下，除了检测关系的显著性而不是关系强度外，单尾检验与非对称测量相似。

10.2 关系属性

双变量分析的最后一个特点是关系属性。本质上，关系属性就是检测关系的**线性**（linearity）或**单调性**（monotonicity）程度。这种特点并不一定会有助于补充双变量的关系信息，但它的确提供了变量间的关系如何影响关系测量的重要信息。

10.2.1 确立定类数据和定序数据的属性

定类数据和定序数据的关系属性，建立在用双变量表确定关系方向的诸多步骤上。列百分比用于确定关系的方向，并确定关系的属性。表中每一行的最高百分比值应该被强调（underlined），如表 10-4 所示。与确定方向的方法不同，突出某一行中接近最高值的任意行百分比值也是有帮助的。虽然没有明确规定，但与最高值相差范围在 1% 以内的值也应该被强调。

强调值（underlined values）的模式可以反映关系属性。如果强调值总体上沿对角线排列，那么关系可能接近于线性或单调性。如果强调值弯曲分布，呈弧形或抛物线分布，或者看起来呈任意分布，那么关系属性就是非线性或非单调性的。

对于定类变量或定序数据，一般都接受用单调性表示关系属性，而不是线性。单调性强调关系的总体属性（和方向）。它能显示，一个变量是否随着另一个变量的变化，保持不变或者变化。**单调递增关系**（monotone-increasing relationship）是指，一个正的方向，且在表格中大体上呈一条直线（例如表 9-4 和表 10-4）。**单调递减关系**（monotone-decreasing relationship）是指负的方向，且在表格中大体上呈一条直线（表中呈下梯状的负方向）。如果有多个众数，或表格中出现严重偏离的直线，那么这种关系一般是非单调的。当检测长方形表格时，单调性尤为重要。由于单元格的分布问题，在这些表格中确立完美的线性关系是不可能的。然而，像值的梯级状分布，仍然可用于确立单调性。虽然仅凭一

[1] 更准确的解释是，单尾检验仅关注具体变化或者具体关系的方向。——译者注

个 3×3 的表格来说明单调性很困难（这种分析例子还不少），但表 10-4 中的数据看起来是完全单调的（单调递增）。在表 10-4 中，测量值完全呈直线递增，从表格的左下角爬到表格的右上方。梯级充分反映了单调性。

表 10-4 相关交叉表（显示数据的方向）

对犯罪的恐惧在多大程度上影响了你白天散步的决定

对犯罪的恐惧在多大程度上影响了你对孩子的监管?

			对犯罪的恐惧在多大程度上影响了你对孩子的监管?			合计
			1 没有影响	2 影响较小	3 影响较大	
对犯罪的恐惧在多大程度上影响了你白天散步的决定?	3 影响较大	计数	20	17	43	80
		期望值	39.4	19.1	21.5	80.0
		对犯罪的恐惧在多大程度上影响了你白天散步的决定的百分比 /%	25.0	21.3	53.8	100.0
		对犯罪的恐惧在多大程度上影响了你对孩子的监管的百分比 /%	14.9	26.2	58.9	29.4
		总计的百分比 /%	7.4	6.3	15.8	29.4
	2 影响较小	计数	49	25	18	92
		期望值	45.3	22.0	24.7	92.0
		对犯罪的恐惧在多大程度上影响了你白天散步的决定的百分比 /%	53.3	27.2	19.6	100.0
		对犯罪的恐惧在多大程度上影响了你对孩子的监管的百分比 /%	36.6	38.5	24.7	33.8
		总计的百分比 /%	18.0	9.2	6.6	33.8
	1 没有影响	计数	65	23	12	100
		期望值	49.3	23.9	26.8	100.0
		对犯罪的恐惧在多大程度上影响了你白天散步的决定的百分比 /%	65.0	23.0	12.0	100.0
		对犯罪的恐惧在多大程度上影响了你对孩子的监管的百分比 /%	48.5	35.4	16.4	36.8
		总计的百分比 /%	23.9	8.5	4.4	36.8
	总计	计数	134	65	73	272
		期望值	134.0	65.0	73.0	272.0
		对犯罪的恐惧在多大程度上影响了你白天散步的决定的百分比 /%	49.30	23.90	26.80	100.00
		对犯罪的恐惧在多大程度上影响了你对孩子的监管的百分比 /%	100.00	100.00	100.00	100.00
		总计的百分比 /%	49.30	23.90	26.80	100.00

单调性强调了两个变量之间的类别或次序等级如何相互关联，而不是变量的线性属性问题。变量间的线性属性问题，超出了定类数据或定序数据所能回答的范围。线性关系总是单调的，但其他许多与定类数据、定序数据更匹配的关系是单调的，而非线性的。这里所说的线性关系是指，数据中有足够的连续区间，以充分反映一定的自变量的变化引起的因变量变化。定类数据和定序数据没有足够的连续区间来解决这个问题。

关系属性的测量，可以通过单变量分析实现。偏度和峰度对回答关系属性的测量很有帮助。我们回顾一下，偏度值或者峰度值的绝对值大于 1，表示非正态（偏态或者峰态）数据。当表格中某行的值被强调时，非正态表（分布）以随机模式显示。凡是表格中以非单调性显示的模式，都有可能是偏态、峰态，或者二者皆有。不管是单调性的轻微偏离，还是行强调值看起来很随意，都能反映出非单调性的模式。

定类和定序数据的单调性及线性对于双变量分析来说是重要的，因为一些双变量关系测量受偏度或峰度的影响很大。例如，Lambda 系数受因变量偏度的影响就比较大，所以应该谨慎地解释那些高偏度变量。

10.2.2　确立定距变量和定比数据的分布属性

从分析和解释的立场来看，确立定距和定比数据的关系属性，比确定定类数据和定序数据的关系属性更加重要。原因是，定距和定比数据的初步双变量关系测量，用的是皮尔逊相关系数，它明确假设两个变量之间存在线性关系。

在最基本的层面上，定距层面关系的属性能用数据的散点图进行测量，散点图中包含了一条**最佳拟合线**（best-fitting line），如第 3 章中所述。对于检测关系属性来说，更重要的是观察最佳拟合线在散点图中的形态和位置。记住，回归直线从左下角到右上角，或者从左上角到右下角呈 45° 延伸时，表示完全相关（图 10-1）。同时，当拟合直线与 X 轴平行时，表示没有关系。然而，这条线并不总是直的。最佳拟合线可能不得不考虑大量呈曲线分布的数值，然后将其弯曲为与分布最优拟合的状态。如图 10-2 所示，一条最佳拟合线甚至不得不呈弧形，从而与数据拟合。在实际运用中，如果最佳拟合线并没有弯曲，而是简单地转换成水平状去拟合最佳，这可能导致零相关（强度测量）。

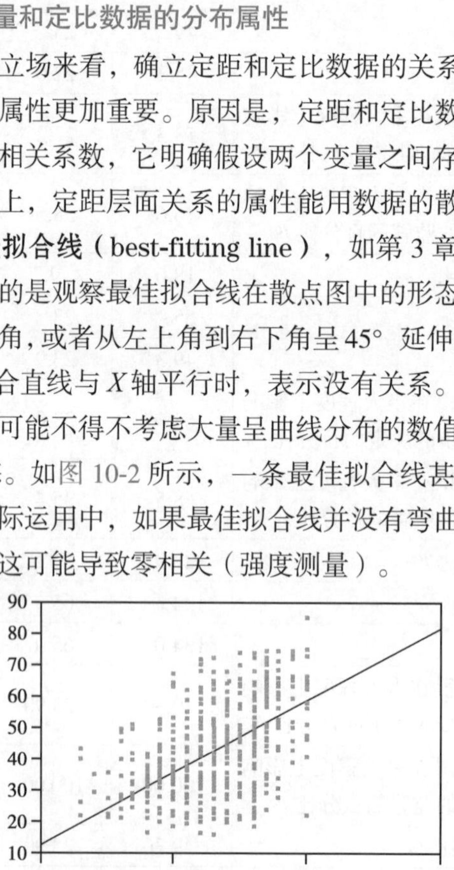

图 10-1　强正相关关系散点图

如果对图 10-2 中的散点图用一条回归线拟合，则会发现变量间没有关系，如图 10-2（左）所示。这样的相关或者回归，也可能显示两个变量之间不相关，这是因为拟合数据的直线是水平的。尽管如此，这些数据集实际上可以用两条完美的关系线条表示：一条表示正相关关系，一条表示负相关关系，如图 10-3 所示。正负关系相互抵消才产生了零相关，但实际上两个变量之间高度相关，只不过呈曲线状。

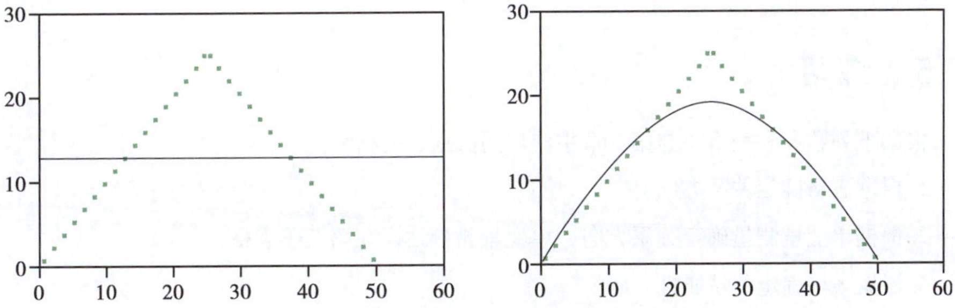

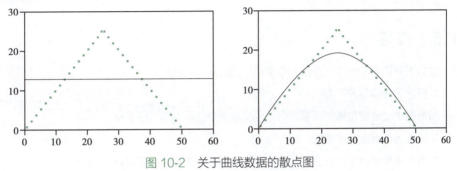

图 10-2 关于曲线数据的散点图

这些散点图证实了为什么掌握定距和定比水平数据的属性是重要的。从这个例子来看，仅凭皮尔逊相关系数将得出错误的解释。皮尔逊相关系数无疑会为 0，而且会被解释为没有关系。然而，掌握了数据的属性后，就能更精确地解释数据所代表的真实关系。知道数据呈曲线分布也容易作出更精确的分析，因为它提醒了研究者应该转化数据。对图 10-3 的数据进行一个简单的指数转化，就有可能得出一个正的线性相关关系，其皮尔逊相关系数值将接近于 1.00。

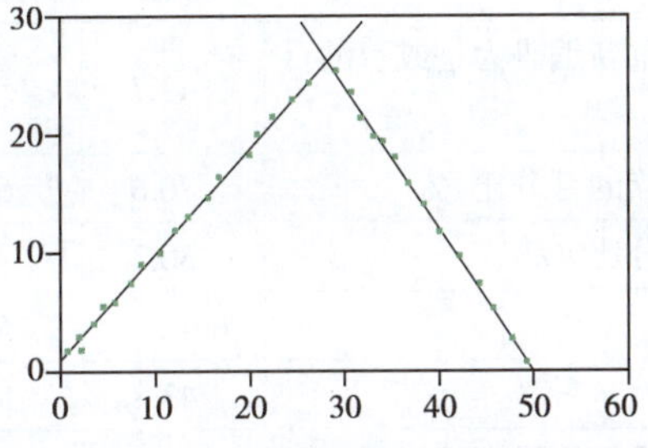

图 10-3 关于曲线数据的正 / 负最佳拟合曲线图

10.3 结论

在这一章中，我们介绍了测量关系方向和属性的方法。相关讨论建立在前面章节，以及两个变量的分析的基础之上。了解两个变量之间关系的存在性、强度、方向和属性，才能相当充分地掌握它们之间的相互作用。像前面章节讨论过的单变量分析一样，本章的分析能够帮助完成一个研究项目，或者能为后面章节深入讨论的多变量分析（超过两个变量）打下基础。理解双变量关系，对充分理解两个及两个以上变量之间的相互关系是十分必要的。

10.4 关键术语

最佳拟合线（best-fitting lines）
方向（direction）
线性 (linearity)
单调递减 (monotone-increasing)
单调递增 (monotone-decreasing)
单调性 (monotonicity)
属性（nature）
负相关关系 (negative relationship)
正相关关系 (positive relationship)

10.5 练习

根据下列数据和表格（与第 9 章中使用的数据、表格相同）：

1. 根据表格确定关系方向；

2. 根据单变量测量确定关系方向，单变量测量结果在第三张表格；

3. 根据表格确定关系属性；

4. 根据单变量测量确定关系属性，单变量测量结果在第三张表格；

5. 检测并讨论每个数据集的关系属性。

相关交叉表

			受害人种族			合计
			1 黑人	2 白人	3 其他	
将受害人重新编码为是或否	2 否	计数	101	128	2	231
		期望值	99.2	129.0	2.8	231.0
		将受害人重新编码为是或否的百分比 /%	43.7	55.4	0.9	100.0
		受害人种族的百分比 /%	70.6	68.8	50.0	69.4
		总计的百分比 /%	30.3	38.4	0.6	69.4
	1 是	计数	42	58	2	102
		期望值	43.8	57.0	1.2	102.0
		将受害人重新编码为是或否的百分比 /%	41.2	56.9	2.0	100.0
		受害人种族的百分比 /%	29.4	31.2	50.0	30.6
		总计的百分比 /%	12.6	17.4	0.6	30.6
	合计	计数	143	186	4	333
		期望值	143.0	186.0	4.0	333.0
		将受害人重新编码为是或否的百分比 /%	42.9	55.9	1.2	100.0
		受害人种族的百分比 /%	100.0	100.0	100.0	100.0
		总计的百分比 /%	42.9	55.9	1.2	100.0

相关交叉表

你的周边安全状况在改变吗?		在你的周边，你认为警察履职情况如何? 1 非常好	2 一般	3 低于平均水平	4 一点都不好	合计
3 变得更不安全	计数	21	88	45	8	162
	期望值	29.2	87.2	39.6	5.9	162.0
	你的周边安全状况在改变吗的百分比 /%	13.0	54.3	27.8	4.9	100
	在你的周边，你认为警察履职情况如何的百分比 /%	35.6	50.0	56.3	66.7	49.5
	合计的百分比 /%	6.4	26.9	13.8	2.4	49.5
2 没有改变	计数	21	58	33	2	114
	期望值	20.6	61.4	27.9	4.2	114.0
	你的周边安全状况在改变吗的百分比 /%	18.4	50.9	28.9	1.8	100
	在你的周边，你认为警察履职情况如何的百分比 /%	35.6	33.0	41.3	16.7	34.9
	合计的百分比 /%	6.4	17.7	10.1	0.6	34.9
1 变得更安全	计数	17	30	2	2	51
	期望值	9.2	27.4	12.5	1.9	51.0
	你的周边安全状况在改变吗的百分比 /%	33.3	58.8	3.9	3.9	100
	在你的周边，你认为警察履职情况如何的百分比 /%	28.8	17.0	2.5	16.7	15.6
	合计的百分比 /%	5.2	9.2	0.6	0.6	15.65
合计	计数	59	176	80	12	327
	期望值	59.0	176.0	80.0	12.0	327.0
	你的周边安全状况在改变吗的百分比 /%	18.0	53.8	24.5	3.7	100
	在你的周边，你认为警察履职情况如何的百分比 /%	100.0	100.0	100.0	100.0	100.0
	合计的百分比 /%	18.0	53.8	24.5	3.7	100

统计

	你的周边安全状况在改变吗？	在你的周边，你认为警察履职情况如何？	受害人的种族	将受害人重新编码为是和否
有效样本	336	335	333	347
缺失值	11	12	14	0
均值	2.34	2.13	1.58	1.69
中位数	2.00	2.00	2.00	2.00
众数	3	2	2	2
标准差	0.731	0.756	0.518	0.461
方差	0.534	0.571	0.268	0.213
偏度	−0.618	0.332	−0.073	−0.848
偏度标准误	0.133	0.133	0.134	0.131
峰度	−0.905	−0.129	−1.393	−1.288
峰度标准误	0.265	0.266	0.266	0.261
全距	2	3	2	1

相关性测量

		人口普查区的违法事件	木板房	自有住房	未成年人的比例	1980—1990 年的人口变化
人口普查区的违法事件	皮尔逊相关系数	1	0.482**	−0.004	0.339**	−0.011
	显著性（双尾）		0.001	0.981	0.023	0.941
	N	45	45	45	45	45
木板房	皮尔逊相关系数	0.482**	1	−0.234	0.029	−0.222
	显著性（双尾）	0.001		0.122	0.848	0.143
	N	45	45	45	45	45
自有住房	皮尔逊相关系数	−0.004	−0.234	1	0.752**	0.323*
	显著性（双尾）	0.981	0.122		0.000	0.030
	N	45	45	45	45	45
未成年人的比例	皮尔逊相关系数	0.339*	0.029	0.752**	1	0.436**
	显著性（双尾）	0.023	0.848	0.000		0.003
	N	45	45	45	45	45
1980—1990 年的人口变化	皮尔逊相关系数	−0.011	−0.222	0.323*	0.436**	1
	显著性（双尾）	0.941	0.143	0.030	0.003	
	N	45	45	45	45	45

* 在 0.05 水平上相关性显著（双尾）

** 在 0.01 水平上相关性显著（双尾）

统计量

	人口普查区的违法事件	木板房	自有住房	未成年人的比例	1980—1990年的人口变化
有效样本	45	45	45	45	45
缺失值	0	0	0	0	0
均值	39.02	17.31	792.16	688.29	5.3563
中位数	28.00	3.00	727.00	643.00	–5.7374
众数	9[a]	0	1046	476	–6.00
标准差	4.194	29.602	752.134	506.344	51.27772
方差	1615.568	876.265	565705.453	256383.846	2629.40449
偏度	1.465	2.874	1.868	1.321	2.084
偏度标准误	0.354	0.354	0.354	0.354	0.354
峰度	1.814	1.104	5.010	3.625	4.380
峰度标准误	0.695	0.695	0.695	0.695	0.695
全距	162	154	3810	2613	25.37

[a] 存在多个众数。显示最小值。

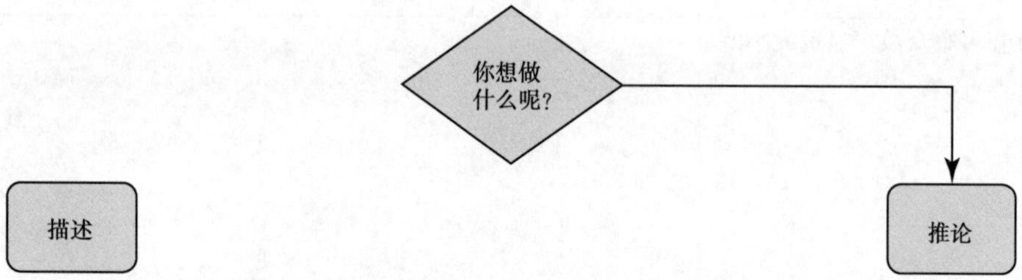
你想做什么呢？
描述
推论

第 11 章

推论分析导论

学习目标

- 理解推论统计
- 阐明总体和样本之间的差异
- 阐明参数与统计量之间的差异
- 理解期望值和标准误
- 计算并解释 *Z* 分数
- 掌握正态曲线和中心极限定理
- 检验概率
- 确定置信区间

回到第 4 章的统计流程图，你首先需要从三个目标中确定你想完成的目标：描述一个数据集（说出罪犯的一些总体特征），还是根据样本推论总体的情况（运用某个城市的罪犯特征推测出整个美国的犯罪情况），或完成二者。在前面的内容中，我们着重对已知总体的特征进行描述。在本章中，我们将介绍一些具体技术，从而使研究者们能够通过检测**样本**（sample）（从总体中获取的一小部分）的特征，以此推测**总体**（population）的情况。这一过程被称为**推论统计分析**（inferential analyses）。

在许多情况下，推论统计分析很实用，因为收集整个总体的数据需要投入的成本和时间过高，有时甚至无法获取总体数据。以美国为例，即使是数量最小的罪犯总体（在监狱中的罪犯），我们也不得不收集 100 万个数据以进行描述统计研究。这可能会耗费大量的资金。此外，研究者们要投入整个职业生涯时间，去研究所有在美国适用缓刑和假释的人。但由于这些数据在不断变化，研究者们仍然不能对这个总体作出精确的描述。最后，我们依然没有办法确定所有在美国的人中谁受到了刑事处罚（甚至是重罪），所以也无法检测这个总体。

举一个更加具体的汽车领域的例子，以说明描述统计的成本太高、耗时太长，以至于无法完成。在汽车行业，对生产的每辆汽车都进行碰撞测试，这在汽车行业中显然没有效率。不过，仅测试每类汽车中的一小部分，将这个结果推论到所有该型汽车却是可能的，且在经济上更加可行。这个过程就是推论统计分析。

推论统计充分利用了多种抽样方法，以使研究者作出从样本到总体的推论。

从总体中选取样本，样本中收集的信息可以概括总体的特征。基于已知的误差概率，通过推论统计得出结论。误差反映样本特征是否与总体特征存在差异，还反映了这些差异是否足够大到可以判定样本中的某些特征与总体不符。

历史回顾

在所有统计方法中，推论统计分析算得上是最古老的一种。大约在公元前 200 年以前，推论统计分析在东方得到第一次发展（Dudycha & Dudycha, 1972）。当时，推论统计分析以一种概率分析的形式存在，被用于估计一个未出生的孩子是男孩还是女孩。这种概率方法最初以一种射幸游戏的形式广为流传。最终，更多的科学家将概率运用于正态曲线，并拓展到其他领域。到 18 世纪，伯努利（Bernoulli）提出了"大数定律"（law of large numbers），成为使用中心极限定理和抽样分布等概念的先驱。伯努利的"大数定律"表明，当样本量增加时，数据的可变性或者标准误减少。此后，推论统计便成为统计分析最重要的领域之一。

11.1 术语和假设

推论统计的理念与描述统计相同。然而，为了确定某个概念涉及的是样本（统计量）还是总体（参数），推论统计的术语发生了改变。例如，在推论统计分析中，频数分布对应的是抽样分布，用期望值表示中心趋势（均值）测量值，而离散测量（标准差）使用的是标准误。推论统计中的其他重要术语及其定义都在下面一一列出，便于读者熟悉，以及在后面讨论。大多数情况下，这些术语的定义在后面的章节中会被进一步延伸。

- **总体**（population）：被研究对象的全体。一个总体的范围可能比较小，例如"在北达科他州惩教局的囚犯"。总体的范围也可能非常大，例如"美国所有的罪犯"。
- **样本**（sample）：从总体中获取的一个子集，可以用于统计分析。推论统计的基础是，合理推论抽取的样本是否能够代表总体，还是和总体存在差别。
- **参数**（paremeter）：总体的一个特征值。例如，美国所有罪犯的平均收入。
- **统计量**（statistic）：样本的特征值，研究者可以利用它来推论总体参数，如印第安纳州全部罪犯的平均收入。
- **推论**（inference）：先对样本进行分析，然后得出其分析发现能用于总体的结论。

- **估计**（estimate）：一个总体参数的样本分析结果。例如，我们知道，罪犯样本的平均收入与所有美国罪犯实际平均收入完全相等是不可能的。然而，我们可能会说，这是一个对该参数的准确**估计**（estimate）。
- **期望值**（expected value）：被估计的总体参数值。大部分情况下，这个估计值是总体的均值。和均值相似，这个期望值并不涉及某个特定的统计量与参数的接近程度。它仅确保在**平均水平上**（on average），统计量将是参数的准确估计。
- **标准误**（standard error）：统计量围绕估计参数变化的一种测量。一般来说，标准误测量的是样本均值围绕总体均值的变化。标准误的解释与标准差的解释方式相同。它受样本规模的影响，样本量增大，标准误就变小。

与任何其他统计过程一样，推论统计分析必须满足一些假设，方可被认定为具有可靠性。对于推论统计分析来说，这些假设可能更重要，因为我们不知道总体参数。由于我们不能确定基于数据得到的结论，即使这在描述统计中是可能的，因此推论统计分析必须满足一定的假设，只有这样我们才能基于“数学分析证据”得出结论。

推论统计分析的第一个假设是，样本必须取自相同的总体，并对该总体作出推论。这实际上是推论统计分析的通常标记。任何推论统计的最基本要求是，无论拒绝或者接受零假设，样本和总体之间本身是没有差异的。

第二个假设是，总体及其样本必须服从正态分布。虽然有一些能处理非正态分布数据的方法，但推论统计分析的前提是正态分布假设。这个假设是必须满足的，因为推论统计分析的要素——正态曲线、中心极限定理和抽样分布，都要求满足正态分布。然而，各种测量的稳健性常常使研究者能够假定数据呈正态分布。

最后一个假设是，推论统计分析要求从数据中获取的是随机样本（random sample）。如下所述，研究者必须假定获取的样本没有系统误差。我们知道，任何一个样本都存在误差，因而不是对总体参数的真实测量。然而，我们必须假定，误差是随机的（一些误差在平均水平之上，一些误差在平均水平之下），以至于这些误差基本上可以相互抵消。如果样本中存在的误差并不是随机的，那么我们就不能假定样本统计适用于总体估计。

这些假设作为推论统计的组成部分被运用于实践中，它们被作为统计工具使用是至关重要的。接下来的章节，我们将介绍正态曲线、抽样分布和中心极限定理。

11.2 正态曲线

正态曲线的概念在第 6 章中已经介绍过。在这里，我们要讨论的是**正态曲线**（normal curve）在推论统计分析中的作用。通过回顾 *Z* 分数并讨论概率问题，可以充分了解估计期望值时正态曲线的重要性。这个处理方式在中心极限定理、抽样分布和置信区间问题上也同样有用。

法国天文学家棣莫弗（DeMoivre）创造并发展了正态曲线这个概念。尽管正态曲线被讨论了许多年，其部分内容还被译为不同的语言出版，但直到1718年棣莫弗（DeMoivre，1967）的著作《机会主义》（*The Doctrine of Chances*）中的“曲线误差”才被译为英文出版。虽然皮尔逊认为棣莫弗发明了现在有名的正态曲线，但许多人仍然认为高斯（Gauss，1809）是这个理论的创始人。事实上，**正态分布**（normal distribution）常常被称为**高斯分布**（Gaussian distribution）。

既然你知道怎样计算均值和标准差，你可以开始观察数据是怎样分布的，并对数据作出推论（结论）。得出结论的一种方式是使用正态曲线。记住，有一点很重要，即**标准正态曲线**（standard normal curve）假定了数据按均值为0、标准差为1的形态分布。有了这个知识储备，我们可以用Z分数来表示数据与均值距离多少个标准差，从而检测特定样本值落在总体的正态分布中的可能位置。

正如在第6章“分布形态”中所述，如果已知一个测量值精确地落在偏离均值1，2或者3个标准差处，那么计算其在正态曲线下的百分比就比较容易了。然而，如果一个测量值并没有落在某个标准差上，那么必须将其转换为以标准差为单位，以找到其所占的曲线区域。将测量值转换为标准差的过程就是计算Z分数的过程。本章的Z分数与在第6章“分布形态”中展示的计算差异之处，就在于本章我们试图处理样本中的数据，并用其估计总体数据。因此，注意在下列公式中，X表示样本均值，$\overline{X}$改用μ（总体均值）表示，s改用$\sigma/\sqrt{N}$表示（总体标准差除以样本规模的平方根）：

$$Z=\frac{\overline{X}-\mu}{\sigma/\sqrt{N}}$$

这里有一个明显的问题：如果我们已知总体均值和标准差，那么为什么不直接用它们进行研究呢？这对刑事司法和犯罪学研究提出了一个有趣的疑问。在研究者们已知总体参数，或者在他们相信自己已对总体参数进行了有效估计的情况下，这种疑问常常出现。在这些情况下，我们有必要将样本和总体进行比较。例如，IQs（智商）数据已被证明是服从正态分布的，均值为100，标准差为15。然后，我们用这个总体去研究囚犯（的IQ），即将囚犯样本与整个总体进行比较。然而，就算这个研究可行，确定其他领域的总体参数也会非常困难。在这些情况下，Z分数的作用都是受限的。

如果我们在研究120名[1]囚犯时发现，他们的平均IQ是80，这个均值是否明显地（显著地）区别于IQ均值为100的“正态”总体呢？上述Z分数的计

[1] 原文有误，原文中此处没有说明样本量，因此也无法计算标准误。此处根据公式表述对文字进行了修改。——译者注

算公式可以被用于检验这个假设。使用上述 IQ 的信息和已知的囚犯平均 IQ 值，我们可以进行以下计算：

$$
\begin{aligned}
Z &= \frac{\overline{X} - \mu}{\sigma/\sqrt{N}} \\
&= \frac{80 - 100}{15/\sqrt{120}} \\
&= \frac{-20}{1.369} \\
&= -14.609
\end{aligned}
$$

这里，我们用囚犯的平均 IQ 值（80）减去总体 IQ 值（100），再用得出的差除以总体 IQ 的标准差（15）与$\sqrt{120}$，计算得到的结果是一个等于 –14.609 的 Z 分数。

利用 Z 分数和其在正态曲线下的区域的知识，我们可以确定这个值落在均值与偏离均值之下 1.96 个标准差之间。如果用 0.05 作为判断显著差异的标准，那么关于囚犯样本和正态总体在 IQ 上没有差异的零假设将被拒绝。我们能得出的结论是，囚犯样本的 IQ 与总体 IQ 具有统计学意义上的显著差异。

正态曲线之所以重要，是因为样本和总体之间存在明显的脱节。虽然样本可能服从，也可能不服从正态分布，但它不可能与总体数据完全相同。然而，我们可以用抽样分布原理（也呈正态分布）来说明，被选取的样本在抽样分布中具有代表性，即服从正态分布。由于抽样分布是正态的，理论上大样本的抽样分布应该与同样服从正态分布的总体非常接近，这样我们就可以假定获取的样本是我们试图检验的总体的近似值。然后我们可以使用正态曲线去确定样本期望值的概率，估计要检测的参数值。这样，我们就可以基于样本数据对总体作出推论。

11.3 概率

概率在刑事司法和犯罪学研究中是一个核心概念。事实上，大多数犯罪学理论都可以被浓缩为概率测量。当研究者试图解释犯罪行为时，他们一定会尝试确定一个人由于特定条件、异常情况或者其他原因实施犯罪的概率，这些影响因素是研究的主要内容。概率也被用于刑事司法系统的其他领域。可能因素这个概念对于诸多工作都很重要，如警察工作，法官需要判断嫌疑犯在被保释后再次犯罪或逃避司法制裁的概率，陪审团要基于一个人实施犯罪的概率做出决定。所有这些工作都基于决策的概率，概率对于推论分析及其解释而言也是如此。

概率概念是统计推论的核心。即便充分利用统计理论，最终研究者也无法得知真实的答案。在这个立场上，研究就像赌博中最初用概率理论一样。我们不知道真实的结果是什么，所以我们致力于对真实结果作出最佳推测。利用正态曲线原理，研究者们可以估计一个事件发生的概率，以及一个特定的样本统计量与总体参数匹配的概率。

概率（probability）是指一个事件发生的相对可能性，或者说相对于任何可能发生的事件，一个事件可能发生的次数。概率值的分布范围是 0 到 1，一般用小数或者百分比来表示。概率为 0 表示某件事是不可能发生的，概率为 1 表示某件事必然发生。

对于推论统计分析来说，概率是重要的，因为它表示拒绝或者不能拒绝零假设时犯错误的可能性。在第 8 章“关系存在测量和统计显著性”中，卡方检验被用于检测一种关系是否存在 / 显著。在这里，0.05 被看成一般性的判断标准。这意味着你拒绝零假设的正确率是 95%。但是，这同样意味着，你将有 5% 的可能是错误的，那么犯错误的概率就是 5%。在推论统计中，这个概率是得出结论的基础。正态曲线下的区域面积也可以被用来确定概率。在标准正态分布中，当 Z 分数低于 –1.96 时，对应的概率为 0.025（0.05/2），大于 1.96 时亦是如此；当 Z 分数小于等于 –1.96 或者大于等于 1.96 时，对应的概率为 0.05。

在其他数学研究或者心理学课程中，一些事件发生的概率较高，例如检测抛硬币、掷骰子，或者抽取扑克牌的概率。推论统计分析利用这些原理去检验那些拒绝或者不拒绝零假设的犯错可能性。

让我们来看一下抛硬币的概率测试问题。抛硬币的零假设是“硬币落地的正面和反面次数之间不存在统计意义上的显著差异”。这意味着，如果抛出硬币 100 次，我们可以预测有 50 次正面落地和 50 次反面落地。然而，我们也知道，正反面的比例正好为 50 ∶ 50 的可能性是相当小的。但是，我们可以确定的是，抛出的硬币正面落地与反面落地的差异在 1%~5%，这是一个可以接受的比率。这个概率也可以被转化为 Z 分数，并且其正态曲线属性可以用来检验 100 次抛投的结果与正态水平相比差得有多远。最后，如后文所述，这 100 次抛投硬币的测试结果可用于建立一个抽样分布。

使用概率有两条核心规则：加法规则和乘法规则。当检验涉及多种可能发生的条件时，这些规则是重要的，例如可能影响人们犯罪概率的各种生活事件。

加法规则（addition rule）在确立一个事件**或**另一个事件发生的概率时使用。例如，获得一张黑桃 A 或者一张方块 A 的概率是多少？该规则假设，可能出现的结果互相排斥，它们不可能同时发生。抽出的一张扑克牌不可能既是黑桃 A 又是方块 A。利用这个规则，我们可以简单地将每种概率加在一起：

1/52+1/52 = 2/52（0.038）。

乘法规则（multiplication rule）用于确立一个事件发生且另一个事件也发生的概率。这个规则假设，分析的事件是相互独立的，也就是说，一个事件的发生，并不依赖于之前的事件是否发生（如果从整副扑克中抽一张牌，抽出来后就放回去）。乘法规则检测的是两次抽取的扑克牌，一张是黑桃 A，一张是方块 A 的概率（或者将一枚硬币连续抛两次，均获得正面的概率）。这个规则表明，事件同时发生的概率是其单独发生概率的乘积。运用这个规则，我们只要将每个事件发生的概率相乘即可。我们来看一下在两次抽取中，得到一张黑桃 A 和一张方块 A 的概率，这个概率等于（1/52）×（1/52）=1/2704（0.00037）。如果需要，你也可以将多个事件发生的概率像这样相乘。例如，求抛 4 次硬币，得到的结果都为正面的概率，我们只需要把每次抛到正面的概率相乘即可。抛一次正面的概率是 1/2，[1]那么连续 4 次抛得正面的概率等于（0.5）×（0.5）×（0.5）×（0.5）=0.0625。

11.4 抽样

社会科学研究的目标是获得能够代表总体水平的结论，正如在前面的推论统计分析讨论中所提及的一样。但这往往是不现实的，有时甚至是不可能的。研究者们有时必须利用规模较小的组（样本）进行研究，进而对总体作出推论。为此，他们必须保证样本对于总体具有代表性。该样本应该包含总体中同样存在的，与研究相关的特征差异。

在样本的推论效力上，我们不能夸大**抽样**（sampling）所起的作用。抽样规划和操作必须保证样本来源于要进行推论的总体，你不能想着仅根据谋杀者的观测数据就对所有的罪犯作出推论。同样，必须保证获取样本的偏差或者误差（**抽样误差**［sampling error］、编码误差以及其他误差）的绝对值最小。

大多数抽样问题，都是源于方法过程而不是统计过程。然而，推论统计分析的讨论内容对实际应用很有好处。在阐述抽样的局限性，即影响推论能力的问题之前，有必要简单讨论抽样相关的术语。

虽然我们讨论的总体被视为一个整体，但对于推论统计分析来说，实际可能有 3 个重要的总体。一是**亲本总体**（parent population），指一个或多个所抽取样本的总体。实际上，这只是理论上被接受的总体。这相当于说，我们将从“所有罪犯”这个总体中选取样本。我们知道这是不可能的，但在理论上这的确是抽样的总体。二是**目标总体**（target population），指推论出结论的一个群体。这

[1] 原书 50/50 有误，应是 1/2。——译者注

是我们试图推论的总体，来自所抽取样本希望推出的总体。最后一个是**研究总体**（study population），是指我们实际抽取样本的群体。不管样本是否与亲本或目标总体相匹配，它都是统计分析所依赖的样本和数据。

一旦建立起研究总体，需要代表所检测数据和案例的抽样单位。根据所选取的样本，所形成的研究总体中抽样单元的实际清单，就称为**抽样框**（sampling frame）。对于概率样本来说，它就是建立了清单并且可以用于抽样的研究 / 目标总体。本质上，抽样框代表了已被选中并用于研究的总体。从抽样框中我们选出一个**抽样单位**（sampling unit），一个抽样单位包含样本的所有元素，被选来作为某些抽样级别的选项。在一个一阶段样本中，抽样单位等于每一个元素。在分层、配额或多阶段样本中，我们将会使用不同水平的抽样单位。例如，一个研究计划可能会使用**初级抽样单位**（primary sampling units），它由四个州所有的县构成。从这些初级抽样单位中选出**次级抽样单位**（secondary sampling units），即这些县中所包含的城市。**最终抽样单位**（final sampling units）是人，即每个城市中的市民。我们同样可以用这种方法对种族进行分层抽样，然后在每一层选择特定的元素。样本设计的最后一个部分是**元素**（element）。这是提供分析基础的信息收集单位。这是研究总体中的单一主体。如果一个研究者正在研究某个城市的窃贼，那么窃贼中的一个人就是一个元素。

抽样单位的类型和抽样进行推论的能力，取决于使用样本的方法类型。这里有两种样本收集策略：概率样本和非概率样本。

11.4.1 概率抽样

推论分析的优选抽样方法是概率抽样。因为它假定选择偏差和其他研究者潜在的偏差已在该过程中被消除。它假定样本中的唯一差异是随机差异或是备检变量本身的差异。那么可以说，研究者在进行研究时，会总是使用概率样本吗？答案是不一定。

除了最小的总体，一般很难从总体中获取概率样本。其问题在于一个样本要成为真正的概率样本，研究者必须知道概率，即样本中每个元素被选中的概率。这意味着，总体中所有的元素必须被识别，至少必须有能够支撑总体估计的数量，这并不总是可能的。概率样本也要求每个元素被抽到的概率不为 0，这在理论上看起来容易，但在实践中却比较困难。例如，如果你想研究城市中的小偷，那么至少还有一些小偷至今没被抓住并被识别。这些人是总体中的元素，但由于这些人至今未被识别，所以他们在被选取的样本中存在概率为零的情况。**概率抽样**（probablility sampling）必须强调的最后一个问题是，每个元素的选择必须独立于其他元素。一般最大的挑战不是选取样本，而是意识到样本的要求。一些其他非随机概率样本，的确有违背这个假设的潜在可能性。例如，分层样本一般被认为是概率样本，而配额样本却不是。这两种方法在实践中的唯一不同是，分层样本允许相对随机地选择每个分层抽样框中的元素。然而，一个配额样本至少有部分元素是根据它们在样本中的需要而抽取的。在这种情况下，我们在样本中选取的一些元素，是建立在先前的选择基础上的，它们之间并不独立。

虽然不是每个人都同意这些代表了概率样本的抽样类型，但是总体上人们接受简单随机样本和分层样本属于概率样本。两种抽样方法——分层和多阶段——也可用于获取概率样本，本章也会讨论。

简单随机抽样

抽取样本的理想方法是**简单随机抽样**（simple random sampling，SRS）。这种情况下，总体中的每个元素都有一个相等且已知的被抽取为样本的概率。研究者们通常假设样本是随机（抽取）的，且能代表总体的一般特征，但实际上很少有人花时间进行纯随机抽样。我们使用简单随机抽样时，需要一个关于总体的完整元素列表，并从 1 到 N 对这些元素进行连续编号。这是困难的一步，因为研究者们往往无法知道所有的元素，或者元素太多而无法全部列出。一旦完成列表，随机编号表就随之而生，我们就可以通过随机数选取样本。简单随机抽样也要求样本中已确定的元素，可以被总体中随机抽取的元素替换。这被称为**有放回抽样**（sampling with replacement），其保证每一个被抽取的元素独立于其他所有待抽取的元素。

对于推论统计分析来说，SRS 的优点是显而易见的，它运用了许多统计程序所必需的概率方法。然而，其缺点也是很明显的，简单随机抽样要求有一个完整的总体的列表，以便于抽取样本。除了最简单的抽样框外，这基本上是不可行的。同时，用这种方法进行抽样，并不能保证所抽出的是一个具有代表性的样本，我们只是假设一个样本具有代表性。

系统抽样

随机抽样的替代方法是**系统抽样**（systematic sampling）。这种方法和 SRS 一样，在抽样框建立之后，用一种系统化的方式选取元素，总体上以确定的间距在抽样框中选取元素。例如，可以将电话簿作为抽样框进行一项调查研究。通过掷骰子获得一个数字，并使用这个数字，由此我们从电话簿中随机选出第一个联系人，然后，每 10 名使用一次。选择的间距根据样本的大小而定。如果研究者想获取 1000 个联系人的名字，而电话簿中有 10000 个联系人，那么可以每 10 个人选取一次，这样电话簿中的所有人都被样本所覆盖。纯粹主义者（Purists）认为这是一种非概率样本，因为它可能具有多种模式，如少数民族姓氏，这可能破坏样本代表性。这是一个值得注意的问题，我们必须检查样本的元素的循环情况，看其是否与任意分层抽样方法中使用的抽样间隔一致。例如，当进行社区研究时，研究者们必须知道拐角处的房屋在列表中的位置是否是固定的，因为一般来说，它们更“昂贵”。

还有两种其他的抽样方法，既有可能使用，也有可能没有使用概率抽样，即分层抽样和多阶段抽样方法。由于大多数研究者在工作中使用的是概率样本，并且这些抽样常常被用作概率抽样方法，所以接下来分别讨论这两种抽样方法。

分层抽样

分层抽样（stratified sampling）利用已知样本或者总体信息，以确保所选取样本的一致性。它建立在这样一个假设之上，一些特征可以被辨别和控制，所以分层组通常需要更小的样本。这个方法一般可以确保，样本能代表研究总体的某些特征。显然，它要求知道总体的特征以保证样本的代表性。这个抽样方法需要根据要分层的变量，将总体进行分组，然后获得一个与总体特征有关的随机或非随机样本。如果从分层中按随机抽样或者系统抽样方式抽取元素，那么得到的一般是一个概率样本。

从狱警的研究中我们可以举一个关于分层抽样的例子。一般没有足够多的女狱警以形成一个随机样本，并且我们也不能保证有足够多的女狱警被随机选出。在这种情况下，就有必要将总体按男性与女性分层，再分别从中随机抽样。如果随机样本依据的是男女在总体中所占的比例，那么这种样本就被称为**比例分层样本**（proportionate stratified sample）。如果被选出的女性多于男性，那么这样的抽样被称为**不等比例分层样本**（disproportionate stratified sample，也常称作**配额样本**[1]，quota sample）。

整群或者多阶段抽样

为减少调研成本，整群或者多阶段抽样方法常常被用于大型调查中。整群和多阶段实际上是两种抽样方法，但是它们往往被放在一起使用。**整群抽样**（cluster sampling）是指将抽样框分成不同的集群，一般基于地理代表性。然后根据这些集群分层选取样本。通常情况下，这些集群会被分为更小的集群：初级抽样单位、次级抽样单位和最终抽样单位。在**多阶段抽样**（multistage sampling）中，

[1] 这里需要和非随机抽样中的配额样本加以区分，一般而言，后者的样本选取由研究人员主观完成，因此是非随机抽样。——译者注

抽样框被分为多阶段或者多层，然后从中选出次级抽样单位。简单地说，**多阶段**（multistage）就是抽样框逐级细分，在最终抽样单位被确定之前，有时要分阶段很多次。

上述两种抽样方式，都涉及创设样本单位的层级问题，从中选择概率或非概率样本。关于多阶段整群样本，最好的例子是《全国犯罪受害者调查研究》（*National Crime Victimization Survey*）的策略。该调查首先将美国按地区分类，随机选择其下辖的县，再从县中随机选取城市，[1]最后在城市中随机选取家庭。通过对这些家庭进行调查，从而将结论推论至整个美国。这也是大多数民意调查组织常用的方法，如盖洛普（Gallup）和哈里斯（Harris）的调查。这个策略使这些民意调查组织抽取一个仅有 1000 人的样本，并作出如总统选举的精准预测。

除了减少研究成本和时间，整群或者多阶段样本在没有完整列表，或获得完整列表不现实时很有用。例如，要获得一个包含美国每个人的完整列表是不太可能的，即使我们获得了这个列表，那么它也将是庞杂的。与此相比，获取美国一个州以及这些州中的县的列表自然是容易的。一旦抽取这些州县以后，从每个县中抽取各城市的列表也变得容易。然后，从这些城市样本中，可以获取研究所需的市民列表。然而，你应该意识到，虽然完整列表并不是必需的，但它对总体大小的可靠估计而言是必须的，这可以保证元素在每个阶层中被选取的概率（是可以计算出的）。同样也需要注意，这种方法没有 SRS、分层抽样方法那么精确，因为在每个阶段都有可能出现抽样误差。

11.4.2 非概率抽样

有时使用概率抽样是不可能的，或概率抽样所花费的时间和成本太高而使研究无法完成。在这些情况下，许多研究者会转而选择非概率样本。这些抽样方法更便捷，成本较低，样本也更容易收集。非概率样本的问题是，某个元素被抽中的概率是未知的，所以没有办法说明是否所选的样本可以代表总体。此外，不能通过随机性来控制误差，因此结论很难推广到更大的群体。

非概率抽样方法至少有四种。我们可以用这些方法选出一些近似概率样本，并将其用于推论统计。其他的样本与概率样本相去甚远，因此不建议将其用来作推论统计分析。接下来将讨论这些抽样方法。

立意抽样

在立意抽样（purposive sampling）中，抽样单位或者元素的选择，基于研

[1] 城市原文为“cities”，由于行政分级的差异，美国的 city 一般就相当于一个“镇”。——译者注

究者认为该样本能否代表研究总体。例如，当佩特、斯蒂夫威科夫、斯科加和谢尔曼（Pate，Wycoff，Skogan & Sherman，1986）开始研究关于犯罪恐惧的问题时，他们寻找了两组犯罪恐惧问题可能高发的城市。他们选择了纽瓦克、新泽西州、休斯敦和得克萨斯州，因为这些地方的犯罪率较高。他们选择这些城市，还因为他们觉得这些地方位于美国大城市的边缘。选择纽瓦克是因为该城市人口密度高且经济下滑；选择休斯顿是因为这是一个相对新的城市，人口多，但分布密度低。了解了这些城市的特点，研究者们才能检测不同的城市的目标总体。这些城市假定对更大的总体具有代表性，有了这些大城市样本就不需要从美国每个大城市地区获取样本。

配额抽样

配额抽样（quota sample）属于非概率的分层抽样。配额抽样根据所需特征将总体（研究样本）进行分组，元素的选择要视分层情况而定。配额抽样试图确保变量的样本比例与总体参数类似。有时，数据分层在总体中的代表性是成比例的（也就是，依据所研究总体的每个种群所占比例对样本元素进行分类）。但有时，所选元素的比例与它们在总体中的比例并不一致。这种情况往往涉及“过度抽样”（over-sampling）的问题，即抽取的元素比它们在总体中的比例更多。这能保证被选出来的元素足够多，以进行分析（例如，在卡方检验中，要求期望值保持在 5 以上）。一个关于过度抽样的例子是，当没有足够多的样本确保所抽取的样本充分代表本地区的西班牙裔时，就需要在这个区域多抽些西班牙裔样本。但问题是，按此方式从每个组抽出的元素并不一定代表这个组的真实情况。

滚雪球抽样

滚雪球抽样（snowball sampling），一般在很难辨别或找出研究主体时使用。它不是一种概率抽样方法，但有时却是唯一找到研究元素的方法。这种方法常常用于定性研究及其他无法实际辨别研究主体的研究。例如，在萨瑟兰的《职业小偷》（*The Professional Thief*）（Sutherland，1937）研究中，要采访到足够多小偷的唯一方式是让那些被访谈过的小偷推荐或介绍其他人，因为他们认识和他们一样的人。虽然这种抽样方法不允许用来推论总体，但它确实提供了一种进一步掌握所选样本的方法。正因为如此，这种研究方法的价值在于，能够掌握难以辨别的小群体或先前未知的信息，但也掩盖了其归纳结果的能力缺陷。

偶遇抽样或便利抽样

最后一种非概率抽样类型是与概率抽样最不相似的偶遇（或便利）抽样。**偶**

遇抽样（accidental sampling）和**便利抽样**（convenience sampling）[1] 实际上是两种不同的类型，但都代表同一种方法。偶遇抽样，简单来说就是接受在研究过程中遇到的任何主体。例如，某一天，站在商场门口进行一项调查，调查那些进入商场并同意接受调查的人。**便利抽样**（convenience），是指将研究者附近的人作为研究对象。你读过的含有“大学本科一年级新生的班级”样本的文章便是这种类型。这两种抽样方法绝对是基于研究者的便利，例如要求一个班的学生填写问卷。这种方法常常被用于调查问卷的预备调查。这个方法最容易且最省时，但难点在于很难对任何总体进行估计，所估计的也是非常小的样本群体。

以上对不同抽样方法的简要概述，可以被视为一种特殊抽样类型的导引。这种抽样类型是推论统计的基础，被称为**抽样分布**（sampling distribution）。

11.5 抽样分布

在概率检验中，我们可能已经引出了关于抛硬币或者抽取扑克牌的**概率分布**（probability distribution）。当概率分布被具体用于推论统计分析时，它们常常被称作“抽样分布”。一个**抽样分布**（sampling distribution）可能存在于这种情况下：如果我们将一枚硬币上抛 100 次，并标记得到正面和反面的次数，然后将这个过程再重复 99 次。每个这样含 100 次抛投次数的样本，其结果可能有些偏离 50 ： 50 的预测概率，但我们能预测这些样本的总体结果将会十分接近于 50% 的正面和 50% 的反面。

事实上，有三种更广泛的分布类型。第一种类型，在本章第一部分讨论过，即总体分布，描述的是总体的特征。第二种分布类型是样本分布，描述的是从总体中获取的样本特征。最后一种分布类型是抽样分布。这种分布与其他分布的不同之处在于，这种分布是一种理论上的理想情况，也就是说，你不需要用上样本中的所有数据。抽样分布通常被用于描述从样本总体抽出的大样本期望特征。

抽样分布的真正价值在于，研究者不需要获取大样本去检测它们的特征。我们只需获取一个样本，并运用中心极限定理（参见后面章节）的原理，就可根据样本推论出总体。当然，这需要我们假定抽取的是一个概率样本。

抽样分布的一个实用特点是如果获取样本量足够多（在 30~120 之间，视样本的来源情况而定），且诸如均值等样本的某个特征可通过每个样本计算，这些均值的分布就会近似于一条正态曲线。如果这些样本是从正态总体中获得的，那么其抽样分布也会是正态的。即使是来自非正态分布总体中的样本，其抽样分布

[1] 便利抽样有时也被译为便宜抽样、方便抽样和任意抽样等。——译者注

仍将近似于正态分布。近似于正态曲线所需要的样本数量和规模，取决于总体与正态水平的偏离程度。极其非正态的总体可能需要相当大的样本，与此相对，近似正态分布的总体需要的样本较少。如果收集的样本足够全面，比如收集了总体中所有的值，然后将其放入抽样分布中，那么就可以确定总体的参数（均值、标准差等）。然而由于已经知道小样本近似于正态曲线，因此我们不需要再使用整个总体去估计总体参数。

总体的所有参数及其相关样本统计都涉及抽样分布。例如，关于方差分布的抽样分布（实际上，第 8 章中就使用过卡方分布）、关于偏度的抽样分布及其他抽样分布等。对于推论统计更重要的是，关于中心趋势测量的抽样分布。**均值的抽样分布**（sampling distribution of the means）之所以重要，正如在第 14 章方差分析中所讨论的一样，是因为样本均值常被用于估计总体的特征。均值的抽样分布常常通过 t 表来展示，这将在第 13 章中讨论。从中可以看出，不管总体的分布形态和样本规模如何，样本均值的期望值近似于总体的均值。在统计术语中，样本均值是对总体均值的无偏估计。实际运用中，一般假设均值的抽样分布的均值等于总体的均值。在参数值未知的情况下，样本均值常用于估计总体的均值。

抽样分布的中心趋势测量往往涉及**期望值**（expected value）的问题。典型意义上，这是均值抽样分布的总体均值。如果研究者们确实不知道总体的真实值，那么这个总体均值就是研究者们所期望或者依赖的值。样本统计量与其参数的偏差，被称为**标准误**（standard error）。标准误基本上与描述统计的标准差相同。如果一个分布是均值的抽样分布，那么标准误就是指样本均值围绕总体均值的变化。由于标准误与描述统计的标准差相似，所以在正态曲线中，二者在使用时可以被同等对待。例如，抽样分布中 95% 的数据将落在离总体均值 −1.96 到 1.96 的标准误之间。

应该注意的是，均值的抽样分布与总体分布不同。例如，由于均值的抽样分布建立在大量的随机样本之上，其分布的方差将小于总体分布的方差。在数学上，均值的抽样分布方差等于总体方差除以样本量 N（且其标准差等于总体的标准差除以 N 的平方根）。这就是标准误。

11.6　中心极限定理

对于研究者来说，不服从正态分布的总体带来了一个潜在的问题，尤其是通过非正态总体的样本作出的推论。大多数被用于刑事犯罪与司法研究的总体都不服从正态分布。这在使用正态曲线和推论统计分析的条件上可能会产生大问题。

幸运的是，这里存在另一种统计学理论，它允许研究者在非正态总体中使用正态曲线原理，即**中心极限定理**（central limit theorem）。中心极限定理为研究者提供了一个已被实验证明了的方法，即允许基于对样本的估计和概括，对总体进行推论。

中心极限定理归功于拉普拉斯（Laplace）在 1810 年的发明，但他的贡献只是对棣莫弗（DeMoivre，1967）的极限定理进行了一些概括。然而，此后，关于统计推论的理念变成了推论统计分析的重要组成部分之一。

中心极限定理指出，给定任何一个总体（不管是否满足正态分布），当样本规模增加，均值的抽样分布将会接近于正态分布。正如前面所述，这是因为当样本规模增加，均值抽样分布的标准误将减少（样本规模越大，样本均值围绕总体均值的集合的偏离度就越小）。这使得正态概率分布可以用于检验任何关于任何分布形态的总体假设。

中心极限定理，建立在均值的抽样分布和正态曲线两个基础上：从正态或非正态总体中反复随机抽取样本，会产生近似于正态分布的样本均值。把抽样分布理论进一步延伸，中心极限定理就可以使研究者得出结论。即使只获取了一个样本，该样本均值也将近似于总体均值，且当样本规模增加时，对总体均值的估计将更为接近。中心极限定理的重要意义在于，它使研究者充分了解如果样本足够多时，抽样分布将满足正态分布，并进而从容地展开研究。对几乎所有的总体来说，实际上不管原始总体的形态如何，只要相关的样本规模足够大，来源于总体的均值抽样分布都将近似于正态分布。

这个理念的关键是样本规模。凯西根（Kachigan，1986）指出，鉴于某个总体在形式上是正态的，那么从该总体中获取的随机样本元素在形式上也将是正态的。除此之外，随机样本的集中趋势测量的抽样分布（如均值的抽样分布），如果来自正态总体，那么也将满足正态分布。而且，对于大规模样本来说，尽管总体不是正态的，但其均值的抽样分布仍然是正态的。凯西根（Kachigan，1986）提出，样本少于 30 的抽样分布不满足近似正态曲线的要求。他也提出，当样本量只有 30 时，抽样分布将近似于正态分布。他认为，当样本规模增加到 120 及以上时，抽样分布在形式上会越接近正态，因而估计也越准确。从中可以得出的结论是，在某种程度上，中心极限定理所需的样本规模，取决于某个分布与正态水平的偏离程度。较为正态的抽样分布，并不要求太大的样本量。但对于非正态分布来说，所需要的样本量远大于 120。最后，你必须确定自己能接受的最小样本规模。

11.7 置信区间

本章所讨论的内容普遍指的是**点估计**（point estimations）。这是基于样本数据，尝试识别总体期望值（典型的例子，如均值）的过程。假设检验也能采取**区间估计**（interval estimation）的形式。置信区间的作用是强调某个分析的抽样误差，并建立估计真正总体参数的更高概率取值范围。也就是说，如果抽样分布获取的样本足够多，那么所估计真实总体参数的概率会更高。即使对于较小规模的样本，研究人员也可以在一定的置信水平（度）上，确定总体可能的位置。

研究者们并非总能，或有时不想，确切地知道总体均值的位置。有时，研究者只要知道总体均值的大致范围就够了。置信区间常通过抽样获取的样本估计真实的总体参数可能落入的均值范围。它们也常常被用于估计总体均值实际落在均值范围中的概率。

你之前可能在投票选举中看见过这种形式的统计分析。民意调查机构会说，某位确定的候选人有一个特定的投票百分比，加上或减去某个百分比。这个例子中预测的投票百分比就是点估计：总体均值的期望值。这个加减百分比就是民意调查认为真实的总体均值所处的范围。这些就是**置信区间**（confidence intervals）。

这个过程也可以逆推。如果一个研究者知道他或她想要的置信水平的**边际误差**（margin of error），那么所需求的样本规模可以通过**功效分析**（power analysis）来确定，第 12 章“假设检验原理”会介绍。当样本规模少于 1000 时，研究者们获取的样本误差在 3% 以内；样本规模为 9600 时，样本误差为 1%。这个事实说明了，为什么在只有相对少部分人投票的情况下，全国性样本还能够如此有效。

11.7.1 计算置信区间

我们用 Z 分数计算置信区间，从而得出试图预测的具体范围。当使用置信区间进行社会科学研究时，研究人员一般会使用 95% 或 99% 的置信水平。要记住，在正态曲线下，95% 的置信水平对应的 Z 分数为 1.96，99% 的置信水平对应的 Z 分数为 2.58。这些数据分别对应卡方检验中 0.05 和 0.01 这两个临界值。

计算置信区间的公式是

$$\bar{X} \pm Z_{\mathrm{ci}}\left(\frac{\sigma}{\sqrt{N}}\right)$$

这里的 $\bar{X}$ 是指已获取样本的均值，Z_{ci} 表示在被期望的置信区间对应的 Z 分数，σ 除以 N 的平方根表示均值的标准误。但是当不知道总体的标准差时，我们怎么计算标准误呢？我们可以使用样本的标准差来估计总体的标准差（参见第 5 章）。

之所以可以用样本标准差来代替总体标准差，也是基于对正态曲线、中心极限定理和抽样分布的认识。通过它们可以知道，在抽样分布中，当样本规模增加，样本的标准误随之减少。抽样中的样本与样本间的差异更小，意味着这些样本的平均差异更小，这被称为抽样分布或估计的**有效性**（efficiency）。据此可以说，样本均值能较好地估计总体均值，且研究者对这些估计可以有更多自信。用这种方法，我们可以借助样本中的必要信息，计算并估计总体均值的可能范围。并且，随着样本规模增加，我们用样本标准差预测总体标准差的估计会越准确。

对于 $\overline{X}$ 为 5.2，标准差为 0.75，N=157 的数据集，95% 的置信区间测量，计算公式如下：

$$
\begin{aligned}
95\%\ \text{CI} &= \overline{X} \pm Z_{\text{ci}}\left(\frac{\sigma}{\sqrt{N}}\right) \\
&= 5.2 \pm 1.96 \times \left(\frac{0.75}{\sqrt{157}}\right) \\
&= 5.2 \pm 1.96 \times \left(\frac{0.75}{12.53}\right) \\
&= 5.2 \pm 1.96 \times (0.06) \\
&= 5.2 \pm 0.12
\end{aligned}
$$

这里使用的是 95% 的置信区间。这意味着公式中 $Z(df=157-1)$ 的结果为 1.96。因为均值为 5.2，所以这是其他值加减的基础。括号中的值是标准差（0.75）和样本量 N（157）。这些计算结果得出的置信区间范围为 5.08~5.32。该范围中的两个端点，被称为**置信临界点**（confidence limits）。这个计算结果表示，我们有 95% 的信心认为总体均值落在 5.08~5.32 之间。

这个公式也能部分展示中心极限定理的运用原理，以及大样本减少了标准误的原因。如果要计算上述公式中的标准误，且样本规模增加到 400，新计算则如下：

$$
\begin{aligned}
\text{标准误} &= \frac{\sigma}{\sqrt{N}} \\
&= \frac{0.75}{\sqrt{400}} \\
&= \frac{0.75}{20} \\
&= 0.038
\end{aligned}
$$

当样本量增加到 400 时，标准误从 0.06 减少到 0.038。这使得研究者可以对参数的位置做一个更精确的估计，从而更好地估计参数值。

这个过程本质上是与推论统计分析相反的类型。在第 8 章中，0.05 被用来作为卡方检验的一个**临界点（cutoff）**。此时，如果观察值落在这个临界值之外，那么结论可能是在统计学上具有显著差异（即这个值位于正态分布的尾部，不能说明观测值和临界值都来自同一个总体）。在这种情况下，主要使用的是正态曲线的中间部分。我们一般寻找落在正态曲线下 95% 的区域值，而不是找位于正态曲线尾部的 5% 的值，并总结出落在 95% 范围中的总体均值。在本质上，拒绝域的临界处就是置信区间结束的地方。

11.7.2 置信区间的解释

一般把置信区间解释为，“该参数（总体均值）有 95% 的机会介于这两个值之间”。图 11-1 显示的是，与上述计算相关联的理论总体的正态曲线，它论证了置信区间的这个解释。你能看到的是，正态曲线中有一个总体均值 μ，并且范围在 ± 1.96 之间的 Z 分数（与置信区间相对应）也在曲线中被标注，这个分布也包含了可能与这个数据相关的抽样分布中的 10 个样本结果。每个样本都落在上述 Z 分数的区间中。注意，除了样本 S7 外，所有样本都包含在其所反映的总体均值范围内，这是置信区间的本质。我们能够在 95% 的置信水平上说，总体均值会落在被抽取的样本区间内。然而，需要注意的是，这并不意味着抽取的特定样本包含了这个参数。虽然抽取单个样本包含该参数的概率是 95%，但你仍可能遇到抽取的样本不包含该参数的情况。

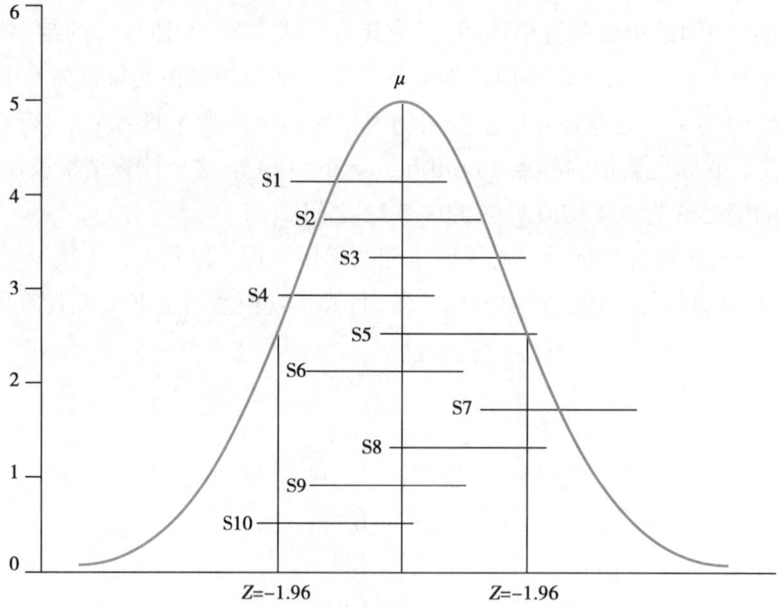

图 11-1　抽样分布结果与正态曲线

对于所有的置信区间来说，如上述讨论的那样，置信区间范围是有关期望置信水平和样本量之间的函数。例如，更高的置信水平要求更宽的置信区间，如果研究者希望达到 99% 的精确度，他或她就必须考虑用更大范围的 *Z* 分数去估计参数。小样本量会使用更宽的区间。如果样本量较小，我们就必须考虑用更宽的置信区间，因为标准误较大且我们更难确信结果。但是，如果样本量较大，我们就能更确信我们的结果。因为我们知道标准误较小，甚至也许小于总体标准差。

11.8 结论

这一章为推论统计分析的学习奠定了基础。正态曲线、概率和抽样分布等概念将被运用于假设检验，这是第 12 章到第 14 章要介绍的内容。在不知道抽样分布的情况下，我们也不可能进行假设检验。这是因为，研究者们无法确信，从总体中抽取样本的期望值与总体参数的接近程度。正态曲线不仅有助于通过概率运用抽样分布，也有助于理解正态曲线及 *Z* 分数下的区域。从点估计发展到区间估计，置信区间提升了估计总体参数的能力，使得研究者们能够在一定的误差限度内估计总体参数值。当我们进行推论分析时，所有这些理念在假设检验的讨论中都很重要。

11.9 关键术语

偶遇抽样（accidental sample）
中心极限定理（central limit theorem）
整群、多阶段抽样（cluster/multistage sample）
置信区间（confidence interval）
元素（element）
估计（estimate）
期望值（expected value）
推论（inference）
推论统计分析（inference analysis）
区间估计（interval estimate）
大数定律（law of large numbers）
正态曲线（normal curve）
参数（parameter）
亲本总体（parent population）
点估计（point estimation）
总体（population）
概率（probability）
立意抽样（purposive sample）
配额抽样（quota sample）
样本（sample）
抽样分布（sampling distribution）
抽样误差（sampling error）
抽样框（sampling frame）
抽样单元（sampling unit）
简单随机样本（simple random sample）
滚雪球样本（snowball sample）
标准误（standard error）
统计量（statistic）
分层样本（stratified sample）
研究总体（study population）
系统抽样（systematic sample）
目标总体（target population）

11.10 公式概览

Z 分数（总体）

$$Z = \frac{\overline{X} - \mu}{\sigma/\sqrt{N}}$$

置信区间

$$\overline{X} \pm Z_{\text{ci}}\left(\frac{\sigma}{\sqrt{N}}\right)$$

11.11 练习

1. 请自我检测本章中提及的概念。

a. 将一枚硬币抛 10 次，计算获得正面的百分比。

b. 抛一枚硬币，抛 9 次为一组，获取 10 组以上这样的数据，并计算其中抛得正面的平均值（制作一个抛硬币的抽样分布）。

c. 在这个分布中的标准误和期望值是什么？

d. 对于连续出现最多次数的正面或反面，计算这种情况出现的概率。

e. 在这个试验中，亲本总体、目标总体和研究总体分别是什么？它们的异同是什么，为什么？

f. 利用 a 中抛 10 次硬币得到的正面平均值，构建出所预测的总体均值的置信区间。

①你获得的结果与已知的总体参数——出现正面的概率是 50% 相比，结果怎样？

②你获得的结果与抽样分布相比，结果怎样？

2. 在期刊上寻找一篇包含两种概率抽样和两种非概率抽样方法的研究论文。

a. 讨论作者选择这种抽样方法的理由。

b. 文章阐明该种方法的优点和缺点分别是什么？

11.12 参考文献

DeMoivre, A. (1718/1967). *The Doctrine of Chances*. New York, NY: Chelsea.

Dudycha, A. L., & Dudycha, L. W. (1972). Behavioral statistics: An historical perspective. In R. E Kirk (ed.), *Statistical Issues: A Reader for the Behavioral Sciences*.Pacific Grove, CA: Brooks/Cole.

Gauss, C. F. (1809). *Theoria motus corporum celestium*. Translated 1963. Boston,MA: Little, Brown.

Kachigan, S. K. (1986). *Statistical Analysis: An* Interdisciplinary *Introduction to Univariate and*

Multivariate Methods. New York, NY: Radius Press.

Laplace, P. S. (1878-1912). *Oeuvres completes de Laplace*. Paris: Gauthier-Villars.

Pate, A. M., Wycoff, M. A., Skogan, W. G., & Sherman, L. (1986). *Reducing Fear of Crime in Houston and Newark: A Summary Report*. Washington, DC: The Police Foundation.

Sutherland, E. H. (1937). *The Professional Thief*. Chicago, IL: University of Chicago Press.

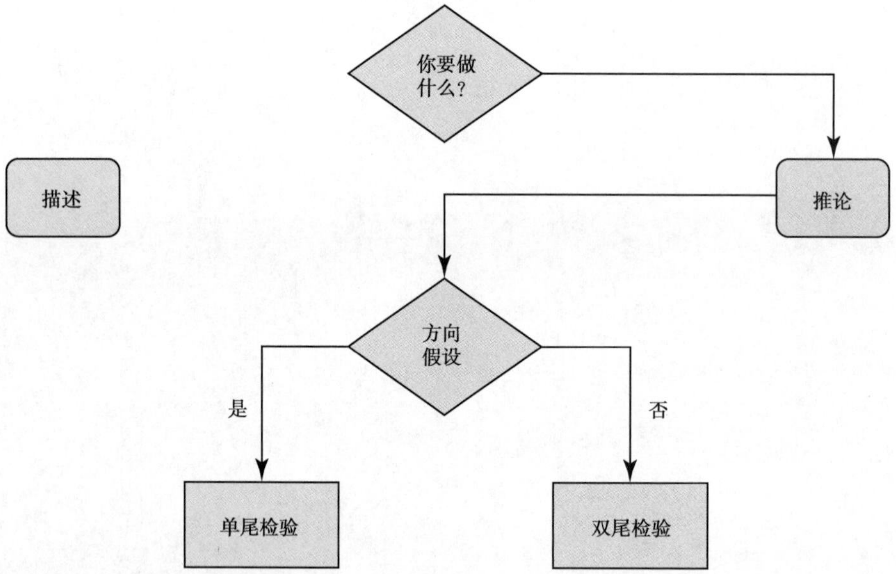
你要做什么？
描述
推论
方向假设
是
否
单尾检验
双尾检验

第 12 章

假设检验原理

学习目标

- 掌握假设检验的有关过程
- 评价研究假设和零假设
- 确定运用单尾或双尾检验
- 理解观察值、显著性和临界区域
- 区分类型Ⅰ和类型Ⅱ错误

尽管一些研究开展的目的是确定一个具体的特征，比如平均的 IQ（单变量分析），但是研究者们往往会对比不同分组的人群（双变量分析）。如下列所示范：

- 小偷与正常人对比
- 使用致命武力的警察对比不使用致命武力的警察
- 刑事审判中的司法判决与民事审判中的司法判决

通常情况下，研究者们无法获取进行描述分析所必需的研究总体，因此也就无法进行双变量分析，但是，他们仍然想作比较。如同在第 11 章“推论分析导论”中讨论的，推论分析可以通过分析一个样本的特征，将结果推论至总体。

当对比这些分组时，我们要试着回答这样一个问题：例如，使用致命武力的警察和不使用致命武力的警察之间存在差别吗？更具体地说，当你在对比两个不同分组的时候，你通常会持有关于不同分组特征的观点，并且试图证明这些观点是否正确。基于以上想法，你会刻画出某种观点或假设——使用致命武力的警察比起不使用的警察更具有进攻性，然后去验证这个观点是否正确。这正是**假设检验**（hypothesis testing）的过程。通过第 11 章中关于推论分析和特征的讨论，借助一个已知的误差概率，我们可以决定，一个既定样本是否和研究总体之间存在差距（使用致命武力的警察是否不同于正常警察），或者两个样本之间是否存在差异（法官在一个辖区的量刑模式是否不同于其他辖区）。假设检验的过程始于认真、透彻的研究假设和零假设，然后按部就班地依照假设检验的步骤进行。

在本章中，我们将继续讨论推论统计和假设检验。我们会介绍假设检验的有关概念，比如单尾和双尾检验、错误类型和**统计功效**（statistic power）。在本章结论部分，你要准备好在第 13 章中开始运用假设检验。

12.1 零假设与研究假设

在前面章节提及研究过程和假设检验的相关类型时，我们已经讨论过零假设和研究假设了。本章的讨论对于推论分析来说更加具体，并且会给出这些概念的更多信息。

要记住假设有两种类型：研究假设和零假设。**研究假设**（research hypotheses）通常用来表述研究的意图或目标，而**零假设**（null hypotheses）是通过“所检验的样本之间没有统计显著性差异”的表述，以统计的方式证实或者反驳研究假设。

研究假设来源于理论或基本问题 / 研究问题，通过实证方式检验概念化的语言表述。例如，一个研究假设可以表述成：

> 先前有刑事司法经验（警察、矫正官）的缓刑监督官，比起没有刑事司法经验的缓刑监督官，更不容易支持恢复性司法。

由于很难证实研究总体中的两个分组之间存在差异，运用零假设有助于建立假设检验。

零假设对于推论统计至关重要，因为我们不知道关于总体的参数，所以结论或假设都无法证实。并且，样本的变化层出不穷，样本误差也比比皆是，这就导致了证实研究假设的概率难以确定。因此，通过对数据进行检验，从而试图拒绝一个零假设，似乎就成了关键突破口。以上所谈到的案例中，与研究假设相关的零假设就可以表述成：

> 有刑事司法经验的缓刑监督官和没有刑事司法经验的缓刑监督官，对恢复司法的态度在统计上没有显著差异。

一系列的假设和要求对于成功的假设检验来说是必不可少的。它们中的大部分都被用于推论统计中，不过它们对于假设检验的重要性也恰恰在于此。

假设检验的第一个要求是，假设必须概念清晰。首先，为了使研究的范围涵盖更广，基本问题或假设通常是模糊的，但这并不意味着这种宽泛程度可以削弱对研究主题的理解。假设要明确地指出研究对象或者研究目的。此外，思路框架（研究问题、概念等）应该用可操作化的术语明确定义。

其次，假设也应该具有实证性基础，不包含道德评价。尽管在研究中可能发现，比如“警察压制穷人”的假设无法进行科学的调查。假设应该是可以被实证方法检验和评估的，并且不包含情感偏见。

再次，假设应该和理论主题相关，并且有助于反驳、证实或者支持现存理论。尽管总有颠覆性研究的概率，但大多数的假设检验更关注于特定领域中的知识现状，并且应该尝试着支持或反驳既定知识。

最后，假设应尽量具体。假设越精确，效度越高，结果是偶然出现的概率越低。

学者们已经提出了关于研究假设的标准。扎特伯格（Zetterberg，1963）为接受研究工作或假设建立了三条准则。

第一条准则是，假设检验的结果要在确定的概率下拒绝零假设。在尝试接受任何一个研究假设之前，都要先设置一个拒绝零假设的临界水平。只不过，这只是接受研究假设的起点。

第二条准则是，数据应当以假设预测的方式设计。在假设检验的总结分析之外，数据应当遵从期望的概念模型。虽然测量出很弱的关系强度，以至于对数据反映的关系强度信息缺乏采纳的信心，但一般还是要拒绝零假设。或是说，数据呈现的方式显示出，除了拒绝零假设外的其他解释都是有问题的或不可能的。如果出现这些情况，则不建议解释研究假设。

最后一条准则是，应拒绝多种假设。拒绝零假设并不意味着自动地接受研究假设。存在其他可能（有时很多）的情形，导致即使拒绝零假设，也并不能支持研究假设。比如，拒绝“在警察机构内，受过高等教育的警察和没受过高等教育的警察，在被提起民事诉讼的数量上没有明显的统计显著性差异”的零假设，并不必然意味着“只雇用受过高等教育的人警察局就可以避免被起诉”。在拒绝零假设之后，还应考虑其他影响因素。受过高等教育和没受过高等教育之间的差异，可能是由于受过高等教育的警察在警察中具有主要地位或领导职位，或者是与警察无关的警察局亚文化引起了民事诉讼，提起诉讼这一事件独立于警察机构中的警察身份。因此，在声称接受研究假设之前，还有大量解释需要探索和拒绝。

12.2 假设检验的步骤

假设检验可以被看作一个“专门做决定”的过程。首先，通过研究假设和零假设，建立各种假设。然后，根据研究者所关注的特征，抽取一个或多个样本。一旦检验类型选定之后，就要把样本特征与未知的整体参数的假设作比较，以观察所抽取的样本是否支持该假设。比较结果可用于决定拒绝或者不拒绝零假设。总的来说，尽管假设检验的特殊技巧和步骤很大程度上取决于所分析的数据类型，但仍有一些应采纳的标准流程。本节设计并讨论了这些步骤。

步骤一：提出研究假设

第一步是以研究假设的方式对研究现象提出想法。研究假设通常类似于一个项目的研究或派生问题，或者一个理论的陈述。尽管研究假设已经使用了很多年，它们是由尼曼和皮尔逊（Neyman & Pearson，1928）为尝试澄清假设检验问题而建立的。他们为提出研究问题构建了一个框架，它由研究的基本问题所衍生，并被用作与零假设相连接的媒介。借用上面的研究假设示例，用统计术语表述为：有刑事司法审判经验的缓刑监督官和没有经验的缓刑监督官相比，所抽取的样本有不同的样本均值。并且，我们可以假设，其差别如此大，以至于不能归因于随机因素。本质上，研究者已经对缓刑监督官作出了一系列假设，她或他将尝试去实证检验。

步骤二：提出零假设

该过程的第二步就是提出零假设。正如上文提过的，零假设将研究假设置于一个可以被实证检验的位置。零假设本质上是与研究假设对立的。零假设可以表述为：两个样本的均值是相等的，或者仅因随机发生或抽样误差产生微小差异。建立假设检验的目的，其实就是让我们在可能的情况下，能够拒绝零假设。通过拒绝零假设，我们就有理由去支持研究假设。记住以上为接受研究假设而建立起来的指南。

步骤三：抽取样本

假设检验的第三步是从研究总体中抽取样本。这要联系到我们在第 11 章中讨论过的概率抽样和非概率抽样。选取的样本要能充分代表目标总体，最好是理论总体。否则，从样本到总体的推广便会受到限制。

步骤四：选取检验方法

假设检验的第四步是选择合适的统计检验方法来准确地分析所抽取的数据。在此，必须要做出两个决策。第一个是决定选择哪种假设检验方法最适合所分析的数据，该内容会在第 13 章中介绍。第二个是决定采用单尾还是双尾检验。

单尾和双尾检验

在假设检验中，检验结果将根据落在正态曲线下方的位置展开讨论。有时研究者希望观察值落在正态曲线的中间部分（置信区间），并且在 ±1.96（或 2.58 等设定的其他水平）的边界范围内。其他情况下，如果它落在 ±1.96 范围外，我们则可以说一个变量与另一个变量差异显著，并因此拒绝零假设。这种情况下，科学家把所研究变量界定为“处在分布的尾端”。“处在尾端”是假设检验过程中的另一个因素。举例说明，如果一个研究者进行一项关于滥用毒品的教育项目，可能出现以下 3 种结果：

1. 项目会导致未成年人减少吸毒行为；
2. 项目不会对行为产生显著影响；
3. 项目因给未成年人提供了相关信息，导致他们更倾向于吸毒。

尽管以上 3 种结果都可能出现，研究者也不会逐个对它们进行检验。如果研究的目的是检验项目的成绩，研究者可能只会检验第一个结果，或者说他们只想知道是否有改变，而不关心改变是积极或消极的。这些例子说明了假设检验的两种类型：单尾检验（one-tailed test）和双尾检验（two-tailed test）。

双尾检验（two-tailed test）是指所检验的样本之间存在差异，但没有明确差异的方向。这就是前述例子中所表示的假设检验类型。对这种分析类型，必要时可以将正态曲线分为三部分。分析的焦点在于，检验该项目是否导致未成年人吸毒行为明显低于正常水平（与均值的距离，大于 –1.96 个标准差），或者项目的参加者和非参加者间没有明显差异（与均值的距离，在 ± 1.96 个标准差的范围之内），再或者该项目使未成年人明显比正常情况下吸毒更多（与均值的距离，大于 +1.96 个标准差）。具体来说，研究者观察参与项目的未成年人样本，与未参加者之间是否存在明显差异。如果存在差异，这个结果就很有说服力。在该项研究中，所观察的未成年人增加或减少毒品使用频率并不重要，只要前后存在差异就行了。

研究者对是否参与调查的未成年人比未参加者更多地使用毒品问题并不关注，这可能听起来有些荒诞。更有可能的是，该研究的成功关键，就是发现了参与调查的未成年人比未调查的未成年人减少了毒品的使用。借助单尾检验，就可以得出上述结论。**单尾检验（one-tailed test）**寻求两个对比组之间差异的方向，就本案例来说，即参与调查的未成年人比未参加项目的未成年人更少使用毒品。单尾的假设检验可以预测一个变量多于或者少于另外一个，但并不是二者同时兼得。

单尾检验的优势在于，临界值会变得更小。贯穿本书中 0.05 显著水平下与假设检验相关的内容，都使用的是 ± 1.96 的临界值。这是因为，所有的分析都是基于双尾检验。参照附录 B 中的表 B-1“统计表”，我们会发现，超过这个 *Z* 分数的区域实际上仅有 0.025。然而，基于一部分尾部的决定，就可以用 1.65 的 *Z* 分数（事实上，它介于 1.64 和 1.65 之间，但惯例是在 1.65 建立 0.05 的节点）。从表格中可以看出，这个值与 0.90 显著水平下的双尾检验相对应。通过使用单尾检验，研究者可以检验正态曲线一端之下的更多区域，并且做出两个分布之间是否存在差异的决定。只要研究本身有保障，单尾检验会使结果更精确。

既然如此，哪种类型的检验方式更好呢？这个问题已经被热烈地争论了很多年。最值得关注的或许是琼斯（Jones，1949，1954）、希克（Hick，1952）、布克（Burke，1953）和马克斯（Marks，1953）之间的学术争论。他们发表的文章比本书更加详细地描述了这个问题。如果你对这些检验感兴趣，鼓励你阅读这些文章。

基梅尔（Kimmel，1957）试图通过构建三条选择单尾检验而非双尾检验的标准，终结这场辩论。第一条标准是：“当差异的方向无法预测，很可能，是……没有意义的。”（P352）一个例子就是，监狱暴力犯罪者的愤怒训练。研究的目的是，显示通过愤怒训练可以减少暴力犯罪者的暴力倾向。当然，肯定有可能在无法预测方向的研究中找到相关发现，但这对于研究来说毫无意义。第二条标准是：“在任何情况下，在未预料到的方向上的结果将被用来确定一个在任何方面都不同于无差异所确定的行为过程。”你可以试想一下，这相当于预测

"一场篮球比赛的得分与在比赛结束时的比分没有区别"。此处的研究假设就可能是主场队获胜。由于预测结果的方向很明确（主场队获胜），并且打成平局几乎不可能，在未预料的方向上的发现将等同于没有差异（或者主场队没有获胜）。最后一条使用单尾检验而不使用双尾检验的标准是："当一个方向性假设由理论所推导，但……却和既存理论相反，就不能得出……假设与理论共存。"一个例子是，一些反社会行为会导致儿童实施犯罪行为。如果假设是正确的，这个理论就可以解释相关行为。如果所研究儿童的行为和正常人没有差异，这个理论就无法回应这个行为和结果。在社会科学研究中，这些标准因过于严苛而很难符合。一个较好的建议是，除非有使用单尾检验的理由，否则就要使用双尾检验。

步骤五：计算获得值

假设检验的第五步是利用所选分析方法计算获得值。这是一个使用卡方检验（第 8 章）、*Z* 检验、*t* 检验（第 13 章）或者方差分析（第 14 章）等方法来决定获得值的过程。

在实际运用过程中，这一步经常被跳过，因为统计软件会为我们计算获得值。在大多数的统计软件中，获得值都会在输出结果中呈现出来，但是在用卡方检验时（第 8 章），分析的显著值也会显示出来，因此这个方法可以用来帮助我们做决定，没有必要计算获得值并和临界值比较。

步骤六：确定显著水平和临界区域

假设检验的第六步是确定统计检验的**临界值**（critical value）。无论是单尾检验还是双尾检验，临界值由研究所选的检验类型、所需的确定水平、自由度来决定。临界值也代表了犯类型 I 错误的概率，接下来的内容会有所讨论。

临界值由所选检验类型来决定，因为每种检验都有不同的临界值表。卡方检验的临界值表在第 8 章"关系存在测量和统计显著性"中讨论过。同样，第 14 章"假设检验应用"所介绍的 *Z* 检验、*t* 检验、*F* 检验，也有各自使用的临界值表。

关于显著水平的确定，需要回顾使用 0.05、0.01 或者其他显著水平分析的决定过程。在刑事司法和犯罪学中，习惯使用 0.05 或 0.01 的显著水平作为假设检验的判断标准，尽管其他显著水平也可行并且也有所使用。本书中统一使用 0.05 的显著水平，因此你可以利用相似值比较多种分析方法。不过，你在进行自己的研究时，不要局限于使用 0.05 的显著水平。

在使用卡方检验时，自由度在决定临界值上也起到了至关重要的作用。正如在第 11 章中介绍的那样，样本量影响标准误，因此自由度很重要。较大的样本量会减少标准误，总体参数的估计会更精确。这又反过来影响临界值，并让我们更容易拒绝零假设。与此相反，小的样本量有更大的标准误，对总体参数的估计准确度会更低，所以临界值更大，更难拒绝零假设。

最后，选择单尾还是双尾检验，也会影响临界值。正如前文所讨论的那样，0.05 的显著性水平对应一个 *Z* 分数或 ±1.96 的置信区间。但是，我们也谈到双尾检验考察的是正态曲线以外 -1.96 和 +1.96 的区域，因此要将 0.05 的显著水平一分为二，负区域之外的 0.025 和正区域之外的 0.025。这对于单尾检验和双尾检验来说至关重要。单尾检验有 0.05 的拒绝区域，但只有一个方向。在双尾检验中，拒绝区域会一分为二，你需要对分布末端的两个区域进行检验。

再次强调，这一步的现实需求是，你要决定接受研究假设的显著水平，并且要在检验结果出来之前就予以确定。我们已经不太需要从表中获得临界值，因为统计分析结果会明确给出分析的显著水平。

步骤七：做决定

假设检验的最后一步是做决定。这是一步非常直接的步骤，只需要比较统计检验所获得的值和临界值。借助统计分析程序的输出结果，比较输出值的显著水平和事先设定的接受水平。如果统计检验输出的获得值大于临界值（或者显著值小于步骤六所设定的水平），那么在该显著水平下，我们就可以拒绝零假设（前面章节已经讨论过）。这表示，两组之间的差异如此巨大，我们有 95% 或 99% 的信心确认上述情况不是随机产生或者无法将其归因于抽样误差。如果获得值小于临界值，也就是说，如果显著值比步骤六设定的接受水平大，我们就不能在该显著水平上拒绝该零假设。

这个做决定的过程其实就是对零假设进行检验。这是典型的统计推论，观察所抽取的样本特征，从而推导出未知总体的特征。这不属于描述统计的内容，而是推论统计的内容，尽管描述统计和推论统计通常会一并计算。

为了决定差异是否可由合理的随机误差产生，这个过程检验了样本之间的差异程度。这个决定只有在关系存在的前提下才能做出（参见第 11 章）。一些人认为，不应该用显著性检验，因为它无法对研究现象提供充分的信息，也无法显示关系的强度。假设检验的贬低者认为，应该用诸如关系测量法或置信区间等其他统计方法。即使不显著，这些统计方法还是说明了关系存在。他们坚持认为，假设检验只反映了样本量问题，而没有反映关系强度。也有人认为，显著性检验很重要，因为它检验了样本特征和总体参数之间的关系，并且助益于尽可能早地确定后续研究的合理性。

12.3 类型 Ⅰ 和类型 Ⅱ 错误

在推论统计中，假设检验会呈现出若干可能的结果，一些是正确的，也有一些是错误的。这可以用刑事审判的过程形象地证明，我们必须检验的零假设是“一个人是无罪的”：被审判的人和其他无辜者之间没有差异。第一种结果是，因各变量间真的有差异而拒绝零假设，陪审团对一个事实上有罪的人裁定有罪。第二种结果是，因各变量间真的没有差异而不能拒绝零假设，陪审团对一个事实上无罪的人裁定无罪。然而，变量之间确实不存在差异时，零假设也可能被错误地拒绝，正如陪审团对一个事实上无罪的人裁决有罪。最后一种情况，当两个变量之间确实存在差异时，却没有拒绝零假设，正如陪审团对一个事实有罪的人裁决无罪。所有的这些情况，都在表 12-1 中表示出来了。当拒绝一个本来正确的零假设时，我们就犯了类型 I 错误；当我们没有拒绝一个本来应该拒绝的零假设时，就犯了类型 II 错误。尼曼和皮尔逊（Neyman & Pearson，1933）提出了两种类型错误的识别和分类。

表 12-1 **假设检验结果（类型 I 和类型 II 错误）**

决定	真实情况	
	零假设为真	零假设为假
拒绝零假设（H_0）	决定错误，类型 I 错误	决定正确
没有拒绝零假设（H_0）	决定正确	决定错误，类型 II 错误

类型 I 错误（Type I error）指的是拒绝了一个本来正确的零假设。例如，我们拒绝了零假设，但事实情况是两个变量之间没有明显差异。在某些情况下（比如 1% 或 5% 显著水平下 0.01 和 0.05 的临界值），两个变量之间的差异很大，以至于不可能是偶然出现的。但事实情况是，它们之间的变化的确是偶然出现的或是由随机差异导致的，在事实上没有关系。

与犯类型 I 错误相关的概率，是检验的显著值（水平）。比如，一个在 0.05 显著水平上的假设检验在 95% 的情况下是正确的，但也有 5% 的概率犯类型 I 错误。这就是**临界概率**（critical probability），用希腊字母 alpha（α）来表示。任何情况下，在既定显著水平上拒绝一个零假设时，都有犯类型 I 错误的风险，这就是 α 所表示的概率。可以通过缩小 α 区域（比如，用 0.00001 的显著水平）来降低犯类型 I 错误的概率，但是，这却加大了犯类型 II 错误的风险。

类型 II 错误（Type II error）指的是，没有拒绝一个错误的零假设。例如，两个变量之间在事实上存在差异，但却没有拒绝该零假设。犯类型 II 错误的概率用希腊字母 beta（β）表示。beta 可以用以下公式计算出来：

$$\beta = \frac{\mu H_0 - \mu_{\text{true}}}{\sigma}$$

其中，μH_0 代表的是零假设的样本平均值，μ_{true} 表示零假设为真时真实的平均值，σ 是总体标准差。

为了描述这个计算过程，我们用第 11 章中的“囚犯智商”来举例。零假设是囚犯智商和总体中的普通人没有差异。在测试囚犯时，他们的平均智商是 80。基于此，零假设是：囚犯和普通人的智商都是 80。然而，已知总体的普通人平均智商是 100，标准差为 15。本例中，犯类型 II 错误的概率是：

$$\beta = \frac{80 - 100}{15}$$

$$= \frac{-20}{15}$$

$$= -1.333$$

这个计算出来的值事实上是一个 Z 分数。如果研究设计成一个以 0.05 作为显著水平的双尾检验，±1.96 就可以作为临界值来用。基于以上公式的信息，可以进行适当矫正。在下限上加上该数值就会产生 –3.29 的 Z 分数[–1.96 +(–1.33)]，上限加上该值就会产生 0.63［1.96+（–1.33）］的 Z 分数。如果正态曲线下方区域将这些数值全部计算在内，就会得到上限处（均值到 Z 分数）的距离是 0.4995，下限处的距离是 0.2357（见附录 B，表 B-1 统计表）。二者相加，本例中犯类型Ⅱ错误的概率就是 0.7352。本例证明，计算犯类型Ⅱ错误概率的唯一办法就是要知道零假设的真实值（μ_{true}）。通常情况下这是不可能的。因此，即使计算时有所考虑，但犯类型Ⅱ错误的概率几乎无法计算。

通常有 3 个因素会影响犯类型Ⅱ错误的概率。其中一些是真实存在的因素，其他则是假设检验理论构造出来的。

第一个影响犯类型Ⅱ错误的概率的因素，是研究者所选定的 α（alpha）区域（0.05 或 0.01）。α 水平越高，犯类型Ⅱ错误的概率就越大。因为类型Ⅱ错误的定义是“拒绝一个错误零假设的概率”。如果 α 水平设置得越低，犯类型Ⅱ错误的概率就越低，因为拒绝该零假设的风险就越低。然而，犯类型Ⅰ错误的概率就会随之上升，这就表明了 α 水平不能人为地设置过低，除非有很好的办法来避免犯类型Ⅱ错误。

第二个因素是，假设本身的错误程度。如果零假设的错误程度很高（观察值和临界值之间存在很大差距），那么基于假设检验结果就更有可能得出正确假设。但如果差异很小,那么假设检验很有可能无法揭示差异的真实属性(见后续部分）。

最后一个因素是样本量，这也与检验功效（power）有关。通过扩大样本量，研究者可以降低犯类型Ⅱ错误的概率。同样，也有两个因素影响这一关系。一方面，扩大样本量会引起临界值落在和假设的总体平均值范围更近的地方。另一方面，扩大样本量会导致与总体相关的样本平均值聚集得更紧凑：扩大样本量会减小标准误。综上所述，当使用更大容量的样本时，类型Ⅱ错误就有可能不会发生，因为我们更有可能获得对总体参数的准确估计。

类型Ⅰ或类型Ⅱ错误，哪个更好？在此，经常会遇到一个问题，（降低）哪个类型的错误更好？很明显，对任何一项研究工作来讲，减少犯类型Ⅰ错误的概率会导致犯类型Ⅱ错误的概率增加。就二者的权衡来说，研究者究竟会减少犯哪种类型错误的概率呢？答案取决于研究者要做什么。

研究者可以通过设置更高的显著水平（α 水平）来防止犯类型Ⅰ错误的概率。如果进行一项有可能完全改变一个州刑事司法系统的研究，研究者需要对他 / 她的研究成果持非常肯定的态度。在这种情况下，研究者会在 0.001 甚至 0.0001 的显著水平上来拒绝零假设。这是个很严格的标准，因此很难拒绝零假设。如此的话，犯类型Ⅰ错误，以及在一个错误假设的基础上改变整个刑事司法系统的概率就变得很低了。同样的逻辑也适用于医学研究，研究者为了避免将没有疗效甚至有害的药品投放到市场上，甚至会将显著水平设置成 0.0000001。这样一来，犯类型Ⅰ错误的概率就会降低至百万分之一。

有时候，试着避免犯类型Ⅱ错误更重要。致力于前沿研究的研究者考虑更多的，可能是避免犯类型Ⅱ错误，因为类型Ⅰ错误会在后续的研究中显现出来，然而类型Ⅱ错误会永远地扼杀一项研究。举例来说，如果进行一项新的研究，目的是使未成年人远离帮派组织，研究者可能就会将拒绝水平设置成 0.9，0.8，甚至 0.6。诚然他们大概会有 40% 的概率犯类型Ⅰ错误，但这也是可以接受的。在这个例子中，如果该项研究引起了孩子们的生活方式的差异，这项工作就会被认为是成功的并且会继续进行下去。后续的研究工作可能会使用更严格的 α 水平和评估方法。让该研究运行下去，并且给予时间看它是否奏效，这点很关键。如果设置了很高的显著水平，或许就无法给予这项研究继续开展的机会了。

一直以来，科学家和统计学家都在尝试着通过选取显著水平来平衡类型Ⅰ和类型Ⅱ错误，我们今天采用的标准就是由此而来。科学家们一致认为（这与其他任何共识一样），5% 或者 1% 的类型Ⅰ错误概率是合理的风险概率。在该水平下，已经足够充分地避免犯类型Ⅱ错误。

12.4 检验功效

统计检验功效（the power of a statistical test），指的是拒绝一个错误零假设的概率。它等于 $1-\beta$。从公式中明显可以看出，检验功效和犯类型Ⅱ错误的概率是紧密联系的。

检验功效可以追溯到拉普拉斯（Laplace），他在 1823 年提出，他所拥有的数据不足以准确分析气压变化和月相之间的关系。并且他认为，他需要 72 年的数据才能在 0.01 的显著水平上分析二者之间的关系。

正如上文提及的，检验功效和犯类型Ⅱ错误的概率有关，即没有拒绝一个错误的零假设。和类型Ⅱ错误相类似，检验功效受 4 个因素的影响：样本量、统计检验方法、α 水平和假设的错误程度。

样本量对于检验功效十分重要。事实上，检验功效的定义也由此而来。样本量越大，标准误就越小，检验就更有可能更好地估计了总体参数（统计方法在理论上更可靠）。样本量到底要多大，这是个开放话题。一些假设检验对大的样本量很敏感。回忆之前有关卡方的讨论，很大的样本量会在实际不存在关系的情况下产生显著的结果（类型Ⅰ错误）。另外，马什、豪、巴拉和格里森（Marsh，Hau，Balla，& Grayson，1997）已经提出，结构方程模型对于大样本来说很稳健。Z 检验和 t 检验介于二者之间。在开展你的研究时，由你自己在类型Ⅱ错误的风险和样本量过大之间权衡。

统计方法的选择与使用单尾检验或双尾检验有关。由于二者之间拒绝区域的差异，二者的统计检验功效存有不同。附表 B 表 B-1“统计表”显示了，单尾检验中拒绝一个零假设的观察值（距离平均值 1.65 个标准差）和双尾检验中的观察值（距离平均值 1.96 个标准差）。因为对于单位检验而言，正态曲线的大部分落在了拒绝区域中，所以它有着更高的统计检验功效。

α 水平，临界概率，或者显著水平也会影响检验功效，尽管其作用还有争议。既然**统计功效**（statistical power）的定义是犯类型Ⅱ错误的概率，如果假设检验的显著水平设置很高，犯类型Ⅱ错误的概率也就越大。同时，如果显著水平设置较低，就会减少类型Ⅱ错误的发生（但会增加犯类型Ⅰ错误的概率）。有些人认为，降低 α 显著水平会增加检验力度。虽然这在操作上是可行的，但在方法论上是错误的。检验功效的目的是在降低犯类型Ⅱ错误概率的同时，将犯类型Ⅰ错误的概率保持在一个可接受的水平上。简单地降低 α 水平来使得检验功效上升无异于篡改统计检验。为了切实提升检验功效，应当保持恰当高的显著水平，并且样本量也应适中（或扩大），才能实现统计功效的目的。

多大的样本量才是足够的？

三位教授（一位物理学家，一位化学家，一位统计学家）去见他们的院长。当他们到院长办公室时，院长被叫出去了。不一会儿，教授们注意到垃圾篓着火了。此时物理学家说："我知道该怎么办，我们必须对燃烧物降温使它们低于燃点，这样火自然就灭了。"化学家说："不不，我们必须将氧气供应切断，火才能熄灭。"当物理学家和化学家争吵不休时，他们意外地看到，统计学家在房间内到处放火。当他们问这个统计学家在干什么时，他回答道："我在试着得到足够的样本量。"

最后一个关系到检验功效的是零假设的错误程度。在此，我们可以将统计检验设想成一个显微镜，而将检验功效看作是检验两个变量分布差异的显微镜性能。在这项练习中，假设两个变量都呈正态分布，分布的中心也是变量的平均值。如果两个分布的平均值彼此差异很大（比如在尺度为 100 中 50 的差异），通常情况下不会用一个强力的显微镜去观察这个差异。在变量差异很大的情况下，假设检验会轻易地展现出变量之间的差异。如果差异很小（相同尺度内差异为 1），就需要一个很强的显微镜来观测二者之间的差异。这就需要更强的功效来确定两个分布之间是否存在真实的差异。

将所有这些因素综合在一起，共同来衡量一个**分析的功效**（power of an analysis）。这个效力通常表现为一种概率，即犯类型Ⅱ错误的概率。有着 0.90 功效水平的研究仅有 10% 的概率会犯类型Ⅱ错误；有着 0.40 功效水平的研究会有 60% 的概率会犯类型Ⅱ错误。通常会建议一项研究至少有 50% 的检验功效，[1] 否则犯类型Ⅱ错误的概率就太大了。在先前的分析中，β 是 0.7352，这就意味着它的功效是 1–0.7352，即 0.2648。这低得恐怖，研究结果需要认真检验，看犯类型Ⅱ错误的概率是否很高，以至于无法实现研究目的。不幸的是，在刑事司法和犯罪学研究领域中的大部分研究者没有检验**统计功效**（statistical power）（可参

[1] 一些统计学著作可能更加推荐至少有 80% 的检验功效。——译者注

考 Brown，1989）。如果他们做了的话，就会更接近于这个数字，而不是他们所期望的 0.7 以上的水平。

把类型Ⅰ和类型Ⅱ错误降低到最低程度的最好方法，就是设置一个高的临界概率。这就会减少犯类型Ⅰ错误的概率，然后确保样本量足够大以维持检验功效，因而降低犯类型Ⅱ错误的概率。可以借助一个小的、已知的总体来表述。如果从该总体中抽取出一个小样本，我们必须要确定类型Ⅰ或者类型Ⅱ错误在检验中的重要程度。反过来，如果我们选取了一个事实上代表（无异于）总体的样本，我们就可以设置很高水平的临界概率，并以此来降低犯类型Ⅰ错误的概率，并且有足够的自信不会犯类型Ⅱ错误。

12.5　结论

借助第 11 章中的抽样分布、中心极限定理和正态曲线理念，我们在本章介绍了假设检验的步骤。假设检验的运用核心是如何选择检验方式，是用单尾检验还是双尾检验。在这个过程中也要注意统计功效问题和犯类型Ⅰ或者类型Ⅱ错误的概率。掌握这些知识以后，你要准备开始进行假设检验了。这是第 13 章的主要内容。

12.6　关键术语

α（Alpha）
β（Beta）
临界概率（critical probability）
临界值（critical value）
假设检验（hypothesis testing）
零假设（null hypotheses）
单尾检验（one-tailed test）
统计检验功效（power of a statistical test）
统计功效（statistical power）
研究假设（research hypotheses）
双尾检验（two-tailed test）
类型Ⅰ错误（type Ⅰ error）
类型Ⅱ错误（type Ⅱ error）

12.7　公式概览

类型Ⅱ错误（Type Ⅱ error）：

$$\beta = \frac{\mu H_0 - \mu_{\text{true}}}{\sigma}$$

12.8　练习

1. 查找一篇或多篇处理假设检验的期刊文章。

a. 如何确定研究假设和零假设。

b. 研究者如何确定使用单尾还是双尾检验。你如何得出这个结论？

c. 尝试确定研究者使用的抽样方法。

d. 尝试确定研究者使用的统计检验方法。如果需要帮助，参考第 13 章中有关于检验类型的讨论。

e. 如果给出了值，讨论分析的获取值和临界值。回顾卡方和第 13 章中的检验方法会大有助益。

f. 讨论研究者的决定：基于分析的决定合理吗？为什么合理或为什么不合理？

2. 类型 I 和类型 II 错误在研究文章中并不经常提及，所以要求在大量的文章中找到这些概念解释收效甚微。一篇强调这个问题的较好文章是：Sherman and Weisburd（1995），General deterrent effects of police patrol in crime "Hot Spots"：A randomized study，*Justice Quarterly*，12（4），625–648。找到这篇文章，并准备在课堂上讨论作者论点的优劣之处。

3. 找一篇或多篇讨论功效分析（power analysis）和统计功效的期刊文章。从该分析或讨论中，你可以得出哪些一般性结论？

12.9 参考文献

Brown, S. E. (1989). Statistical power and criminal justice research. *Journal of criminal Justice*, 17, 115-122.

Burke, C. J. (1953). A brief note on one-tailed tests. *Psychological Bulletin, 50*, 384-387.

Hick, W. E. (1952). A note on one-tailed and two-tailed tests. *Psychological Review*, 59, 316-318.

Jones, L. V. (1949). Tests of hypotheses: One-sided vs. Two-sided alternatives. *Psychological Bulletin*, 46, 43-46.

Jones, L. V. (1954). A rejoinder on one-tailed tsets. *Psychological Bulletin*, 51, 585-586.

Kimmel, H.D.(1957). Three criteria for the use of one-tailed tests. *Psychological Bulletin*, 54, 351-353.

Marks, M. R. (1953). One- and two-tailed tests. *Psychological Review*, 60, 207-208.

Marsh, H.W., Hau, K. T., Balla, J. R., & Grayson, D. (1997). Is ever too much? The number of indicators per factors in confimatory factor analisis. Unpublished manuscript.

Neyman, J., & Pearson, E. S. (1928). On the use and interpretation of certain test criteria for purpose of statistical inference. *Biometrika*, 20A, 175-240.

Neyman, J., & Pearson, E. S.(1933). On the problem of the most efficient test of statistical hypotheses. *Psychological Transactions of the Royal Society of London*, 231A, 289-337.

Zetterberg, H. L. (1963). *On theory and Verification in Sociology*. Totowa, NJ: Bedminster Press.

12.10 拓展阅读

Cohen, J. (1962). The statistical power of abnormal -social psychological research: A review. *Journal of Abnormal and Social Psychological*, 65(3), 145-153.

Cohen, J. (1992). A power primer. *Psychological Bulletin*, 112(1), 155-159.

Sherman, L.W., & Weisburd, D. (1995). General deterrent effects of police patrol in crime "Hot Spot"：Arandomized study, *Justice Quarterly*, 12(4), 625-648.

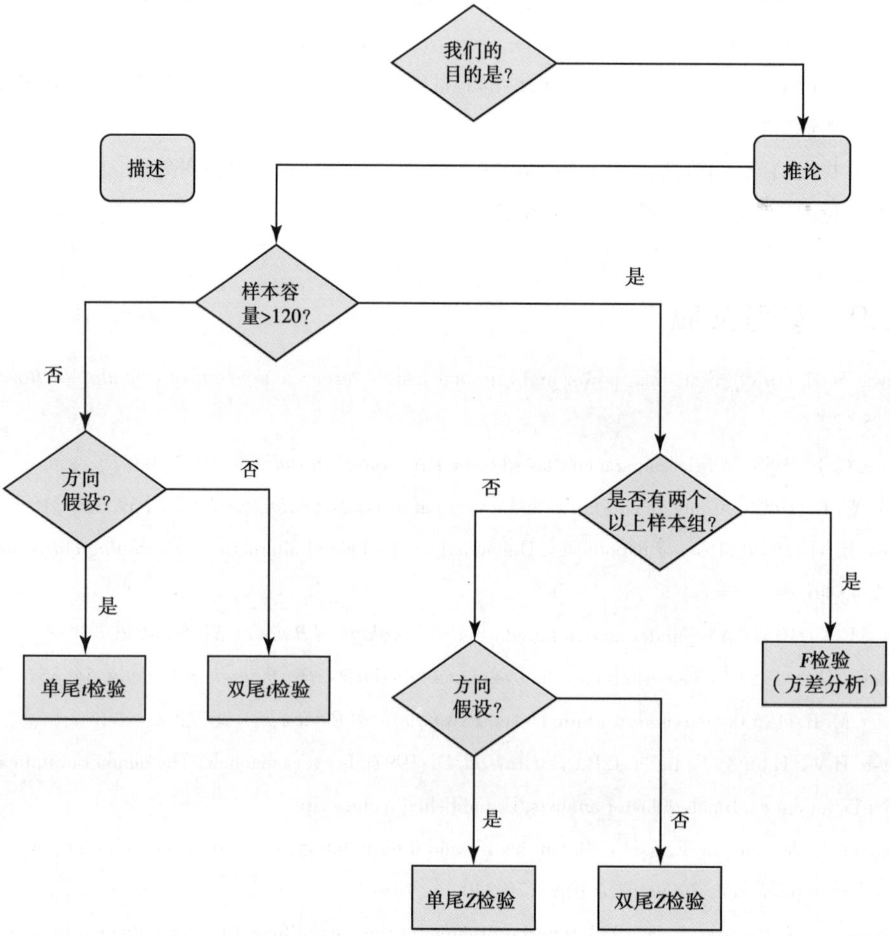
我们的
目的是？
描述
推论
样本容
量>120？
是
否
方向
假设？
否
是
单尾t检验
双尾t检验
否
是否有两个
以上样本组？
是
F检验
（方差分析）
方向
假设？
是
否
单尾Z检验
双尾Z检验

第 13 章
假设检验应用

统计分析很神秘，有时也很离奇。通过对收集得来的数据进行操作，进而掩盖对人类没有归纳意义的结果事实。通常会用到计算机，把不现实的氛围带到运算中。

——佚名

学习目标：

- 讨论 Z 检验的假设
- 计算和解释 Z 检验分析
- 讨论 t 检验的假设
- 计算和解释 t 检验分析
- 评价 SPSS 的 Z 检验和 t 检验输出结果

在第 11 章“推论分析导论”和第 12 章“假设检验原理”中，我们已经为假设检验和推论分析打下了基础。现在我们要正式开始假设检验的工作了。在本章节中，我们的目标和之前一致：基于样本中的数据，对总体作推论。我们会用到几种不同的检验方法，对与推论分析相关的零假设进行检验。使用何种检验方法，取决于有什么样的数据。需要强调的是，本章用到的检验方法多数是**参数检验**（parametric tests），并且假设总体服从正态分布。只有卡方检验不做这个假设，因此它是**非参数检验**（nonparametric tests）。本章讨论了以下 3 种检验方法：

- Z 检验（Z test），用来比较大样本与总体或者两个大样本
- t 检验（t-test），用来比较小样本与总体或者两个小样本
- 卡方独立性检验（Chi-square Test of Independence），用于非参数数据

拉普拉斯是最早研究假设检验结构的学者之一。在他 1823 年的一项研究工作中，拉普拉斯（Laplace，1966）认为，为了准确地分析数据，研究者必须有“一个将观察值的误差限定在严格的范围内的概率决定方法，一个缺少以后就可能将非常规原因当作自然法则犯错风险的方法”。这可以看成最古老的方法之一，且是大多数统计技术的基础。

13.1　Z 检验

推论假设检验最核心的内容是 Z 检验，它用来验证一个样本是否是来自一个

已知的总体，或者两个样本是否都来自同一个总体。Z 检验只适用于大样本，通常要求样本量大于 120。[1]

Z 检验可以通过正态曲线、中心极限定理和抽样分布来直接刻画，以此来检验两个样本是否足够相似并来自同一个总体。一般情况下，如果两个分布的均值很接近并且紧贴正态曲线，我们就可以借助概率理论，将其表述为它们很可能来自同一个总体。相反，如果一个分布的均值处在另一个分布的偏尾部，那么很有可能这两个均值没有共享一个总体。Z 检验用于决定均值的相对位置。

正如前文所讲，Z 检验是一种参数分析方法，因此，运用 Z 检验的前提是必须满足以下几个要件：首先，因变量必须是定距数据（参见第 2 章）；其次，总体必须服从正态分布；再次，和**方差分析**（ANOVA）一样，两个样本的方差必须相等（尽管违背该假设，Z 检验也足够稳健）；最后一个假设是，两组抽样样本的平均值相等，但这不是研究目标的假设。研究者在大多数的假设检验中通常希望违背该假设，因为如果拒绝了零假设，就可认为违背了这条假设。

Z 检验需要的公式和计算 Z 分数的公式一样：

$$Z=\frac{\overline{X}-\mu}{\sigma/\sqrt{N}}$$

该公式是 Z 分数的计算公式和置信区间的结合。本质上，Z 检验的公式源自 Z 分数的计算公式，进而用于假设检验之中。它需要很多有关总体的信息以及它和样本之间的关系——这些信息可从置信区间的公式中获得。在这个公式中，$\overline{X}$是样本平均值，μ 是总体平均值或者是抽样分布的平均值，σ 除以 N 的平方根是总体的标准差。公式中每个项目表示的内容和它们自己的原始公式一致。

在第 12 章“假设检验原理”中提到过，研究者一般不知道总体标准差，但是在样本量很大的情况下，样本标准差可以用来做近似替代。在这种情况下，公式就会变成[1]：

$$Z=\frac{\overline{X}-\mu}{s/\sqrt{N}}$$

这是在计算实际数据时可以使用的运算公式。在这里，用 s（样本的标准差）来替换 σ（总体标准差），因为它是一个数据的已知特征。

13.1.1 计算和举例

在第 12 章“假设检验原理”中，我们已经讨论过，假设检验需要遵循一些相关步骤。当使用 Z 检验进行假设检验时，也要遵循下列步骤。

第一步：确定研究假设（H_r）

在此，我们举一个具体的案例：未成年违法者的注意力持续时间（attention

[1] 有些统计学教材将大样本定义为样本量大于 30，本书的定义在某种程度上更加严格。——译者注

span）是否短于同龄的其他未成年人。

第二步：提出零假设（H_0）

在这个案例中，零假设就应该是：未成年违法者的注意力持续时间比同龄的其他未成年人短，或者相等。

第三步：抽取样本

对于这项研究，我们要对一所特定高级中学的 150 名学生发放一项注意力持续时间的问卷，然后从同一所学校上年度未成年人法庭审理裁判过的有前科的学生中随机抽选出 125 人。我们据此检测这个学校的整个未成年人群体和从中选取出来的前科未成年人是否有差异。

第四步：选择检验方法

本例中的检验方法可以是单尾检验，这是因为，尽管普通未成年人的注意力持续时间比有违法前科的未成年人短是可能的，但这其实毫无意义，也无助于解释研究发现。我们在此也将临界水平定为 0.05。

第五步：计算获得值

当我们运用方法测验一所高中里未成年人的注意力持续时间时，得到的平均注意力水平是 84。对未成年违法者（juvenile delinquent）进行同样的测试时，[1] 得到的平均值是 78，标准差是 16。这需要比较该校未成年人总体中的大量样本。以上信息可以作为计算 Z 检验的获得值来使用。在这个案例中，从未成年违法者那里得到的样本平均值是 78，因此零假设就可以设为：H_0：$\mu \geqslant 84$，[2] 与之相反的研究假设是：H_1：$\mu < 84$。利用上面的公式，我们计算的结果就是：

$$
\begin{aligned}
Z &= \frac{\overline{X} - \mu}{s/\sqrt{N}} \\
&= \frac{78 - 84}{16/\sqrt{125}} \\
&= \frac{78 - 84}{16/11.18} \\
&= \frac{78 - 84}{1.43} \\
&= \frac{-6}{1.43} \\
&= -4.19
\end{aligned}
$$

[1] 本书并未把 Juvenile Delinquent 翻译成“未成年人越轨”，也未翻译成“未成年犯罪”等具有标签意义的术语，而是按照译者自己的研究思路翻译成“未成年违法者”，具体参见：熊谋林：《比较视角：未成年人违法与矫正措施略考》，《青少年犯罪问题》2012 年第 2 期。——译者注

[2] 对于单侧检验的零假设，有统计教材使用 Ho：μ=84 这种形式。——译者注

在这个计算过程中，从未成年违法者那里得到的样本平均值（$\overline{X}$）是 78，从整所中学得到的总体平均值是 84，样本标准差是 16，未成年违法者的样本量是 125。计算出来的值为 –4.19。

第六步：获得临界值

因为这是一个在 0.05 显著水平上的单尾 *Z* 检验，附表 B 中的表 B-1“统计表”用来决定临界值的选取。在这个表中，该显著水平上的临界值是 –1.65。需要注意的是，表中没有负值。负值仅意味着临界区域是在正态曲线的左边而不是右边。这不会影响正态曲线下方的区域，而只是数值的位置问题。观察值和临界值之间的差异检验是相同的。这仍然是在标准差和标准误单位下，比较样本均值和总体均值之间差距的方法。结果会显示出样本均值在多大程度上高于或者低于总体均值。在这个案例中，样本均值比总体平均值低了 4.19 个标准差。

第七步：得出结论

在此，观察值（–4.19）低于临界值（–1.65）。利用相关的决定标准，零假设在 0.05 的显著水平上应被拒绝。我们可以得出的结论是，在本研究所界定的群体中，未成年违法者的注意力持续时间比起普通未成年人要短。但这并不代表，所有未成年违法者的注意力持续时间都要比普通未成年人短。虽然这个结论很难推广到我们研究总体之外的群体，但就参与调查的学校和区域而言，我们可以得出这个结论。

13.1.2 描述和应用：已知误差概率

Z 检验的解释（或者本章谈到的任何一种推论分析方法）是基于已知的误差概率，来决定两个样本分布是否来自同一个总体。这个已知的概率误差和正态曲线是联系在一起的。关于正态曲线下方的区域，我们在第 6 章“分布形态”和第 11 章“推论分析导论”中讨论过。回顾一下，正态曲线下方的区域是连续且可确定的。在比较两组（总体中的一个样本，或者两个样本）时，总体或者基础样本可以用作比较的基线。也就是说，通过比较其他样本和该基线，来确定两个样本是否都来自同一个总体。

图 13-1 显示的是，代表研究项目未成年人总体关注度的一条正态曲线。它假定，这条曲线和分布代表了未成年人注意力的持续时间。然而，这条正态曲线却没有占据整个 *X* 轴中未成年人的注意力持续时间，它只是显示了所有持续时长中很小的一部分。这个群体的平均持续时长是 84。回顾一下，正态曲线下方 95% 的数值会落在平均值 ±1.96 个标准差的范围内，并且 99% 的取值会落在平均值 ±2.58 个标准差之内。这样一来就很简单了，通过对比未成年违法者和普通未成年人的注意力持续时间，就可以看出它们是否来自同一个总体。

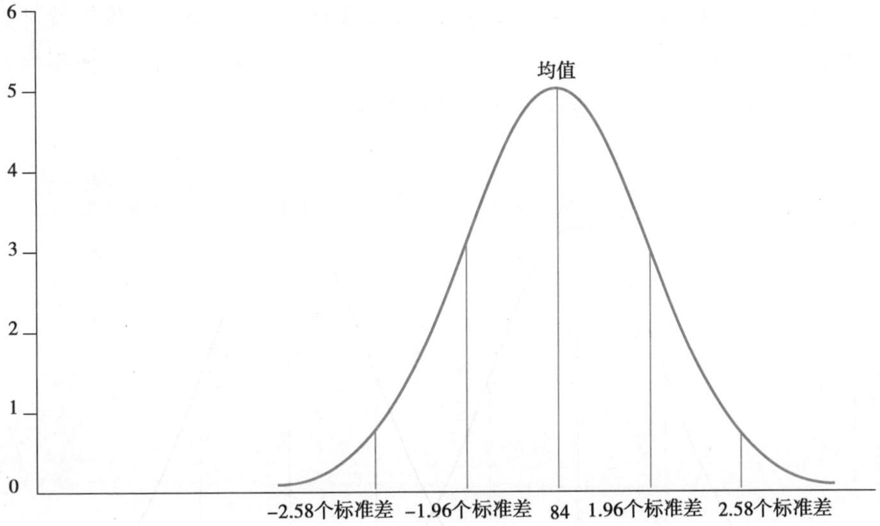

图 13-1 普通未成年人注意力持续时长的正态曲线

图 13-2 中，将未成年违法者的注意力持续时长分布和普通未成年人注意力持续时长分布放在一起比较。我们可以明显看到，未成年违法者注意力持续时长的正态曲线和普通未成年人注意力持续时长曲线，处在完全不同的位置。事实上，根据前文的计算结果，未成年违法者的注意力持续时长比普通未成年人低了 4.19 个标准差。正态曲线下方的区域显示 99.99997% 的普通未成年人都比未成年违法者更接近于平均值。这是否意味着未成年违法者和普通未成年人相比，注意力持续时长绝对不同呢？答案是否定的，调查结果中很多未成年违法者的注意力持续时长数值很靠近平均值。但是两组均值分布显示，这两个分布极其不可能来自同一个总体。事实上，只有十万分之一的概率是来自同一个总体，这是非常好的例外情况。

在图 13-3 中，未成年违法者的平均注意力持续时长是 82，这与普通未成年人平均 84 的注意力持续时长非常接近。这样一来，采用这个数值来计算 Z 分数，观察值就成了 -1.39。

$$
\begin{aligned}
Z &= \frac{\overline{X} - \mu}{s/\sqrt{N}} \\
&= \frac{82 - 84}{16/\sqrt{125}} \\
&= \frac{82 - 84}{16/11.18} \\
&= \frac{82 - 84}{1.43} \\
&= \frac{-2}{1.43} \\
&= -1.39
\end{aligned}
$$

用前述例子中的临界值（单尾检验 0.05 显著水平是 –1.65），我们就可以认为这两个分布因很接近而来自同一总体。毕竟，未成年违法者的均值比很多普通未成年人的实际数值都更接近于未成年人的均值。

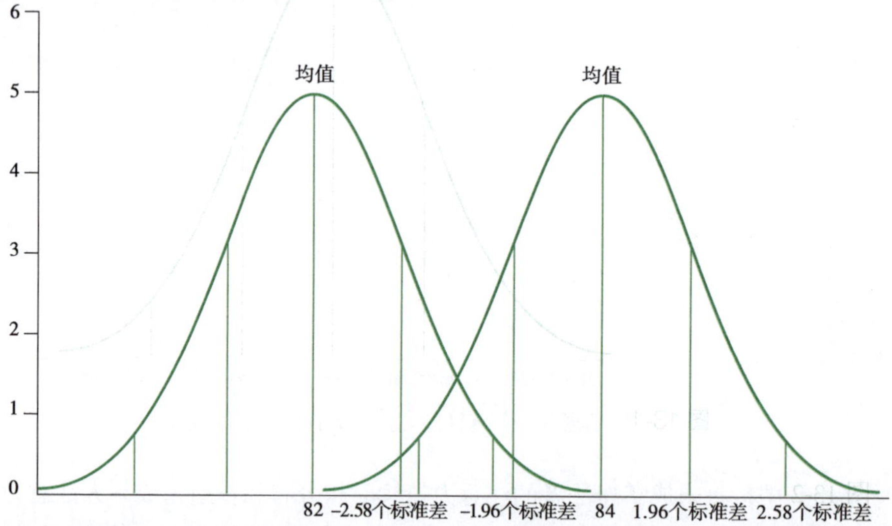

图 13-2 未成年违法者和普通未成年人注意力持续时长的正态曲线

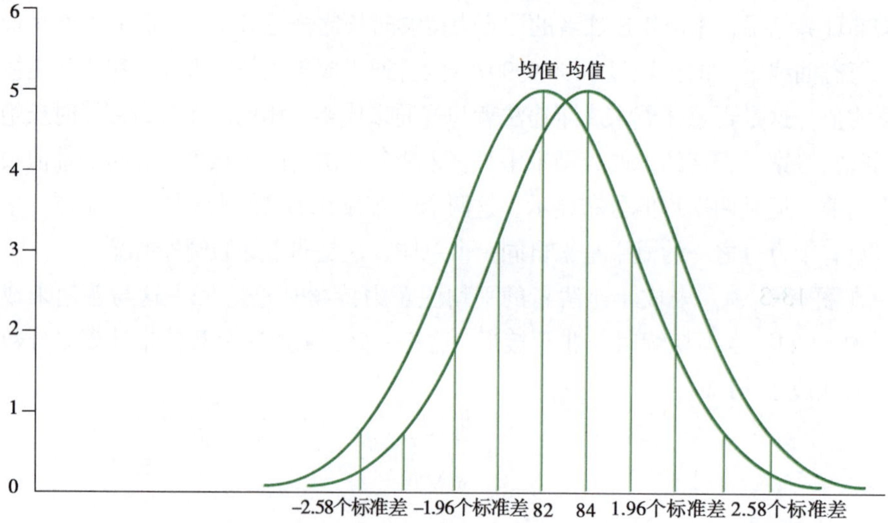

图 13-3 未成年违法者和普通未成年人注意力持续时长的正态曲线

另外需要注意的一点是，图 13-2 和图 13-3 中的所有曲线都是**常态峰**（mesokurtic）。此时，标准差（或方差）就很重要了。如果未成年违法者注意力持续时长的标准差很大，比如 50，该怎么办？这样一来就会产生一个**低阔峰曲线**（platykurtic curve）。在那种情况下，未成年违法者的注意力持续时长就会扩散开来，并且他们的注意力持续时长会更靠近于普通未成年人的均值。那么，这会改变研究结果吗？可能会，但是这些各式各样的分布，我们都会在假设检验中遇到（见图 13-5 和对 t 检验的介绍）。

在假设检验中，已知的误差概率通过两种方式控制。第一，样本量越小，数值的两极分布差异就越大，具有统计显著性就越难。比如，在图 13-4 中，分布中只有为数不多的数值，结果就导致大部分值会被当作异常值，而不是正态分布中的真实值对待。在这种情况下，我们就很难得出准确的结论，说接近于这个分布的另一分布是否来自同一个总体，或有所差异。第二，为了减少错误结论的概率，小样本假设检验就要求很大的计算结果来弥补其缺陷，因此使得拒绝零假设变得更加困难。有大量的假设检验公式用于弥补小样本缺陷。正如在第 5 章“离散测量”中讨论总体方差时，就用到了下面的公式去描述总体方差：

$$\sigma^2 = \frac{\sum(X - \overline{X})^2}{N}$$

估计样本组方差的公式（通常被不恰当地称为样本方差）是：[1]

$$s^2 = \frac{\sum(X - \overline{X})^2}{N - 1}$$

在这里，公式分母的 N—1 用来补偿未知的误差，一般源于从样本推论到总体（或样本间）时，错误演绎出总体本来不存在的特征。用 N—1 做分母就可以减少分子的离散值，从而使公式的商变得更大。[2] 在和临界值作对比时，这个值使拒绝零假设更困难。

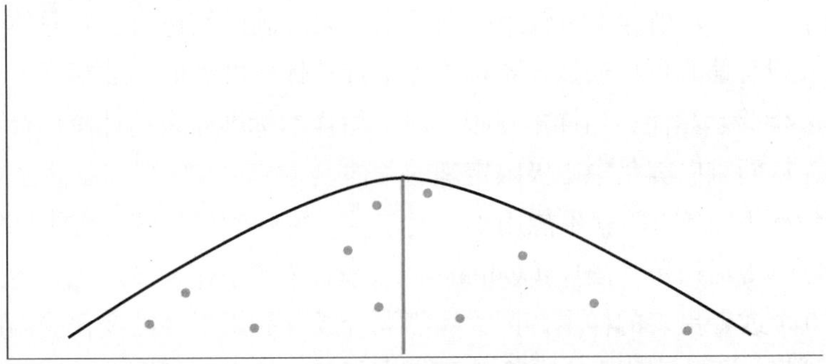

图 13-4　低阔峰曲线和标准差

[1] 作者原文是“The formula for an estimate of the variance for samples (often improperly called a sample variance) is”。翻译成中文难以看到差异，但在这个句子中，作者的意思是强调“samples”，故翻译成样本组。——译者注

[2] 原文是“thus making the quotient of the formula smaller”有误，应该是更大“larger”。原因是，N−1 和 N 相比，前者使分母更小，故在分子不便的情况下除以分母的商就更大。事实上，这种差异只在数学比较中有意义，在真正的统计推论中差异并不大，大样本分析更是如此。读者可以自己尝试。——译者注

13.1.3 单样本和双样本 Z 检验

上面的例子可以看成是，抽取一个未成年违法者样本，并与总体相比较。事实上，你可以看到，我们同时刻画并比较了两个样本：一个样本是“普通未成年人”——在一所高中里随机选取的未成年人总体；另外一个样本是研究（实验）组——未成年违法者。Z 检验（以及 t 检验）也可以有目的地用于比较两个样本。

双样本的 Z 检验假设与单样本 Z 检验一样，但需要两个另外的假设。第一，除了满足中心极限定理和推论统计所需的必要理念之外，两个样本都须符合 Z 检验对样本量的要求。如果只有一个样本的容量足够大，t 检验会更合适（下面有介绍）。第二，两个样本都必须是独立且随机的。这是为了确保每个样本中的抽样单位有着相同被抽中的概率。就算在选取出一个样本之后，将该样本一分为二，同样可以满足这个假设。例如，我们可以从总体中选出一个样本，然后按照性别一分为二，再比较男性和女性群体之间的差异。

单样本和双样本 t 检验虽然在假设上没有差异，但还是有一个额外的差异。在双样本检验中，我们的目的不是估计总体参数。一般情况下，其目的是确定两个样本之间是否存在差异（双尾检验），或者差异是否有明确的方向（单尾检验）。最后，我们希望可以推导出，两个分组之间平均值的差异都会反映在各自的总体中。

13.2 t 检验

Z 检验适合大样本，当样本量较小时会给出不太准确的结论。已知总体标准差，或样本量大到有信心可以通过样本标准差估计总体标准差时，才能在一定置信水平下使用 Z 检验。然而，当样本量很小时，用样本标准差来估计总体标准差便会出现偏差，从而难以满足中心极限定理的条件。

在这样的情况下，Z 检验就不能用了。爱尔兰一家啤酒厂的统计咨询师就遇到了类似的问题。吉尼斯黑啤酒厂（Guinness brewery）的工作人员发现，他无法有效提取到 120 个或者更多的样本，因为啤酒混合成分和敏感性的变化受温度的影响很小（更别提一天之内提取 120 个啤酒样本了）。然而，问题是需要在已知概率的条件下对啤酒进行检测。为了克服这个困难，威廉姆·西利·戈赛特（William Sealy Gosset，1943）提出了一种在样本量少于 120 的情况下检验假设的方法，这就是举世闻名的 t 检验。t 检验和 Z 检验之间的差别之处在于，t 检验中：

1. 样本标准差（s）取代了总体标准差 σ（这是前述 Z 检验运算公式所使用的符号）；
2. 关于分母，用 N–1 取代 N（一些书将其用于 Z 检验的公式）；
3. 临界值根据样本量进行调整。

注意，之所以使用 t 检验而不是 Z 检验，是为了解释小样本数据，因此需要在最大限度上弥补小样本量的缺陷。参照附表 B“统计表”当中的 B-1 和 B-3，在 0.01 的显著水平下，样本量为 5，t 检验和 Z 检验的临界值分别是 4.604 和 2.58。如果样本量大到近似于 Z 检验的程度（样本量大于 120），临界值就会变成 2.58。

t 检验由戈赛特在 1908 年首次提出，并作为小样本假设检验方法在 1943 年发表。他的这篇文章以“Student”署名，所以 t 检验常也称为**学生 *t* 检验**（Student's *t*），与之对应的分布称为**学生 *t* 分布**（Student's *t* distribution）。你肯定已经注意到，t 检验中的“t”是小写，而 Z 检验中的“Z”是大写的，这是为了区分研究对象是大样本（理论上更接近总体）还是小样本，类似于希腊字母和罗马字母对总体和样本的区分。

13.2.1 t 检验的假定

t 检验与 Z 检验的目的和适用条件相同。首先，数据是定距水平数据，t 检验在这个前提下是稳健的。其次，正态分布也是 t 检验需要的分布形态，尽管真实的 t 分布形态并非正态，尤其是当样本很少的情况下。再次，t 检验还要求概率样本应被用于样本抽取过程中。最后，和 Z 检验一样，t 检验要求观察对象是独立的。

之前已谈到，t 分布和 Z 分布的差别在于，t 分布的形态比起 Z 分布的形态更扁平，是低阔峰分布。样本量越小，t 分布较之 Z 分布就越扁平。图 13-5 中，一条低阔峰曲线和一条正态曲线显示在一张图上。注意，即使它们二者的平均值一样，正态曲线（垂直立体的线）的标准差比起低阔峰曲线的标准差，更靠近两个分布的均值。这对于推论统计来说意味着，在既定显著水平上，t 检验的临界值要比对应的 Z 检验的临界值要大，从而加大拒绝零假设的难度。例如，查看附表 B“统计表”中的表 B-3。我们知道，对于正态分布曲线（Z 检验）来说，0.05 显著水平（5% 的数值位于正态曲线尾部）上的双尾检验临界值是 1.96。对于样本量为 2（自由度为 1）的 t 分布来说，正态曲线下的相同区域的临界值就成了 12.70。随着样本量大幅增加，t 分布的曲线形状就会升高，越来越接近 Z 分布。t 分布的临界值和 Z 分布的临界值也越来越接近。继续看表 B-3，自由度为 120 的双尾 t 检验，临界值就成了 1.98，这就很接近于 Z 检验的 1.96 了。同时，我们也注意到，下一个格显示的自由度为 ∞。[1] 这是因为，当 $N \geqslant 120$ 时，t 分布和 Z 分布在临界值上已经很接近，分布曲线也是可以互相替换的。尽管只有在自由度达到 500 的情况下，t 分布和 Z 分布的临界值才完全相等。如果图 13-5 中的 t 分布（低阔峰分布）的样本量达到 125，以“未成年违法者注意力持续时间”为例，其分布会很接近 Z 分布。也正因为如此，只要足够相近，就可以像前面

[1] 原文排版过程中误将正无穷符号“∞”表述为“8”。——译者注

例子那样用 Z 检验。

之前多次谈到过，样本量问题对 t 检验至关重要。但是，样本量小到什么程度，可以用 t 检验且依然得出可靠结论呢？一般情况下，t 检验可以接受的样本量下限是 30。虽然没有明确的规则，但通常会认为，样本量越大，越接近于正态分布。反之，样本量越小，分布形态往往就不是正态的。在第 10 章“方向测量和关系属性”中已讨论过，只要样本量达到 30，就可以通过中心极限定理作出正态分布假设。低于 30，分布往往就不是正态的了。这并不意味着样本量低于 30 就不能用 t 分布。事实上，即使样本量为 2，也可以使用 t 检验。只是在样本量低于 30 的情况下，解释起来要更谨慎。

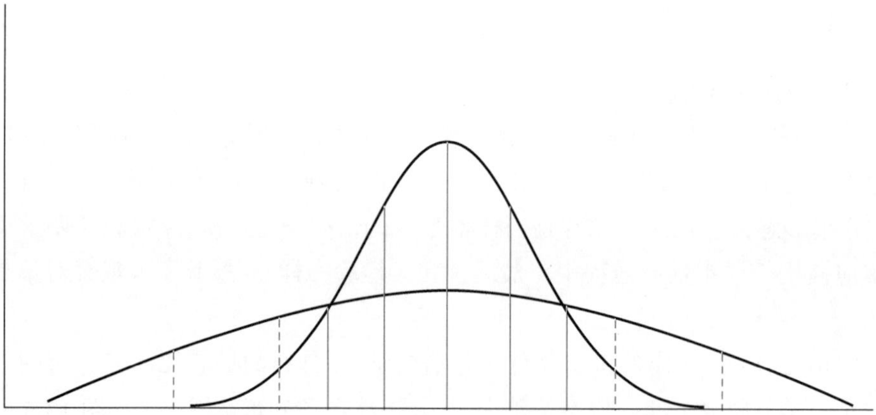

图 13-5　正态曲线、低阔峰曲线和标准差

13.2.2　计算和示例

假设之前未成年人的样本量只有 20。那么，就不能用 Z 检验对这个数据进行分析，但可以用 t 检验。同样需要按照先前假设检验的相关步骤，来决定临界值。下面就是利用 t 检验的步骤。

第一步：确定研究假设

和 Z 检验一样，我们的研究假设是：未成年违法者的注意力持续时长比起普通未成年人要短。

第二步：提出零假设

零假设也和 Z 检验一样：未成年违法者的注意力持续时长和普通未成年人一样。

第三步：抽取样本

在此，注意力持续时长调查样本依然是该高中的未成年人总体，但未成年违法者的调查样本只有 20 个。

第四步：确定检验方法

与 Z 检验一样，可以使用单尾 t 检验，临界值设置在 0.05 显著水平上。

第五步：计算获得值

为了达到对比的目的，假设得出的计算结果与 Z 检验一样：注意力持续时长的总体均值是 84，标准差是 16，未成年违法者是 78。这只是用很少一部分样本与这所学校学生总体进行比较。这些信息在随后的 t 检验中会有所使用。就本例来说，因为未成年违法者的样本均值是 78，零假设 H_0 可以是：$\mu \geqslant 84$，对应的研究假设 H_1 是：$\mu < 84$。t 检验计算获得值的公式是：

$$t = \frac{\overline{X} - \mu}{s/\sqrt{N - 1}}$$

注意，公式中的分母有变化。因为我们无法确认，我们所计算的结果是利用总体标准误的精准估计。在大样本情况下，我们有理由相信样本标准差就可以很好地用于总体标准误的估计。但如果面对小样本，这个假设就不成立了。因此，必须对公式分母做调整，以此显示我们在对标准误作估计，以适应计算过程中的较大误差。

分母中用 N–1 可以起到扩大临界值的作用。由于正在对总体均值和标准差作有偏估计，我们对分析结果并不确信，尤其是在小样本量情况下更是如此。因此，我们会采用一些谨慎的方法，让拒绝零假设变得更难（更不容易犯类型 I 错误）。这个过程就可以通过建构一个比 Z 检验更大的临界值实现（且样本量越小，临界值越大），也就是将分母减 1。这使获得的计算比值更小，会让拒绝零假设更困难。N–1 也代表了 t 检验的自由度，这对确定临界值至关重要。

利用上面的公式，观察值的计算过程是：

$$\begin{aligned} t &= \frac{\overline{X} - \mu}{s/\sqrt{N - 1}} \\ &= \frac{78 - 84}{16/\sqrt{20 - 1}} \\ &= \frac{78 - 84}{16/4.34} \\ &= \frac{78 - 84}{3.67} \\ &= \frac{-6}{3.67} \\ &= -1.63 \end{aligned}$$

第六步：获得临界值

由于这是一个在 0.05 显著水平上的单尾 t 检验，附表 B“统计表”中的表 B-3 可用来确定临界水平。0.05 显著水平上的单尾 t 检验，自由度为 19（N–1），对应的临界值是 –1.729（负值仅意味着临界区域在 t 分布的左侧而不是右侧）。计算显示，t 检验的获得值没有 Z 检验的大，但样本量下的临界值却比 Z 检验对应的要大。这两种功效都是为了使拒绝零假设更难。

第七步：得出结论

以上，获得值是 –1.63，临界值是 –1.729。结合决定标准，我们不能在 0.05 显著水平上拒绝零假设，因此得出的结论是：未成年违法者的注意力持续时长与普通未成年人没有统计上显著的差别。这就完全推翻了 Z 检验的结论，即使只是改变了样本量。这也显示，在处理小样本时，研究者（需要更大的 t 值）对拒绝零假设更有信心。

13.2.3 Z 检验和 t 检验的 SPSS 分析

SPSS 实质上只设计了 t 检验分析法。有以下几个原因：首先，在既定的变量或者分布给出之后，是可以通过计算得出 Z 分数的，加之 Z 检验的临界值（1.65，1.96，2.58，等等）是众所周知的，对比 Z 分数和期望临界值就是一个很简单的问题了。其次，前面已经讨论过，随着样本量增加，t 分布会近似于 Z 分布。Z 检验和 t 检验的计算过程，只有细微的差别。另外，前边提到过，在样本量达到 120 之后，Z 检验的临界值和 t 检验的临界值很接近。因为 Z 检验的一个适用前提是样本量大于 120，两种检验的临界值会非常接近，甚至是一样的。在进行大样本分析（至少 120）时，SPSS 的 t 检验可以当作 Z 检验来使用。

单样本 t 检验

表 13-1 显示了 SPSS 的样本分析结果，这是一个单样本和总体比较的 t 检验。注意，输出结果由两部分组成：第一部分显示的是要和总体进行比较的样本值描述。第二部分是 t 检验的计算结果。输出结果的第一部分，使用变量的频数分布或者其他描述分析方法都可以同样地表示出来。这也就强调了即使进行推论检验时，进行彻底的单变量和其他描述性分析也很重要。通过表中的输出结果，结果显示，样本量是 45，据此说明用 t 检验是合适的。它也显示，样本均值（总体的期望值）可以是零假设或者研究假设对比理论总体参数时用到的值。同样，输出结果也显示了样本标准差，并且这个值很大。最后可以获得的信息是平均值的估计标准误，除了标准 SPSS 输出结果外，我们也可在手动计算 t 值时用到。

表 13-1 单样本 t 检验

单变量统计分析

	样本量	均值	标准差	标准误均值
人口普查中的违法事件	45	39.02	40.194	5.992

单样本 t 检验

	显著性检验值 =0					
	t 值	自由度（N–1）	显著值（双尾）	均值差异	95% 置信区间	
					下限	上限
人口普查中的违法事件	6.513	44	0.00	39.02	26.95	51.10

表 13-1 输出结果的第二部分，包含了 t 检验的结果，也显示出很多重要信息。第一个值是 t 检验的获得值。如果是手动操作计算，这个值就是要和 t 值表中的临界值进行对比的数值。表中的第二个数值是自由度，它是通过 N–1 计算得出的。接下来的数值是整个 t 检验的显著性。这个输出结果没有用 t 值表中的临界值，而是提供了获得值和临界值之间差异的实际显著水平。同样值得注意的是，这个显著值对应的是双尾检验。为了获得单尾检验的结果，在自由度为 44 的前提下，简单对比 t 值和 t 值表中的临界值即可，这与前面的操作一样。在此，其显著值是 0.000。这意味着变量之间存在统计上显著的差异（本例中指样本和总体间），因此可以拒绝零假设。这与其他统计显著性检验或假设检验的方法是一样的。接下来的数值是**“均值差异”**（mean difference），和第一部分描述统计显示的值是一样的。最后一个数值是，围绕均值的置信区间，这是我们有 95% 的把握确定的总体参数（均值）所在的边界范围。我们可以自信地认为，总体参数处在 26.95 和 51.10 之间，并且期望值是 39.02。

你该如何操作？

单样本 t 检验

1. 打开一个数据集：
   a. 启动 SPSS；
   b. 依次点击“File”“Open”“Data”；
   c. 选择你要打开的文件，然后点击“Open”。
2. 数据显示出来以后，依次选择“Analyze”“Compare Means”“One-Sample t-Test”。
3. 选择你要检测的变量，然后点击“Test Variable(s)”窗口旁边的►按钮。
4. 点击 OK。
5. 输出窗口就显示出来了，类似于表 13-1 显示的单样本 t 检验分析结果。

回到单尾检验和双尾检验的问题上，t 检验还有另外一个注意事项。要记住，我们之所以要使用 t 检验，是出于对总体正态分布的不确定性。比如，在某些情况下，总体是呈偏态分布的。在这种情况下，我们可用双尾检验来分析偏态分布的尾端。它或许是有偏估计，但会接近于总体参数。在进行单尾检验时，还存在错误表述总体分布的风险。当使用单尾检验来分析结果时，统计出来的样本有可能会落入分布的偏离部分。如果发生了这种情况，就有可能会偏离我们所要估计的曲线，并且对总体分布作出没有代表性的估计。

双样本 t 检验

前文已经探讨过，尽管 Z 检验和 t 检验都是建立在单个样本与总体比较计算的基础上，但研究者很少知道（或近似的）总体参数。那么通常情况下，研究者就会抽出两个样本：一个样本是研究的主体（通常称为实验组），另外一个样本代表总体（通常称为控制组）。在这种情况下，通常会对实验组进行检测，来确定它与控制组之间是否有差异。这样一来，研究者们就会得出结论说，结果的差异是源于操作方式的不同，或者所进行的研究种类不同。组间差异会被描述成总体均值的差异。检验两个样本之间的差异可以通过**双样本 t 检验**（**two-sample *t*-test**）（或者 Z 检验）来完成。

除了计算观察值的差异，双样本 t 检验的方法与单样本和总体比较的 t 检验一样。双样本 t 检验的公式是：

$$t = \frac{\overline{X}_1 - \overline{X}_2}{\sqrt{s_1^2/(N_1 - 1) + s_2^2/(N_2 - 1)}}$$

注意，与之前的公式相比，唯一的不同之处在于，该公式所使用的均值和标准差分别来自两个样本，而不是之前使用的一个样本的均值，也不是总体的均值和标准差。另外，鉴于 Z 检验和 t 检验计的主要差异是分母，只要将分母值替换（把 N–1 换成 N），这个公式也可以进行双样本 Z 检验。

表 13-2 展示的是 SPSS 双样本 t 检验分析结果。在这里，我们将比较是帮派成员的未成年人和不是帮派成员的未成年人，看他们是否被逮捕过。

表 13-2　双样本 t 检验

分组统计

	你居住的社区是否存在这些人?	样本量	均值	标准差	均值标准误
将逮捕重新编码为是和否	是	178	1.90	0.295	0.022
	否	104	1.94	0.234	0.023

独立样本检验

		Levene 方差齐性检验		均值齐性 *t* 检验						
		F 值	显著性	*t* 值	自由度	显著性	均值差异	标准误差异	95% 置信区间	
									下限	上限
将逮捕重新编码为是和否	假设方差齐性	5.203	0.023	–1.118	280	0.265	–0.04	0.034	–0.104	0.029
	不假设方差齐性			–1.186	254.782	0.237	–0.04	0.032	–0.101	0.025

和单样本 *t* 检验一样，输出结果第一部分包含了两个样本的描述性结果。这部分也显示了两个样本量的大小差异。更重要的是，这个输出结果给我们提供了两个样本的均值和标准误差异。和单样本 *t* 检验一样，这个输出结果也给出了两个样本均值的期望标准误。

你该如何操作?

双样本 *t* 检验

1. 打开一个数据集：
   a. 启动 SPSS；
   b. 选择“File”，然后选择“Open”，然后选择“Data”；
   c. 选择你要打开的文件，然后选择“Open”。
2. 数据显示出来以后，依次选择“Analyze”“Compare Means”“Indenpendent-Samples *t*-Test”。
3. 选择你要检测的变量，然后点击“Test Variable(s)”窗口旁边的▶按钮。
4. 选择你要检测的变量，然后点击“Grouping Variable”窗口旁边的▶按钮。
5. 点击“Define Groups”。
6. 在每个框中插入与该变量关联的两组数字编码。
7. 点击“Continue”。
8. 点击 OK。
9. 输出窗口就显示出来了，类似于表 13-2 显示的双样本 *t* 检验分析结果。

样本独立性要求在这里仍要用到。双样本检验中保持独立性更重要，因为研究者们往往会提取两个样本。双样本检验的另外一个要求是**方差齐性**（equality of variance）。在 SPSS 中，方差齐性是通过 Levene 方差齐性检验（Levene's Test for Equality of Variance）进行的。在方差分析中，同样也会用到这个检验。本例中，Levene 方差齐性检验的显著值是 0.023，因此可以开展 *t* 检验。如果

Levene 检验的结果不显著，那么就应该考虑 t 检验是否合适了。

双样本 t 检验的输出结果本质上和单样本 t 检验是一致的。表中的 t 值就是计算之后得出的双样本 t 的获得值。本例中，得出的 t 值是 –1.118，在同样的自由度下，我们可用这个值对比 t 值表中的临界值。单样本 t 检验和双样本 t 检验的差异之一是自由度的计算。因为是双样本，所以自由度要基于每个样本来分别计算。双样本 t 检验的自由度计算公式是 N_1+N_2-2。拿本例来说，自由度就是 178+104–2=280。在既定显著水平（Sig，双尾）栏里，给出的数值是零假设的显著水平。本例的结果是 0.265，因此我们不能拒绝零假设。因为不能拒绝零假设，置信区间就变得很重要。置信区间不是检验两个样本均值是否有差异，而是试图确定参数值实际的落位点。这个输出结果也包含了两个样本的均值差异和标准误差异。

关于 t 检验的最后一个注意事项。尽管在无法确信符合中心极限定理的前提下，用 t 检验比 Z 检验更好，但也并没有完全抛弃中心极限定理。如果完全抛开它，我们就不能确定 t 检验中用到的值大体上近似于总体参数。我们宁可降低使用中心极限定理的要求，也不可完全抛弃它。

13.3 卡方独立性检验

前面的检验过程中用到的都是参数数据。但是很多情况下，可行的数据是非参数的。正如第 8 章“关系存在测量和统计显著性”中讨论的非正态数据，**卡方独立性检验**（Chi-square Test of Independence）更适合检验零假设。第 8 章中对这个问题已进行了大量讨论，在此就不过多赘述。在这里，我们仅讨论具体假设检验过程中的其他注意事项。

当使用卡方对零假设进行检验时，我们检验的假设是：两个变量之间没有差异（值为零），它们是相互独立的而不是相关的。在这种情况下，我们只能使用卡方独立性检验，而不是其他形式的卡方。为了达成这个目的，我们需要对比观察值和期望值。如果两个变量不是相互独立的，那么两个观察值应该相等或都很接近期望值（无关联模型）。反之，如果观察频数和期望频数之间存在不同，结论就可能是两个变量之间存在着某种差异。这种情况下，零假设就是两个变量并不互相独立。观察值和期望值之间的关系，可用于验证这种结果是否真的存在。

在正式开始本节的推论统计之前，有必要讨论有关卡方检验的两个注意事项。首先，在自由度为 1 的情况下，卡方值是 Z 分数的平方。观察附表 B“统计表”的 B-2，可以看出在 0.05 的显著水平下，自由度为 1 时，卡方值是 3.84，这正是 1.96 的平方。本质上，小样本卡方分布是非常偏态的。事实上，在自由度为 1 的情况下，卡方分布呈现出极大的偏态，以至于它仅表示了正态分布的一半。在这种特殊情况下，假设检验类似于一个单尾的 Z 检验，因为可操作的只有正态曲线的一半。随着卡方自由度的增加，卡方分布就近似于正态了。在自由度达到 12 时，卡方分布就很接近于正态分布了。在自由度达到 30 的时候，就可以说卡方分布近似于正态分布了。

这是分析定类数据时的关键一步。第 8 章已讨论过，卡方检验对大样本很敏感，因此很容易拒绝一个本来正确的零假设（犯了类型 I 错误）。正如上文提到的，在自由度达到 30 的时候，卡方就接近于一个正态曲线了。

统计属性是运用 t 检验对定类数据进行分析的稳健性基础。尽管是否可以用 t 检验分析分类数据存在较大争议，但以上讨论证实，当样本量大于 30 时用 t 检验是恰当的。之所以用 t 检验分析分类数据并不常见，主要是担心违背了 t 检验的假定要件（具体来说，定距水平数据和正态分布）。前边已经提到，在自由度达到 30 之后，卡方分布就贴近于正态分布了。另外，即使 t 检验违背了这个假设也同样稳健，因此，在样本量大于 30 的条件下，使用 t 检验分析非参数数据也是正当的。

关于卡方检验，还有两个问题要注意。首先，卡方只检验了零假设，它并不是一个检验数据间关系强度的方法。另外，如果获取的卡方值足够大，也仅意味着我们可以更自信地拒绝零假设，不代表两个变量之间存在着强相关关系。

13.4 结论

本章中我们主要介绍了假设检验。通过对本章的学习，你应该已经掌握了描述分析和推论分析之间的差异，并且理解研究中每步的重要性。推论分析建立在中心极限定理、正态曲线和抽样分布的基础上。推论分析进行了进一步阐述，并将单尾检验和双尾检验，类型 I 和类型 II 错误，以及统计效力运用于实践。所有这些事项都有利于假设检验，给予研究者分析各种类型的样本和样本量的能力，并据此在样本间作出推论，或是比较样本与总体。Z 检验、t 检验和卡方检验都为假设检验提供了方法工具，使得研究者可以分析从定类水平到定比水平的数据，从而有助于比较一个、两个或者更多的样本。下一章将聚焦于推论统计的最后一种类型，F 检验。方差分析的讨论会有助于我们理解 F 检验，因为 F 检验是解读方差分析结果的关键统计指标。

13.5 关键术语

卡方独立性检验（Chi-square Test of Independence）

学生 t 分布（Student’s t distribution）

非参数检验（nonparametric test）

t 检验（t-test）

单样本 t 检验（one-sample t-test）
参数检验（parametric test）
双样本 t 检验（two-sample t-test）
Z 检验（Z test ）

13.6 公式概览

Z 检验（总体）

$$Z = \frac{\overline{X} - \mu}{\sigma / \sqrt{N}}$$

Z 检验（样本）

$$Z = \frac{\overline{X} - \mu}{s / \sqrt{N}}$$

方差（总体）

$$\sigma^2 = \frac{\sum (X - \overline{X})^2}{N}$$

方差（样本）

$$s^2 = \frac{\sum (X - \overline{X})^2}{N - 1}$$

t 检验（获取值）

$$t = \frac{\overline{X} - \mu}{s / \sqrt{N - 1}}$$

t 检验（双样本）

$$t = \frac{\overline{X}_1 - \overline{X}_2}{\sqrt{s_1^2/(N_1 - 1) + s_2^2/(N_2 - 1)}}$$

13.7 练习

1. 一位心理咨询诊所的研究者想要评估指定心理咨询项目的效用。为了完成这项工作，她收集了 10 位已经被安排接受心理咨询的在押人员信息（样本 1）。为了设置控制组，她同时收集了具有同样人口特征、接受过咨询治疗，但从来没有被逮捕的普通人的信息（样本 2）。收集到的信息如下所示：

接受专业心理咨询的次数	
样本 1：在押人员	样本 2：普通人
7 6	4 4
7 5	2 4
7 6	5 3
8 7	1 5
8 7	1 4

a. 分别计算在押人员和普通人接受专业心理咨询次数的均值。

b. 分别计算在押人员和普通人接受专业心理咨询次数的标准差。

c. 根据样本 1，计算在押人员接受咨询次数在 4 次和 6 次之间的概率。

d. 假设样本 1 的标准差就是总体标准差，计算均值标准误和 95% 的置信区间。

e. 根据样本 2，计算出样本的均值标准误和 99% 的置信区间。

f. 陈述检验两个样本差异的零假设。

g. 陈述检验两个样本差异的研究假设。

h. 如果将在押人员作为样本，普通人作为总体，在 0.01 的差异水平上进行假设检验。

2. 一些社会科学家想要确定，警察的智商是否比普通人要高。为了验证这个理论，他们选取了 140 位警察作为样本，并且测验了他们的智商，结果显示警察们的平均智商是 110。已知普通人的平均智商是 100（标准差 15），验证这些研究者是否正确。根据学习的方法和步骤，逐一回答。

3. 在上例中，如果研究者只抽取了 30 位警察的样本，会有什么样的结果？

4. 查找分别使用了 Z 检验、t 检验和卡方检验的文章。

a. 与本章介绍的步骤进行对比。

b. 有什么相同或者不同的地方？

c. 根据文章的观察值，结合附录中的表格，尝试确定临界值和显著水平。

13.8 参考文献

Gosset, W. S. (1943). *"Students's" Collected Papers*. E. S. Pearson & J.Wishart (Eds). London:Biometrika Office, Univeisity College (collection of 1908 papers).

Laplace, P. S. (1823/1966). Celestial Mechanics. New York, NY: Chelsea (translation of 1823 works).

13.9 注释

1. 一些教科书的计算公式中使用的是$\sqrt{N-1}$。在本质上，Z 检验和 t 检验的公式是一致的，唯一的差异是，Z 检验和 t 检验的样本量不同时，临界值会稍有差异。

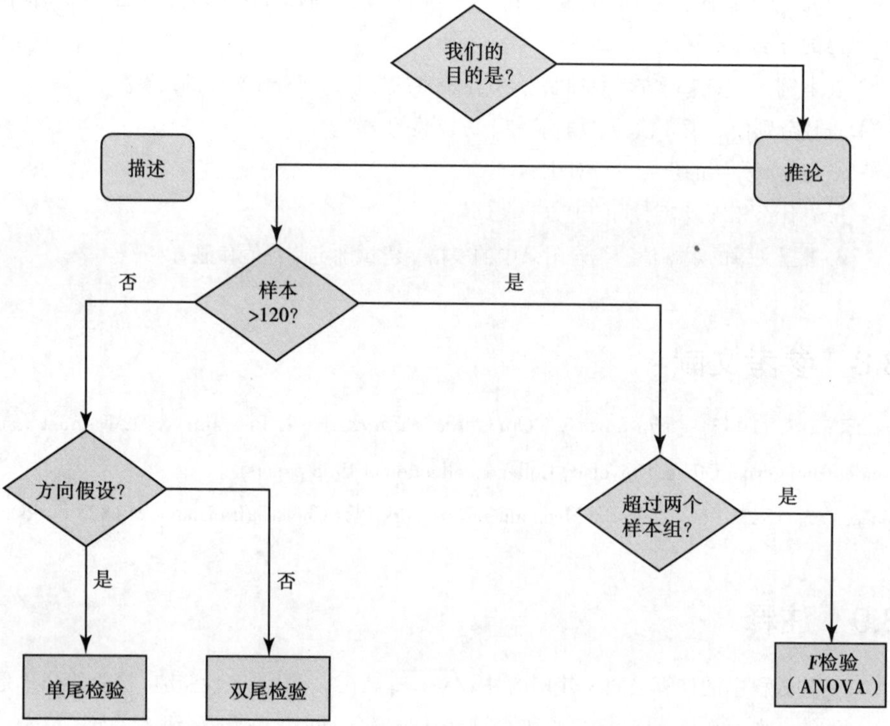
我们的
目的是?
描述
推论
样本
>120?
否
是
方向假设?
是
否
单尾检验
双尾检验
超过两个
样本组?
是
F检验
（ANOVA）

第 14 章
方差分析

学习目标

- 了解方差分析的用途
- 认识方差分析的假设
- 计算与方差分析相关的统计量
- 解释与方差分析相关的统计量
- 讨论方差分析中事后检验的用法

在第 13 章"假设检验应用"中，我们为大家介绍了比较总体中抽出的两个样本的方法。但是如果需要对 3 个或者更多的样本进行比较时，该怎么办呢？尽管可以对 3 个或者更多的样本组进行 Z 检验或者 t 检验。然而，这至少会产生两方面的问题。首先，如果我们想要通过使用假设检验的方法来彻底地考察变量之间的关系，我们需要付出更大的努力。其次，正如前面提到的，每当对抽取出的样本进行假设检验时，误差就会出现（希望不大于 5%）。采用 Z 检验或者 t 检验的方法来考察样本之间的关系，会加大犯类型 I 错误的概率。因此，我们建议，当需要对两个以上样本组进行分析时，采用 ***F* 检验**（***F*** test）的方法。F 检验来源于 F 分布，由费雪（Fisher，1925）命名，他提出了 F 分布和 F 检验。

F 检验，是费雪在建立和完善**方差分析法**（Aanlysis of Variance，ANOVA）的工作过程中，提出来的一种统计方法。就其最真实的含义来说，方差分析是一种描述性分析方法。[1] 跟回归分析或者多变量分析类似，它被用来分析一组特定数据集。然而，F 检验又作为推论分析方法被用在方差分析中。在本章中，我们将探索研究者如何使用方差分析法对从总体中抽取出的两个以上的样本组进行分析，并且基于样本推论出总体参数。在本章中，我们通过使用方差分析和 F 检验，对推论统计的相关讨论做结论。

14.1 方差分析

研究过程中，有时必须对 3 个或者更多的分组进行对比。正如前面谈到的，

[1] 单纯从值的计算来说，方差分析是描述性分析，但对其进行假设检验和参数估计属于推论统计的内容。——译者注

这些工作可以通过 Z 检验和 t 检验完成，但我们需要对每个可能出现的配组进行两两对比，然后利用对比结果进行假设检验。但是，这不仅耗费时间，也冗长乏味。同时，增加犯类型 I 错误（拒绝一个本来正确的零假设）的概率也是一个潜在的问题，因为不同的检验之间并不是完全独立的，一些差异还会被重复计算。此外，还有一个问题是，某些配对组的结果显著，但另外一些不显著。这就导致我们在做决定时出现难以取舍的问题。幸运的是，多变量的 Z 检验和 t 检验并不用来解释两个分组之外的变量关系，因为 F 检验可以为我们对比 3 个或者更多的分组提供快速和准确的方法。

这种方法叫作**方差分析**（ANOVA）。方差分析是一种比较各组平均值离散情况的检验方法。该检验方法可以同时对两个以上的样本均值进行对比分析。具体来说，方差分析所检验的零假设是几个分组的平均值相等（H_0：$\overline{X}_1=\overline{X}_2=\overline{X}_3=\cdots$）。它通过检验组内数据的变化和组间数据的变化来实现这个目的。

你可能想知道这个方法为什么叫方差分析，因为我们检测的是平均值。原因是，我们事实上检验的是围绕均值的变化程度，即方差，样本内部的方差和样本之间的方差。

ANOVA 由费雪提出来，前期成果见费雪和麦克肯兹（Fisher & Mackenzie，1923）共同发表的作品。费雪也把他的公式和看法交由施图登特（Student，1923）提炼和改进。虽然施图登特经常被人们认为是最早提出了“方差”和“方差分析”这两个术语的人，但是他明确地指出是费雪（Fisher，1918）为这两个术语命名的。作为实验分析的一项重要标准，费雪于 1935 年在他关于实验设计的著作中为方差分析建立起了基本框架。

前面已经谈到，方差分析可以检验零假设，其分析结果通常用来表述样本的平均值和总体期望的平均值之间存在着某种关联。方差分析基于样本数据（随机抽取出的三个区域的假释官），可以得出总体（美国所有的假释官）的相关结论。

事实上，方差分析法有几种不同类型。首先是**单因素方差分析**（One-Way ANOVA）。本质上，这是一个连续的因变量和一个分类自变量的双变量分析方法。其次，当存在两个自变量时，就要使用**双因素方差分析**（Two-Way ANOVA）。对于一个多元模型（有两个以上的自变量）来讲，需要用到**简单析因法**（Simple Factorial ANOVA），通常也称作**多因素方差分析**（MANOVA，SPSS 中位于 GLM 下的栏目）。最后，如果需要对任意一个自变量和因变量之间的相互作用进行控制，可以使用**协方差分析方法**（analysis of covariance，ANCOVA，参见第 16 章中关于二分变量的介绍）。为了方便易懂，我们在此将为大家介绍单因素方差分析。

14.1.1　假定

方差分析有几个很重要的假定。一般来说，这些假设与第 12 章中讲到的其他推论统计方法一样。第一个假定是，方差分析的数据是从服从正态分布的总体中随机抽取出来的。这个假定很关键，因为方差分析的目的是根据样本推断总体。如果样本不是随机抽取的（如果存在系统误差）或者总体不服从正态分布（以至于不能适用中心极限定理），就会使得我们的推论在很大程度上存疑，甚至无法进行推论。

第二个假定是，总体方差等于各组变量的方差。这个假定的要求看起来很严格，那是因为我们不知道总体参数（或者说我们只能通过描述统计简单地检测）。然而，我们可以通过计算得出在各个变量分组的方差等于总体方差的程度。列文（Levene，1960）提出的**列文检验（Levene's Test）**可以完成这一工作，它的零假设是：所有的方差都是相等的。如果列文检验结果是显著的，我们就可以拒绝零假设，并且得出方差不相等的结论。那么，我们就要重新审视使用方差分析的合理性。列文检验的结果，也就是进行方差分析所依赖的数据，如表 14-1 所示。需要注意的是，此处列文检验的结果是显著的，我们就要拒绝所有的方差都相等的零假设。然而，为了展示的目的，我们会继续表述我们方差分析的结果。

表 14-1 方差齐性检验

你在当前的地方住了多久？

列文检验	自由度 1	自由度 2	显著值
7.416	2	269	0.001

对于单因素方差分析来说，变量独立也很关键。当变量是**时间序列**（time series）数据或者类似于通过时间观察得出的数据时，就不能使用方差分析。这是因为，用来检验的数据有更高的自由度，并因此对分析结果带来负面的影响。在处理时间序列数据时，我们建议使用一些时间序列形式的检验方法。

最后，我们经常会忽视方差分析的一个假定，那就是所要分析的变量类别是总体中的唯一类别或者是唯一值得关注的类别。因为你正尝试检测样本的均值差异，并由此推断出总体，所以你不希望样本类别仅是潜在类别的一部分。例如，你不能指望只通过选择一种或者两种犯罪类型就用方差分析去分析犯罪整体。一般而言，你要对所有的犯罪类别做分析。但如果某一理论说明了使用的是所有类别中的一部分，比如研究暴力犯罪，你可以例外地去这样做。即使是这样，我们也已经把总体定义为暴力犯罪。

14.1.2 计算和解释

双样本 t 检验是假设检验的一种，计算时用两个样本均值差除以两个样本的标准误。但是，样本方差的假设检验，可以使用 F 检验来测量差异。尽管 F 检验的计算过程更复杂，并因此更适合在计算机上操作，但若将 F 检验作为一种推论统计方法，它使用起来和 Z 检验或 t 检验差不多。

你该如何操作?

方差分析

1. 打开一个数据集：
   a. 启动 SPSS；
   b. 依次选择“File”“Open”“Data”；
   c. 选择需要打开的文件，然后点击“Open”。
2. 数据显示出来以后，依次选择“Analyze”“Compare Means”，“One-Way ANOVA”。
3. 选择需要进行检验的因变量，然后按“Dependent List”窗口旁边的▶按钮。
4. 选择需要使用的自变量，然后按“Factor”窗口旁边的▶按钮。
5. 点击“Options”。
6. 选择“Descriptive”和“Homogeneity of Variance Test”进行检验。
7. 点击“Continue”。
8. 点击“Post Hoc”。
9. 选择“Bonferroni”进行检验然后点击继续“Continue”。
10. 点击 OK。
11. 然后就会呈现出一个 ANOVA 结果的输出窗口，类似于表 14-1 到表 14-5 的样式。

第一步：确定研究假设

对 F 检验来说，确定研究假设的方法跟 Z 检验或者 t 检验类似。只不过会更复杂一点，因为需要检验的样本不止一个。

第二步：提出零假设

提出零假设的方法和其他假设检验一样，但可能会稍加调整。对于 F 检验来说，研究者所检验的是方差是否相等。因此推论假设是，方差是相等的（方差之间没有显著的统计差异）。另一种提法是，样本之间的均值是相等的。无论哪种假设方式，零假设都表明样本是源自同一个总体。

第三步：抽取样本

样本选取的办法和其他假设检验方法一致，唯一的不同是研究者会选取两个以上的样本组。

第四步：选择检验方法

当需要对两个以上的样本组进行检验时，选择的方法就是 F 检验。F 检验和其他假设检验方法不同的是，不存在单尾或者双尾检验的情况。因为超过两个样本组时，只可能对“组间差异是否存在”的假设进行检验。因此，针对该类型的假设，只有一种类型的 F 检验：即检验分组之间差异的大小程度。

第五步：检验每个变量的单变量统计量

这个步骤对于方差分析很关键，因为我们可以检验变量的中心趋势和离散程度。由于方差分析是基于平均值和方差做比较，了解这些变量的检测方法可以使我们对分析过程有一个初步把握。第 3 章中提到的“箱线图”在这里也会用到，因为它为中心趋势和离散程度提供了一个检测指标，并且也会为我们提供可视化的方差分析结果。

本章的例子将探讨在其社区感到安全的人的样本之间的差异，以及这些人在其社区居住了多长时间。我们在此使用的变量分别是 ADDRESS（你在这个地址居住的时间）以及 WALK_EVE（傍晚在社区散步的频率）。这两个变量的单变量统计数据如表 14-2 所示：

表 14-2 “居住时间”和“晚间散步”的单变量统计分析（描述统计）

	样本量	均值	标准差	方差	偏度	峰度
你在当前地方住了多久?	337	13.36	13.704	187.790	1.313	1.397
你傍晚在社区散步的频率是?	278	1.60	0.655	0.428	0.633	–0.612
有效样本量	272					

检验**组合的描述统计**（combined descriptive statistics）也很关键。实质上，这也是检测两个变量的组合类别的单变量检测方法。这个过程是很必要的，因为尽管单个变量可能不存在异常情况，但是合并起来观察就不一定了。比如，一个人表示他或她将要搬离现在居住的社区，这很正常；一个人对于发生在他或她所居住的社区的犯罪案件很恐惧，这也无可厚非。然而，如果知道一个人想要搬离现在居住的社区，恰恰是因为他或她害怕发生在自己社区里的犯罪行为，这就十分有趣了。这样一来双样本分析得出的均值、标准误以及其他指标就很关键了。表 14-3 是变量的组合描述统计，这也是一个典型的方差分析法。

表 14-3 “居住时间”和“晚间散步”的组合描述统计

描述

你在当前地方住了多久?

散步频率[1]	样本量	均值	标准差	标准误	95% 置信区间的均值		最小值	最大值
					下限	上限		
从不	132	13.70	13.649	1.188	11.35	16.05	0	51
偶尔	114	11.10	11.774	1.103	8.91	13.28	0	50

[1] 原文未标示频率栏目，翻译过程中增加。组合的描述统计表，其实就是将两个变量的分类重新配对组合成单变量表。本表中实际是按不同的频率选项，将居住时间的平均值表示出来。——译者注

续表

散步频率[1]	样本量	均值	标准差	标准误	95% 置信区间的均值		最小值	最大值
					下限	上限		
经常	26	7.54	6.754	1.325	4.81	10.27	0	25
总计	272	12.02	12.479	0.757	10.53	13.51	0	51

第六步：计算组间变化程度

这个过程分为两个部分。第一步，在每个分组内，计算每个数据围绕均值的变化程度。这就是**组内平方和**（sum of squares within groups），即 SS_W，它表示每个取值与平均数之间的离差平方和（类似于多元回归），用于计算每个变量类别内部的数据波动程度。第二部分是计算不同分组之间的平均值波动程度，我们称之为**组间平方和**（sum of squares between groups），即 SS_b，它表示每个样本的平均值与所有观察值的平均值之间的离差平方和。

上述两个分析都有各自的计算公式和分析方法。组内平方和的计算公式是：

$$SS_W=\sum(n_i-1)s_i^2$$

在上面的公式中，n_i 表示类别的总个数，s_i^2 表示每个类别的方差，最后再把每个类别的方差加总。

基于给出的例子以及表 14-3 中的数据，组内平方和的计算过程如下：

$$SS_W=(132-1)\times(13.649)^2+(114-1)\times(11.774)^2+(26-1)\times(6.754)^2$$
$$=(131)\times(186.30)+(113)\times(138.63)+(25)\times(45.62)$$
$$=24405.3+15665.19+1140.5$$
$$=41210.99$$

由于四舍五入问题，此处计算的结果比表 14-4 的结果略微小了一点。

组间平方和的计算公式是：

$$SS_b=\sum n_i\ (\overline{X}_i-\overline{X})^2$$

在上面的公式中，n_i 表示类别的总个数，$\overline{X}_i$ 表示每个类别的平均值，$\overline{X}$ 表示所有类别的平均值。在计算出了每个样本的平均值与总体平均值的差之后，将其平方，然后乘以每个类别的样本数，最后再把这些值加总。基于给出的例子以及表 14-3 中的数据，组间平方和的计算过程如下：

$$SS_b=132\times(13.7-12.02)^2+114\times(11.1-12.02)^2+26\times(7.54-12.02)^2$$
$$=132\times2.82+114\times0.85+26\times20.07$$
$$=372.24+96.9+521.82$$
$$=990.96$$

同样的，由于四舍五入问题，此处计算的结果与表 14-4 的结果略有不同。

第七步：计算 *F* 检验的自由度

F 检验的计算过程不同于其他假设检验的地方在于，我们在计算观察值和临

界值的时候，要把自由度算进去。F 检验的自由度也必须考虑模型内部的一切波动。为了达到这个目的，你必须解释组内和组间的波动。F 检验中计算自由度的公式是：

$$df_{\text{total}}=df_{\text{within}}+df_{\text{between}}$$
$$=(N-k)+(k-1)$$

在这个公式中，N 是样本总数，k 是类别数。结合上面的例子，自由度的计算结果是：（272–3）+（3–1）=271。表 14-4 对此有所展示。

第八步：计算获得值

计算出平方和与自由度之后，我们就要检验样本之间是否存在差异了。原因就是，我们对不同的样本组进行检验，其检验结果就应该同样本组自身内部的检验存在差异（离总体均值有更大变化）。如果被调查者基于各自所处的环境、历史背景等因素而被划分到不同的分组内，同组的人应该是类似的（围绕均值变化不大），但是在不同的分组之间变化就比较大了。

这种差异是通过 **F 比（F ratio）**检验得出的。F 比是刻画组间差异相对于组内差异的大小的比较手段。注意，零假设是两个分组间没有显著的统计差异。如果这个假设是真的，组内差异（SS_W，SS_{within}）应该与组间差异（SS_b，SS_{between}）相同，或者很接近。计算这两个数值的比值可以确定两个分组的接近程度。F 值和 t 值的作用差不多，但 F 值适合于多个分组。F 比的计算公式如下：1

$$F=\frac{SS_{\text{between}}/k-1}{SS_{\text{within}}/N-k}$$
$$=\frac{MS_b}{MS_w}$$

上面的公式可以表述为组间平方和除以组间自由度，然后除上组内平方和与组内自由度的商。实际上，这就是在考虑到每个样本内部的变化之后，对组间平均值差异的比较。只有当 MS_b 大于 MS_w 的情况下，“两个分组之间确实存在差异”的零假设才能被拒绝。如果组间根本不存在差异，计算结果将会是 1。如果组间几乎没有差异的时候，计算结果就会接近 1 或者小于 1。[1] 与其他检验中的零假设一样，F 值越大，零假设被拒绝的可能性就越大。在这个例子中，F 值的最终计算结果是（990.96/2）/（41210.99/269）=3.23。这个计算结果在表 14-4 中的“F 值”一栏中列了出来。

第九步：获得临界值

和其他假设检验方法一样，使用 F 检验需要确定自由度和临界值。对于 F 检验来说，前面我们已经计算了自由度，因为两个自由度都很必要，所以 F 检验中不同显著水平下有不同的数据表。附录只展示了 0.05 显著水平下的数据表。

[1] 此处疑有误，若组间差异不存在，SS_b=0，F=0，而不是 1。——译者注

如附录 B“统计表”中表 B-4 所示，*F* 检验所用到的两个自由度都可以在表中看到，并用于共同确定临界值。组间自由度（$k-1$）决定了表格顶端跨度的自由度，而组内自由度（$N-k$）决定了表格左侧的自由度。组间自由度用于决定尾部右侧 5% 区域的值，组内自由度则用于决定尾部右侧 1% 区域的值。如果这两个值是相等的，那么这个比值就是 1。然而，因为我们的目的是发现组间比组内的变化更大，附表 B“统计表格”中的表 B-4 给出的数值都大于 1，[2] 大的数值就意味着离尾端更远。根据这两个数值，我们在组间自由度和组内自由度相交的地方就可以确定 *F* 检验的临界值。对于其他假设检验方法来讲，就不需要用这种方法确定临界值。由于 *F* 值与显著值一起在统计软件的输出结果中呈现，没必要通过查表的方法获得临界值。

第十步：得出结论

上面的步骤完成之后，我们就可以做出决定，拒绝或者不能拒绝方差（或均值）相等的零假设。这一步和其他假设检验方法一样。如果获取值比临界值大，零假设就要被拒绝，反之，我们就不能拒绝零假设。利用 SPSS 的输出结果，如果 *F* 值是显著的（小于 0.05），我们就可以拒绝零假设，并且得出这些分组取自不同总体的结论。如果 *F* 值不显著，我们就不能拒绝零假设，并且得到分组均值相等，数据是来自同一个总体的结论。如表 14-4 所示，显著值小于 0.05（0.041），我们就可以拒绝分组之间的均值没有差异的零假设。

表 14-4 单因素方差分析结果

方差分析（ANOVA）

你在当前地方住了多久？

	平方和	自由度	均方	*F* 值	显著值
组间	990.629	2	495.315	3.233	0.041
组内	41210.279	269	153.198		
总计	42200.908	271			

需要注意的是，学者们对假设检验的批评尤其针对 *F* 检验。即使拒绝分组间没有差异的零假设，我们也不能指出其中的哪些分组是不同的，我们只能说这些分组中有一个与其他分组存在差异。这个问题可通过事后检验来做适当补正。

14.2 事后检验

与其他假设检验方法一样，你可以决定这些分组是否来自同一个总体，但就到此为止了。如果能够找出是哪个分组的均值不一致，这对我们的研究帮助也很大。这可以通过与方差分析相关的其他方法来建立，它被称作**事后检验**（post hoc）或者**多重比较检验**（multiple comparison tests）。

用来检查组内均值差异的方法有很多种，它们当中最古老和最早使用的是**邦弗朗尼检验**（Bonferroni test，见于 1936 年的一项从未被翻译成英文的意大利文研究报告）。其他的检验方法，包括 Tukey's HSD 检验方法（Honestly Significant Difference）和 Scheff 检验。我们在本章节中介绍的仅限于邦弗朗尼检验，因为它是最常用的事后检验方法。该检验对每个均值都做了配对比较，然后通过除以配对总数得到一个标准化的结果。邦弗朗尼检验结果如表 14-5 所示。需要注意的是，有些分组重复出现，这是因为它将所有的组合都考虑在内了。事实上，“经常—从不”的前后对比跟“从不—经常”的对比是一样的。

这张表显示了方差分析的有趣之处，但也与其他方法有诸多相似之处。如上文所讨论，我们拒绝了“不同分组之间均值没有显著差异”的零假设。但是，这个值非常接近 0.05。在邦弗朗尼检验中，各个分组间并没有显著差异。最接近的分组是“从不—经常”（显著值是 0.063）。造成这种问题的原因很可能是，每个类别的样本量不一致（我们经常会事先给方差分析设定假设，但是在社会科学或者田野实验中却很难做到）。尽管我们能够拒绝零假设，但是却并不能得出是哪个分组引发的差异。

表 14-5　邦费罗尼检验

多重比较

因变量：你在当前地方住了多久？

（I）你傍晚在社区散步的频率是？	（B）你傍晚在社区散步的频率是？	平均差异（I—J）	标准误	显著值	95% 置信区间	
					上限	下限
从不	偶尔	2.60	1.583	0.305	–1.21	6.41
	经常	6.16	2.656	0.063	–0.24	12.56
偶尔	从不	–2.60	1.583	0.305	–6.41	1.21
	经常	3.56	2.690	0.561	–2.92	10.04
经常	从不	–6.16	2.656	0.063	–12.56	0.24
	偶尔	–3.56	2.690	0.561	–10.04	2.92

另外，我们也要必须注意，事后检验不能随意使用。尽管很多研究者会把事后检验当作方差分析的后续步骤来使用，但也需要根据探索对象的具体关系而定，绝不能仅检验随机出现的结果。如果你并不关心究竟是哪个分类造成了差异，就没必要进行事后检验，除非 F 值表明不显著但又需要检查确定组间交互差异。如果你对特定关系做了先验假设，符合逻辑的下一步分析工作就是事后检验。

14.3 结论

本章关于方差分析的讨论即将为推论统计分析画上句号。尽管推论统计是用来检验一个样本与总体，或者多个样本之间关系的重要方法，但犯罪学数据往往不适合这些分析方法。在很多情况下，犯罪学家使用的数据都是基于总体的，故并不需要样本。这就意味着，描述统计方法才是犯罪学的脊梁骨。

到目前为止，你所学到的描述能力还只限于双变量分析，但不幸的是，外部世界并不像 x 引起 y 这样简单。通常情况下，a，b，c，d，x 甚至更多的因素，都会影响 y。为了对数据进行充分的描述分析，你必须有多元统计的基础。为使你对统计学有更深入的了解，本书余下内容讨论多元分析。

14.4 关键术语

方差分析（Analysis of Variance，ANOVA）

单因素方差分析（One-Way ANOVA）

邦费朗尼检验（Bonferroni test）

事后检验或者多重检验（post hoc or multiple comparison tests）

F 比（*F* ratio）

组间平方和（sum of squares between groups）

F 检验（*F* test）

组内平方和（sum of squares within groups）

列文检验（Leneve Test）

14.5 公式概览

组内平方和：

$$SS_W = \sum (n_i - 1) s_i^2$$

组间平方和：

$$SS_b = \sum n_i (\overline{X}_i - \overline{X})^2$$

自由度（*F* 检验）

$$df_{total} = df_{within} + df_{between}$$
$$= (N - k) + (k - 1)$$

F 比：

$$F = \frac{SS_{between} / k-1}{SS_{within} / N-k}$$
$$= \frac{MS_b}{MS_w}$$

14.6 练习

1. 在研究了警察和普通人的智商差异之后，一个研究者又想知道刑事司法系统不同成员之间的智商差异。这位研究者假设警察的智商要比矫正官的智商高，并且矫正官的智商要高于律师。于是这位研究者选取了一个由 150 人组成的样本，然后初步得出以下信息：$SS_{between} = 40$，$SS_{within} = 12.93$。

a. 运用 F 检验确定，研究者的理论是否正确。

b. 从上面的检验过程中，我们可以得出关于刑事司法系统不同成员（警察、矫正官、律师）之间的什么结论？

2. 查找有关运用 F 检验（方差分析）的文章。

a. 比较文章中的方差分析运用情况和本章介绍的内容。

b. 发现相同和不同的地方。

c. 根据文章中的观察值和附录对应的统计表，尝试确定临界值和显著水平。

3. 像第 1 章你所做的工作那样，设计一个研究项目，并讨论如何运用方差分析来分析数据。讨论在此过程中可能遇到的问题。

14.7 参考文献

Fisher, R. A. (1918). The correlation between relatives on the supposition of Mendelian inheritance. *Transscripts of The Royal Society of Edinburgh*, 52, 399-433.

Fisher, R. A. (1925). *Statistical Methods for Research Workers*(11th ed). Edinburgh, Scotland: Oliver & Boyd.

Fisher, R. A. (1935). *The Design of Experiments*. Edinburgh, Scotland: Oliver & Boyd.

Fisher, R.A., & Mackenzie,W.A.(1923). The manurial response of different potato varieties. *Journal of Agriculture Science*, 13, 311-320.

Levene, H. (1960). Robust tests for equality of variance. In I. Olkin, S. Ghurye, W.Hoeffding, W. Madow, & Mann,H.(Eds.), *Contributions to Probablity and Statistics* (pp.278-292). Stanford, CA: Stanford University Press.

Student (1923). On testing varieties of cereals. *Biometrika*, 15, 271-294.

14.8 拓展阅读

Girden, E. R. (1992). ANOVA: *Repeated Measures*. Thousand Oaks, CA: Sage Publications.

Iversen, G. R., & Norpoth, H. (1987). *Analysis of Variance*. Thousnad Oaks, CA: Sage Publications.

14.9 注释

1. 在数学意义上，F 比事实上是每个变量取值的平方，然后分别除以它们的自由度。

2. F 分布和 t 分布之间的关系非常有趣。比较附录 B“统计表”中的 F 值和 t 值，你会发现 F 值很接近 t 值。其实，F 值等于 t 值的平方。

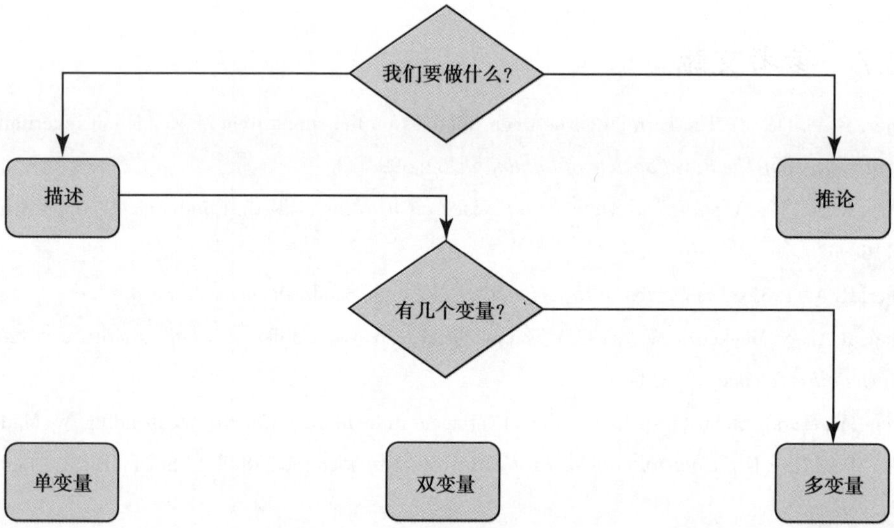
我们要做什么?
描述
推论
有几个变量?
单变量
双变量
多变量

第 15 章

多元统计导论

学习目标

- 识别多元分析下的基本概念
- 解释变量之间的交互作用
- 确定建立因果关系的标准
- 理解稳健性、误差以及简约原则如何在方法上影响研究

15.1 当两个变量不够时

无论是描述还是推论，本书前面章节的关注点都基于一个或者两个变量的统计分析。然而，众所周知，外部世界太过复杂，以至于很难通过一个或者两个变量就能一次性刻画全景。我们必须同时测量几个，通常是很多个变量，才能更真实地反映出一个复杂现象，诸如人们的行为和犯罪。此时，**多元分析**（multivariate analyses）作为分析两个以上变量的方法，就派上用场了。本章讨论的统计方法，使研究者有能力利用模型分析因变量，涵盖所有与因变量有关的自变量。但新方法的应用也催生出理论和方法论上必须解决的方法和注意事项等新问题。

本章中，我们将介绍多元分析在理论和方法论上涉及的问题，并且提供了研究过程如何运用的基本概况。尽管本章中讨论到的很多问题是方法论层面的，而不是统计层面的，但这却对多元分析至关重要，因为它们深刻影响了分析或发现的解释。

15.2 变量之间的交互作用

分析变量之间的交互作用是多元分析方法的显著特征。一些处理变量之间相互作用的常用统计方法有**最小二乘法回归**（ordinary least squares，OLS）、logistic **回归**（logistic regression），以及针对受限因变量的特定回归方法如**因子分析**（factor analysis）和**结构方程模型**（structural equation model，SEM）。针对多元变量之间的交互关系，尽管还存在着其他高阶的统计分析方法，例如**多层线性模型**（hierarchical linear modeling）和各种**时间序列分析**（time series analyses），但本章只讨论多元回归分析法和结构方程模型，因为它们在犯罪学研究中最流行。

根据最通常的含义，**交互作用**（interaction）指一个变量产生的，或者引起

另外一个变量变动的任何改变，这是第 8 至 10 章所讨论的核心问题。大多数研究者谈及的交互作用，实际上是两个或者两个以上自变量对因变量产生的影响。它是所有自变量对因变量产生的综合影响、变动或者联系。

如果两个变量可以解释因变量的部分变化，我们可以说它们二者之间存在相互影响，并且同时作用于因变量。这两个变量之间至少存在一个**累加效应**（additive effect）。也就是说，它们分别解释了因变量的部分变化，就如同我们通过解释每个扇形区域代表什么、它们分别对总体做了多大贡献，来诠释一个完整的饼状图。在第 10 章"关系方向和属性测量"中，我们可以发现变量之间的交互作用。例如在表 15-1 中两个自变量（寄宿家庭和房屋自用家庭）解释了因变量（违法行为）的部分变化。在这个例子中，"寄宿家庭"解释了 23% 的"违法行为"（0.48^2），"房屋自用家庭"大概解释了 5% 的"违法行为"（0.24^2）。合起来，这两个变量一共解释了因变量"违法行为"28% 的变化。

表 15-1　自变量累加效应的相关系数矩阵

	未成年违法行为	寄宿家庭	房屋自用家庭
未成年违法行为	1.00		
寄宿家庭	0.48*	1.00	
房屋自用家庭	–0.24	0.00	1.00

*$p < 0.01$

然而，比起单个自变量对因变量影响的简单叠加，交互影响可以在更大程度上揭示出因变量的变化程度。变量之间能共同形成一个**协同效应**（synergy effect），它们的集体贡献大于单个变量各自的影响（Cohen，1978）。这就是我们在研究工作中通常所指的交互作用。例如，"巡逻特点"和"警察逮捕暴力犯罪者的概率"。我们可以在一定程度上认为，警察就职的城镇区域会影响他（她）做出逮捕行为的概率。高犯罪率、暴力频发以及类似因素都会对暴力犯罪的逮捕产生正向影响。一定程度上，我们也可以说，警察轮班制度对逮捕暴力犯罪者的概率会产生影响。夜间轮班通常会加大遭遇暴力犯罪的概率。如果我们把以上两个因素结合起来判断，它们对逮捕暴力犯罪者变化的解释力度比单个因素解释力度要大。在这个例子中，在一个"治安状况不好"区域进行午夜轮班巡逻，会大大增加逮捕暴力犯罪者的概率。多元分析正是要检验这个协同效应。图 15-1 展示了数据中的交互作用，尽管没有显示出来，但多变量回归分析的 SPSS 输出结果表明，当增加两个变量的交互项时，R^2 从 0.28 增加到了 0.31，这已经是一个显著的变化了。这就表明两个变量交互的协同效应超过它们原来的累加效应。

理解不同的交互类型很重要。比如，有 3 个自变量：IV_1，IV_2 和 IV_3，基于它们分别与因变量的影响，可以衍生出 3 个"**零阶相关**"（zero-order correlations）关系。这是第 8 至 10 章中讲到的双变量关系测量：每个自变量和因变量的关系。它们分别是：

$$IV_1 \rightarrow D，IV_2 \rightarrow D，IV_3 \rightarrow D$$

三个变量（IV_{12}，IV_{23}，和 IV_{13}，）也可以衍生出三个**一阶交互作用**（first-order interactions）变量，分别是：

$$IV_1 \cdot IV_2 \rightarrow D，IV_2 \cdot IV_3 \rightarrow D，IV_1 \cdot IV_3 \rightarrow D$$

最后，三个变量同样还可刻画出一个**二阶交互作用**（IV_{123}）：

$$IV_{123} \rightarrow D$$

所有的交互作用对模型来说都至关重要，任何的统计分析都要对它们进行分析研究。

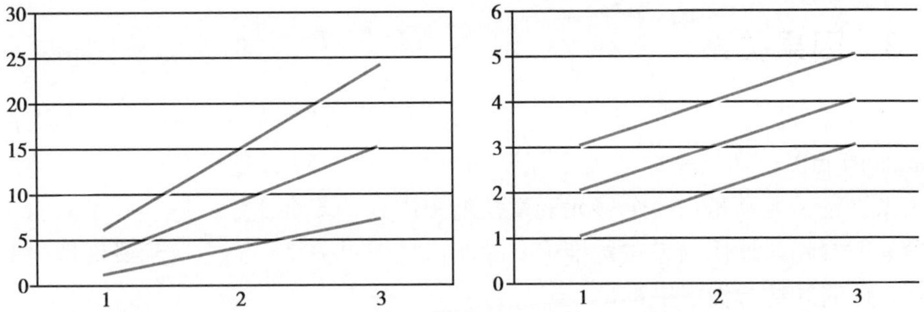

图 15-1　变量的交互作用

变量之间的交互作用可用图形展示出来，尽管通常不作图。图形检验包含了两部分，分别是描绘自变量改变所引起的因变量改变，以及自变量之间的关联变化。如果自变量和因变量之间存在某种关系，但是自变量之间不存在交互作用，通过线条可以发现一些端倪：直线将不会平行于 X 轴，但彼此之间会平行。这就说明它们对因变量的影响是彼此独立的（图 15-1 右）。然而，如果三个变量对因变量产生了协同效应，双变量线条就不会彼此平行了。这是因为，自变量不仅随因变量类别的变化而变化，而且也随其他自变量类别的改变而改变（图 15-1 左）。从这些图表中还可以获得更多信息，比如交互作用是否是有序的。但是，这些类型的图表对解释相关关系并不是特别有用，所以分析结果和对结果的讨论往往会取代这些图表。

除了图表，还有几种不同的方法可以确定一个交互作用的值，以及这个交互作用是否对因变量的变化做出了贡献。第 16 章中讲到的方法以及其他方法，都是很有用的，但回归分析的作用尤其明显。在第 16 章“多元回归 I：最小二乘法回归”中，R^2 值就代表了一个变量解释因变量变化的贡献程度或累计贡献程度。例如，假定你将上文提到的三个变量（IV_1，IV_2 和 IV_3）放到一个回归模型中，并且确定每个变量对解释因变量的变化都有显著贡献。然后再把交互变量（IV_{12}，IV_{13} 和 IV_{23}）添加到模型中，你就会发现是否每个交互变量都对模型做出了贡献。

如果 R^2 有了显著的增加，就表明这个交互作用是有效的，否则就要舍弃这些交互变量。[1] 同样也有必要检验二阶交互变量（IV_{123}）。原理和一阶交互变量一样，如果 R^2 值有了显著增加，说明二阶交互变量也是有用的。否则，同样要舍弃二阶交互变量。

最后需要注意的是，你的研究需谨慎对待交互作用。在第 2 章“变量和测量”中讨论过，**混淆变量**（confounding variables）会以多种方式混入研究过程。如果混淆变量和其中的一个自变量、因变量之间存在交互关系，或者都存在关系，我们就会得出预期之外的错误结果。例如，独立观察氧气和氢气的特性，你不希望看到当二者结合在一起的时候会产生水。尽管变量之间的交互作用是研究过程的一部分，甚至希望它们可以被恰当地界定和计算，但是意料之外的交互作用确是一个问题。

15.3 因果关系

多元变量之间的交互关系会产生多元分析的另一个特征：**因果关系**（causation）。在第 9 章“关系强度的测量”中，我们提醒不要对双变量作因果关系推论。尤其是当一个多元变量模型中用到了多个变量，尽管并不恰当，但很容易就会错误地用因果关系推论。除非这个因果关系得到方法论或者理论上的支持，此时才适合做因果推论。

尽管因果关系也可以通过双变量分析建立起来，但**因果序列**（causal ordering）才是很多研究者采用多元分析方法的原因。建立因果关系需要一些特定的步骤，包括建立变量之间的相关关系、建立时间排序和排除混淆变量。

15.3.1 相关关系

变量之间的相关关系是研究和分析中的重要组成部分。变量之间必须存在某种相关关系，否则研究会一无所获。尝试建立因果关系的第一步就是确定相关关系是否存在。尽管并非无可挑剔，但一个常用规则是，如果两个变量之间不存在某种相关关系，其中一个就不是另外一个的原因。前述章节中检验双变量关系的过程，以及双变量分析所基于的单变量分析方法，是尝试建立因果关系的第一步。

需要注意的是，相关关系包含两个方面的内容，分别是关系**量级**（magnitude）和**一致性**（consistency）。关系量级是指关系是否存在以及关系强度，这在第 8 章和第 9 章中已介绍过。**一致性**（通常称为**信度**［reliability］）是指，从一个研究到另一个研究中且在各种条件下，关系仍保持稳定。如果一种关系有着足够的量级（确实存在且统计显著），且一直具有一致性，就有足够的理由相信因果关系的存在。

然而，关系本身很少构成我们的研究目的，犯罪学和刑事司法中存在着很多关系。比如，我们在 75 年前就已经知道，犯罪和特定城镇特征之间存在着相关关系，例如人口流动大、社区基础设施老化，以及房屋拥有者比例很低。在这个例子中，基本可以确定城镇环境特征对犯罪行为的变化产生了影响。然而，这种关系因持续太久和涉及太多不同城镇而无法对比。基于它们的持续关系，甚至可以构建这些变量的部分因果关系。然而，找到哪些特征和犯罪之间的因果关系基本上是天方夜谭。建立真正的因果关系很复杂，检验过程中需要大量额外的步骤。

15.3.2 时间排序[1]

建立因果关系的第二个关键步骤是检验变量之间的时间排序。时间排序指的是两个变量在时间先后上的关系。时间排序检验的是变量在时间 1 及在时间 2 发生的任何变化。时间 1 和时间 2 之间的变化、差异以及关系，就是时间排序。在因果关系模型中要考虑到时间排序，是由于自变量必须先于因变量变化发生或者改变。需要注意的是，一项研究通常需要对引起因变量变化或者与因变量变化有关的自变量进行检验。如果在自变量没有变化的情况下因变量却发生了改变，那么，这就很难基于这个改变建立起因果关系。另外，如果因变量先于自变量发生变化，也很难说是自变量导致因变量发生了改变。然而，如果自变量的变化在前，接着因变量也发生了变化，至少有充分的理由进行充分的检验，以观察这些变量变化恰好就是这个次序，还是一个变量的变化引起了其他变量的改变。

一般来说，时间排序的建立有四种思路：观察、逻辑、理论和数据分析。即使上述这些方法确实能构建时间排序，但因果关系无法单纯地依靠其中任意一种思路来构建。然而，这是构建因果关系可适用的额外步骤。当然了，这四种方法可以结合使用，来强化时间排序或因果关系论证。

建立时间排序的第一个思路是观察。这个过程是单纯地通过一段时间观察自变量和因变量，确定是否发生了变化以及何时每个变量发生变化。如果被观察的变量确实发生了变化，并且自变量的连续变化先于因变量而产生，就可能建立起时间排序。通过观察建立时间排序最简单的方法是实验。在控制环境的实验背景下，研究者可以改变自变量来观察因变量随之发生的任何变化。这也使得研究者可以更容易测量自变量的变化量以及与此有关的因变量变化量。但不幸的是，刑事司法领域里控制环境的实验场景几乎不可能。刑事司法研究面对的是日常生活和人类行为的纷繁复杂状态。尽管有时会有近似的环境条件，但刑事司法研究者事实上从来没有可以操控自变量的控制环境。

鉴于无法控制外部环境进而改变自变量，刑事司法转向了建立时间排序的第二种思路：逻辑。因为两个变量已经发生之后才采集数据，所以单纯通过观察很难在刑事司法研究中建立起时间排序。因此，也就很难仅通过观察确定哪个变量先（时间上）发生，或哪个变量导致了其他变量的变化。比如，犯罪学中的一个基本理论是**控制理论**（control theory），该理论的一个要素是，亲子纽带或关

[1] 此处有的书籍翻译为“时间序列”，然而为了和时间序列模型加以区分，本书用时间排序，似乎更能够表达作者的原意：即变量之间有时间先后。——译者注

系的破坏会导致年轻人“失去管制”从而走上犯罪道路。然而，我们也很容易看到，犯罪行为也会导致亲子关系破裂。在这个例子中的时间排序是什么？在这种情况下，观察或许就无法解决这个问题了，因为数据会集中在已经实施了犯罪行为的年轻人身上，因此两种情况都出现了。在这样的案例中，逻辑推理通过拒绝相反的时间排序来解决时间排序问题。通过逻辑推理来建立时间排序的一个最简单例子是，逮捕和入狱之间的关系。一个人在入狱之前，必须先被逮捕。进而，反过来就不能成立——一个人不经逮捕就入狱（当然，也许技术性假释违法可能如此，但这和我们的论述无关）。通过拒绝一个可能的时间排序，与之相对应的另一个的时间排序就可以建立起来了。上面给出的犯罪和亲子关系的时间排序，很难通过逻辑推理而建立起来。那么，在这种情况下，一个可靠的理论模型和合适的统计分析方法就会派上用场了。

第三个建立起时间排序的方法是通过理论。在第 1 章“比较和分析的理论逻辑”中，我们已经讨论过，每项研究都要有一个精心设计的理论模型，那就是从基本问题到研究问题，再到概念，再到变量和数据的过程。借助一个有着清晰假设的理论和方法论模型，变量的时间排序就可以假设出来。通过统计分析佐证的理论模型支撑起一个假设的时间排序。也就是说，如果一个理论模型能获得支持，我们也就有理由相信基于该理论模型的假设的时间排序同样可以被支持。

最后一个确定时间排序的思路是数据分析。它通过一种**交叉滞后**（cross-lagging）的方法完成。在交叉滞后中，两个变量对比的方式是，选取一个变量的初始值，对比另一个变量过一段时间之后的数值。然后把顺序颠倒过来。有着最强相关关系（关系强度达到最高值，第 9 章讨论过）的排序可看作是展示恰当时间 / 因果关系的模型。双变量分析和非对称关系测量也可以得出上述结论。但是，双变量关系测量法的可靠性要小很多，因为它通常是一种**横截面**（cross-section）技术，两个数据是在同一时间而非隔一段时间后才获得的。

15.3.3 排除混淆变量

处理因果关系的最后一个步骤是排除混淆变量，也常称作**“混杂原因因子”**（rival causal factors）。在第 2 章“变量和测量”中我们已经介绍过，研究中常出现混淆变量。未知的混淆变量会严重影响因果关系的解释，不仅会在理论上产生影响，也会在实际上影响到分析过程的描述，因为我们无法把握检验模型的全部重要变量。混淆变量可以通过理论或者分析得到解决。排除混杂原因因子很关键，因为因果关系的理论、解释以及表述不仅要求自变量先发生改变，还要求它的改变导致了因变量的变化。如果是另外一个变量导致了改变的发生，即使是自变量导致了混淆变量的改变，然后再导致因变量发生变化，这也不足以解释因果关系，模型也是不完善的。例如，在犯罪学和刑事司法中我们常用的一个假设是：破裂的家庭可能会导致孩子违法犯罪，但是这个理论模型太简单了以至于没有任何实际价值。当然，我们也知道，破裂的家庭不一定会导致孩子违法犯罪，很多单亲家庭都能培养出杰出、成功的孩子。为了验证家庭破裂是否会导致孩子违法犯罪，需要建立起一个更加完善的模型，包含破裂家庭可能会导致违法犯罪记录增加的所有要素特征，比如对父母依恋的阻断、缺乏监管或其他的可能因素。除非混杂原因因子包含在分析模型，因为其确实可以成为自变量，或者通过理论和分析排除了混杂原因因子，否则模型通常是指向不明的。

在实践中，排除混杂原因因子比起书中有限的描述要困难得多。在社会科学中要完全解释和控制混淆变量几乎是不可能的，因为只有在实验中才能严格地控制进程，从而使得所有的混淆变量都能被计算在内。在人类行为的现实世界中，混杂原因因子比比皆是，我们对刑事司法研究者能够建立起完善的、包含大量混杂原因因子的检验模型持怀疑态度。

在囊括或者排除所有的混杂原因因子的尝试中，运用一种称作“结构方程模型”的方法在刑事司法和犯罪学研究领域中成为了新的趋势。这是一项运用**路径分析**（path analysis）和**验证性因子分析**（confirmatory factors analysis）来检验变量之间多元关系的高级技术。常用的统计软件是 LISREL 和 AMOS。这种复杂的分析方法见图 15-2，它是一个对违法犯罪行为与行为人同伴、同伴对行为的反应，以及行为人观念的结构方程模型。这个模型展示了多元分析在尝试囊括所有混杂因子时的复杂程度。

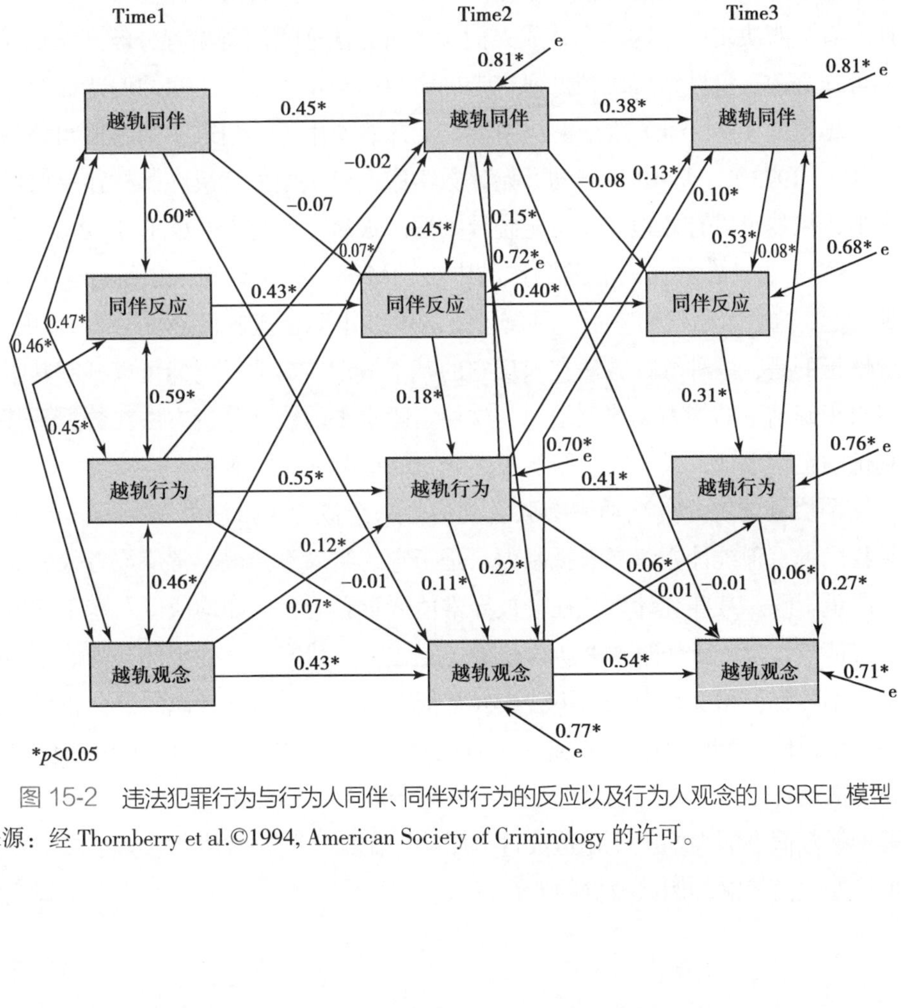

图 15-2 违法犯罪行为与行为人同伴、同伴对行为的反应以及行为人观念的 LISREL 模型

来源：经 Thornberry et al.©1994, American Society of Criminology 的许可。

本章此处所列举的相关步骤，对于在变量之间建立任何因果关系都至关重要。然而，即使完成了以上步骤，也无法保证就能建立起因果关系，它们只能对主张因果关系提供支撑，并不能意味着研究就到此为止了。

15.4 多元分析的其他概念

在此，简要地介绍多元分析的其他相关概念。前两个概念是：**稳健性**（robust）和**误差**（error），可以适用于双变量分析，但多元分析用到的更多。第三个理念，**简约原则**（parsimony），直接适用于多元分析。

15.4.1 稳健性

当研究者希望运用适合定距水平和定比水平数据的恰当方法时，统计方法的稳健性是至关重要的。在第 9 章“关系强度的测量”中已经讨论过，定距水平分析要求数据满足定距水平和服从正态分布。当然也存在例外，二分定类数据和范围足够大的定序数据也可以用于定距水平分析。在这些例子中，数据都要尽可能地服从正态分布。至于有多接近于定距水平，以及有多接近于正态分布，通常是由研究者主观决定的。这就会造成人们对分析方法适用的意见有分歧。在统计方法不可知之前，稳健性可以帮助研究者确定数据与正态分布之间的偏差程度。

“稳健”（robust）这个词从中世纪就开始使用了，用来指强壮但粗鲁的人（Stigler，1973）。从 19 世纪初开始，数学家们就试图去解决在怎样违反假设的程度下，依然可以有效地使用特定统计方法。最后，鲍克斯（G. E. P. Box）在他 1953 年关于非正态数据的方差的作品中将“稳健”这个词引入了统计学领域。从那时起，这个术语就用来指一种统计方法可以违反它基本假设的容忍度。因此，稳健性指的是，一种统计方法在违反它的基本假设前提下，仍然可以抵制其影响并得出正确结论的能力。典型地说，这使定距水平的统计分析方法在数据不甚满足真正的定距水平，或不完全服从正态分布的情况下仍能适用。

一个稳健的统计方法通常会联系到另外一个概念：**抵制力**（resistance）。如果我们说一种统计方法具有抵制力，是指它的结果不会被异常值或者数据的改变而严重影响。某些统计量往往会被异常值严重影响，比如均值以及基于均值产生的其他统计量（正如第 4 章所讨论的）。在某些情况下，很少的异常值也会导致均值不一致。相反，中位数不会受异常值的影响，因为它考虑的是分布形态而不是单个数值。因此，中位数就是一个有抵制力的估计参数（在中心趋势测量中），然而均值就不是了。有抵制力的估计参数不会因数值的变化产生较大波动，也不会被少量数值点的大幅度变化造成过多影响，比如一些异常值，或者被多个数据的少量变化而影响，例如数据的四舍五入。

稳健性问题是多元分析的关键，因为特定分析方法的结果可能取决于它的稳健程度。例如，最小二乘回归法，这是回归分析的一种，通常认为不具有稳健性和抵制力，因为它基于均值和方差。如果选择使用最小二乘法回归，在数据不完全满足定距水平和不服从正态分布的情况下，分析结果往往是不可取的。

大多数的统计方法都具有稳健性。如果你打算使用一种统计方法，但是不知道稳健性如何，可以借助**蒙特·卡洛**（Monte Carlo）程序来确定它的稳健性。这种方法可以从一个数据集中抽取或者创设若干个样本。该方法也可以在适当违背正态分布假设、测量水平和其他因素的前提下使用。一种稳健的分析方法不会在不同样本间产生巨大的变化，但是不稳健的方法则很难保证。

15.4.2 误差

与稳健性相关的概念是**误差**（error）。如果你已经修了研究方法课，你就会知道每项研究都会存在误差。误差的类型多种多样：测量误差、观察误差、随机误差、系统误差等。所以，误差是多元分析的一部分，某些统计分析方法可以明确地解释误差。比如，回归的表达公式是：

$$y=a+bx+e$$

此处的 e 就代表了模型的随机误差。我们也可以简单地把误差看作是我们不知道的内容。例如，我们检验社会关系对未成年人犯罪的影响效应，我们希望同时对家庭和同伴关系进行检验。在实际研究中，通常不会同时获得这两组数据。在这种情况下，如果省略了一个变量，我们只会拥有家庭关系的数据，而丧失了同伴关系的数据，反之亦然。在这里，e 就代表了分析模型中我们尚未掌握的相关信息。这个始终存在的误差需要在多元分析中予以高度重视。同样地，图 15-2 所示的相关关系也附带了误差（模型中的 e）。这也是对我们所采用的模型与实际关系相差多少进行估计的尝试。

舒马赫（Schumacher，1973，p.29）在他的书中勾画出了一个关于统计学的苦恼以及统计学家存在价值的和谐场景。上帝在创造地球时，作了如下思考：

如果我使得所有事物都可以被预测，那么，我赋予聪明大脑的人类，会千方百计地进行预测，从而就会失去做事情的动力，因为他们会意识到未来已经注定了，人类的行为对此不会产生任何影响。另一方面，如果我使得所有事物都无法预测，他们也会逐渐发现，做任何决定都没有可靠的基础，跟上面的情况一样，他们也不会有做事情的任何动力。任何一个方案都毫无意义，我必须要在二者之间进行折衷。让一些事物可以被预测，同时无法预测其他事物。然后，对于其他事而言，他们就有发现生活目的和意义的重要任务。

误差必须被处理，并且要在理论和方法规划和任何研究的统计分析中尽可能说明。误差问题会在下面的章节中详细说明。

15.4.3 简约原则

在分析模型中，**简约原则**（parsimony）实质上是与变量交互作用相反的一个理念。正如前面提到的，为了获得一个完整的模型，研究者会努力囊括所有可以想到的变量。尽管这在最大程度上对因变量的变化进行了解释，却会让模型变得异常复杂，甚至超出了必要的限度。包含进来的许多变量或许不会给模型带来多大收益，甚至不会给模型带来任何收益，或者甚至减少了变量的解释力。在这些情况下，不把这些变量包括在内或许是个好的选择。在涵盖所有需要的变量和尽可能多地解释因变量变化之间进行权衡，进而选取最直接有效的模型，是简约原则的基本观点。

简单地说，简约原则是试图识别出对因变量影响最大，但数量最少的自变量。尤其是当研究复杂的犯罪（人类）行为时，采用此原则的意义更为深远。一位14世纪的哲学家，奥卡姆·威廉（Ockham William），提出了后来我们所熟知的奥卡姆剃刀（Occam's Razor）法则。该法则主张，通常情况下最简单的、最具有竞争力的理论才是最好的。应用到统计学领域，那就意味着如果从一个模型中移除一个变量，并且不会对模型产生严重影响，这个变量就应该被移除，从而使得模型得到最大程度的简化。删去多余的变量是研究者提出任何理论需要考虑的过程。值得注意的是，简约原则并不意味着凡是最简单的模型都是可以被接受的。只有当前后两个模型具有同样的效用，才会选择最简单的模型；或者移除一个变量不会严重影响模型，我们才可以移除并使模型更加简化。

15.5 结论

本章中，我们介绍了与多元分析有关的几个重要概念和问题。尽管它们不会直接影响分析解释，但却对我们自己开始的研究工作至关重要。因果关系是研究者在统计分析和研究中寻找的圣器，其核心概念是变量的因果和时间排序。由于刑事司法和犯罪学是对复杂的人类行为进行研究，研究者要在“多少个变量对于模型是适当的”和“简约原则下变量之间的可能交互作用”之间寻求平衡。最后，对于多元分析来说，尤其是处于定距水平时，模型的稳健性和抵制力至关重要。尽管我们在本章中没有过多赘述，在接下来的其他许多地方，你会体会到这些概念的重要性。

15.6 关键术语

累加效应（additive effect）
因果关系（causation）
误差（error）
简约原则（parsimony）
抵制力（resistance）
稳健性（robustness）

交互作用（Interaction）
协同效应（synergy effect）
多元分析（multivariate analysis）
时间排序（temporal ordering）

15.7 公式概览

回归公式 / 斜率 - 截距公式

$$y=a+bx+e$$

15.8 练习

查找本章所强调问题的期刊文章。你需要找到一篇强调这些问题的文章，或者你需要找强调所有问题的一系列文章。务必包含下列内容：

a. 变量交互作用；

b. 时间和因果排序；

c. 统计方法的稳健性；

d. 误差；

e. 简约原则。

15.9 参考文献

Box, G. E. P. (1953). Non-normality and tests of variance. *Biometrika*, 40, 318-335.

Cohen, J. (1978). Partialed products are interactions; partialed vectors are curve components. *Psychological Bulletion*, 85, 858-866.

Pedhazur, E. J. (1973). *Multiple Regression in Behavial Research*. Ft. Worth, TX: Holt, Rinehart and Winston.

Schumacher, E. F. (1973). *Small Is Beautiful: A Study of Economics as if People Mattered*. London: Blond and Briggs.

Stigler, S. M. (1973). Simon Newcomb, Percy Daniell and the history of robust estimation, 1885-1920. *Journal of the American Statistical Association*, 68(344), 872-879.

Thornberry, T. P., Lizotte, A. J., Krohn, M. D., Farnworth, M. & Jang, S. J. (1994). Deliquent peers, beliefs and deliquent behavior: A longgitudinal test of interaction theory. *Criminology*, 32(1), 47-83.

15.10 注释

1. 一些作者，如派德哈兹（Pedhazur，1973）提出，交互效应只有在结合时间序列实验时才应包含在回归分析中。尽管这个惯例经常会被违反，派德哈兹的主张值得我们慎重考虑。

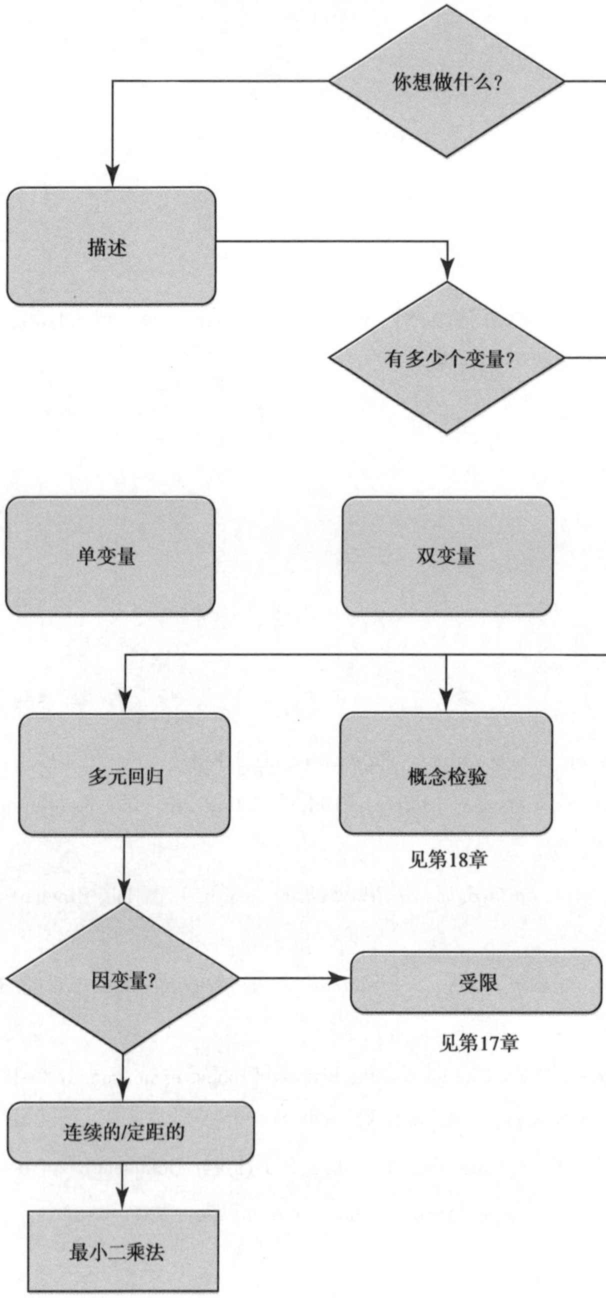

你想做什么?
描述
推论
有多少个变量?
单变量
双变量
多变量
多元回归
概念检验
见第18章
理论检验
见第18章
因变量?
受限
见第17章
连续的/定距的
最小二乘法

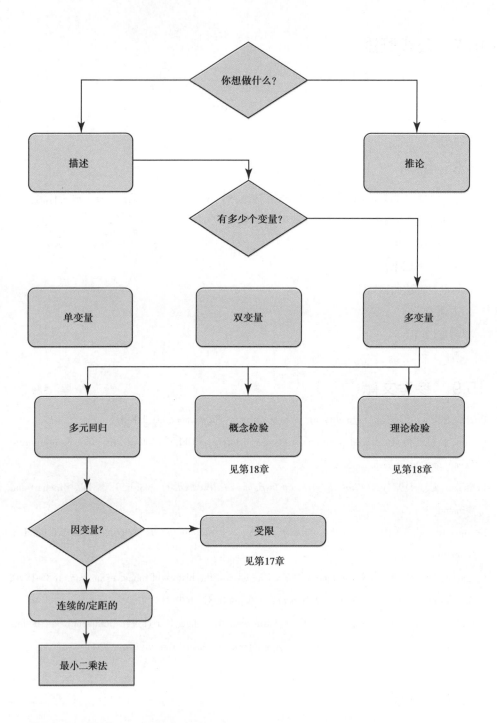

第 16 章

多元回归 I：最小二乘法回归

1906 年，穷尽一生致力于统计学研究的路德维西·玻尔兹曼（Ludwig Boltzmann），不幸结束了自己的生命。保罗·埃伦费斯特（Paul Ehrenfest）继续研究这个课题，但于 1933 年同样自杀去世。如今，轮到我们去研究统计学了。谨慎小心地进行这项研究或许更为明智。

——David L. Goodstein, *States of Matters*（1985）

学习目标

- 理解最小二乘法（OLS）回归
- 解释最小二乘回归的假设
- 识别解释最小二乘回归的关键统计量
- 解释与最小二乘回归相关的统计量
- 理解测量水平低或者非线性关系的自变量（虚拟变量、交互项、抛物线方程和对数函数）
- 为运用最小二乘回归创设虚拟变量、交互项和数据转换
- 多重共线性诊断
- 检验分析模型中是否存在多重共线性

使用双变量变量，甚至单变量分析方法，进行研究固然十分普遍。然而，进行“真正的研究”就需要更为普遍地运用多元分析方法了。有关多元分析的一些重要理念已在第 15 章“多元统计导论”中进行了讲解。本章中我们将延伸讨论之前的话题，并向大家介绍最为普遍的多元统计方法：多元回归。尽管有很多其他的多元分析方法可以被使用，但是多元回归通常被认为是如今研究的标准方法。在众多不同的回归方法中，首要且最普遍的回归分析就是最小二乘法回归。最小二乘法回归将成为我们讨论多元分析的起点。

16.1 回归

最小二乘法回归（OLS regression）可能是刑事司法和犯罪学研究中最为流行的多元分析方法。当研究者表示正在进行一项回归分析时，这通常意味着他们正在使用最小二乘法回归。尽管最小二乘法回归和回归这两个术语经常交替使用，

但是它们之间是不同的。当我们在第 17 章讨论其他回归方法时，他们之间很重要的区别就自然显现出来了。最小二乘法回归不一定是最简单的统计方法，但当向学生们介绍多元分析时，它通常是最先被教授的，因为它是我们在第 9 章学习的皮尔逊积差相关到多元分析的简单延伸。

就像皮尔逊积差相关系数 r 一样，回归是一种将定距变量（测量存在性、强度、方向）关联起来的方法。在实践中，它可能是二元的或者多元的（二元回归分析与皮尔逊相关分析是一样的）。就像皮尔逊相关系数的 r 值一样，回归的目的就是确定概括两个或者多个变量之间线性关系的最佳拟合直线。回归利用了直线最小二乘分析法的优势，每点到该条直线上的距离的**平方和**（sum of squares）为最小值。这个方法使所有的点（x，y）到直线的距离最小，并总结出了因变量 y 和自变量（x_1，x_2，⋯，x_i）之间的关系。如此一来，便确定了强度和方向之间的关系。最后，需要强调的是，就像皮尔逊相关系数的 r 值一样，回归不是总能够提高每个预测值的准确性，它只能提高预测值的平均准确度。

作为统计学分析的一种方法，**多元回归**（multiple regression）通过控制其他自变量的影响，以及所有自变量的综合影响，展示因变量受自变量影响的线性关系。也就是说，利用若干自变量的组合预测值来预测因变量的数值。其基本目标是，制造出与因变量联系尽可能密切的自变量的线性组合。这种线性组合可以用来预测因变量的数值，并且每个自变量的重要性也可以被评估。用这种方法，事实上我们利用了等式的一阶导数。使用微积分和物理学的知识，等式中因变量的**一阶导数**（first derivative）（dy/dx 或 $\delta y/\delta x$）是因变量随自变量变化的变化率。

尽管这一章我们探讨的最小二乘回归利用了公式和数学计算方法，但是由于**多元分析**（multivariate analysis）的性质，公式通常会变得相当复杂。所以，尽管在这里展现出了公式，但我们不会花费太多时间来探讨它。简单回归公式是所有最普遍的多元分析公式之一：[1]

$$y=a+bx+e$$

历史回顾

据说，回归是高尔顿（Galton）在 1885 年发展起来的。他在 1869 年研究遗传学时，就开始了回归工作的初步探索。到 1877 年，高尔顿在统计方法研究上取得了进展，并将其称为回归经验规律（an emripical law of reversion）。1885 年，基于他的研究，他将这个方法的名字改为“回归”（regression），这项研究表明中等大小的甜豌豆趋向于回归到平均状态，而且它们的方差相等（正如他在 1885 年演讲中所说的一样）。从那以后，回归经历了几次迭代变化，最终演进为当前的形式，这种形式由尤尔在 1897 年提出。

y是因变量的**观测值**(observed value),a是截距,b是斜率,x是问题中自变量的值，e是与模型相关联的误差。你可以将这公式视为对皮尔逊相关系数 r 值的验证，学习过代数的同学会将该等式视为一条直线的斜率截距方程。如以下等式所示，通过增加自变量的数目，基础公式可以变为多元回归（多元分析的回归）：

$$y=a+b_1x_1+b_2x_2+b_3x_3+\cdots+b_nx_n+e$$

这个等式中，每一个 b 代表一个与自变量关联的相关系数，每一个 x 代表多元回归模型中一个自变量的值。

16.2 假设

大多数开始学习多元回归的同学会发现，这种方法非常直接且相当易学。然而，同学们也知道使用多元回归分析时，需要满足大量假设条件。检验基于这些假设的数据是回归分析中最难的部分。在这里，我们简要讨论回归分析的假设和它们是如何影响分析与解释的。这里的假设最初源自贝利（Berry，1993）和施图德蒙德（Studenmund，1997），我们鼓励学生利用这些资源对最小二乘法回归的假设进行更深入的理解。

第一个假设就是模型中的变量为定距水平。回归利用平均数和方差作为分析的基础。那些不适合用平均数和方差验证的数据将不会在回归分析中被使用。有一个例外是二分定类水平数据（仅限于自变量）或者那些可以被二分或者能够进行**虚拟编码**（dummy coded）的数据。一些研究者会利用诸如李克特量表（1 = 非常同意，2 = 同意，3 = 中立，4 = 反对，5 = 非常反对）等定序水平数据作为**解释变量**（explanatory variable），但建议将定序水平数据通过虚拟编码处理。虚拟编码可用于近似定距水平的分类数据，因为只有两个点被用到，所以在两个变量之间有了一条直线。在回归分析中使用分类（二分）数据，最简单的方法就是当变量只有两种分类时。当我们分析二分数据或虚拟编码的变量时，通常我们将最感兴趣的值编为 1，次感兴趣的值编为 0（如前所述）。例如，如果我们研究种族对司法量刑的影响，我们很可能去探索白人与非白人。在这个例子中，我们最想看到的是判决中有何不同，因此白人会得到 0 分，非白人会得到 1 分。虚拟编码可以用于多于两类的数据，但是这样很占用时间，而且将很多分类数据细分为所有可能的组合，并将他们运用在回归分析中的成效很受怀疑。虚拟编码的另一个问题是，当某一种类的分布少于 20% 时，就不应用虚拟编码了。这是因为，它很可能严重违反了正态分布的假设。虚拟编码自变量将会在这章后面更为详细地讨论。

回归的第二个假设是，变量的回归系数和误差项是线性的。就像皮尔逊相关性讨论一样，尽管变量之间有很强的相关关系，但是曲线性数据也会拟合出较低的回归系数。我们有很多检测非线性的方法，其中二维散点图是最普遍的方法（第 3 章）。与期望值相悖的残差散点图应无法呈现可识别的模式。与正态性一样，如果散点图呈现出确定模式，有许多方法可以修正它。大多数修正非正态的转换方法（取对数或平方），也可用于修正非线性。但是还要小心的是，那些为了修正一个问题而设计出的变型不会引发其他新的问题（非正态修正使其他线性关系变为非线性）。变型也需要理论和方法论的支持。在本章后面部分将会讨论数据变型。

下一个回归分析的假设就需要回到第 15 章讨论的完整而简化的模型了。其假设就是，模型中没有**设定误差**（specification error）。这意味着模型中包含的每个对于解读因变量很关键的自变量都被纳入到模型中，并排除没有很重要的变量。如下四种情况就是违反这个假设的表现：（1）自变量中包含了必须被排除的变量；（2）应该被包含的自变量却被排除了；（3）合适的变量以错误的形式被包含在模型中（如需要被转换的曲线关系）；（4）模型中包含了多重共线性变量（本章稍后会探讨）。

每一个设定**偏误**（misspecifications）都需要不同的方法去检测。值得注意的是，设定偏误是一个理论问题而不是统计学的问题。因此，设定偏误必须在理论或者方法论的层次上，而不是统计学层次上来解决。若包含了错误变量，有疑问的变量可从回归模型中移除。如果**系数**（coefficient）***b*** 或者 $\boldsymbol{R^2}$ 几乎没有变化，说明该变量很可能是无关变量并且可以考虑移除。如果一个变量是理论模型中的必要部分，尽管存在设定偏误，它也必须在模型中被保留。永远要记住：理论推动着分析，而非其他。处理是否需要将变量保留在模型中，这是个更为困难的问题。就像在第 1 章和第 15 章讨论的一样，它变成了一个理论问题，相比于反思分析方法，更需要你反思研究本身。同时，也有可能去确定一个变量是否在模型中有所遗漏。如果 IV_1 和 X_2 高度相关，并且 X_2 被剔除出模型，那么两个变量的回归系数 b（见如下解释）会以 IV_1 的系数 b 的形式出现，并与 IV_1 和 X_2 的相关度有关，且 S_b 会变低。然而，这并不总是容易被发现，仅可能在有问题的分析中出现一点信号。同样的，一个低的 R^2 值可能意味着某个关键变量已经从模型中被排除。然而，变量相比于分析，更是一个理论问题。第三个设定偏误由于第二个假设的存在也被解决。最后，**多重共线性**（multicollinearity）可以通过检验所有变量的二元相关性和回归模型中的**标准误**（standard error，SE）来诊断。如果 IV_1 和 IV_2 是高度相关的，那么 S_b 和 SE 的值可能很大。

最小二乘法回归的第四个假设就是**误差项**（error term）。误差是任何研究都存在的一部分。当使用回归时，尽力排除测量误差十分重要。对于回归分析来说有两种测量误差。第一种是随机或者**非系统误差**（unsystematic error）。它通常来源于编码错误和不合适的测量手段（就像第 1 章谈到的，你真正在测量的东西并不是你以为的东西）。这严重影响了回归分析的**信度**（reliablity）。测量年龄的变量就是一个例子。当年龄输入正确的时候，我们所预估的最大值就比 100 多一点点。如果你得到了超过 100 的值，可能是因为录入者在输入数据的时候偶然地多输入了一个数字。因此，当数值应当为 16 的时候，你可能输成了 165 这个值。这就是随机误差。

第二类误差就是非随机误差或者**系统误差**（systematic error）。就像第 15 章讨论的一样，这通常是没有排除混杂原因因子造成的结果。这种误差源严重影响了结果的**效度**(validity)。过多的误差所带来的影响十分显著。从统计层面来讲，最通常的结果就是方差膨胀和结果不可预测（系数 b 不稳定）。

在模型中与误差有关的第五个假设是，残差的均值为零。当违反假设时，尽管系数会保持无偏性，但是等式中的截距是有偏的。这是一个容易检验，但十分复杂的假设。该假设在任何一个关于多元模型的课堂上，无疑都会有深入讨论。

第六个假设也与误差相关，它是为了避免**异方差性**(heteroskedasticity)。当整条回归线上误差项的方差并非一致时，就出现了异方差性。相反，我们希望相同的方差能够贯穿整个回归曲线，这被称为**同方差性**（homoskedasticity）。

最小二乘法回归的第七个假设是，模型中不存在**自相关**(autocorrelation)。时间和空间的自相关意味着误差项与样本自身相关。自相关会导致估计的系数出现偏差，并且会低估与系数 b 相关的标准误。

最小二乘法回归的第八个假设是，自变量必须与误差项不相关。[1] 如果在选择和设置变量的时候采用正确的方法，这通常就不是个问题。这个假设用来处理正态性问题。这与我们之前所讨论的变量的正态性不一样（一个关于多元回归的常识性误解）。此处的正态性是与误差项相配合检验的。回归直线的误差项必须服从正态分布。如果不是正态分布，那么显著性检验和模型就完全没有意义了。解决测量误差的方法有两种，既可以在构建回归模型之前进行信度检验，也可以使用多个指标，或将多个项目合并为量表。

最后一个最小二乘法回归假设也与误差项相关，而且是最普遍和最难解决的问题之一。这个假设就是说，在任何两个自变量或者变量组之间，不存在完全的或者较大程度的多重共线性。在一个恰当的回归分析中，每个自变量应该与因变量相关，但自变量之间不能存在相关关系。多重共线性在一定程度上出现在所有的研究中，社会科学中自变量之间一定存在一些多重共线性，否则自变量就不太可能与因变量相关。然而，回归分析是一种对一定程度的多重共线性具有抵制力的方法。因此，研究者必须平衡多重共线性的利弊，以使得模型正常运转而不崩溃。接下来我们会更为细致地讨论多重共线性，现在只需要了解如果存在完全的多重共线性，回归分析就不会运行（在任何统计程序中）。另一方面，严重的多重共线性确实有一些补救办法。

---

[1] 计量经济学将其称为内生性。——译者注

表 16-1 全部列举出了最小二乘法回归的假设。

如果 OLS 回归中的任何一个假设被违背，我们所得到的回归系数的值将会错误地估计自变量对因变量的影响。如果所有的假设都被满足，会出现下列一些情况。第一，回归系数是**无偏的**：估计的系数 b 的平均值会是总体 b 值的中心。第二，系数的方差最小，其值紧密聚集在 b 的平均值周围。当我们得到一个紧密分布的时候，标准误也会更小，这就更有可能出现统计显著性。第三，我们得到的结果具有一致性。当我们增加样本量时，会更加接近回归系数的实际值。第四，系数分布会呈现正态分布的状态，这让我们可以进行显著性检验。因此，在尝试解释统计程序输出的任何结果前，我们十分有必要去满足所有的 OLS 回归假设条件。

表 16-1　普通最小二乘回归假设

假设	
1	变量是定距水平的
2	变量的回归系数和误差项是线性的
3	模型中不存在设定偏误
4	最大程度排除测量误差（随机误差和系统误差）
5	残差的均值为零
6	模型不存在异方差性
7	模型不存在自相关性
8	自变量与误差项不相关
9	任意两个自变量间没有完全的多重共线性

16.3　分析与解释

本章这部分，我们会讨论回归分析的一般步骤。尽管这是一个非常简化的版本，但它还是能向你介绍整个分析过程。要想对回归分析有一个彻底的了解，我们需要对资料进行深入分析。这里的数据例子来自阿肯色州的量刑数据。它关注了有罪被告所获的监狱服刑月数。我们会利用一些自变量去辨明是什么因素影响了刑期长度的司法裁判。

进行回归分析的第一步就是设置变量。这个听起来十分简单，但如同模型假设和 15 章中所讨论的一样，这一步十分重要，因为这一步骤的好坏可能会产生设定偏误，或者降低多重共线性。这一步也可决定数据是否适用于回归分析。根据前文讨论，数据应该是定距变量或二分定类水平。假如某些变量未满足这些要求，我们可能需要删除它们，或采用恰当测量方法合并数据，或者采用回归之外的其他统计程序。

下一步是收集数据和对数据编码。再次强调，这个准备性步骤十分重要，因为只有关注更多细节，才可确保编码过程中不会出现随机误差或系统误差。至于本例中采用的数据（和大多数社会科学 / 刑事司法数据一样），是由政府机构收集的。所以，必须清洗数据，以便删除无关的样本，而且能用 SPSS 分析变量。下一步是进行单变量统计分析。此处的目标在于检查数据，并且决定它是否适合回归分析或者是否违反了相关假设条件。应检查的关键特征，包括异常值、平均值、标准差以及偏度和峰度。每一项都检查了变量是否满足正态分布。

下一步是对数据开展双变量分析。这一步的主要统计方法就是变量的相关性分析，目的在于检查是否具有严重多重共线性。通过此步骤，可初步了解回归分析大致会反映什么信息。

下一步是运行回归模型。其实际复杂性可能比想象的更高。尽管许多人都在做回归分析，但运行一个回归模型，并非如同将各种变量扔进帽子中然后挥舞统计魔法棒那样简单。变量的选择必须要根据理论，并且必须仔细分析回归模型的每一步，确定每个变量和变量组合对因变量的影响程度。

关于这步，有两种哲学思想可用以参考。第一种思想是，回归模型包含的变量必须依据理论要求，回归分析和结果必须客观真实，且恰如其分地反映理论。在本例当中，模型所设置的变量是根据当前量刑研究的文献。无论结果如何，创建模型、检验模型并陈述结果，这是理论检验的实质。第二种思想是，一个模型要紧密围绕最大化解释因变量的变化而作适当调整。假如许多变量不具有显著性，那么研究人员应仅用有显著性影响的变量运行回归。另外，变量的顺序也可以调整，首先置入那些解释最多变化的变量。这往往被看作是建模而非理论检验。

关于这一点，就需要简单讨论一下**逐步回归**（stepwise regression）模型的问题。逐步回归多年来已经成为了一个热门探讨话题。逐步回归是研究人员确定在回归模型中应该考虑（最好根据理论）哪些变量的方法依据，然后通过计算机决定模型应保留哪些变量、删除哪些变量以及模型中变量的添加顺序。这个步骤通过计算所有可能的变量组合，以及检查各个变量的相关贡献（程度和显著性）才得以实现。那些有最大数学贡献的变量将首先被录入模型。其他具有显著贡献的变量按照它们的贡献率顺序被保留下来，不具有显著贡献的变量则会从模型中剔除。

这个方法的一个争议在于，变量到底是如何被选择的。支持逐步回归的研究者认为，在给电脑编制程序时，已经考虑了研究者创建回归模型时所用到的参数，电脑比研究者的计算更加快速和精准。这些人主张逐步回归产生的模型，与研究者手动（通过建模而非理论检验）构建的回归模型相同。反对逐步回归的人认为，只有当变量被纳入理论模型时，才可以被录入，允许计算机选择变量排序的方法并不是可靠的研究。他们主张理论模型应像它最初提出时的方法那样进行检验。无论检验结果好坏，研究者都应该报告理论模型的检验结果。反对者进一步认为，采用逐步回归的做法与理论检验有悖，除了“漏斗法分析”外并无什么价值，计算机将所有变量聚集在一起，然后归类排序变量与因变量的可能关系。总而言之，需要由你自己决定在分析中是否采用逐步回归法。

接下来的案例采用了阿肯色州量刑数据。因变量是被告被监禁的月数。除监禁外，不包括任何其他刑罚（缓刑、电子监控等）。自变量包括被告的犯罪历史记录、年龄、性别、种族，被告是否处于缓刑或假释阶段（监管状况），被告被起诉的犯罪次数，犯罪严重程度，是否重罪，是否与毒品或暴力犯罪有关，是否已经签发了逮捕令，审判类型（认罪是否达成辩诉交易或受审），案件是否发生于密西西比三角洲地区或其他地区（作为特定州富裕程度的代理变量）。上述每个变量都已经显示，或在理论上可能影响司法裁判和量刑。纳入这些变量用以展示不同类型的变量（例如：二分变量）在 OLS 回归分析中的作用。

你该如何操作？

OLS 回归

1. 打开一个数据集：
   a. 启动 SPSS；
   b. 选择“File”，然后点击“Open”，然后点击“Data”；
   c. 选择你希望打开的文件，然后选择“Open”。
2. 看到数据后，选择“Analyze”，然后“Regression”。
3. 然后将出现由不同回归技巧类型构成的一份列表。选择“Linear”。另外还有其他类型的回归，某些我们将在第 17 章讨论。至于 OLS 分析，只需选择“Linear”即可。
4. 选择你希望加入自己分析之中的因变量，然后单击“Dependent”窗口附近的 ▶ 按钮。
5. 选择你希望加入自己分析之中的自变量，然后单击“Independent”窗口附近的 ▶ 按钮。
6. 确保“Method”对话框中单词是“Enter”。
7. 现在，不要担心窗口底部的选项框，只需单击 OK 即可。
8. 然后将出现一个输出窗口，其中包含类似于表格 16-2 的输出。

OLS 回归的输出结果基本上比你已经见过的其他任何方法都更加频繁地使用数字。这是由于在这种情况下，我们使用了大量的变量。表 16-2 中呈现了 OLS 回归的 SPSS 输出结果。表 16-2 的前两部分与整体模型有关，告诉我们模型是否具有显著性，以及模型中所有自变量在多大程度上解释了所预测因变量的方差。最后一部分呈现了单个自变量对于因变量的影响系数。尽管合计生成了三个输出列表，但是解读它们是非常简单的。

在大多数研究文章中，OLS 回归的信息为方便解读而被编成一个表格。表 16-3 列举了与表 16-2 中 SPSS 输出有关的一个列表。请注意 SPSS 输出与此表格之间的差异。在评估结果时，此表格其实更加容易检验。作为一种展示方法，本书展示了统计程序输出结果与研究文章中看到的输出之间的差异。任何一个演示表，应当遵循结果最简化、解读更简单的原则。两种表格风格的主要差异在于星号（*）的使用。**星号（asterisk）**表明模型中的某些内容具有统计显著性。因此，可以省略显著性一栏，为其他更加有用的信息节省空间。

表 16-2 OLS 回归结果与 SPSS 输出

模型摘要

模型	*R*	*R* 的平方	调整后的 *R* 平方	估计标准误
1	0.489[a]	0.239	0.238	131.565

[a] 预测变量：（常数），年龄，犯罪总数，监管状况，暴力犯罪，三角洲和其他郡县，性别，逮捕情况，审判类型，犯罪记录总数，种族，毒品犯罪，重罪，犯罪严重程度

方差分析[b]

模型		平方和	自由度	均方	*F*	显著性
1	回归	1.4E+008	13	10876218.24	628.339	0.000[a]
	残余	4.5E+008	26053	17309.471		
	合计	5.9E+008	26066			

[a] 预测变量：（常数），年龄，犯罪总数，监管状况，暴力犯罪，三角洲和其他郡县，性别，逮捕情况，审判类型，犯罪记录总数，种族，毒品犯罪，重罪，犯罪严重程度

[b] 因变量：量刑月数

系数[a]

模型		非标准化系数		标准化系数		
		B	标准误	Beta	*t*	显著性
1	（截距）	233.701	5.519		42.342	0.000
	犯罪严重程度	−38.228	0.696	−0.430	−54.902	0.000
	重罪	−33.478	2.625	−0.094	−12.754	0.000
	犯罪记录总数	3.156	1.022	0.017	3.089	0.002
	犯罪总数	23.024	0.671	0.190	34.327	0.000
	监管状态	−5.541	3.760	−0.008	−1.474	0.141
	审判类型	18.661	2.550	0.040	7.319	0.000
	暴力犯罪	52.109	2.699	0.120	19.306	0.000
	逮捕情况	2.009	3.269	0.003	0.615	0.539
	毒品犯罪	−19.241	2.226	−0.057	−8.642	0.000
	三角洲或其他郡县	−7.826	3.505	−0.012	−2.233	0.026

续表

模型		非标准化系数		标准化系数	t	显著性
		B	标准误	Beta		
1	种族	4.166	1.719	0.014	2.423	0.015
	性别	–17.023	2.433	–0.038	–6.996	0.000
	年龄	0.674	0.088	0.042	1.692	0.000

[a] 因变量：量刑月数

表 16-3　SPSS OLS 回归输出演示表

	B	标准误	β
犯罪严重程度	–38.228*	0.696	–0.429
重罪（1= 是）	–33.478*	2.625	–0.093
犯罪记录总数	3.156*	1.022	0.017
犯罪总数	23.023*	0.671	0.19
监管状态（1= 保释 / 缓刑）	–5.541	3.76	–0.008
审判类型（1= 审判）	18.661*	2.549	0.04
暴力犯罪（1= 暴力犯罪）	52.108*	2.699	0.12
逮捕情况	2.008	3.269	0.003
毒品犯罪（1= 毒品犯罪）	–19.241*	2.226	–0.057
三角洲或其他郡县（1= 三角洲郡县）	–7.825*	3.505	–0.012
种族（1= 非白种人）	4.166*	1.719	0.014
性别（1= 女性）	–17.023*	2.433	–0.038
年龄	0.674*	0.088	0.042
R^2	0.239*		
F	628.34		

$^*p < 0.05$

16.3.1　OLS 回归分析的步骤

在任何多元回归分析输出结果中，应该评估 5 条主要信息。它们代表了整个模型的关系是否存在、整个模型的关系强度、各自变量的关系是否存在、各自变量关系的强度，以及各自变量的相对重要性。表 16-4 中，我们总结了与上述 5 项信息对应的 OLS 回归系数或数值。随后对表格中的各项信息进行解释，还是利用阿肯色州量刑数据。

表 16-4　解读 OLS 回归的步骤

步骤	必要关键信息	统计
1	模型结果随机发生的概率是多少？	$p < 0.05$（F）
2	结果有多好？散点围绕在平均值周围的紧密性如何？	R^2

续表

步骤	必要关键信息	统计
3	非标准回归系数（b）是否具有统计显著性？	$p < 0.05$（t）
4	解读自变量的非标准化效应。	b 或 B
5	解读自变量的标准化效应和重要性排名。	β

1. 模型结果随机发生的概率是多少？

第一条信息是，模型是否具有显著性（所有自变量对于因变量的整体效应，是否具有统计显著性）。此分析与第 8 章中探讨的分析一样。如同双变量统计分析，假如关系不具有统计显著性，就没有继续这类分析的理由了。此处的流程和双变量统计分析的流程之间具有微小差异。在 OLS 回归中，模型中存在多个变量。尤其当进行理论检验时，你将所有与理论有关的变量放置于模型之中，有可能出现一个或多个变量使整个模型不具有统计显著性。假如出现了此种情况，把这些变量移除后，模型就具有统计显著性。当然，这可能违背你通过理论构建努力实现的目的，但是微调模型以确定哪些变量可能与因变量具有相关性可能会非常有用。

通过检查与 F 检验有关的显著性，你可以判断模型整体是否具有显著性。为此，你可以参考 ANOVA 表格右侧中 F 栏（表 16-2）的显著性。如同其他分析，假如显著性小于 0.05，那么模型具有显著性。在列表展示中，假如 R^2 值上有一个或多个星号，便可以很清晰地解读。在上述范例模型中，与 F 相关的概率是 0.000。这小于 0.05，表明模型具有统计显著性。带有星号的演示表中也表明了这一点。由于模型具有显著性，我们可以前往步骤 2 评估 OLS 回归结果。

2. 结果有多好？散点围绕在平均值四周的紧密性如何？

第二条信息说明了整个模型的强度。这表明模型的效力如何（即自变量的方差导致因变量产生了多少方差）。假如模型具有显著性，那么下一个逻辑问题就是，在预测因变量时，模型做出了多大程度的解释？为了确认这一点，你可以查看**多元 *R*（multiple *R*）**（SPSS 输出中的 R）或多元回归系数（SPSS 输出的 R 方或者 R^2）。R^2 值是因变量变化与自变量变化的比值。对于二元回归而言，这等同于皮尔逊相关系数 r；对于多元回归而言，这是因变量和所有自变量之间的相互关系。其说明了在特定回归直线上，预测变量 X（或 X's）对 Y 估计的好坏程度。调整后的 R^2（adjusted R^2）有时候比普通 R^2 更可取。调整后的 R^2 根据模型样本进行了修正。如果与回归中变量数目有关的样本很少的话，这可能使得 R^2 膨胀。调整后的 R^2 将变量数目考虑在内，并且据此调整了 R^2，效果上，可视为调整后的 R^2 控制了模型中的变量数量。

在上述案例中，R^2 等同于 0.239。乘以 100 时，你获得了由整个模型所解释的方差百分数。在此例中，预测一名被告在监狱中服刑多久时，我们已经解释了大概 24% 的变异。尽管此数值相对较小，但对于刑事司法研究而言，实际上已经相当大了。

3. 非标准回归系数（*b*）是否具有统计显著性？

评估 OLS 回归的第三个关键措施是，模型中各变量是否具有显著性。假如你知道模型具有显著性以及它可以解释多少变化，那么你可能希望更多地了解每一个变量。在判定单个变量的重要性时，第一步是探究与 *t* 相关的显著性。你可以参考表格 16-2 的 SPSS 输出中标记为“系数”（coefficient）的表格，或者寻找演示表（例如表 16-3）中星号旁边的具体变量。在 SPSS 输出中，查看标记为“显著性 *Sig*”一栏。一如既往，你希望确认变量是否具有统计显著性。此种情形下，你实际上观察的是双变量关系，正如第 8 章“关系存在测量和统计显著性”一样。在此，唯一的区别在于，你将使用 *t* 而非卡方或其他度量方法。你希望该数值小于 0.05。

通过评估表 16-2 中 *t* 有关的显著性以及与表 16-3 中与 *b* 系数有关的星号，我们可以知晓，除是否签发被告的逮捕令和被告是否处于缓刑或假释外，模型中几乎所有变量皆具有统计显著性。因此，这是一个预测被告判刑月数的一个非常好的模型。需要注意的是，不具有显著性的变量，一般不再进一步解读。

4. 解读自变量的非标准化效应

第四项检测是自变量对于因变量的各自贡献力度。它描述的是自变量对因变量的非标准化效应分析。表 16-2 表中，将自变量的**非标准化效应（unstandardized effects）**描述为 *b* 或 *B*，*Std.Error*（标准误）是该系数的标准误。非标准效应描述了 OLS 回归的几个内容。首先，它将自变量尺度标准调整为因变量的尺度标准。其次，这也将自变量的标签 / 单位（unit）转换为因变量的标签 / 单位。再次，它把平方误差之和最小化。最后，它评估了因变量数值如何随着自变量中单位（unit）的变化而变化。在用于向政策设计者解释结果以及制定政策时，这是一个非常重要的数值，因为它易于理解且方便解释。

非标准系数往往可解读为：“自变量中每 1 单位的变化，我们可以预期因变量的 *b* 系数值增加或减少多少。”例如，我们可以说：“毒品滥用每发生 1 单位的变化，犯罪数量将增加 2.56 次。”增加或减少，由 *b* 系数的符号决定。假如符号是负号，那么将减少；反之若符号是正的，则增加。

通过上述方法解释自变量犯罪总数对判刑月数的影响时，我们可以预测被告人被起诉的罪名每多增加一项时，监狱服刑时间就会增加 23 个月（表 16-2 中 B=23.024）。在此情况下，被告被起诉的罪名每多一项时，入狱时间将增加 23 个月以上。这表明当被告被起诉的罪名超过一项时，被告人行为的有责性增加了。阿肯色州法院判决被告入狱时，显然考虑到这一点。

其他三个定距水平的自变量更加容易解读。我们能够预测：犯罪的严重程度每发生 1 单位的变化，入狱时间将减少 38.23 个月（表 16-2 中 B=−38.228）。假如被告犯下了更加严重的罪，那么他的入狱时间平均将增加 38 个月。年龄对于入狱时间的非标准影响相对较小（在表 16-2 中 B=0.674）。在犯罪记录方面，被告的犯罪记录得分每变化 1 单位，我们能预测其入狱时间将增加 3 个月（表 16-2 中 B=3.156）。

在评估非标准影响时，最好区分连续自变量和二分自变量。处理二分自变量相对简单，因为只是自变量中两个取值的一个。然而，请记住变量编码的方式是十分重要的。就此而言，演示表优于统计表。在本例中，大多数变量本质上属于二分变量。就是否在密西西比三角洲地区或州内其他地区接受审判而言，贫穷的三角洲地区的被告获刑几乎少了 8 个月（表 16-2 中 B=−7.826）。选择不认罪的被告，获刑将增加 18 个月以上（表 16-2 中 B=18.661），这也被称为"审判税"。假如你选择接受审判而非认罪不审，大多数研究发现获刑月数会大幅增加。假如被告被指控暴力犯罪而非财物犯罪，被告入狱时间将增加 52.1 个月（表 16-2 中 B=52.109）。被起诉的毒品犯罪被告，与其他类型被告相比，获刑减少 19 个月（表 16-2 中 B=−19.241）。所有其他二分变量皆可以通过类似方式解读。你可以尝试自己解读。

尽管非标准系数很重要，但它无法用于判断自变量的相对重要性。这是由于 B 系数的大小取决于自变量的测量方式。为了确认与其他变量相比，哪一个变量最重要，还需要另外一个系数：**标准化系数**（standardized coefficient）。

5. 解读自变量的标准化效应和重要性排名

最后一步是检查自变量对于因变量的**标准化效应**（standardized effects）。在此过程中，将所有数值放入一个标准尺度中，检查哪些变量对于模型的贡献更大。在分析回归结果时，必须检查两种类型的影响：非标准化系数（如上所述的 B）和标准化影响（β）。**β 值**，有时称 β 权重，是标准化的回归系数。[2] 通过标准化，β 可评估变量的贡献情况，而无需顾虑其测量的尺度。当数据被转换为 Z 分数时，就创建出了标准化分数。标准化过程将变量的均值变为 0，将标准差变为 1。借此，β 值可用于变量间直接对比。β 指自变量中 1 个标准差的变化，对于因变量标准差的影响。事实上，β 描述的是，在控制模型中其他变量时，某一个变量在解释因变量变化时做出的相对贡献（类似于不受其他变量影响时的双变量统计相关性）。将系数标准化，借此你可以将那些对模型最重要的变量排序。

解读标准化系数则相对简单，尽管学术界对于 β 值可以确定多少信息一直存在争议。一些统计学家认为，β 值可以解读出特定 β 代表的整体模型的变化量。另一些统计学家认为，β 值仅能用于检测模型中数值排序。我们在此将两种解读方式都呈现出来。在表 16-2 和表 16-3 中的 β 栏中均可以查看 β 值。

为了测量某个具体变量所能解释的变异，将 β 栏中的数值乘以 100，将其转换为一个百分数。执行上述操作之后，影响最大的变量是犯罪严重性分类，可预测模型中大约 43% 的变化。这表明：法官在判定被告的服刑期限时，严重依赖于罪行的严重程度。自此，其他变量的相对重要性大幅下降。罪名数量是第二重要的变量，可解释 19% 的变化。其他变量可解释模型中 0.3%~12% 的变化，这是相对较低的变化百分比。请注意：当数值为负数时也无关紧要。β 权重的大小最为重要。β 数值越大，对于 β 权数的衡量就越好。

对于只考虑解读 β 的排序，首先需要取 β 的绝对值，这可以消除负值。然后从大到小将 β 值排序。经验法则表明：β 越大越好。将自变量排序时，我们所做的就是确定哪些值对于模型更加重要。当 β 值 $\leqslant 0.1$ 时，表示变量对于模型的影响微弱。β 值为 0.2~0.4 时，表示变量对于整体模型有中等影响。当 β 值大于 0.4 时，表示对分析模型具有强烈影响。在解读自变量的标准化影响时，把列栏所列举的值当成显著变量，然后根据大小排序。根据上文讨论，模型中罪行严重性是最重要的变量（$|\beta|=0.43$）。请注意，当数值大于 0.4 时，该变量的影响力非常大。影响力排名第二的变量是罪行总数量（$|\beta|=0.19$）。此变量对模型有中等程度影响。除非被告由于暴力罪行而被起诉，否则剩余变量的 β 值小于 0.1，这表明它们对于模型的影响力微弱。通过这种排序，我们可以得出以下结论：在美国阿肯色州，罪行严重性是预测量刑的关键变量。其他变量对于整体模型的影响微弱，尽管也有些影响。

16.3.2　其他 OLS 回归信息

在 OLS 回归输出结果中，还有多条其他信息。它们要么对于结果的解读不是特别具有重要性，要么是更加高级的内容，故在此简略提及。模型中的 t 是针对 β 所得到的 t 值。这类似于第 8 章“关系存在和统计显著性”中卡方的值。均方仅仅是平方和的均值。自由度（df）是参数量减 1 的值。估计值的标准误与误差均方的平方根相同，也是模型中误差的标准差。回归中 F 值将作为检验（包含一个以上变量的）零假设的一种方法。通过将原假设设定为不包含任何变量的空模型，F 检验决定了方程的拟合优度是否显著减少。我们在第 14 章“方差分析（ANOVA）”中探讨了 ***F* 检验（*F* test）**。**残差**（residuals）是另一个在上述输出中可以分析的项目。在确定模型的精确性时，可以检查回归方程的残差（residuals）以实现。残差描述了因变量值和回归模型预测的值之间的差异。假如在分析图或残差分析中，发现回归模型存在任何问题，则有必要转换一个或多个变量。

16.3.3　OLS 回归的局限性

尽管 OLS 回归的功能强大并被普遍使用，它并非没有局限性。根据上文所述，回归往往不是一个非常稳健的统计方法。它严重依赖于平方和、平均数和方差，因此在利用非正态、非线性或非定距数据时，容易出现问题。样本数量规模对回归也有较大影响，当样本或总体较大时，微弱的相关性往往也会具有显著影响。最后，在刑事司法调查中常用的因变量有时候无法满足 OLS 回归对于连续、无限因变量的要求。它们实质上就是受限于因变量。第 17 章“多元回归Ⅱ：受限因变量”将深入探讨分析这些因变量类型的回归技巧。

16.4 测量水平更低的和非线性关系的自变量

如同上文所述，OLS 回归要求满足特定假设。然而，社会科学数据往往无法实现这一要求。有时我们更加感兴趣于测量较低水平的自变量的影响，例如调查中获取的李克特量表数值。其他时候，我们可能感兴趣的并非线性相关的自变量和因变量之间的关系。此章节中，我们将检查如何解决未满足 OLS 回归假设的自变量。

16.4.1 虚拟变量

在多元线性分析中，我们经常希望评估实质上属于定类变量或定序变量的自变量。当我们希望评估不同群体（例如天主教徒、新教徒、犹太教等），或者评估人们的态度或信仰时（从非常同意至非常反对），往往会出现此种情况。分析这些种类变量的需求，频繁地出现于刑事司法和犯罪学研究中。其中一个案例就是**犯罪恐惧**（fear-of-crime）研究。在该研究中，自变量大体上由这样的陈述组成：询问调查参与者他们同意或反对（你是否担心晚上一个人在社区散步？）。然后，将这些自变量用于评估个人对于犯罪的恐惧和担忧。尽管在 OLS 回归中通常禁止使用定类变量或定序变量，但研究者可以选择利用**虚拟变量**（dummy variable）。通过使用虚拟变量，可以将定类变量或定序变量引入 OLS 回归中，同时也不会违反假设。

虚拟变量被用于描述范围更广的变量或因素。正如哈迪（Hardy，1993，p. 20）所述："当个体属于或不属于某个类别，Y_i 的预测值会变化 B_k 个单位，这是因为对于虚拟变量而言，一个'单位'的变化（从 0 到 1 或者从 1 到 0），意味着从属于该类别到不属于该类别的变化。"虚拟变量有简单（性别：男性 = 0 和女性 = 1）和复杂（宗教：新教 = 0，天主教 = 1，犹太教 = 2，其他宗教 = 3）之分。

表 16-5 样本职业自变量的虚拟编码

变量	分类	编码
职业	建筑	1
	农业	2
	专业人士	3
	服务	4
	政府	5
	其他	6

虚拟变量的创建方式是将各个分类或者一个变量的各个特征作为一个单独变量。因此，如同二分变量，各个分类或者各个特征将被随意赋予分数（通常为 0 和 1），以评估是否属于某个具体的分类或特征。因此，虚拟变量此时可以被视为二分定类变量，并且可用于需要定距 / 定比水平数据的统计技巧中。当删除任一个变量作为参考组时，其他的变量可以被放入回归模型之中。

从定类或定序变量中生成的所有虚拟变量，不会被全部包含于回归分析之中。因为我们必须排除一个虚拟变量。这并非意味着我们丢失了该信息，相反，其他的虚拟变量将和这个被排除的虚拟变量联系起来解释。假如所有的虚拟变量皆被包含在内，将无法解释结果。不仅如此，将所有虚拟变量包含在内，会造成完全的多重共线性，也会丧失解释虚拟变量的所有能力。

表 16-5 提供的例子表明，定类自变量检验能够判定，一个人工作的职业类型是否会影响白领犯罪或街头犯罪的参与。此变量的不同分类，将用于创建虚拟变量。请注意，与就业变量相关的有六个分类。因此，我们可以在忽略第六个分类的同时，创建五个新变量，并将第六个分类作为参照组。

表 16-6 **职业自变量的虚拟变量**

职业类型	D1	D2	D3	D4	D5
建筑	1	0	0	0	0
农业	0	1	0	0	0
专业人士	0	0	1	0	0
服务	0	0	0	1	0
政府	0	0	0	0	1
其他	0	0	0	0	0

表 16-6 展示了通过重组前述自变量“职业”列举的信息，所创建的新虚拟变量组。新建的虚拟变量用 D1 到 D5 表示。在 D1 中，建筑业将与所有其他类型的就业相比较（如果个体属于建筑业工人就标记为 1，否则标记为 0）。在 D2 中，农业将与所有其他类型的就业相比较（如果个体属于农民就标记为 1，否则标记为 0）。其他变量以此类推。

请记住，创建虚拟变量只是一个开始。上述各个新建虚拟变量（D1—D5）必须通过单变量和双变量统计予以评估，然后在不违背相关假设的前提下纳入回归方程中。当把虚拟变量添加至回归分析之后，虚拟变量的系数是参考组均值和具体分组均值之间的差异。从本质上说，我们解读的是一个虚拟变量与被排除在回归分析模型之外的对照组 / 虚拟变量之间的关系。在之前的案例中，我们排除了“其他”这一类别，使之成为参考组，因此，所有解读皆基于“其他”和每个具体行业的区别。在使用虚拟变量时的最后一个忠告是：使用虚拟变量时，必须删除创建虚拟变量的原始变量。这将避免模型中出现多重共线性的问题。

16.4.2 交互项

有时候，调查过程中采用了复杂自变量——可能是两个或多个自变量结合的测量方法。其中一个例子是“社会经济状况”。何为社会经济状况？你如何度量呢？在许多情况下，犯罪学家通过收入衡量社会经济状况（SES），但是这并非 SES 概念的唯一内涵。在最抽象的概念中，SES 是富裕程度的度量，仅仅通过收入来度量它是远远不够的。因此，许多研究者加入教育、工作职务等作为交互项，进而更好地衡量 SES 对于犯罪行为的综合影响。

表 16-7 适用于种族和性别组合的交互变量

<table>
<tr><th colspan="2">单个变量</th><th colspan="2">交互变量</th></tr>
<tr><td rowspan="2">种族</td><td>白种人 = 0</td><td rowspan="4">种族 / 性别</td><td>男性白种人 = 1</td></tr>
<tr><td>非白种人 = 1</td><td>女性白种人 = 2</td></tr>
<tr><td rowspan="2">性别</td><td>男性 = 0</td><td>男性非白种人 = 3</td></tr>
<tr><td>女性 = 1</td><td>女性非白种人 = 4</td></tr>
</table>

交互项（interaction terms），一般是指创建两个或多个自变量的一个综合度量。例如，你可能希望组合性别和种族。假如这两个变量中的每一个只有两个结果（白种人 / 非白种及男性 / 女性），这将导致四个可能出现的新变量结果（男性白种人、女性白种人、男性非白种人、女性非白种人）（表 16-7）。如表 16-7 所示，我们可以简单地以变量形式创建交互项。尽管我们可以相对简单地将这两个变量编为一个组合变量，但在解读时却存在两个问题。

首先，新变量拥有四个分类。因此当用于回归分析时，必须被转化为虚拟变量，在分析模型中产生三个新的变量（请记住，需要留出一个虚拟变量作为你的参考组，否则你的分析将出现完全的多重共线性）。

其次，假如两个变量出现了四个以上组合结果，例如定距水平 / 定比水平的度量，那么解读就会变得既冗长又困难。假如你有定距水平或定比水平的数据，通过创建与其他变量相比而言最重要群组的分类，可以在某种程度上简化此过程。例如，假如你希望组合年龄和种族，我们最感兴趣的群组是 18~30 岁的非白种人，因为这群人在官方犯罪统计中出现的频数更高。我们可以根据前述方法将种族编码，并将年龄划分为三个类别：18~30 岁，31~45 岁，46 岁及以上。此例中，交互变量可能有六个分类。再次强调，这必须按虚拟变量的方法编码，在分析模型中增加五个新变量。

假如你感觉创建交互项可能会掩盖自变量中的重要变化，此时最好采用一种不同的统计技巧。有多种评估两个或多个定距水平 / 定比水平自变量对于因变量组合影响的分析方法。我们将在第 18 章“因子分析和结构方程模型”中阐明这些技巧。

16.4.3 非线性关系和转化

OLS 回归用于评估一个因变量和多个自变量之间的线性关系。图 16-1 是 OLS 回归中自变量和因变量线性关系的图形展示。此线性关系允许研究者们解读直线上自变量某种变化所引起的因变量的正向变化或负向变化。然而，线性关系并非唯一存在的关系类型。

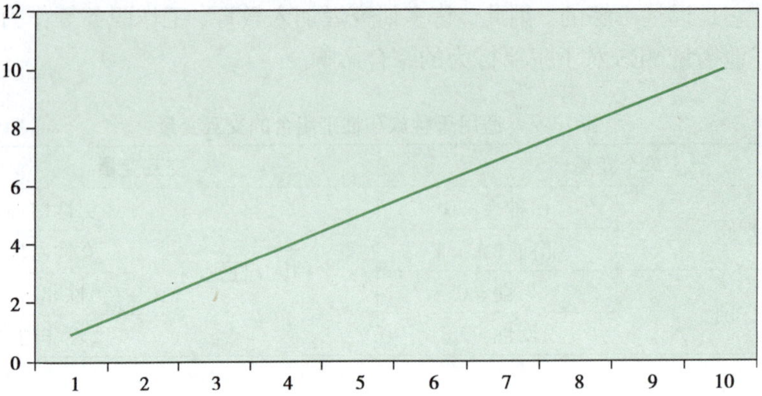

图 16-1 OLS 回归中变量的线性关系

有时候，变量和变量间的交互作用并非呈线性相关。此种情况下，回归分析可能错误地解读此种关系（一般而言，的确存在的关系显示为统计不显著）。在刑事司法研究中，存在两种常见的非线性关系类型：抛物线函数和对数函数。假如存在一个抛物线关系或对数关系，可能必须“转换”变量，以便于自变量和因变量之间的关系可以在回归分析中被正确地评估。**转换**（transformations），可以用数学运算方式调整数据，以便于为了分析的目的而使两个变量之间的关系实现“线性化”。具体方法包括，用加、减、乘和 / 或除的方法，对数据进行运算。

尽管数据转换非常简单，但在转换过程的必要性上人们仍有争议。一般而言，通过检验低水平的统计程序（单变量和双变量统计），可以表明非线性变量之间的非线性关系。然而，一些人认为，据此立即转换某一变量并不理性。学者们认为，转换必须有理论依据。下一章节中我们将举例说明变量转换的理论基础。然而，虽然我们知道需要变量转换的理论基础，但变量是否应保留在模型中可能远非如此简单。第二个事项是如何解读转换后的数据。这需要针对具体的转化类型进一步探讨。

16.4.4 抛物线函数

在几何和 / 或三角函数课堂上，你可能已经接触到抛物线或**抛物线函数**（parabolic function）。图 16–2 提供了一个抛物线范例。抛物线拥有一个明显的形状，U 形或者倒 U 形。假如我们将一条最佳拟合直线穿过抛物线中心，如同在 OLS 回归中出现的情况一样，这时就不能很好拟合了，如图 16-2 所示。在回归中，这种关系可以轻易地掩盖自变量对因变量的影响。这就是问题所在。

在刑事司法和犯罪学研究中的一个典型例子就是年龄 – 犯罪曲线。这是犯罪学研究中最稳定的规律：很多罪犯在未成年人时期时开始犯罪，在 20 岁左右数量达到最高，而当其接近 30 岁或者 30 岁出头的时候则会慢慢停止犯罪。年龄 - 犯罪结果的曲线如图 16-3 所示。

因此，年龄和犯罪行为之间的关系属于抛物线关系。请注意，图 16-3 呈现的曲线并非像图 16-2 那样的完整的抛物线。曲线突然中断表明，30 岁左右时其犯罪行为停止。

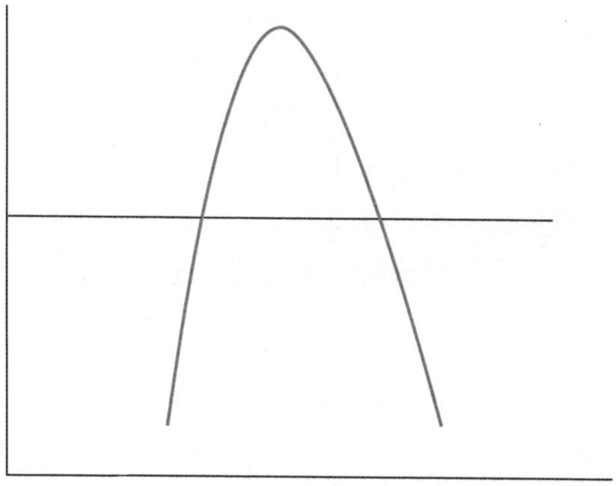

图 16-2 两个变量的抛物线关系

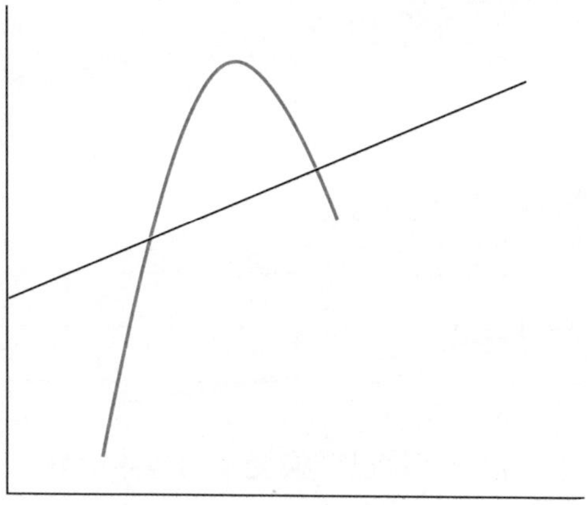

图 16-3 犯罪 - 年龄曲线

为解释抛物线关系的转换变量方法，自变量必须求平方值。适用于抛物线转化的自变量回归模型的等式，可表述为：

$$y=a+b_1x_1+b_2x_2^2+b_nx_n+e$$

其中 y 是因变量，a 是斜率，b_1x_1 是原始未转换的变量和系数 b，$b_2x_2^2$ 是已转换的变量，b_nx_n 是任意其他自变量和系数 b，e 是与模型有关的误差。系数 b 的符号决定抛物线的 U 形朝上或朝下。

在 SPSS 中，通过计算函数可以方便地转换任意变量。表 16-8 展示了年龄和转换后的年龄（年龄的平方）。

请注意，使用平方转化的好处在于，它增加了数值间的距离，或者间隔的长度（259—961 对应 16—31）。这创建了自变量和因变量之间的线性关系。

尽管变量转换过程相对简单，但是解读回归分析结果却具有一定难度。系数 b 意味着什么，如何解读它？我们无法通过适用于 OLS 回归的相同方法解读一个已转换变量的系数 b，因为抛物线并非线性，也并非单调递增，因为斜率在不断地变化。对于平方后的自变量来说，生成的系数 b 是 x 对于 y 按回归线与曲线正切所形成的斜率变化。这是出现多个系数的原因。

解读抛物线系数时，必须亲自完成，因为大多数统计软件不会帮你完成这一任务。首先，必须确定采用变量的哪一种形式。为此，这需要评估已转换变量的统计显著性。假如变量具有统计显著性，那么可以使用转换后的变量。请记住，需要检验已转换变量的系数，而非检验该变量原始状态的系数。假如已转换的变量不具有统计显著性，请选择原始的、未转换的变量，并采用一般方法解读回归结果。

表 16-8　**年龄和年龄平方的变量**

年龄	年龄的平方
31	961
26	676
25	625
24	576
24	576
23	529
22	484
18	324
16	256

接下来，由于通常不建议解读已转换变量的整体影响，必须检查抛物线上的某些点。抛物线中重要点包括：抛物线顶点（为什么此年龄阶段是犯罪行为爆发高峰期？）、最大增幅点、最小下降点（为什么在此年龄，犯罪行为的增加和减少超过其他年龄？）。为了寻找最大点，一般采用以下公式：

$$x_1=-\frac{b_1}{2b_2}$$

其中，x_1 是自变量值，b_1 是未转换自变量的系数 b，$2b_2$ 是已转换自变量的系数 b 的 2 倍。通过插入来自回归输出的系数 b，有可能确定两个最大值。为了确定其他关键值，或本例中的年龄，可用以下公式：

$$\frac{dy}{dx}=b_1+2b_2x$$

其中，$\frac{dy}{dx}$是 x 变化时 y 的变化（即导数），b_1 是未转换自变量的系数 b，$2b_2$ 是已转换自变量系数 b 的 2 倍。至于重要的值，只需在 x 处代入，然后求解$\frac{dy}{dx}$（或者 x 的变化引起的 y 的变化）。据此，你可以知晓，自变量取特定值时，$\frac{dy}{dx}$是如何变化的。

为展示此过程，我们必须运行一个常规的 OLS 回归。并根据我们对于犯罪年龄曲线的了解增加“年龄平方”变量，进而预测高中生样本的违法行为数量。表 16-9 展示了此回归分析的结果。

表 16-9 变量平方的 OLS 回归结果

回归系数[a]

模型		非标准系数		标准系数	*t*	
		B	标准误	Beta	*B*	显著性标准误
1	（常数）	8.172	5.076		1.610	0.009
	未成年人年龄	2.80	0.655	–0.444	–0.428	0.049
	年龄平方	0.08	0.021	0.401	0.386	0.000

[a] 因变量：违法行为次数

请注意，此处已经包含了年龄和年龄平方，以确定哪一个用来预测违法次数更加有效。由于年龄平方具有统计显著性，我们将采用它。为找到年龄对于自我报告的违法次数影响最大的值，我们必须采用两个年龄变量的系数 b。回顾极大值的公式，将系数 b 代入以下等式：

$$x_1=\frac{-2.8}{2\times 0.08}$$

$$x_1=-17.5$$

对 –17.5 取绝对值之后，我们发现 17.5 岁是受访者报告违法行为次数最多的年龄，或者抛物线峰值出现的地方。

我们也可能想知晓违法行为与受访者群体的平均年龄在多大程度上是相关的。为此，我们需要利用给出的第二个等式。此时，群体年龄的平均数是 16 周岁。将系数 b 代入我们得出的等式：

$$dy/dx=2.8+2\times(0.08)x$$

$$dy/dx=2.8+2\times(0.08)\times(16)$$

$$dy/dx=5.36$$

这表明，16 周岁的受访者报告自己平均有过 5 次以上的违法行为。

16.4.5 对数函数

社会科学中常见的另一种数据形式是对数函数。图 16-4 提供了此种函数的一个案例。

要注意的是，在两种类型的对数图中均存在类似的规律：数据首先呈现快速增长或快速减少趋势，然后一旦达到了某个阈值，将趋于平稳。和抛物线形函数类似，对上述两个图进行线性拟合的直线所提供的信息都极其有限。

这些类型函数的一个最佳例子是，犯罪行为与街道巡逻警察之间的关系。一般认为，街道上警察越多，犯罪率就会越低。研究表明，增派警察数量的影响力在达到某一个点后，无论增加多少警察，犯罪率将保持稳定，如图 16–4 中递减曲线所示。

为了转换变量以解释此种关系，我们必须取自变量的对数。带有对数转换的自变量回归模型的等式，如下所示：

$$y=a+b_1x_1+b_2\ln x_2+b_nx_n+e$$

其中，y 是因变量，a 是斜率，b_1x_1 是第一变量和系数 b，$b_2\ln x_2$ 是**取对数的变量**（logged variable）和系数 b，b_nx_n 是任意其他自变量和其系数 b，e 是与模型有关的误差。系数 b 决定函数递增或递减。

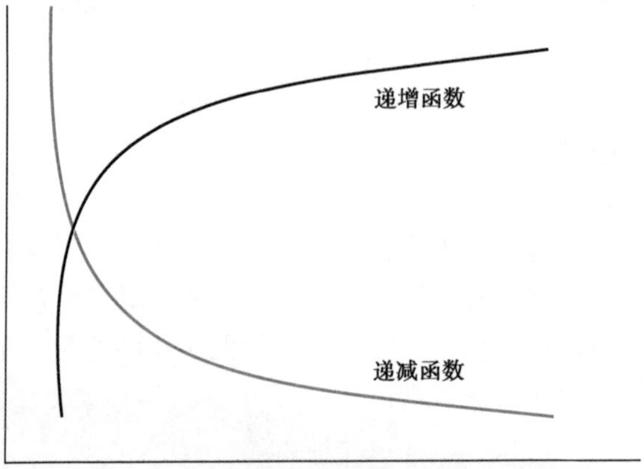

图 16-4　两个变量的对数函数，正函数和负函数

在 SPSS 中，通过计算函数可以相当简单地转换任意变量。表 16-10 展示了城市中警官数量的变量及城市中警官数量的对数。

表 16-10　**警官数量变量和警官数量的对数**

警官数量	警官数量对数
529	6.27
576	6.35
961	6.86
324	5.78
256	5.54
484	6.18
625	6.43
676	6.51
576	6.35

转换自变量相对简单。请注意，对数转化的实际用处是其可以压缩和削减一个变量的偏斜水平。对于严重偏斜的变量，取对数转化是一种理想方法。要记住的是，做出此种转换之前，你需要一个理论依据。不要只为了添加进回归模型而随意转换变量。

与抛物线函数相比，解释对数自变量往往更加直白简单。SPSS 输出中提供的系数 b，可解读为对数 x 每变化一个单位时，y 的变化率。然而，此种解读仍不切实际。这里有一个简单的修复方法，只需将对数变量的 b 系数除以 100 即可。这会给出你所期望的，x 的每 1% 变化所产生的 y 的变化单位。这样，系数 b 就可以正常地进行解释了。

16.5 多重共线性

回归分析的一个主要部分，是去确认模型是否具有严重的多重共线性问题。这应该作为回归的一个假设，在实施回归分析之前必须首先予以检验，然而，也存在多种方法，容许我们在回归模型已经完成后再检验多重共线性。根据前文讨论，社会科学和刑事司法数据往往包含相互关联的自变量。当自变量之间彼此相关时，就会出现多重共线性的问题。尽管多重共线性存在于大多数刑事司法研究中，但是如果其共线程度过高，也是一个问题。当两个自变量高度相关时，它们可以影响显著性检验、标准化系数和非标准化系数。事实上，严重的多重共线性，可能会得出扭曲的结果。在本章节中，我们探究了多元回归中的多重共线性问题，包括如何评估多重共线性，以及（在某些案例中）如何克服此问题。此部分非常重要，因为多重共线性对于大多数多变量统计技巧而言，都是一个需要解决的问题。在第 17 章讨论其他类型的回归时，将再一次使用判定多重共线性的方法。

16.5.1 评估多重共线性

评估多重共线性时，最简单的方法是采用第 9 章中讨论的皮尔逊积差相关系数（皮尔逊相关系数，Pearson's r）。它将展示两个变量之间是否存在强关联。假如两个自变量之间的皮尔逊相关系数较高，例如 0.70 左右，那么你的模型中将存在多重共线性问题。然而，仅仅检查皮尔逊相关系数不足以完全判定数据中是否存在严重的共线性问题。因为皮尔逊相关系数只能检查两个变量之间的关系。当模型中包含多个自变量时，这可能导致多元回归中出现两个问题。第一，双变量统计分析中貌似不相关的两个变量，加入其他变量之后，由于交互作用而变得具有相关性。第二，在双变量统计分析中貌似具有强相关性的两个变量，由于模型中加入了众多其他变量，因此不具有相关性。所以，虽然在评估多重共线性时，皮尔逊积矩相关分析是一个好的开端，但这不应该成为你的终点。

评估 SPSS 中回归输出时，你可以采用三种基本方法：（1）容差，（2）方差膨胀因子，和（3）条件指数检验。随后的表展现了运行此三种检验的流程。

容差（tolerance）是 SPSS 输出中呈现的第一个共线性的统计量（表 16-11）。容差描述了一个自变量的方差在多大程度上不依赖于其他自变量。容差值大于 0.25 时表明不存在多重共线性问题。在表 16-11 中，所有容差数值皆大于 0.25，这表明模型中不存在多重共线性问题。

你该如何操作?

多重共线性问题

1. 开启一个数据集：
   a. 启动 SPSS；
   b. 选择“File”点击“Open”，然后点击“Data”；
   c. 选择你想打开的“File”，然后选择“Open”。
2. 一旦数据是可见的，选择“Analyze”，然后“Regression”。
3. 根据运行回归分析时的描述，选择变量。
4. 选择“Statistics”按钮。
5. 通过“Collinearity Diagnostics”线检查框，然后选择“Continue”。
6. 选择 OK 运行回归分析，附带共线性诊断。
7. 出现一个输出窗口，包含类似于表 16-11 的输出。

方差膨胀因子（Variance Inflation Factor，VIF）是评估多重共线性的最可信方法之一，因为它不仅表明是否存在问题，也指出哪一个变量存在问题、问题的严重程度如何，以及标准误过高时导致的后果等。VIF 对于线性组合也十分敏感，这有助于确定自变量的多元效应。当 VIF 为 4 或小于 4，表示模型中不存在多重共线性问题。VIF 为 5 是可以接受的，但是当 VIF > 5 时，你需要其他共线性诊断以评估问题。在表 16-11 中，所有的 VIF 皆 < 4，因此，不存在多重共线性问题。

条件指数检验（Condition Index Number Test，CINT）（Belsley，Kuh & Welsch，1980）是评估多重共线性的另一个方法。上文中并没有提供此输出结果，因为它过于冗长，但我们鼓励学生们在案例中分析运行和解读 CINT。CINT 是一个双管齐下的分析方法。为了使用 CINT，首先检查输出中“条件指数检验”一栏，所有这些数值都应该小于 30。假如数值大于等于 30，不同变量间的横排就需观察。横排中的各个值应该小于 0.5。假如不是如此，大于 0.50 的变量就具有多重共线性，必须通过某种方法进行调整。在下一章节中将讨论纠正多重共线性的方法。至于本章中采用的例子，CINT 表明此模型中不存在多重共线性问题。

表 16-11 监禁月数的容差和 VIF 输出

回归系数[a]

模型		非标准化系数		标准化系数			共线性统计数值	
		B	标准误	Beta	*t*	显著性	容差	VIF
1	（常数）	233.701	5.519		42.342	0.000		
	罪行严重性	−38.228	0.696	−0.430	−54.902	0.000	0.477	2.097
	重罪	−33.478	2.625	−0.094	−12.754	0.000	0.542	1.844

续表

模型		非标准化系数		标准化系数			共线性统计数值	
		B	标准误	Beta	*t*	显著性	容差	VIF
1	犯罪史合计	3.156	1.022	0.017	3.089	0.002	0.959	1.042
	罪名总数	23.024	0.671	0.190	34.327	0.000	0.950	1.053
	监管状态	−5.541	3.760	−0.008	−1.474	0.141	0.940	1.064
	审判类型	18.661	2.550	0.040	7.319	0.000	0.960	1.042
	暴力罪行	52.109	2.699	0.120	19.306	0.000	0.756	1.323
	逮捕情况	2.009	3.269	0.003	0.615	0.539	0.963	1.038
	毒品犯罪	−19.241	2.226	−0.057	−8.642	0.000	0.665	1.504
	三角洲或其他郡县	−7.826	3.505	−0.012	−2.233	0.026	0.959	1.043
	种族	4.166	1.719	0.014	2.423	0.015	0.930	1.076
	性别	−17.023	2.433	−0.038	−6.996	0.000	0.980	1.020
	年龄	0.674	0.088	0.042	7.692	0.000	0.962	1.039

[a] 因变量：监禁月数

在判断一个模型中是否存在多重共线性时，你还可以使用其他几个技巧。首先，假如一个模型的 R^2 具有显著性，但自变量皆没有显著性，这可能是多重共线性导致的结果。其次，假如 β 权重的绝对值大于 1，可能存在多重共线性问题。最后，评估多元回归模型中多重共线性问题时可以采用的一个有效方法，是 Haitovsky 检验（Rockwell，1975）。但这个方法在 SPSS 中无法找到，SAS 是少数几个提供此检验方法的软件之一。在此提及 Haitovsky 检验是有意义的，因为它是检测多重共线性的一种毋庸置疑的方法。假如你通过了该检验，那么你的模型中将不存在多重共线性问题。

16.5.2 修正多重共线性

修正多重共线性的方法也有多种。第一种方法是不采取任何行动。不对多重共线性采取任何措施，有时候这也行得通，因为它往往不会极大地削减或改变 t 值的显著性水平或改变系数 β，以至于大幅偏离于我们的预期。假如你从等式中删除一个变量，那么便会导致统计模型出现与理论模型不符合的偏差。

解决多重共线性的另一种方法即增加总样本规模。这将减小样本的标准误，削减多重共线性问题的严重性。尽管这貌似是一个简单的解决方法，但是在大多数案例中，额外的数据收集也十分困难（尽管不无可能）。增加样本的数量规模，是试图解决多重共线性问题的一种方法，但往往也是最难实施的一种方法。

解决多重共线性问题还有另一种更好的方法，即采用因子分析方法，将多重共线性变量组合为一个指数。然而，在实施之前，必须要有理论依据。然而对于此种方法却存在争议，因为在处理组合、因子和指数时，有一个更好的统计方法，即**结构方程模型**（structural equation modeling，SEM）。SEM 是一种多变量方法，联合了多元回归和因子分析。假如你希望通过因子分析以解决多重共线性问题，那么采用 SEM 将更加有效（参见第 18 章关于因子分析和结构方程模型的讨论）。

第四种方法即删除一个多重共线性变量。然而，此种方法必须得到理论模型的支持。假如在理论上，模型中需要包含该变量，那么此方法将无效。最后，你可以采用部分和偏回归系数，确认你的哪一个多重共线性变量能解释更多的方差。一旦识别出其中一个变量后，你可以用残差分离两个（或更多）变量的多重共线性效应。此方法已经超出了本书的探讨范围，在刘易斯 - 贝克（Lewis-Beck，1980）的著作中可见更加深入的探讨。

16.6 结论

本章中，我们介绍了多元回归分析的基本知识，以及最常见的统计输出解释技巧。多元回归的两个基本任务是，表明所有自变量对于因变量的综合影响，以及表明各个自变量对于因变量的具体影响。然而，根据前文所述，本章简要介绍了 OLS 回归，它无法详尽地描述多元回归分析。诚然，它可以看成是关于这个多层面话题的导论。这个方法非常复杂，只有付出大量时间和心血才能全面掌握。你可能需要参加 OLS 回归的相关课程，只有了解如何评估和修正数据中的多重共线性问题，以及知晓如何完成你自己的多个研究项目之后，你才能开始真正地了解多元回归分析的所有内部工作原理。这些流程可能需要大量频繁地使用电脑，所以你需要学习其中一个统计软件，例如 SPSS 或 SAS。这需要付出极大的努力才能完全掌握。然而一旦你已经掌握了上述内容（甚至之前的内容），它将极大地增加你理解犯罪学学术文章的能力，可以开展真实世界中的研究，以及验证与你周围的世界有关的理论。第 17 章着重于将多元回归拓展至受限因变量上，即非定距水平。

16.7 关键术语

调整后的决定系数（adjusted R^2）

自相关性（autocorrelation）

回归系数 b（b coefficient）

标准化系数（beta）

条件指数检验（Condition Index Number Test）

多元回归（multiple regression）

多元分析（multivariate analysis）

最小二乘法回归（OLS regression）

抛物线函数（parabolic function）

决定系数（R^2）

递减函数（decreasing functions）
虚拟编码（dummy coding）
虚拟变量（dummy variable）
F 检验（*F* test）
一阶导数（first derivative）
异方差性（heteroskedasticity）
递增函数（increasing functions）
交互作用（interaction terms）
设定偏误（misspecification）
多重共线性（multicollinearity）
多元 *R*（multiple *R*）
设定误差（specification error）
标准误（standard error）
标准化效应（standardized effects）
平方和（sum of squares）
系统误差（systematic error）
容差（tolerance）
转换（transformation）
非标准化效应（unstandardized effects）
非系统性误差（unsystematic error）
方差膨胀因子（Variance Inflation Factior）

16.8 公式概览

斜率 / 截距

$$y=a+bx+e$$

多元回归方程

$$y=a+b_1x_1+b_2x_2+b_3x_3+\cdots+b_nx_n+e$$

含抛物线转换变量的多元回归方程

$$y=a+b_1x_1+b_2x_2^2+\cdots+b_nx_n+e$$

含对数转换变量的多元回归方程

$$y=a+b_1x_1+b_2\ln x_2+b_nx_n+e$$

16.9 练习

1. 选择刑事司法和犯罪学领域的三篇期刊文章，并且它们的主要分析方法是普通最小二乘法（OLS）回归。对于每一篇文章：

a. 追踪概念和变量的提出，看它们是否适用于分析（为什么适用或不适用？）；

b. 在查看分析结果之前，试图分析输出结果，看看你是否得出与文章作者相同的结论；

c. 讨论作者发现的结果和结论；

d. 探讨分析的局限性，以及它们与本章描述的内容有何不同。

2. 利用下述回归输出，为结果创建一个演示表。完成后，利用本章描述的方法解读结果。本例中采用的因变量是每个人口普查区的违法行为数量。务必探讨模型的显著性、R^2、模型中变量的显著性、非标准化系数以及标准化系数。

3. 根据本章探讨的内容以及习题 2 中采用的案例，运行相同的回归，但是利用 SPSS 和人口普查数据进行多重共线性诊断。评估容差、方差膨胀因子和条件指数检验。模型是否具有多重共线性问题？

模型概要

模型	R	R^2	调整后的 R^2	估值的标准误	统计值变化				
					R^2 变化	F 变化	$df1$	$df2$	显著性 F 变化
1	0.751[a]	0.564	0.481	28.956	0.564	6.826	7	37	0.000

[a] 预测值：（常数）所有者居住的住房单元；接受社会救济的人员数量；家庭的黑户数量；已经出租或出售却无人居住的空余住房单元；人口变化，1980—1990 年；木板房单元；租金中位数。

方差分析[b]

模型		平方和	df	均方	F	显著性
1	回归	40061.840	7	5723.120	6.826	0.000[a]
	残差	31023.138	37	838.463		
	合计	71084.978	44			

[a] 预测值：（常数）所有者居住的住房单元；接受社会救济的人员数量；家庭的黑户数量；已经出租或出售却无人居住的空余住房单元；人口变化，1980—1990 年；木板房单元；租值中位数。

[b] 因变量：人口普查区内越轨事件

回归系数[a]

模型		非标准化系数		标准化系数			共线性统计值	
		B	标准误	β	t	sig.	容差	VIF
1	（常数）	19.434	29.510		0.659	0.514		
	接受社会救济的人员数量	−5.91E−03	0.108	−0.006	−0.055	0.957	0.902	1.108
	家庭的黑户数量	0.102	0.021	0.675	4.832	0.000	0.604	1.654
	已经出租或出售却无人居住的空余住房单元	−0.133	0.248	−0.066	−0.538	0.594	0.785	1.273
	人口变化，1980—1990 年	−0.105	0.098	−0.134	−1.075	0.289	0.759	1.317
	木板房单元	0.198	0.207	0.146	0.956	0.345	0.507	1.973
	租金中位数	−3.13E−02	0.094	−0.060	−0.334	0.740	0.363	2.758
	所有者居住的住房单元	6.07E−04	0.008	0.011	0.077	0.939	0.541	1.848

[a] 因变量：人口普查区内违法事件

4. 如第 1 章一样，设计一份调查项目，探讨你如何在设计中使用 OLS 回归模型。探讨你可能遇到哪些局限或问题。

16.10 参考文献

Belsley, D., Kuh, E., & Welsch, R. (1980). *Regression Diagnostics*. Hoboken, NJ: Wiley.

Berry, W. D. (1993). *Understanding Regression Assumption*. Thousand Oaks, CA: Sage Publications.

Gallon, F. (1869). *Hereditary Genius: An Inquiry into Its Laws and Consequences*. London: Macmillan.

Galton, F. (1877). Typical laws of heredity. *Nature*, 15, 492.

Galton, F. (1885). Opening address. *Nature*, 32, 507-510.

Hardy, M. A. (1993). *Regression with Dummy Variables*. Thousand Oaks, CA: Sage Publications.

Lewis-Beck, M. S. (1980). *Applied Regression: An Introduction*. Thousand Oaks, CA: Sage Publications.

Rockwell, R. C. (1975). *Assessment of multicollinearity*. Sociological Methods and Research, 3, 308-320.

Studenmund, A. H. (1997). *Using Econometrics: A Practical Guide*. Reading, MA: Addison-Wesley.

Yule, G. U. (1897). On the theory of correlation. *Journal of the Royal Statistical Society*, 60, 812-854.

16.11 拓展阅读

Berry, W. D., & Feldman, S. (1985). *Multiple Regression in Practice*. Thousand Oaks, CA: Sage Publications.

Fisher, R. A. (1935). *The Design of Experiments*. Edinburgh: Oliver & Boyd.

Fisher, R. A., & Mackenzie, W. A. (1923). The manurial response of different potato varieties. *Journal of Agriculture Science*, 13, 311-320.

Fox, J. (1991). *Regression Diagnostics*. Thousand Oaks, CA: Sage Publications.

Garnett, J. C. M. (1919). On certain independent factors in mental measurement. *Proceedings of the Royal Society of London*, 96, 91-111.

Goodstein, D. L. (1985). *States of Matter*. New York, NY: Dover.

Jaccard, J., Turrisi, R., & Wan, C. K. (1990). *Interaction Effects in Multiple Regression*. Thousand Oaks, CA: Sage Publications.

Stolzenberg, R. M. (1980). The measurement and decomposition of causal effects in nonlinear and nonadditive models. In K. F. Scheussler (Ed.), *Sociological Methodology*, pp.459-488. San Francisco, Jossey Bass.

16.12 注释

1. 虽然这个公式不使用希腊字母，但不应该假定它是样本数据而不是总体数据（参见第 1 章）。回归通常是描述性的，而不是推论性的统计方法。这通常需要使用希腊字母来表示公式符号。然而，使用英语符号进行回归更为常见。
2. 分析代表原始变量（犯罪的数量、收入等）的因变量时，使用非标准化分数的回归分析是必要的。换句话说，不要使用比率作为因变量。

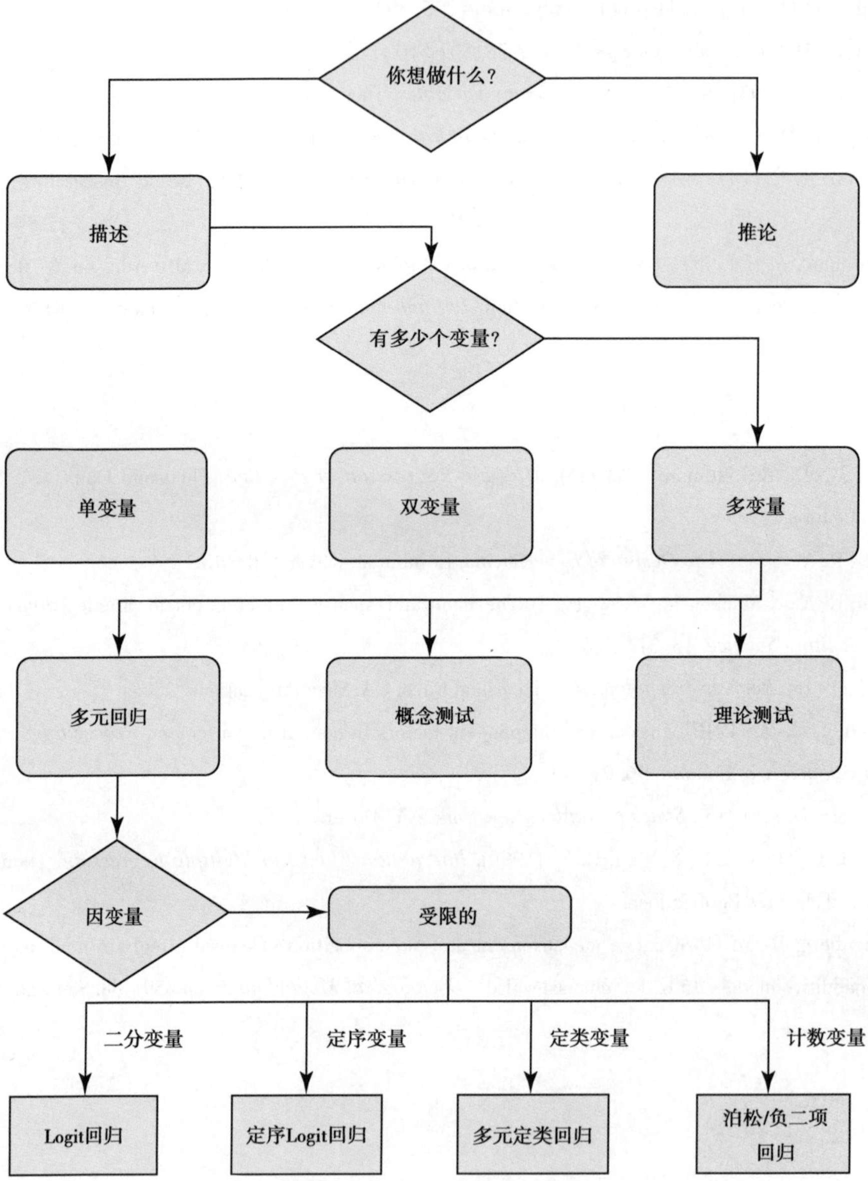

你想做什么？
描述
推论
有多少个变量？
单变量
双变量
多变量
多元回归
概念测试
理论测试
因变量
受限的
二分变量
定序变量
定类变量
计数变量
Logit回归
定序Logit回归
多元定类回归
泊松/负二项
回归

第 17 章

多元回归 II：受限因变量

特别感谢瑞贝卡·玛丽（Rebecca Murray）在本章写作中的贡献。

学习目标

- 了解 logistic（logit）回归
- 解释 logit 回归假设以及与 OLS 回归假设的不同之处
- 识别 logit 回归中的关键统计量
- 解释与 logit 回归相关的统计量
- 评估其他形式的 logit 回归（有序和多元定性）
- 理解泊松和负二项回归
- 解释与泊松/负二项回归相关的统计量
- 解释概率和删失回归的使用

在第 16 章“多元回归 I：最小二乘法回归”中，我们探究了连续和定距水平因变量的多元回归。但是，当你正在研究的因变量既不是连续的也不是定距水平时会发生什么呢？通常在研究中，你最关注的因变量是二分数据（例如，犯罪或非犯罪）、定序水平数据（强烈同意、同意、不同意、强烈不同意）、删失数据或截断数据，甚至是定类水平数据。在本章中，我们探讨了可替代的回归方法，以解决在研究中（包括你可能正在撰写的文章或正在进行的研究）不符合连续和定距水平数据需求的因变量。

17.1 处理受限因变量

如今的统计方法已变得越来越复杂。随着刑事司法的演变，直线总是代表因变量和自变量关系的传统观念开始受到质疑和检验。自变量和因变量的转化可能是“变量线性化”的早期尝试（参见第 16 章关于变量转换的讨论）。例如，使用变量的对数形式（用每个数据点乘以其自然对数值），以尝试将不适合传统回归模型的那些变量进行线性化处理（Menard, 1995; Roncek, 1993; Studenmund, 1997）。

这些技术对线性化数据，特别是偏态变量做出很大贡献。虽然刑事司法领域的研究人员正在尝试获得更多数据，但是这些数据根本不符合线性要求，即使这些数据经过变换后仍不能拟合成一条直线。由于在尝试将数据与理论解释相结合的过程中遇到许多问题，研究人员设计了许多方法来适应已有的数据。或许，刑事司法统计技术中最重要的进步是，引入**受限因变量**（limited dependent variables）方法。

一种不适用于线性回归模型的数据形式是二分数据因变量。这种模型数据的结果变量只有两种可能性，通常编码为 0 和 1。思考这样一个例子，将被告被判监禁的月数作为数据。犯罪学家也很关注定罪，因此检测审判的关键裁决结论可能是裁定被告是否有罪，以及被告是否接受刑罚。在这种判刑数据中，有罪变量可以被编码为 1，代表被告被判处监禁 / 有罪，无罪变量可以被编码为 0，代表没有被判处监禁 / 无罪（Spohn and Holleran，2002）。这种类型的数据不适用于 OLS 回归，因为它在因变量的形式和误差项方面严重违反了假设，这在第 16 章已经讨论过。

17.1.1 二分变量所违反的 OLS 假设

普通最小二乘法回归关于因变量有几个假设（第 16 章）。这些假设见表 17-1。**二分因变量**（dichtomous dependant variable）违反了其中一些假设。在本章这一节中，通过列出 OLS 分析违反假设的情况，我们分析了二分变量不能用于 OLS 回归的原因。然而有一种回归分析，可以适用于二分因变量：logistic 回归。

表 17-1 OLS 回归的假设

假设	
1	变量是定距水平的
2	变量间呈以系数和误差项形式表现的线性相关
3	模型中不存在设定偏误
4	最大程度排除测量误差（随机误差和系统误差）
5	残差的均值为零
6	模型不存在异方差性
7	模型不存在自相关性
8	自变量与误差项不相关
9	任意两个自变量间没有完全的多重共线性

二分变量所违反的最明显假设是因变量必须是连续变量。对于一个设定为“0”或“1”的因变量而言，明显不符合这种情况。当我们试图解释自变量对因变量预测值“变化”的影响时，这就出现了一个问题。简而言之，对于二分变量来说，唯一可能的变化只是在 0 和 1 之间变化，反之亦然。这个特定的假设，可以通过将因变量的检验变为对取值为 1 的**概率**（probability）进行检验来处理（这是 logistic 回归要解决的问题）。在这种情况下，所预测的 Y 将不再是 1 或 0，而是 1 的概率（或是 0 的概率）。

然而，这种解决方法仍然无法改进二分变量违反 OLS 回归的另一个假设：因变量取值必须是没有限制的假设。根据定义将因变量值转换为概率，取值范围限定为 0 和 1 之间的区间。在检查非受限自变量和受限因变量之间的关系时，该限定条件会出现问题。在这种情况下，因为**概率预测值**（predicted probability）Y 是根据自变量的值算出的（再次强调，不受限制），所以这些预测概率的取值可能会小于 0 或大于 1，这取决于自变量的取值情况。目前已经有几种技术能解决这个问题，其中最有效的是 logistic 回归，将在稍后解释。

使用二分变量和连续或二分自变量对于误差项的假设也有影响，尤其是在影响自变量（X）和因变量（Y）之间关系的情况下。阿德尼西和尼尔森（Aldrich & Nelson，1984）认为，处理二分因变量时，最小二乘法回归的误差项三个要求存在一定问题。这三个要求包括（1）对于每次观测，误差项的期望值为零；（2）误差项具有同方差性（误差项的方差对于所有 X 值都是恒定的）；（3）误差项之间不存在自相关性。这不意味着 OLS 回归的误差项只存在以上这三个假设，但这些是二分因变量最容易违反的三个假设。

对误差或残差的第一个要求——每个误差项的观测期望值为零（或者误差的平均值为零）——被违反了，因为残差或误差值同时取决于 Y 为 0 或 1 的概率以及特定的 X 值。例如，当 Y=0 时，则 $0=\sum bx-M_i$（自变量乘以其回归系数加上残差值之和）。计算该公式时，M_i 等于 $-\sum bx$。当 Y=1 时，误差项（M_i）将等于 $1-\sum bx$。因此，误差项与自变量相关，因为在某一点上，误差等于 $1-\sum bx$，而在另一个点等于 $-\sum bx$。更为复杂的是，误差项也与因变量为 1 或 0 的概率相关（它们基于 Y 是 1 还是 0 而改变）。因此，无法假定这些误差的均值等于零，故其违反了 OLS 回归假设中误差项的期望值等于零的假设。

二分因变量也违反了第二个要求（同方差）。再次强调，误差项的值随着自变量的改变而改变，并且也会因 Y 为 1 或 0 的概率而改变。例如，将误差项的平方期望值假定为方差 PQ（其中 P 是 X=1 的概率，Q 是 X=0 或 $1-P$ 的概率）。其取最大值时，P 和 Q 都等于 0.5，并且方差等于 0.25。取其他极端值时，方差就减小了，因为随着 P 上升，Q 下降，反之亦然。当 P=0.9 时，Q=0.1，方差为 $0.9\times0.1=0.09$。因为方差在 P=0.5 时取得最大值，并且随着 P 值增大或减少而减小，所以在二分因变量情况下，误差项必然取决于 Y 值。这意味着，如上所述，误差项不只是一个二分变量的误差项，而是一个随自变量和因变量值变化而变化的误差项。据此，误差项的方差就不是常数了，误差项实际上是异方差。异方差误差可引起有偏差的系数，导致得出的结论不准确——其在试图确定哪个自变量对因变量的主要影响时，问题非常大。

对于这个问题，最初是通过使用加权系数 b 的平方或加权最小二乘法回归的方法来处理。这种情况下，要创建一个新的变量，它是因变量回归残差的标准差的倒数。然后，用这个新变量分别乘以回归中的每个变量。这就确定了变量的统一尺度，并解决了标准误问题。这种解决方案很受欢迎，因为它只需要修正误差项——这也是一个相当简单的解决方案。虽然解决了异方差的问题，但它没有将因变量的预测值保持在 0 到 1 的范围内，而且 X 和 Y 之间仍然是非线性关系

（Roncek，1991）。因此，虽然这种技术可以快速解决异方差误差，但它不能解决这类受限因变量的其他问题。因为加权最小二乘回归只是暂时修正，在本章中我们删除了有关此分析方法的讨论。为了真正解决二分因变量存在的所有问题，就需要更好的模型设定。你将会看到，这可以通过 logistic 回归来解决。

与误差项有关的第三个要求，误差项的自相关性，是当因变量是特定值时，其概率肯定是 1 减因变量另一个值的概率（二分变量会出现这种情况，因为只有两个类别），这些概率（且误差也与此相关）之间绝对相关。这可能导致回归系数中存在误差，但仍可用直接的方式处理。因为我们知道，特定因变量取值的概率是，1 减去另一个值的概率，所以两个概率都很容易解释。例如，我们可以使用语句“今天有 70%的概率可能会下雨”，来同时解释今天有 70%的机会下雨，以及有 30%的机会不会下雨。

由于因变量的特殊性质和误差项的连续性偏差，自变量和虚拟因变量之间的关系是非线性的。与此相对应，OLS 回归中 *Y* 完全等于自变量的线性组合或自变量之和（Roncek，1991），但二分变量就不是这种情况。如前所述，因为 *X* 对 *Y* 的影响是随着 *X* 的值（特别是极值）而改变，所以普通最小二乘法回归对这种类型的数据并不能拟合成直线。相反，从图形来看，连续自变量和二分因变量之间的关系会形成 S 形的曲线。这违反了直线型线性关系的回归假设，并且使 OLS 回归不能在这种类型数据中使用。

表 17-2　logit 回归的假设

与 OLS 回归相同的假设	
1	模型包含所有相关变量
2	排除所有不相关变量
3	假设误差项是独立的
4	不要求线性相关，但假设自变量的对数和因变量之间存在线性关系
5	累加性
6	因变量之间无完全 / 过度的多重共线性
7	样本需要足够大
不同于 OLS 回归的假设	
1	不假设因变量和自变量之间存在线性关系
2	因变量不必是正态分布的
3	对于每个水平的自变量而言，因变量不必具有同方差
4	不假设误差项呈正态分布
5	不要求自变量是定距水平
6	不要求自变量不受限

虽然二分因变量违反了 OLS 回归的几个假设，但还是有许多假设是相同的。

表 17-2，提供了所有的 logit 回归假设。该表既包含了 logit 回归和 OLS 回归之间共同设有的假设，还包括两者间不同的假设。

对于二分因变量来说，虽然用 OLS 回归可以在 *X* 取值的中间段（中心值）得出稍微可接受的结果（因为中间部分的 S 形 logit 曲线是类似于线性的），但是 OLS 回归通常会产生有偏或不准确的回归系数，尤其是自变量取极值时，从而低估了自变量的影响。因为 OLS 回归分析不适用于二分因变量，所以可以采用二元 logit 回归模型，因为它的假设要求不那么严格而更容易满足。

17.1.2 logistic 回归

logistic 回归（logistic regression）[1]（通常称 logit，但也称二元［binary］或二分［dichotomous］对数回归［logit］）[2]是一种非常适合二分因变量的技术，它的假设比 OLS 假设限制更少。logit 回归有许多其他形式，正如接下来将要讨论的，但是你所听说或看到的 **logit 回归**，[3]实际上指的是二分 logit 回归或者二分因变量回归。

有关优势比的重要注意事项

我们会谈论一些事情发生的可能性，例如“赢得这场比赛有多大的优势比 (odds)？”然而，了解优势比究竟是什么很重要。优势比，指的是事件将发生的概率除以事件不发生的概率的计算结果。例如，如果我在轮盘赌桌上压红色，你可以说我压红色获胜的优势比是 50/50（我有 50% 的机会转到红色和 50% 的机会转到黑色）。从不同的方式来看，这就是成功次数和失败次数的比值。如果我回到轮盘赌桌，但这一次是投注一个特定的数字，我赌赢的优势比是 1/35（假设有 36 个数格）。注意，这不同于赌赢的概率（probability）1/36，也不同于所有可能事件的总和。同样，当我滚动一个骰子时，我得到 4 的优势比是 1/5，但我得到 4 的概率是 1/6。

logit 回归可以是连续和二分自变量，和二分因变量的组合。另外，logit 技术通过将因变量变换为 *Y* 值为 1 的优势比对数，来避免因变量的“不受限问题”。

---

［1］如后文中的“ln 或 log”所示，logit regression 或 logistic Regression 更准确的数理译法是对数回归。但也有些书是按音译法译为“逻辑回归”。徐晶、金竑彦编写的《统计学词汇手册》（上海外语教育出版社，2009，第 45 页）将“logistic regression”翻译成“逻辑斯蒂模型”。——译者注

［2］在英文术语中，binary，dichotomous 指的都是只有两个分类。前者如“男”“女”，后者如列“有或存在”“无或不存在”。这种两类赋值分析法本质上都是以一种为参照，看另一类的（似然）发生概率。——译者注

［3］“logit regression”就是“logistic regression”的另一种表达。《统计学词汇手册》（上海外语教育出版社，2009 年，第 45 页）的翻译法，将“logit regression”翻译成“分对数回归”。——译者注

因此 $\ln(P/1-P)=a+b_1x_1+b_2x_2+\cdots$，其中 ln 表示自然对数，$P$ 表示事件发生的概率（等于 1 时），你可能记得等号右边的公式可以看成是一条回归直线。在这个公式中，随着自变量从正无穷（当 P=1 时）到负无穷（当 P=0 时），因变量的取值变得不受限制了。另外，尽管 X 和 Y 之间不具有线性关系，但假定 X 与 P（Y=1 的概率）的**优势比的对数（logit 值，log of the odds）**具有线性关系。

虽然 logistic 回归像线性回归那样能找到最佳拟合方程，但它们运行的原理是不同的。与最小二乘法不同的是，logistic 回归使用的是**极大似然法（maximum likelihood method）**，这个方法基于特定的拟合回归系数，在最大程度上得到观测结果的概率。换句话说，似然函数作为未知回归参数的函数，表示了观测值的概率，使得估计的回归系数是体现观测数据最有可能发生的概率。再次强调，对数函数计算的是事件优势比的自然对数，用 $P/(1-P)$ [1] 表示（事件发生的概率除以事件不会发生的概率），其中优势比的对数不会受限于 0 和 1。

在运用极大似然函数时，首先选择模型参数，并基于给定参数计算实际数据的似然值。然后通过一系列迭代计算，选择极大似然性的参数（Roncek，1991）。换句话说，尽可能地选择一组系数和截距，使得观察数据中得出 0 和 1 的概率最大化。[2]

17.1.3 解释 logit 回归结果

在这里，我们提出一套解释 logit 回归分析统计表格的方法（表 17-3）。容克（Roncek，1991）开发了一种能直接解释 logistic 回归结果的方法。这些步骤可以通过在 SPSS 软件使用 logistic 回归方法所分析的数据集来解释。这些数据来自一个对 ICPSR 帮派同伙成员的研究（Esbensen，2003）。在这里，我们试图预测一个青年对于“你曾经是帮派成员吗？”的问题回答是或否的情况。对这个问题的回答，编码为“是”或“否”，看成是二分因变量（“无答案”被重新编码为缺失值）。自变量，或者对是否曾经是帮派成员的预测因子，包括性别、种族、年龄、父亲的学历、母亲的学历，以及父母是否了解该未成年人（用从完全不同意到完全同意的李克特量表测量）。

步骤 1：构建统计显著性

第一步，确定模型本身是否在统计意义上是显著的。与通过 OLS 回归的 F 检验进行判定有所不同，logistic 回归模型的显著性可通过既定参数估计下的观测数据的最大似然值来确定。也可以这样表达，我们可以通过写一个方程来观测得出 0 到 1 的可能性，这将取决于因变量特定观测值的概率。这个等式就叫作**似然方程**

---

[1] 此处原文错误，原文为 $P/P-1$，很显然，分母有误，应为 $1-P$。——译者注

[2] 现有的统计软件都会自动进行极大似然性迭代线程计算，并给出了极大似然函数的模型估计结果，故无需手动计算。——译者注

（likelihood equation），如下：$£=\prod(P_i)^{y_i}(1-P_i)^{1-y_i}$，其中 £ 是似然值，$\prod$表示所有累乘之积（类似于$\sum$，意思是累加之和），$P$ 是获得特定值（在这个式子中为 1）的概率，而 y_i 意味着你从数据中选择了某一个案例。

是否能够手动计算出似然方程并不重要，但至少应该知道似然方程的作用。诸如 SPSS 这类的软件在判定数据中 0 和 1 的似然性时，它从系数和截距的起始值开始（不同的程序，估测的起始值通常也会不同），然后稍微调整这些值以增加在最终模式中获得 0 和 1 的可能性。以上称为**迭代过程**（iterative procedure），软件会自动继续调整，直到系数和截距以最大可能预测数据。

表 17-3 **解释 logit 回归的步骤**

步骤	关键信息	统计量
1	模型结果随机出现的概率是多少？	$p<0.05$ (–2 似然值对数，–2 log likelihood)
2	结果质量如何?	内戈尔科伪决定系数（Nagelkerke R^2）； 考克斯和斯奈尔决定系数（Cox and Snell R^2）
3	logit 回归系数显著吗?	$p<0.05$ (Wald 检验值)
4	logit 回归系数的影响程度如何? (有几个可选项)	1. 方向 (符号 b) 2. 似然比（exp［B］） 3.“有意义的值”的最大和最小值 4. 预测概率（$P=e^{a=bx}/1+e^{a=bx}$)
5	解释自变量的标准化效应，并按重要性排名	$b*\sigma^2$

在 SPSS 中，检验模型的显著性检验通过似然比检验来完成：

$$\chi^2 = -2\ln\left(\frac{\text{Likelihood}_R}{\text{Likelihood}_F}\right) = -2LL_R - (-2LL_F)$$

其中 LL_R 是受限（较小）模型的对数似然值，LL_F 是完整（较大）模型的对数似然值。获得的卡方值的特定自由度，等于两个模型中自变量数量的差。如果获得的卡方值在统计学上显著（α 通常等于 0.05），我们可以得出结论，该模型整体上具有统计上的显著性。

你该如何操作?

logistic 回归

1. 打开数据集：

   a. 启动 SPSS；

   b. 选择“File”，点击“Open”，选择“Data”；

   c. 选择你想打开的文件，然后点击“Open”。

2. 看到数据后，选择“Analyze”，然后选择“Regression”，再选择“Binary Logistic”。
3. 选择你需要的因变量序列，然后按“Dependent”窗口旁的 ▶ 按钮。
4. 选择你需要的自变量序列，然后按“ Covariate”窗口旁的 ▶ 按钮。
5. 点击“Enter”。
6. 单击 OK。
7. 弹出输出结果窗口，与表 17-4 和表 17-5 格式相似。

此示例检验比较了所有自变量的模型，和一个只包含截距的基础模型。表 17-4 中列出的结果第一部分（模型系数的多项检验 Ominibus Tests of Model Coefficients），在标记为“步骤”（Step）这一行的卡方值、自由度（*df*）和显著性。

表 17-4 logistic 回归输出

模型系数的多项检验

步骤	卡方 Chi-square	自由度 *df*	显著性 Sig.
步骤 1	397.572	6	0.000
截距阻碍	397.572	6	0.000
模型	397.572	6	0.000

模型概要

步骤	–2Log Likelihood	决定系数 R^2	
		考克斯和斯奈尔 Cox and Snell	内戈尔科 Nagelkerke
1	4560.254[a]	0.070	0.118

[a] 参数在第 5 次迭代时终止，因为此时参数估计变化小于 0.001。

检验结果中，卡方值为 397.572，自由度为 6，模型在 0.05 水平上显著的。在表 17-4 的第二部分（模型概要）中，给出了模型 –2 log 的似然值，以及两个伪决定系数（pseudo-R^2）。表下面的注解，使你了解在给定自变量参数的情况下获得最大化 1 和 0 模式所经过的迭代次数。在这个模型中，模型估计在迭代 5 次时就终止了，因为这时对某人是否是帮派成员已经不会有更优的参数估计。

步骤 2：确定强度

现在你已知道模型整体是显著的了，解释这个模型的第二步就是评估模型的强度（解释的程度）。在 OLS 回归，可对 R^2 进行检验获得答案。但不幸的是，logistic 回归中没有与 R^2 对应的数学指标，因此必须使用相似的或伪决定系数。幸运的是，SPSS 提供了两个 logistic 回归中可以使用的伪决定系数选项。不管是**考克斯和斯奈尔决定系数**（Cox and Snell R^2），还是**内戈尔科决定系数**（Nagelkerke

R^2），都可以用于解释整个模型的强度。这两个决定系数都有支持的学者，并且两者均有其缺点，这里就不一一赘述了。这些可视为消减误差比例的比例，这个统计量类似于 OLS 回归中的 R^2 值。在表 17-4 的模型中，预测一个人是否属于帮派成员时，我们解释的预测误差刚好处于 7% 和 12% 之间，这取决于你使用考克斯和斯奈尔决定系数或内戈尔科决定系数。虽然 logit 回归提供了两个伪决定系数，这不同于 OLS 回归只生成一个真正的决定系数，但目前 logit 回归中最常用的 R^2 是内戈尔科决定系数。

步骤 3：检验特定变量

解释 logistic 回归结果的第三步是，观察哪些自变量有统计显著性（Roncek，1991）。这里所用的卡方检验，是用回归系数除以标准误来获得卡方值，这种方法称为**沃德检验（Wald Test）**（Wald，1949）。这通过（b/se_b）^{2} 计算，并将结果与相应自由度获得的卡方临界值进行比较。如果计算的卡方值超过了卡方临界值表中的值，那么这个变量可被认为是统计显著的。与本文中讨论的所有其他分析一样，没有必要手算，因为输出结果中提供了所需的所有信息。这里也是一样，在表 17-5 中给出了与显著性相关的**优势比（odds ratio）**，即 exp（B）。除了母亲的教育水平外，其他所有自变量都是显著的（$p<0.05$）。

表 17-5 变量回归系数

	系数 *B*	标准误 Std.Error	Wald 检验值	自由度 *df*	显著性 Sig.	优势比 Exp（*B*）
性别	–0.495	0.077	40.813	1	0.000	0.610
种族	0.175	0.022	62.521	1	0.000	1.191
年龄	0.524	0.059	78.225	1	0.000	1.689
父亲的教育水平	–0.071	0.023	9.341	1	0.002	0.932
母亲的教育水平	–0.030	0.026	1.376	1	0.241	0.970
父母双方的教育水平	–0.360	0.032	125.464	1	0.000	0.697
常数	–6.850	0.872	61.695	1	0.000	0.001

步骤 4：确定影响程度

解释 logistic 回归结果的第四步是确定显著自变量的影响。如上所示，SPSS 输出的 B 回归系数与 OLS 回归相似，它被称为 **logit 回归的回归系数（logit coefficient）**。然而，重要的是，这个系数不是自变量（X）单位变化引起的因变量（Y）变化量，而是 X 值的变化引起的因变量（Y）的**优势比对数（*log of the odds*）**的变化。记住我们分析的是二分因变量，结果只有两种可能，所以我们不讨论该变量的变化。相反，我们要根据所列出的回归系数得出的优势比对数的变化来解释结果。在这种情况下，Exp（*B*）所表示的是一个特定的未成年人在其他变量的影响下成为帮派成员的优势比。就上面的例子而言，我们可以说，父亲教育程度每提高一个水平，成为帮派成员的优势比会减少 0.932（因为 *B* 是负数，对成为帮派成员的优势比有负面影响）。这对帮派成员身份的分析实际上没多大帮助。在优势比上，任何小于 2 的数值都因作用太小而对分析没有多大帮助，当我们谈及优势比时，我们期望的数值至少是其发生可能性的 2 倍。[1]

即使这是相当直接的结果解释方式，但是优势比不是解释 *X* 对 *Y* 的影响的常见方式。因为自变量对二分因变量的影响可根据特定自变量而改变，解释 logit 回归系数或优势比可能具有误导性，它们考虑了自变量所有取值的影响，即使各个值可能不同。有一个更好的方法是确定**自变量特定值**（particular value of the independent variable）的影响。在上面的例子中，当教育程度不同时，父亲的教育情况对于未成年人是否加入帮派的影响情况也可能不同。例如，如果父亲只接受过 8.5 年的教育，可能会对孩子是否成为帮派成员有轻微的影响；但如果父亲有 20 年的受教育经验，可能会对孩子是否成为帮派成员产生很大的影响。因为你不可能想去计算每个 *X* 值的优势比或概率，选择有意义的值可能更有帮助。当然，选择“有意义的值”因人而异。对你来说有意义的值，对别人可能没有意义。所以在选择任何一个 *X* 值的影响之前，你应当有一个选取该值的良好理由。由于选择有意义的值有一些缺点，所以另外一个技巧是利用**最大化效应**和**最小化效应**（maximum and minimal effects）。注意，这里用的是**最小化**（minimal），而不是**最小值**（minimum）。这便确定了连续自变量对因变量的影响范围。

连续变量的最大和最小化效应通常是更有趣的，因为它们给出了自变量的影响范围。对连续变量的最大化可能效应值总是其 logit 回归系数（*B* 值）的四分之一，这是因为当预测概率为 0.5 时特定事件才最有可能发生（见表 17-3 中的假设）。虽然固定的最小值不存在，但是 logistic 曲线从未达到 1 或 0 的概率，所以当预测概率为 0.1 或 0.9 时，我们可以将最大值与其结果对比，得出的是其系数 0.09 倍的**最小化效应**（minimal effect）（Roncek，1991）。在表 17-5 的例子中，对于年龄这样的连续自变量而言，最大效应是 0.524×0.25 或 0.131 的 logit 回归系数，而最小化效应是 0.524×0.09 或 0.047 的 logit 回归系数。同样，这些最大和最小化效应通常是 logistic 模型中一些最“有意义的值”。然而，获得有意义的值只是分析的一部分。请记住，这些影响仍然是基于难以琢磨的优势比对数。获得有意义值的效应，以及使结果本身有意义，通常需要将这些值与概率联系起来分析。

[1] 作者此处提到的优势比对数大于等于 2 只是一种理想情况，不仅过于严格，而且也忽略了自变量自身取值范围的影响。译者提醒读者，大量刑事司法研究会对小于 2 且统计显著的分析结果展开讨论。——译者注

对 logit 回归系数的解释也需回到概率，因为优势比往往很难解释。参考方程 $\ln[P/(1-P)]=a+bx$，对方程右侧取幂并做一些简单的代数运算，将得到概率值：

$$P=\frac{e^{a+bx}}{1+e^{a+bx}}$$

这给出了特定情况下 logit 回归模型的概率，并且比对数优势比或优势比更容易解释。这也可以通过有意义的 X 值来计算。查看表 17-5 中的示例，你可以将适当的值代入上面的公式进行计算，根据概率来确定年龄的影响。因为平均年龄约为 14，这可以作为一个有意义的值。将这个数值代入以下公式进行计算：

$$P=\frac{e^{-6.850+0.524\times14}}{1+e^{-6.850+0.524\times14}}$$

其中 a 是常数（表 17-5），b 取自于 B 列，x 是平均值。算出的结果是 0.619，所以我们得出年龄为 14 的未成年人比其他年龄段的人高出 0.619 的概率会加入帮派。

另一种考量连续自变量影响的方法是计算导数。与 OLS 回归一样，连续自变量对虚拟因变量的影响就是一阶（偏）导数。在 OLS 回归中，这被表示为$\partial Y/\partial X$。但 logistic 回归和 OLS 回归不同，OLS 回归的一阶导数是一个常数，而 logistic 回归产生的一阶导数必须通过输入不同的 X 值来求解方程：$\partial P/\partial X_i=b_ie^{a+bx}/(1+e^{a+bx})^2$。因此，上述代入有意义的值就是为了获得一定 X 值的一阶导数。正如在 OLS 回归一样，该导数结果是 X 对 Y 的效应，但其假设的是 X 为某个特定值时 X 对 Y 的效应。

解释二分自变量的影响比连续变量简单一些，因为自变量只有两个选择（例如，男性或女性）。这不要求自变量必须取一个有意义的值去计算优势比或概率，因为只有两个值可供选择。对二分自变量而言，重要的是要记住一个类别的自变量会影响另一个类别的自变量，因为这些影响是 1 减去第一个影响值得到的。例如，男性成为帮派成员的概率或优势比是 1 减去女性是帮派成员的概率或优势比。再看看这个例子：

$$P=\frac{e^{-6.850-0.495\times1}}{1+e^{-6.850+0.495\times1}}$$

得到的结果是 0.00065，这意味着男性成为帮派成员的概率只比女性稍高一点（假设女性是参考类别）。

步骤 5：确定标准化效应

解释 logistic 回归中的第五步和最后一步是确定 logit 回归系数的标准化效应，并因此确定自变量的重要性排序。在 OLS 回归中，标准化 beta 计算如下：

$$\beta = \frac{b(\sigma X)}{(\sigma y)(\sigma N)}$$

因为 logit 回归没有标准的 Y 值，只有 Y 的一种概率形式，logistic 回归分布的标准差不是 1，而是 $\pi/\sqrt{3}$ ，因为它不是一个正态分布。通过将这些系数除以对数分布的标准差来标准化 logit 回归系数。通过公式计算：

$$\beta = \frac{b(\sigma X)}{\pi/\sqrt{3}}$$

只要分析的因变量个数只有一个，并且用相同概率水平比较所有自变量的效应，这种方法就是有效的（Roncek，1991）。

容克（Roncek，1997）开发了比上述算法更为简单的方法。这种方法计算较为简单，将特定变量的 logit 回归系数乘以其对应的标准差。虽然这个过程并非完全标准化，但是在确定标准化效果的排序顺序上是适用的。在使用 SPSS 时这种方法也有帮助，因为该软件没有报告 logistic 回归的标准化系数。在这一点上，变量可以根据系数 β 大小排序，并且也能有效得到系数的优势比。在我们所列举的例子中，计算频数（第 3 章）和标准差时，我们了解到，父亲受教育程度的标准差是 1.815，父母了解行踪情况的标准差为 1.125。将这些值各乘以它们对应的 logit 回归系数，得出父亲教育程度的**半标准化系数**（**semi-standardized coefficients**）为 –0.129，以及父母了解行踪情况的半标准化回归系数为 –0.405。很明显，尽管这些变量都很显著，但与父亲的教育水平相比，父母对孩子行踪了解程度对孩子是否是帮派成员的影响程度更高。

17.1.4 交互效应和其他类型的 logit 回归

上述解释涉及二分变量 logistic 回归的基础，包括为什么需要及如何使用它。然而，logistic 回归的作用远不限于二分因变量。具体来说，它能引入交互项，并且能用于有序的或定类非二分因变量。下面讨论的这些附加功能，说明 logistic 回归可以灵活运用于各种受限因变量。

交互效应

交互效应[1]可以与 logit 回归一起使用，并且比 OLS 回归更简单。与 OLS 回归一样，通过每个变量之乘积，可以将两个变量之间的交互作用代入到模型中。例如，如果你想测试年龄和性别之间的交互效应，只需取这些变量的乘积，并作

[1] 对于 logistic 回归和其他非线性回归交互项的假设检验，文献中存在一些争议。例如，*American Sociological Review*（ASR，社会学顶刊）在 2018 年的编辑评论里面明确指出，交互项系数的假设检验不能作为交互效应存在的直接证据。有兴趣的读者可以阅读相关文献获取进一步信息。Mustillo SA, Lizardo OA, McVeigh RM. Editors' Comment: A Few Guidelines for Quantitative Submissions. *American Sociological Review*. 2018;83(6):1281-1283. doi:10.1177/0003122418806282. ——译者注

为另一个变量嵌入到模型中。然而，交互效应的影响与上面的解释有所不同，因为一些自变量是其他自变量的函数。对于交互效应，基于 *X* 特定值确定的交互效应意味着把构成交互项的两个变量看成是常数。

有序 / 定序 logit 回归

通常在处理研究数据时，你调研得到的数据几乎都是定序水平数据。过去认为，定序水平因变量不适合回归分析。但随着 logit 回归分析的发展，这种不适用的情况也发生了改变。**有序 logit 回归**（ordered logit regression），也称定序 logit 回归，类似于二分变量 logit 回归，并非只有一个或两个（0 或 1）结果，而是有序排列的多个结果。这种类型的因变量在研究中常见的是**李克特量表**（Likert scales）或其他超越定距水平的有序数据。你可能对教师给的期末成绩再熟悉不过了，这样的分值例子，还可以完全同意、同意、一般、不同意和完全不同意的范围出现。分析定序 logit 回归的过程类似于二分变量 logit 回归，但也会有一些小的例外。与二分 logit 回归一样，可以使用表 17-3 的步骤解释定序 logit 回归结果。

你该如何操作？

有序 logit 回归

1. 打开数据集：
   a. 启动 SPSS；
   b. 选择“File”，然后点击“Open”，选择数据“Data”；
   c. 选择要打开的文件，然后点击打开“Open”。
2. 若数据可知，选择“Analyze”，点击回归“Regression”，然后选择序列的“Ordinal”。
3. 选择你期望涵盖的因变量，然后按“Dependent”窗口旁边的 ▶ 按钮。
4. 选择你期望涵盖的自变量，然后按“Factor（s）”窗口旁边的 ▶ 按钮。
5. 单击 OK。
6. 出现一个输出窗口，其中包含你的有序 logit 回归结果表。

在确定分析方法的妥当性时，定序 logit 回归运用了额外的步骤。这是**比例优势假设**（proportional odds assumption）检验，因为因变量有不同的类别（即完全不同意、不同意、同意、完全同意），所以有必要进行这个检验。这些不同的类别有着不同的截距，但是这些类别的斜率必须平行才能使用定序 logit 回归。这是确定各种模型的斜率是否相等的检验，换句话说，这个检验可以确定比例优势是否存在比例上的差异。在这个检验中，零假设是，斜率没有差异，或者比例优势没有差异。与其他显著性检验不同，只有当不能拒绝零假设时，才能证明使用有序 logit 回归的正当性。换句话说，要使用这种方法，你要期待卡方检验的结果不显著。完成卡方检验后，你才可以运用有序 logit 回归，并解释所选自变量类别的影响，就像解释上面的二分因变量 logit 回归一样。

多元定类 logit 回归模型

如果因变量是定类变量，而不是二分变量时，则应采用**多元定类 logit 回归**（Multinominal logit regression）模型。例如，多元定类 logit 回归模型可用于诸如宗教信仰（天主教、浸信会、长老会等）作为因变量的数据。与二分 logit 回归一样，要比较彼此的概率，以至于将事件 A 的概率与事件 C 的概率进行比较，并且将事件 B 的概率与事件 C 的概率进行比较：ln（P_A/P_C）和 ln（P_B/P_C）。本质上，这一过程是将数据重新分解为成多个二分因变量，并对各种组合进行二元 logit 回归。logit 回归方程的数量等于分类数减去 1。在这个例子中，C 属于特殊类别，成为参照组。参照组是我们研究中最关注的一个类别，因为它代表了所有分析的基础。

你该如何操作?

多元定类 logit 回归模型

1. 打开数据集：
   a. 启动 SPSS；
   b. 选择“File”，然后点击“Open”，选择“Data”；
   c. 选择要打开的文件，然后点击“Open”。
2. 若数据可知，选择“Analyze”，点击“Regression”，然后选择“Multinomial logistic”。
3. 选择你期望涵盖的因变量，然后按“Dependent”窗口旁边的 ▶ 按钮。
4. 选择你期望涵盖的自变量，然后按“Factor（s）”窗口旁边的 ▶ 按钮。
5. 单击 OK。
6. 出现一个输出窗口，其中包含你的多元定类 logit 回归结果表。

由于多元定类 logit 回归模型采用了一系列二分 logit 回归，故必须考虑一些其他因素（Roncek，1991）。首先，所有类别必须彼此互斥（任何一个类别不能是另一类别的子项目）。其次，参考类别不应是其他类别的次分类。一旦解决上述这些问题，便可使用 logistic 回归中除第四步以外的其他四个步骤来解释多元定类 logit 回归。因为我们多元定类 logit 回归的标准化效应无法计算。[1]

[1] 原著“because the unstandardlize effects are incalculable”表达多了一个否定前缀，正确的应该是“because the standardlize effects are incalculable”，故翻译过程中予以校正。——译者注

17.1.5 对 logistic 回归的批评

与所有技术一样，logistic 回归也有一些重要的缺陷。logistic 回归的回归系数受自变量取值的影响，这也是其常被批评之处（Liao，1994）。虽然 logistic 回归对于大样本来说不存在问题，但是小样本分析的回归系数是有偏差的。logistic 回归的一个经验法则是，因变量的两个结果类别中较小的一个类别的数量应至少等于模型中自变量数量的 10 倍。当今一些高级分析方法，例如**精准 logit 回归技术（Exact Logit Techniques）**（Metah & Patel，1995）试图克服样本量大小的缺陷，但在这里不过多解释。其他问题包括多重共线性，类似于 OLS 回归，可以通过 Haitovsky 检验，它通过观察方差膨胀因子、检查容差或计算条件指数值（第 16 章）来判定。logistic 回归模型的另一个潜在问题与有影响力的案例有关（异常值或远远偏离分布的样本），它可能改变结果。

总的来说，logistic 回归方法很好地处理了定类或定序因变量的问题。也许 logit 回归的最大限制，是其结果取决于自变量的特定值。这种限制虽然可以通过最大和最小化效应来解决，但这仍然是重要的方法缺陷。然而，与 OLS 回归无法满足这类型数据的需求相比，logistic 回归已经开发出许多弥补违反 OLS 假设的方法。处理受限因变量的另一种方法是泊松回归，该内容将在下一节中讨论。

17.2 泊松回归和负二项回归

与 logit 回归处理的是分类因变量有所不同，**泊松回归（Poisson regression）**主要处理的是**计数数据（count data）**。计数数据是指有界的数据。例如犯罪虽然是一个连续变量，但仍然以零为界。给定的区域假设犯罪值不会小于零。虽然 OLS 回归仍然用于评估这种类型的数据，但是关于 OLS 是否是最适当的分析方法仍然存在争论。泊松回归（Poisson regression）似乎是检验罕见事件（例如犯罪）计数的最好方法（Osgood，2000），所以这种方法已经开始广泛地用于刑事司法研究中（Gardner，Mulvey，& Shaw，1995; Land，McCall，& Nagin，1996）。

虽然计数数据不是像二分变量那样分界，但它仍然违反 OLS 回归的无界性和连续性的假设。因此，这种类型的数据也存在内在的异方差性，随着因变量越接近其零下限，误差项的方差会越来越偏斜。因此，在主要的刑事司法计数数据中，自变量和因变量之间不是线性关系，而是反映大量零值的 L 形曲线。

像之前讨论过的不同类型的 logit 回归分析一样，泊松回归不受 OLS 回归中自变量和因变量回归系数必须呈线性的假设限制。相反，它假设，对于任何给定单元，计数参数 λ（lambda）用来表示在某一时间段内预测某事件的数量。泊松回归假定 λ 的对数和自变量之间有线性关系：$\ln(\lambda)$ =

$\sum bx$。在判定事件的预测数量时，泊松回归使用以下等式表示 $P=p$（某一事件的计数）的概率：

$$(P = p) = \frac{e^{-\lambda}\lambda^{y}}{Y!}$$

其中 $Y = 0, 1, 2, \cdots, \ln(\lambda)$。$\lambda$ 被称为**计数参数**（rate parameter），但当仅处理某一个时间段的数据时，它也可以被认为是该事件的预测数量。这里，λ 的对数是自变量的线性函数：$\ln(\lambda) = a + \sum bx$。通过对 λ 取对数，自变量可以取任何值，但 $\sum bx$ 永远不会小于零。

虽然在处理计数数据上使用泊松回归比 OLS 回归更方便，但泊松回归需要一些重要的（和严谨的）假设。第一，泊松回归假设要求事件是正整数。也就是说，处理诸如谋杀数量（number of murders）等计数变量时，要排除负数值（即没有诸如“攻击、谋杀等负数计数值”这样的事件）。第二，泊松回归假设事件是一个独立的泊松过程。但这个假设很难满足，因为它必须使因变量（例如，每次攻击或每次谋杀）独立于所有其他的攻击或谋杀。第三个假设是，平均值必须是每个单位的真实估计。换句话说，该模型假设平均值是每一分析单位的最佳估计。最后，其假设均值必须等于方差值，即估计参数（λ）。

最后这一假设在刑事司法数据中特别难以满足。事实上，犯罪计数的方差经常会超过均值，因此数据通常**过度离散**（overdispersed）。数据在过度离散的情况下，需要考虑采用不同的统计技术。这个过程称为**负二项回归**（negative binomial regression），并用之来处理数据过度离散的情况。这里假设每个单位事件的数量需遵循泊松过程，但是负二项回归存在另一个假设：泊松参数本身呈伽马分布（Land，McCall，& Nagin，1996）。因此，它增加了一个误差项，并允许数据中存在更大方差。确定特定类型的数据是过度离散或不够离散时（当方差小于平均值时），不能用 SPSS 确定，但可以使用 SAS 中的 PROC GENMOD 轻松完成，并可以查看偏差和 Pearson 统计量，或者根据加德纳、穆尔维和肖（Gardner，Mulvey，& Shaw，1995）介绍的内容计算 t 统计量。

表 17-6 提供了与泊松回归和负二项回归的假设参考。

表 17-6　**泊松假设和负二项回归**

假设	
1	因变量必须是正整数
2	值由独立的泊松过程生成
3	平均值是每个事件的真实计数
4	解释变量可解释所有方差
5	均值需等于方差

17.2.1 关于泊松分布和负二项回归的说明

刑事司法和犯罪学数据经常过度离散。连续变量尤其如此，方差通常大于平均值。当数据出现离散情况，回归系数的估计可能是有偏的，常把本来没有关系的数据表现为统计显著性。处理过度离散数据的最常见的方式是使用负二项回归。再次强调，有可能出现**不够离散**（underdispersion）的情况，但通常不会出现在犯罪学数据中。

有两种主要方法来确定数据是否过度离散。第一个是看离散系数的显著性检验结果，也称 alpha（α）。第二个是使用 Cameron 和 Trevidi 检验。两个检验不必同时进行，因为彼此的结果是相同的。基于任意一个检验中的结果，你就可以选择泊松回归（数据没有过度离散）或负二项回归（数据过度离散）。

17.2.2 解释泊松回归和负二项回归

解释 logistic 回归的步骤同样可用于解释泊松回归和负二项回归（表 17-3）。实际上，步骤 1 至 4 与二元 logistic 回归步骤相同，这表明两种技术在处理受限因变量上具有相似性。表 17-7 检验了一个数据集，其目的是试图确定不同人口普查区的众多自变量对暴力犯罪数量的影响（Sabol，2004）。因为数据实际上很离散，所以采用负二项回归模型。由于不能在 SPSS 中进行分析，所以该模型在 SAS 中完成了检验。如果你可以访问 SAS，建议你尝试了解各种可用的统计软件。在这里，你会发现模型本身是显著的（步骤 1），因为 F（Pr>F）的概率为 0.0001（与 OLS 回归结果相同）。

表 17-7 负二项回归输出

来源	自由度 *df*	平方和	均值平方值	*F* 值	Pr>*F*
模型	7	680186	97169	336.46	<0.0001
残差	2390	690238	28880238		
校正后整体	2397	1370424			

残差平方根	16.99419	决定系数 R^2	0.4963
因变量均值	32.95371	修正后 R^2	0.4949
变异系数	51.56987		

步骤 2，也是直接用泊松回归或负二项回归来确定模型解释方差的程度。SAS 给出 R^2（实际上是伪 R^2）和修正的 R^2 值。与单纯的截距模型相比，这两种方法均可以观察到自变量引入模型后误差比例减小。如前所述，修正后 R^2 考虑了模型的简约性。这可以确定新增一个自变量后对模型的贡献。

确定哪个自变量是显著的也可直接确定（步骤 3）（表 17-8），因为 SAS 在输出中同时给出了 t 值与相关的概率。与其他检验过程一样，通过判断与 t 相关的概率值为 0.05 或更小的值，来确定哪个自变量显著。在示例中，所有自变量

在统计上都是显著的，因为在 Pr>|t| 列中，每个自变量的概率等于或小于 0.05。

表 17-8　变量系数

变量	*df*	参数估计	标准差	*t* 值	Pr>|*t*|	标准估计	方差膨胀
截距值	1	−2.54830	1.41434	−1.80	0.0717	0	0
1990 年的人口	1	0.01317	0.00123	10.70	<0.0001	0.70946	20.85343
2000 年的人口	1	0.00650	0.00124	5.24	<0.0001	0.33561	19.47684
房屋自有	1	−0.07240	0.00963	−7.52	<0.0001	−1.09699	101.00049
少数民族占比	1	0.13257	0.00946	14.02	<0.0001	0.24144	1.40776
闲置率	1	0.14525	0.05328	2.73	0.0065	0.05324	1.80975
贫穷率	1	0.10816	0.02957	3.66	0.0003	0.09440	3.16052

步骤 4，解释特定自变量的影响，与解释对数因变量的 OLS 模型相同（Stolzenberg，1979）。与 logistic 回归一样，需要记住连续自变量和虚拟自变量的各种解释。此外，对于泊松 / 负二项回归而言，对数自变量的解释略有不同。先前内容已经介绍，有时需要对高度偏斜的自变量取对数。因为泊松 / 负二项式是一个适用对数形式因变量的方法，所以取对数和非对数形式的自变量解释略有不同。我们从解释对数形式和非对数形式的连续自变量开始，然后再解释二分自变量。

对于**取对数的连续自变量**（logged continuous independent variables），一阶导数可以以（$\partial Y/Y$）/（$\partial X/\partial X$）表示，并直接解释为 X 的变化比例引起的 Y 的变化比例，或乘以 100 并解释为 X 改变的百分比对 Y 改变的百分比的影响。人口数据是一个经常需要取对数的变量，因此可用于此解释。在表 17-8 中，解读 2000 年人口意味着，你可以预测每增加一个单位的人数（通常以千计），犯罪数量增加 0.00650（或 0.65%）。

对于**未取对数的连续自变量**（unlogged continuous independent variables），一阶导数可以以（$\partial Y/Y$）/ ∂X 表示，并可解释为 X 中 ∂X 的单位变化对 Y 的比例变化的影响，或乘以 100 并解释为 X 的单位变化对 Y 百分比变化的影响。在上面的例子中，住房闲置率每增加一个单位，犯罪数量将增加 0.14525（或 14.5%）。

对于二分自变量，其影响可以看作 e^b-1，并可解释为自变量从一个类别变化到另一个类别时，事件数量的改变。在上面的例子中，没有二分自变量。但为了进一步解释起见，如果自变量少数民族占比只是一个黑人 / 白人的二分变量，你需要按如下方式解读：$e^{0.13257}-1=-3.02$。[1] 这可以解释为，当变量从白人变化为黑人，犯罪数量会减少 3.02 起，反之亦然（取决于以哪个类别为参照组）。

步骤 5，自变量的标准化效应，可以采用与 logistic 回归相同的方式得到。换句话说，通过用回归系数 b 乘以其标准差得到的半标准化系数可产生足够的标准

[1] 此处计算疑有误，应为 0.1418。——译者注

化效应。但是要记住，就像在第 4 步中解释非标准化结果一样，解释标准化效应必须与所解释的自变量类型保持一致。具体来说，标准化效应仍然取决于自变量的对数或非对数形式、连续或二分形式。

泊松 / 负二项回归模型的几种不同解释，确实在一定程度上增加了解释模型中自变量影响的复杂性。然而，这些不同的解释也描绘出对数 - 非对数变量或连续 - 二分变量影响计数型因变量的不同之处。简言之，虽然这种特定类型的模型解释可能很麻烦，但是它们的预测结果比起简单的 OLS 的确更精确。

17.2.3 对泊松回归和负二项模型的批评

与所有技术一样，泊松 / 负二项模型在某些方面也有所不足。也许这种技术最大的争论是本节所讨论的泊松回归的严苛假设。要满足诸如独立性过程的假设肯定很难，并且在计算时这个假设常被忽略。泊松回归的其他问题已经有所解决，但仍然留下了一些问题。例如，尽管过度离散情况可通过负二项式来解决，但它增加了假设误差项在总体中需服从伽马分布的约束。这个额外的假设只能通过计算更严格的技术来处理，例如半参数混合泊松方法（Semi-Parametric Mixed Poisson）。虽然此类技术试图解决泊松 / 负二项回归中存在的问题，但解决这些问题的过程仍非常复杂，因此未被广泛使用。半参数混合泊松方法在本节不会进一步解释，但兰德、麦科利和纳金（Land，McCali，& Nagin，1996）的著作对此有很好的解释。

即使没有简单的解决方案应对这些问题和批判，但在刑事司法研究中使用泊松或负二项模型仍有很大的优势。泊松和负二项回归方法是处理计数因变量变量的最常见和最直接的方法。使用诸如 SAS 等软件去计算相当简单，并且不会比对数变量的 OLS 方法更难。简而言之，泊松回归和负二项回归方法在处理刑事司法研究常用的数据时非常有帮助，若能正确操作，这些都是非常强大的解释工具。

17.3 其他多元回归技术

虽然已经讨论了处理受限因变量的最广泛使用的回归技术，但你可能已经意识到这并不意味着排除了其他处理受限因变量的技术。为了全面展示它们，本章会花点篇幅进行一些介绍。还有些技术值得介绍，因为它们在处理受限因变量时也很重要。虽然本章不会深入解释，但是许多研究人员已经成功地使用这些技术处理了一些受限因变量的问题。

17.3.1 Probit 回归

Probit 回归（Probit regression）类似于 logistic 回归（logistic 回归和 Probit 回归预测概率的过程相似），[1] 但在某些方面它们也有着重大的差异。logit 回

[1] Probit regression 的数理译法为“概率回归”，现行诸多教材中也有不翻译，直接取“Probit 回归”的情况。本书采取后一种做法。——译者注

归和 Probit 回归之间的差异是，logit 回归预测因变量中优势比的对数，Probit 回归则使用**累积正态概率**（cumulative normal probability）分布。Probit 回归模型的方程如下：

$$pr(y=1|x)=\Phi(xb)$$

其中 Φ 是标准累积正态概率分布，*xb* 被称为 Probit **分数**或**分值**（Probit score or index）。logit 回归模型预测一个类别相对于另一个类别对 *y* 影响的优势比对数，但 Probit 回归模型则得出 *Z* 分数。在 Probit 回归模型中，*x* 的单位变化引起了累积正态概率的 *b* 单位变化，或者 *y* 落入特定类别中的 *Z* 分数。例如，Probit 回归模型表示了 *x* 的单位变化对于特定年份特定街区中犯罪发生的累积正态概率的影响。logit 回归和 Probit 回归模型都是通过极大似然法估计的，因此拟合优度和统计推论都以对数似然值和卡方检验为基础。

因变量需用 Probit 回归模型的一个例子是罪犯被判处监禁的月数。一般来说，只有罪犯被判处监禁的情况下，才会使用 OLS 回归进行分析。但是许多人的裁决结果都没有被评估，因为大约 60% 的罪犯会被判缓刑。如果把所有那些没有被判监禁的案件包含进来（那些案件中被告人被判缓刑或用一些社区矫正替代监禁），使用 Probit 回归模型会更合适。

17.3.2 Tobit 回归

Tobit 回归（Tobit regression）通常适用于删失或截断的数据当中。[1] 删失数据（censored data）常在数据值集中于某个阈值时，或者集中于下限（左删失）或集中于上限（右删失）时出现。例如，如果你想测量人们一生中犯重罪的次数，大多数人会回答他们从未犯过罪，所以犯罪次数将集中在零附近，这被视为左删失。当缺少部分数据时，会产生截断数据（trancated data）。例如，大多数刑事判刑罪犯年龄大于等于 18 岁。这是因为 18 岁以下的人会在少年法庭受审，除非是极其严重的犯罪，这意味着小于 18 岁的年龄和刑事判刑数据会有缺损。

Tobit 回归很有帮助，因为它可以预测具有聚合分布特征的删失和截断数据。它利用概率公式来实现预测，如本章中讨论的其他技术，通过极大似然值去估计所有情况的回归系数。在上例中，你可以通过人们已实施的任何犯罪来估计可能参与犯罪的数量。虽然 SPSS 不能进行 Tobit 回归，但可以用其他软件来分析，如 LIMDEP 或 SAS。

---

[1] Tobit regression 是以人名命名的回归分析方法，由 James Tobin 所开发，参见 James Tobin.Estimation of Relationships for Limited Dependent Variables. *Econometrica*, Vol. 26, No. 1. (1958), pp. 24-36. 不少汉译版教材沿用英文名译法，如托比特回归模型，但并没有给一个准确的定义，参见徐晶、金竑彦（编）：《统计学词汇手册》，上海外语教育出版社，2009 年，第 82 页。又如汉译《剑桥统计学词典》取其数理含义将其译为“删失回归模型（Censored Regression Model）”，参见 B. S. 埃弗里特（著），钱晓明（译）：《剑桥统计学词典》，上海财经大学出版社，2010，第 451 页。本书直接取“Tobit 回归”。——译者注

17.3.3 多重共线性和替代性回归技术

与前一章中的 OLS 回归一样，多重共线性仍然是本章探讨的回归技术必须解决的问题。回想一下，只要两个自变量紧密相关，就存在多重共线性。这就很难确定到底是哪个变量对因变量的影响最大。

虽然多重共线性对于受限因变量的替代性回归技术仍然是一个问题，但是在这些模型中通常没有方法去评估多重共线性的程度。因为此时，你不仅要运行 OLS 回归，还要考虑适用于受限因变量的回归技术。你希望从 OLS 回归分析获取的唯一信息就是多重共线性诊断。记住，为了确定 SPSS 中 OLS 回归结果的多重共线性，这里需要检测三个统计量：容差（tolerance）、方差膨胀因子（VIF）和条件指数检验（CINT）。如果模型中不存在多重共线性，容差将大于 0.25，VIF 值将小于等于 4，并且 CINT 将小于 30。

对某种受限因变量利用 OLS 回归的多重共线性诊断方法可能与直觉不符合，但这种方式的确是恰当且被接受的方法。你并没有评估自变量与因变量的关系，相反，你是在检查自变量之间的关系。因此，各类型的多元回归模型计算的多重共线性结果都相同。

17.4 结论

在理解刑事司法数据的统计影响时，处理受限因变量确实是一个挑战。然而，这个挑战是可以克服的。虽然强行将数据代入 OLS 回归方程很有吸引力，但这样做可能对研究结果和随后解释造成严重的负面影响。记住这一点，任何的统计程序最重要的部分，包括那些使用受限因变量的程序，是了解你所获得的数据。正如本章所讨论的程序那样，在任何研究工作中，研究者必须知道因变量和自变量由什么类型的数据构成。这将有利于找到适合你的数据的分析方法，结果也将更加清晰和精确。

本章对统计回归技术的讨论到此结束。下一章通过另外两种多元统计技术：因子分析和结构方程模型（SEM），进一步探讨自变量和因变量的关系，以及变量和犯罪学理论的关系。

17.5 关键术语

计数数据（count data）

伽马分布（gammad distribution）

对数似然值（-2 log Likelihood）

极大似然法（maximum likelihood method）

多元定类 logit 回归（multinomial logit regression）

负二项回归 (negative binomial regression)

优势比（odds ratio）

考克斯和斯奈尔 R^2（Cox and Sneli R^2）

受限因变量（limited dependent variable）

logistic 回归（logistic regression）

最小化效应（minimal effects）

内戈尔科伪决定系数（Nagelkerke R^2）

优势（odds）

定序 logit 回归 (ordered logit regression)

过度离散（overdispersion）
泊松回归（Poisson regression）
概率预测值（predicted probabilities）
概率（probability）
Probit 回归模型（Probit regression）
成比例优势比假设（proportional odds assumption）
半标准化系数（semi-standardized coefficient）
Tobit 回归模型（Tobit regression）

17.6 公式概览

logit 回归方程

$$\ln（P/1-P）=a+b_1X_1+b_2X_2+\cdots$$

似然方程

$$£=\prod（P_i）^{y_i}（1-P_i）^{1-y_i}$$

logit 回归系数概率转换公式

$$\frac{P=e^{a+bx}}{1+e^{a+bx}}$$

标准化 logit 系数

$$\beta=\frac{b*（\sigma X）}{\pi/\sqrt{3}}$$

泊松回归模型

$$（P=p）\frac{e^{-\lambda}\lambda^{y}}{Y!}$$

Probit 回归模型

$$\Pr（y=1|x）=\Phi（xb）$$

17.7 练习

1. 选择刑事司法和犯罪学领域的三篇期刊文章，分析 logit 回归、多元定类回归、泊松回归或负二项回归（每篇文章对应一种分析方法）。对于每篇文章：
   a. 跟踪概念和变量的发展，以确定它们是否适合于该分析，并阐述原因；
   b. 在查看分析结果之前，尝试分析输出结果，看看是否可以得到与文章相同的结论；
   c. 讨论作者发现的结果和结论；
   d. 讨论分析的局限性，以及与本书描述的不同之处。
2. 像第 1 章一样设计一个研究项目，并讨论如何在这个设计中使用 logit 回归方法。讨论你会遇到什么限制或问题。

17.8 参考文献

Aldrich, J. H., & Nelson, F. D. (1984). *Linear Probability: Logit and Probit Models.* Thousand Oaks, CA: Sage Publications.

Esbensen, F. (2003). *Evaluation of the Gang Resistance Education and Training (GREAT) Program in the United States,* 1995–1999. ICPSR Study No. 3337.

Gardner, W., Mulvey, E. P., & Shaw, E. C. (1995). Regression analysis of counts and rates: Poisson, overdispersed Poisson, and negative binomial models. *Psychological Bulletin,* 118, 392-404.

Land, K. C., McCall, P. L., & Nagin, D. S. (1996). A comparison of Poisson, negative binomial, and semiparametric mixed Poisson regression models: With empirical applications to criminal careers data. *Sociological Methods and Research*, 24, 387-442.

Liao, T. F. (1994). *Interpreting Probability Models: Logit, Probit, and Other Generalized Linear Models*. Thousand Oaks, CA: Sage Publications.

Menard, S. (1995). *Applied 1ogistic Regression Analysis*. Thousand Oaks: Sage Publications.

Metah, C. R., & Patel, M. R. (1995). Exact logistic regression: Theory and examples. *Statistics in Medicine*, 14, 2143-2160.

Osgood, W. D. (2000). Poisson-based regression analysis of aggregate crime rates. *Journal of Quantitative Criminology*, 16, 21-43.

Roncek, D. (1991). Using logit coefficients to obtain the effects of independent variables on changes in probabilities. *Social Forces*, 70,509-518.

Roncek, D. (1993). When will they ever learn that first derivatives identify the effects of continuous independent variables, or “Officer, you can’t give me a ticket, I wasn’t speeding for an entire hour. *Social Forces*, 71, 1067-1078.

Roncek, D. (1997). *Interpreting the relative importance of negative binomial and Poisson regression coefficients*. Paper presented at the 1997 annual meetings of the American Society of Criminology, San Diego, CA.

Sabol, W. J. (2004). *Drug Offending in Cleveland, Ohio Neighborhoods, 1990-1997 and 1999-2001.* ICPSR Study No. 3929.

Spohn, C., & Holleran, D. (2002）. The effect of imprisonment on recidivism rates of felony offenders: A focus on drug offenders. *Criminology*, 40, 329-358.

Stolzenberg, R. (1979）.The measurement and decomposition of causal effects in nonlinear and nonadditive models. In K. E. Scheussler (Ed.), *Sociological Methodology* (pp. 459-488). San Francisco, CA: Jossey Bass.

Studenmund, A. H. (1997). *Using Econometrics: A Practical Guide* (3rd ed.). New York, NY: Addison-Wesley.

Wald, A. (1949). *Note on the consistency of the maximum likelihood estimate*. Annals of Mathematical Statistics, 20, 595-601.

17.9 拓展阅读

Belsley, D., Kuh, E., & Welsch, R. (1980). *Regression Diagnostics*. Hoboken, NJ: Wiley.

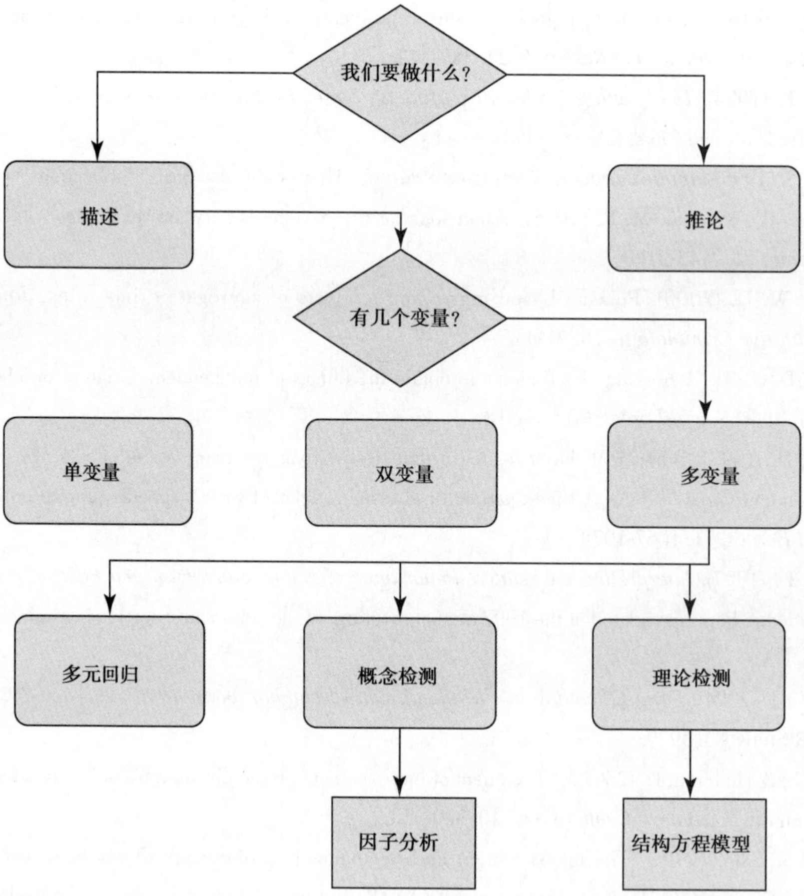
我们要做什么？
描述
推论
有几个变量？
单变量
双变量
多变量
多元回归
概念检测
理论检测
因子分析
结构方程模型

第 18 章

因子分析和结构方程模型

学习目标

- 理解因子分析
- 识别因子分析的假设
- 解释与因子分析相关的统计数据
- 解释不同类型的因子旋转
- 理解结构方程模型 (SEM)
- 判定 SEM 中的变量与其他分析类型之间的关系
- 识别 SEM 的假设
- 考察使用 SEM 的优点
- 列出 SEM 分析的步骤

18.1　引言

在多元统计的讨论中，我们已经讨论了各个独立的自变量相对于一个单独的因变量的关系。在犯罪学理论中，学者通常关注的是变量的集合，而不是观测个体变量。在这些情况下，单独的回归分析常常是不够的或不恰当的。因此，无论是在理论模型的检验和具体搭建过程中，还是在检验自变量之间的相互作用上，都应该考虑其他的多元统计分析方法。

本章探索了分析复杂理论模型更有效且更恰当的两种多元统计技术。这里介绍的统计应用方法是因子分析和结构方程模型。

18.2　因子分析

因子分析（Factor analysis）是一种多元分析程序，它试图在一组自变量中找出导致协变（covariation）的任何一个潜在的“因子”。因子分析的目标通常是减少用于解释影响关系的变量数量，或者确定哪些变量存在关系。如同回归模型，因子分析是一组变量的线性组合，通过因子分析可以得出一个概念的尺度测量。然而，为了成功地使用因子分析法，变量必须表示一些常见的共同的潜在维度或概念的指标，这样它们就可以在理论或数理上组合在一起。例如，收入、储蓄和住房价格这些变量可以组合在一起以反映研究主体的经济地位。

因子分析源于心理学理论。基于皮尔逊（Pearson，1901）研究中提出的“主轴因子法”，斯皮尔曼（Spearman，1904）开始探索智力的一般和具体因子。随着加雷特（Garnett）多因素方法的提出，斯皮尔曼的双因子模型在1919年得到了完善。这个多因素模型在1931年被舍尔斯顿（Thurstone）以“因子分析”正式冠名。

因子分析有两种类型：探索型和验证型。两者之间的区别就像回归分析中，不改变模型情况下检验模型和基于所用数据尝试建立最优模型的区别。

探索性因子分析（exploratory factor analysis）就是通过探索变量的荷载，以达到最优化的模型。这通常需要将变量添加到模型中，正如所预期的一样，将它们组合在一起后观察因子分析如何将它们进行组合。至少在科学上，这也通常被称为“漏斗分析法”（hopper analysis）。大量的变量会被放进漏斗（计算机）中，以了解哪些变量适合组合在一起。随后，一个围绕所发现内容建立的理论体系就成立了。

另一方面，与此相对应的是更有力的**验证性因子分析**（confirmatory factor analysis）。这用于证实先前定义的关于变量间关系的假设。在现实中，最常见的研究可能是结合这两种方法，研究人员会思考哪些变量会被载入以及如何被载入，然后使用因子分析去支持这些假设，但也会对分组做细微的修改。

一般情况下，因子分析是一种**数据简化**（data reduction）过程，探索性因子分析尤其如此。它的意义在于，把大量变量放入到模型中，并确定哪些变量可以从模型中删除，从而使其更加简洁。因子分析纯粹主义者谴责这一简化过程，他们认为因子分析只能作为验证，以此证明前人的理论假设。在这一点上，数据/变量的任何减少可能意味着对理论模型的削弱。

除了目前为止所讨论的内容外，还有其他因子分析的实际用法。首先，当使用几个变量来表示一个概念（在理论上）时，因子分析可以通过所识别出的因子来确证其概念。因子分析也可以在回归分析中，对变量进行多重共线性检验。当变量组合在一起并具有高的因子载荷的话，通常意味着存在多重共线性。但是，与其他用处相比，这并不是一种常见的判断多重共线性的方法。

作为多元分析技术的因子分析，有两个关键的理念：**方差**（variance）和**因子复杂性**（factorial complexity）。在接下来的四个段落中会先讨论方差，再讨论因子复杂性。

因子分析试图在一组变量中找出尽可能多的能够解释同方差的因子，方差在这里就起到了它的作用。方差由三个部分组成：**公因子方差**（communality）、**唯一性**（uniqueness）、**误差方差**（error variance）。

公因子方差是多因子所解读的一个变量方差的部分。它是（在各因子中）变量载荷的平方和。因子分析试图尽可能用最少因子（简约原则）来解释尽可能多的共同方差。这会在解释结果中发挥重要的作用。

另一方面，唯一性是某个特定变量的方差。正如刚才所讨论的，变量的一部分方差可以用公因素提取(公因子方差)。然而，特定变量的部分方差是唯一的，且不能用因子来解释。唯一性仅衡量单个变量所反映的方差。它的唯一性与提取的任何公因子或其他变量都无关。

误差方差是模型中随机误差或系统误差所引起的方差。这与第 15 章“多元统计导论”所讨论的误差，以及其他地方讨论的回归分析的误差相关。

因子复杂性是给定因子荷载作用的变量数量。理想情况下，变量只能负载在一个因子上。从理论上讲，这意味着你已经在观念上准确地确定了变量将如何分组。基于此逻辑，你研究的焦点问题，已经对潜在维度（概念）有相对准确的测量了。变量负载于多个因子(交叉负载)则代表了一个更加复杂的模型，而且很难确定变量、因子和潜在维度之间的真实关系。

18.2.1 假设

与本文讨论的其他统计程序一样，在进行因子分析之前，必须先满足一些假设条件。其中许多假设与前几章讨论内容类似，但部分假设则是因子分析特有的内容。

如同回归的假设，因子分析最基本的假设是数据是定距水平，并满足正态分布(线性)。二分数据虽可用于单因子分析，但应用并不广泛。二分、定类水平数据用因子分析的**主成分分析**（principal compenent analysis）方法，是可以接受的。然而，由于要求变量是一个真正的潜在因子的线性组合，因此在这些因子被旋转后，统计学家对二分定类水平数据是否仍适用于做因子分析存在争议。例如，使用二分数据会产生两个正交的(不相关的)因子，从而产生的因子具有统计学意义是假象，而模型则是无效的。除二分定类水平数据外，定类和定序数据也不能应用于因子分析。因子分析的本质是，因子得分取决于不同样本之间的数据变化。如果不能推断出定类水平数据的变化(从高到低或其他排序方法)，那么这些因子是无法解释的。也不建议应用于定序水平数据，因为定序水平数据的性质是非正态的。但当数据是全序定序水平数据时，这个条件也可能存在例外。如果数据可近似地看作定距水平(就像有些人用李克特型数据做的那样)，那么就可以用在因子分析中。

第二个假设是模型中不应该有设定误差。设定误差是指在分析中排除了相关的变量，或者在模型中包含不相关的变量(如前几章所讨论的)。这是一个严重的因子分析问题，只能在研究计划的设计阶段进行修正。

因子分析的另一个要求是要有足够的样本数量，这样才能有足够的信息进行基础分析。尽管关于样本规模有多大才适合用因子分析，有许多不同的观点，但一般都遵循了哈彻(Hatcher, 1994)的指导方针。他提出，样本量至少应有 100 个，或是主成分分析中变量个数的 5 倍。然而，任何一种关于分界点的指南都过于简单，实际的样本量需求更多是关于特定模型的理论问题和方法问题。事实上，有许多人认为，即使样本量只有 50 个，因子分析也是稳定的。

回归分析与因子分析假设的一个主要区别在于多重共线性。在回归中，多重共线性是有问题的，但在因子分析中，多重共线性却是必要的，因为变量必须与其他一些变量高度相关，所以它们将负载（“聚合”）到因子中。唯一需要注意的是，不能出现所有的变量都是高度相关的情况，或只有一个因子影响结果（唯一一个支持单因子影响的犯罪学理论是戈特弗雷德森［Gottfredson］和赫希［Hirschi］的自我控制理论）。如果有几组内部高度相互关联的变量（这些变量就会载荷在一个因子上），且与其他变量组完全不相关，这是因子分析的理想情况。

18.2.2 分析和解释

与大多数多元分析一样，因子分析要遵循特定顺序的执行步骤。这个过程的步骤见表 18.1，并在下面讨论。

表 18-1 因子分析过程步骤

第一步	对因子分析中的变量进行单变量分析检验
第二步	初步分析和诊断检验
第三步	因子提取
第四步	因子旋转
第五步	在其他分析中运用因子

步骤 1：单变量分析

与其他多元分析一样，适当的单变量分析也是很重要的。特别重要的是，需要根据第 10 章“关系方向和属性测量”讨论的内容，对数据的属性进行检测。

单变量测量中的偏度和峰度检验是很重要的。如果分布是偏斜的或不对称的，它可能不是正态分布和 / 或非线性的。这对因子分析很不利。因此在进行因子分析之前，应该仔细检验变量是否是偏态或不对称的。

步骤 2：初步分析

除了检查偏度和峰度外，有一些初步分析法可以用来确保数据和变量适用于因子分析。这会扩展到单变量分析结果，也是因子分析的具体细节。

你该如何操作？

在 SPSS 中获得因子分析输出结果

1. 打开一个数据集：
   a. 启动 spss；

b. 选择“File”，然后点击“Open”，再点击“Data”；

c. 选择你想要打开的文件，然后选择“Open”。

2. 当数据可见时，选择“Analyze”“Dimension Reduction”“Factor”。
3. 选择您希望包含在因子分析中的自变量，并点击“Variables”窗口旁边的 ▶ 按钮。
4. 选择“Descriptives”，点击“Anti-image”旁边的方框，选择“KMO and Bartlett’s Test”并且选择“Continue”。
5. 选择“Extraction”，点击“Scree Plot”旁边的方框，然后选择“Continue”。
6. 选择“Rotation”，点击你想使用的旋转类型旁边的方框，并选择“Continue”。
7. 单击 OK。
8. 输出窗口将会出现类似于如下表格的表。

表 18-2 KMO 和 Bartlett 检验

Kaiser-Meyer-Olkin 检验统计量		0.734
Barlett 球型检验	近似卡方	622.459
	自由度	91
	显著性	0.000

首先，**巴特勒球型检验**（Bartlett’s Test of Sphericity）可以用来确定因子分析中的相关**矩阵**（matrix）是否为单位矩阵（identity matrix）。单位矩阵是一个相关矩阵，其对角线都是 1，对角线外的数据都是 0。这意味着没有变量是相互关联的。如果巴特勒检验不显著，那么就不能使用因子分析来分析数据，因为变量不能正确地负载在一起。在表 18-2 的示例中，巴特勒检验结果非常显著，所以数据符合这个假设。

其次，还需要检验**反映像相关矩阵**（anti-image correlation matrix）（表 18-3）。这表明，当其他变量保持不变时，变量之间的相关性很低。反映像意味着低相关值将产生大的值。这里需要分析的值是非对角线的值，而对角线值在 KMO 分析中很重要。在表 18-3 的反映像矩阵中，非对角线的值大多数接近于零。这就是我们想要看到的。而如果非对角线上有许多较大值，则不应使用因子分析。

此外，这个相关矩阵可以用来评估因子分析所包含的变量的充分性。通过定义，那些至少与一些其他变量没有关联的变量对分析没有作用。那些与其他变量之间的相关性较低的变量，应该考虑从分析中剔除（当然，这需要理论和方法上的考虑）。

表 18-3 反映像相关矩阵检验 *

	ARRESTR	CHURCH	CLUBS	CURFEW	GANGR	GRND_ DRG	GUN_ REG	OUT_ DRUG	OUT_ GUN	GRUP_ GUN	UCON_ VICR	U_GUN_ CM	SKIPPEDR	SCH_ DRUG
ARRESTR	0.545(a)													
CHURCH	–0.010	0.648(a)												
CLUBS	–0.412	–0.166	0.734(a)											
CURFEW	–0.055	–0.215	–0.059	0.695(a)										
GANGR	–0.141	–0.054	0.029	0.017	0.849(a)									
GRND_ DRG	0.000	0.233	–0.066	–0.160	–0.104	0.598(a)								
GUN_REG	0.076	0.041	–0.022	0.051	–0.250	–0.125	0.768(a)							
OUT_ DRUG	0.082	0.092	–0.021	–0.024	–0.154	0.063	–0.338	–0.733(a)						
OUT_GUN	0.032	–0.004	–0.133	0.152	–0.243	0.076	–0.036	–0.009	0.819(a)					
GRUP_ GUN	–0.015	–0.026	0.015	0.154	–0.161	–0.121	0.063	0.052	–0.229	0.787(a)				
UCON_ VICR	–0.286	0.022	0.181	0.175	–0.070	–0.252	0.128	0.087	–0.051	0.052	0.677(a)			
U_GUN_ CM	0.196	–0.116	0.052	–0.082	–0.119	0.166	–0.316	–0.049	–0.153	–0.022	–0.514	0.682(a)		
SKIPPEDR	0.079	–0.209	–0.125	–0.014	0.106	0.035	0.043	–0.023	–0.012	0.106	0.047	–0.011	0.842(a)	
SCH_ DRUG	–0.208	–0.022	0.163	–0.042	0.038	–0.081	–0.039	–0.323	–0.153	–0.034	–0.062	0.085	0.03	0.727

* 见附录 D，“数据集中的变量（Variables in Dataset）”对在表 18-3 中所用的变量进行的全面描述。

除了确定数据是否适用于因子分析之外，你还应该确定抽样样本量是否足够用于分析。这可以用 Kaiser-Meyer-Olkin（KMO）抽样充足性检验（Measure of Sampling Adequacy）来完成（Kaiser，1974）。KMO 将观测的回归系数与偏相关系数进行比较。KMO 的值小表示抽样存在问题。KMO 值为 0.90 是最好的；KMO 值低于 0.50 是不可接受的。KMO 值小于 0.50 意味着应查看位于反映像矩阵中的对角线上的度量值。若变量的值较小则应该考虑删除。在表 18-2 的示例中，KMO 值是 0.734。尽管这能检验反映像相关矩阵，看看哪些变量可能会降低 KMO 值，但这是一个可接受的 KMO 值。例如，在 0.50 和 0.60 之间的两个对角值是 ARRESTR (您曾经被逮捕过吗？) 和 GRND_DRG（您曾经戒过毒或戒过酒吗？）。ARRESTR 因为是因变量之一而不能被删除，但考虑 GRND_DRG 是否需要保留在模型中却是必要的。

步骤 3：提取因子

因子分析的下一步是提取因子。最常见的提取因子的方法叫作**主成分分析**（**principal components analysis**）（Hotelling，1933）。另外还有其他更有效力，并且有时更优的提取方法(例如**极大似然法** maximum likelihood，由劳利[Lawley] 在 1940 年发明）。这些分析决定了因子如何解释变化。本节的目标是确定变量的线性组合，以说明最大的**公方差**（common variance）。

如表 18-4 的主成分分析所示，第一个因子占最多的公方差（26.151%），其特征值为 3.661。每个后续因子会解释剩余方差的一部分，直到达到某个点为止 (特征值为 1 时)，这时可以说明这些因子不再对模型起作用。在这一点上，特征值大于 1 的这些因子代表了描述数据的基本要素所需的因子数量。对于表 18-4，这里的因子 5，其解释方差为 7.658，特征值为 1.072。其下面的剩余所有因子对模型的贡献度都不足以被包括进来。在这个点上的每一个因子都不是相互关联的 (如下所述，它们是正交的)。

这里要注意的是，主成分分析与因子分析 (这个过程的旋转部分) 不是同一回事。它们是相似的，但主成分分析更接近于回归分析，其变量和方差本身需要检验和度量。还要注意，这个表列出的是数字而不是变量名。这些数字代表了模型中的因子。所有变量都代表一个潜在的因子，所以在表格的左列有很多变量因子。在表格右边的三栏中，仅包括了对模型做出贡献的因子 (因子 1—5)。

主成分分析中的因子显示了个体间的关系，就像回归分析中的 beta 值（标准化回归系数）一样。事实上，因子载荷是因子与其相关变量之间的相关性。用于建立因子界点的特征值，就像回归分析中的 R^2。正如回归分析一样，特征值代表因子的“强度”。第一个因子的特征值正是模型中最重要的因子荷载的平方和。特征值被用于临界值的原因是，它是所有变量的因子载荷的平方和（载荷平方和除以一个因子里的变量数等于因子所解释方差的平均百分比）。因为因子载荷平方被除以变量的个数，一个为 1 的特征值，就意味着变量至少解释了方差的平均水平。一个因子的特征值小于 1，意味着变量在解释方差上，甚至不能达到平均水平。

表 18-4 累计方差贡献

	初始特征值			提取后动载荷平方和		
组成	总值	解释 %	累积 %	总值	解释 %	累积 %
1	3.661	26.151	26.151	3.661	26.151	26.151
2	1.665	11.823	37.973	1.665	11.823	37.973
3	1.246	8.903	46.877	1.246	8.903	46.877
4	1.158	8.271	55.148	1.158	8.271	55.148
5	1.072	7.658	62.086	1.072	7.658	62.086
6	0.961	6.868	69.674			
7	0.786	5.616	75.289			
8	0.744	5.316	80.606			
9	0.588	4.198	84.804			
10	0.552	3.944	88.748			
11	0.504	3.603	92.351			
12	0.414	2.960	95.311			
13	0.384	2.742	98.503			
14	0.273	1.947	100.00			

提取方法：主成分分析。

通过评估**碎石图**（scree plot）确定模型中包含多少因子也是常见的方法。碎石图是模型中每个因子的增量方差的图像表达。图 18-1 为一个碎石图的例子。要使用碎石图来确定模型中的因子数量，需要查看碎石图中开始趋向平稳的位置。碎石图平稳部分中的任何因子都可能需要从模型中排除。但据此排除变量，应该在理论和方法上有绝对的支持。

图 18-1 很好地例证了，碎石图中的何处位置可能与特征值的临界值不符，以及何处将特征值小于 1 的因子包括在其中可能比较合适。图中显示，碎石图似乎在第八个因子处趋平，即使在第五个因子之后就达到了特征值截点。表 18–5 提供了一些支持，我们可以看到原始特征值是多少。这表明特征值持续下降，直到第八个因子，然后基本保持在 0.2~0.5 范围内。这显示了模型中出现水平的位置。在这种情况下，我们可以将基于特征值界点为 1 的因子模型和碎石图界点值作比较，从而看看哪一个模型在理论上更站得住脚。

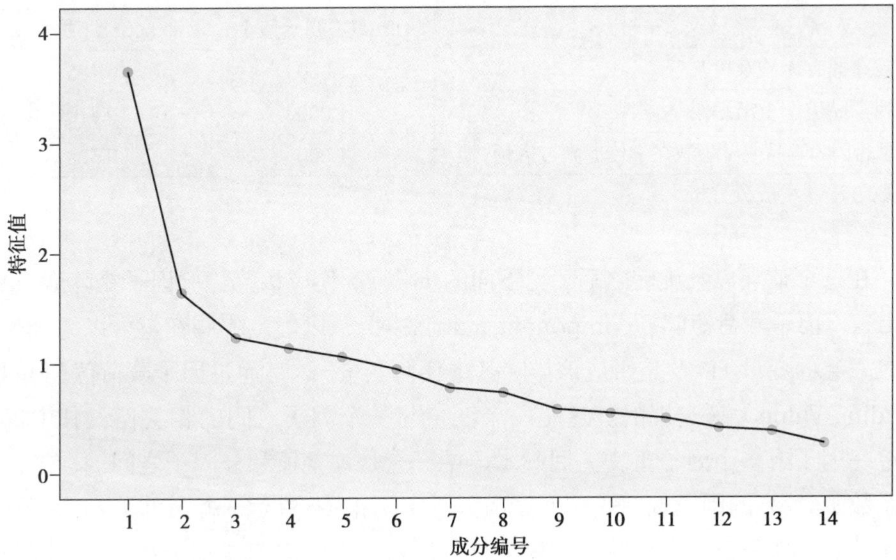

图 18-1 碎石图

在提取阶段，检查公因子方差也很重要。公因子方差代表了各因子的变量载荷的平方和。公因子方差的范围可以从 0 到 1。公因子方差为 1 意味着模型中的所有方差都是由因子（变量）来解释的。这在表 18-6 的“初始”列中显示。初始值是模型中包含所有变量的位置。之所以他们的公因子方差为 1，是因为变量像因子的数量一样。在“提取”列中，公因子方差不同，且都小于 1。这是因为表中仅用了五个因子（特征值大于 1）。在这里，由于变量与五个因子的任何一个相关，充分考虑了每个变量的公因子方差。虽然没有 0 值，如果有的话，这意味着变量（因子）对于解释模型的公方差并没有作用。

表 18-5 公因子方差

	Initial（初始值）	Extraction（提取值）
将逮捕重新编码为是或否	1.000	0.686
你曾经去过教堂吗?	1.000	0.693
你是否参加过学校的俱乐部或运动?	1.000	0.600
你在家有宵禁吗?	1.000	0.583
帮派活动量表	1.000	0.627
你是否因为毒品或者酗酒而被禁足?	1.000	0.405
你经常随身携带枪支吗?	1.000	0.694
你父母有因为毒品或者酗酒而威胁你，将你赶出家门?	1.000	0.728
当你晚上出去的时候你有带过枪吗?	1.000	0.636
你参加的团队中有人带着枪吗?	1.000	0.646
将指控犯罪重新编码为是或否	1.000	0.774

续表

	Initial（初始值）	Extraction（提取值）
你被逮捕有无涉及枪支?	1.000	0.785
将因毒品逃学重新编码是或否	1.000	0.410
你是否因为毒品或者酗酒在学校遇到过麻烦?	1.000	0.528

提取方法：主成分分析。

在这个节点以及旋转之后（见下面的步骤），你应该要检验**因子矩阵**（factor matrix［**因子载荷矩阵，**component matrix］），以确定哪些变量可以组合（负载在一起的变量）以及是否应该排除其中任何变量。这是通过**因子载荷值**（Factor Loading Value）来实现的。这是一个变量与一个因子之间的相关性，其中仅涉及单一因子或多个因子正交（回归术语中，它是观察值和公因子之间的标准化回归系数）。较高的因子载荷表明变量与因子密切相关。在因子矩阵中查找大于0.40的得分。事实上，大多数统计程序允许你屏蔽小于特定值（小于0.40）的因子负载。这不是必需的，但它会让因子矩阵更易读，表18-7展示了这个方式。

表 18-6　因子载荷矩阵[1]

	Initial（初始值）	Extraction(提取值）
ARRESTR	1.000	0.686
CHURCH	1.000	0.693
CLUBS	1.000	0.600
CURFEW	1.000	0.583
GANGR	1.000	0.627
GRND_DRG	1.000	0.405
GUN_REG	1.000	0.694
OUT_DRUG	1.000	0.728
OUT_GUN	1.000	0.636
GRUP_GUN	1.000	0.646
UCON_VICR	1.000	0.774
U_GUN_CM	1.000	0.785
SKIPPEDR	1.000	0.410
SCH_DRUG	1.000	0.528

提取方法：主成分分析。

步骤 4：因子旋转

停在这一步骤上并根据分析提取因子是可能的，也是可以接受的。然而，为了更清楚地了解数据，通常会在前一步提取基础上，增加新的步骤。如图18-2所示，因子与变量的相关看似很随机。我们很难明确确定哪些变量加载在一起。

［1］本表中的英文变量名含义同表18-5，读者也可参见附录D中的变量含义。——译者注

通过旋转因子，可以更容易地进行解释。这是因子分析过程的下一步。**因子旋转**（factor rotation）就是通过简单地旋转纵坐标，使因子的几何位置更有意义（图 18-2）。如图所示，一些因子（圆点）位于纵坐标平面的正—正象限，一些在正—负象限。这使得分析有点困难。然而，通过旋转这个平面，所有的因子都可以放在同一个象限中。这使得解释变得简单得多，但是因子本身并没有被改变。

表 18-7 除去数值后的因子载荷矩阵

	成分				
	1	2	3	4	5
ARRESTR	0.751				
CHURCH	0.643	0.424			
CLUBS	0.637				–0.429
CURFEW	0.634				–0.405
GANGR	0.627				
GRND_DRG	0.494		0.442		
GUN_REG	–0.452	0.413			
OUT_DRUG		0.525		0.514	
OUT_GUN		–0.403			
GRUP_GUN	0.520		0.534		
UCON_VICR		–0.473		0.631	
U_GUN_CM			0.433	0.463	
SKIPPEDR					0.527
SCH_DRUG	0.467				0.523

注意：五个因子被提取。提取方法：主成分分析。

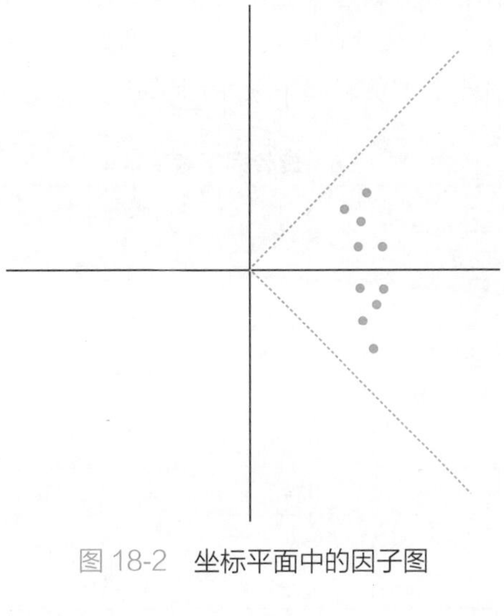

图 18-2 坐标平面中的因子图

这一步再次涉及因子矩阵的检验。所包含的特定因子值至少应为 0.40。观察达到此临界值的变量，就可以确定哪些变量负载（组合）在一起了。如果这是一个探索性因子分析，那么就可以确定将哪些变量组合成量表或因子。如果这是一个验证性因子分析，这一步将决定理论模型在检验中的表现。

旋转有两个主要类别：**正交**（orthogonal）和**斜交**（oblique）。这些类别中又有多种旋转类型。应该注意的是，尽管旋转不改变所述公因子的方差或变化百分比，但是每个不同类型的旋转方式可以在每个因子内产生不同的变量组合。

第一类旋转是正交旋转，分为多种，每种的功能都稍微不同，都有其优点和缺点。最常用的正交旋转可能是**方差极大法**（varimax）（Kaiser，1958）。这种旋转过程尝试将有着高负荷因子的变量数量最小化，从而实现前面讨论的简约性目标。另一个旋转程序，是**最大四分位法**（quartermax），它尝试减少分析中的因子数量。这通常就可以得到一组容易解释的变量，但是会将大量作用一般的变量载荷到一个因子中。**正交**（equamax）旋转法结合了上述两种方法，尝试简化因子数量和变量数量。

方差极大法旋转的一个例子可见表 18-8。正如主成分分析那样，小于 0.4 的值都会被删除。此处，保留了提取阶段识别的五个因子，还有因子载荷矩阵中的变量，见表 18-7。此处的区别是模型结构更清楚了，可解释性更高。

这个表表明变量 OUT_DRUG（被调查者经常和一群吸毒的人出去）、GUN_REG（被调查者常携带枪支）和 GANGR（被调查者是帮派成员）负载在一起表示为因子 1；变量 GRUP_GUN（被调查者经常和一伙携带枪支的人出去）和 OUT_GUN（被调查者曾携带枪支）负载起来表示因子 2；变量 UCONVICR（被调查者曾被指控犯罪）和 U_GUN_CM（被调查者被指控参与了携带枪支的犯罪）负载起来表示因子 3；CURFEW（被调查者宵禁在家）、CHURCH（被调查者常去教堂做礼拜）、SKIPPEDR（被调查者由于毒品逃学）和 CLUBS（被调查者在学校参与社团和体育活动）负载起来表示因子 4；ARRESTR（被调查者之前被逮捕过）和 SCH_DRUG（被调查者在学校由于毒品陷入麻烦）和 GRND_DRG（被调查者由于毒品被限制外出）负载起来表示因子 5。

表 18-8　旋转因子载荷矩阵

	成分				
	1	2	3	4	5
OUT_DRUG	0.848				
GUN_REG	0.778				
GANGR	0.503				
GRUP_GUN		0.776			
OUT_GUN		0.687			
UCONVICR			0.789		
U_GUN_CM			0.741		

续表

	成分				
	1	2	3	4	5
CURFEW				0.447	
CHURCH				0.819	
SKIPPEDR				0.539	
CLUBS				0.539	
ARRESTR					0.783
SCH_DRUG					0.524
GRND_DRG					0.524

提取方法：主成分分析。旋转方法：最大方差法（Kaiser 标准化）。

第二种旋转为斜交旋转，SPSS 中用的是**最小斜交法**（oblimin）。该旋转法由卡罗尔（Carroll）在 1953 年的著作中提出，在 1960 年为 IBM 主机电脑写的程序中得以定型。斜交旋转不需要平面轴保持直角。对于斜交旋转，轴可以是任意角度，只要可以有效地描述模型就可以（图 18-3）。

在因子分析发展早期，人们认为斜交旋转是不可靠的，因为大家都认为因子之间都是不相关的。舍尔斯顿在 1947 的论文中开始转变了这种看法，他认为因子正如人类行为那样复杂，处在像社会那样相互关联的世界中，因子是不可能真的不相关以至于只有正交旋转才合适。自此，在一些情形中，人们也越来越能接受使用斜交旋转。

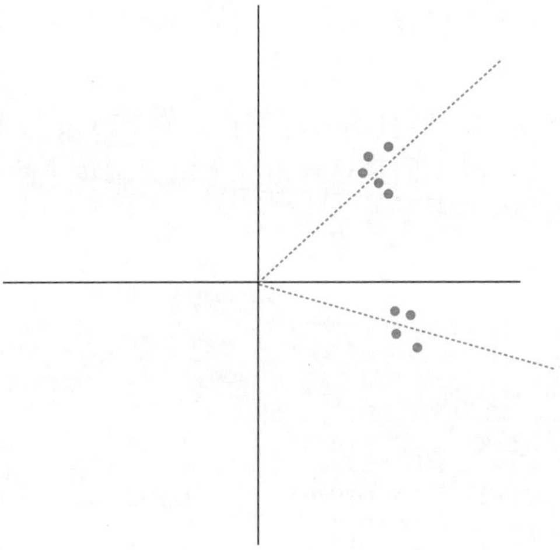

图 18-3　最小斜交法图

斜交旋转处理数据的方式在某种程度上与创建最小二乘回归线是相似的。然而，这种情况下，要画两条轴线，代表正交旋转中讨论的坐标轴。这两条直线，应便于通过各个因子组合创建最小二乘直线（图 18-3）。

如图所示，轴线并非同正交选择一样呈现直角。另外，这些直线应以使其贯穿于各个因子群为导向。这意味着斜交旋转能使效用最大化。这些因子越集中，特别是只有两个因子群时，则表明斜交旋转能更好地识别该模型。如果这些因子相对分散，或者如果有三个或更多个因子群，斜交旋转则可能不像正交旋转那样是一个好的解释方法。这就是检查因子图经常有用的原因，特别是打算使用斜交旋转时。

虽然斜交和正交旋转有相似之处（例如，它们都保持了公因子方差和因子解释方差），但它们还是存在一些明显的差异。最大的区别之一是，由于因子不是彼此独立的，因此斜交旋转因子载荷与变量和因子之间的相关性不再相同。这意味着变量 / 因子载荷可能涵盖了多个因子。这就使得对哪些变量负载了哪些因子进行解释变得更难，实质上这是因为因子复杂性增加了。因此，在大多数统计程序中，包括 SPSS，斜交旋转都包含一个因子载荷矩阵（**模式矩阵，**pattern matrix）和一个因子**结构矩阵**（structure matrix）。

斜交旋转的解释也与正交旋转不同。然而，应该强调的是，斜交旋转和正交旋转的操作到旋转阶段的所有步骤都是相同的。还应注意的是，可以用斜交旋转获得正交旋转。如果旋转轴的最佳角度恰好为 90°，那么即使用的是斜交旋转，最后的解也是正交旋转的结果。

正交和斜交旋转输出的区别是，斜交旋转的模式矩阵含有负数，这和负相关（表示方向）不同。轴的角度用 SPSS 中的 δ 值衡量。δ 值为零时表示因子斜交程度最大，为负数时表示因子斜交程度没有那么大。总的来讲，负数是首选的，而且负数越多越好。这意味着对于正数来说，因子具有高度相关性；对于负数，因子就没有那么相关了（斜交程度小）；当值为负且绝对值较大时，因子基本上就不相关了（正交）。

表 18-9 没有太多负值，但有相当多的值远远大于零。要确定是否从模型中删除这些变量需要仔细检验，而且这种情况下斜交旋转所使用的值可能也需要重新考虑一下了。

表 18-9 **模式矩阵**

	成分				
	1	2	3	4	5
GANGR	0.418	0.048	0.433	0.144	0.253
GUN_REG	0.092	–0.026	0.760	–0.141	–0.164
U_GUN_CM	0.127	0.210	0.313	–0.164	–0.730
UCONVICR	0.101	–0.031	–0.078	0.276	–0.792
OUT_GUN	0.666	0.143	0.244	–0.038	–0.146
SCH_DRUG	–0.023	–0.087	0.480	0.483	0.008
SKIPPEDR	–0.152	0.510	–0.050	–0.174	0.101
CHURCH	–0.003	0.836	–0.090	0.018	–0.111
GRND_DRG	0.050	–0.304	0.123	0.487	0.075

续表

	成分				
	1	2	3	4	5
OUT_DRUG	–0.046	–0.070	0.869	–0.040	0.077
ARRESTR	0.069	0.084	–0.229	0.801	–0.168
CURFEW	–0.156	0.421	0.152	0.311	0.149
CLUBS	0.281	0.492	0.016	–0.005	0.550
GRUP_GUN	0.800	–0.080	–0.059	0.129	0.112

注意：旋转收敛于 20 次迭代中。

提取方法：主成分分析。旋转方法：最大方差法（Kaiser 标准化）。

斜交旋转的结构矩阵显示了因子之间的相关性。正交旋转并没有结构矩阵，这是因为它已假设因子之间的相关性为零（实际上模式矩阵和结构矩阵对于斜交旋转都是一样的）。在斜交旋转中，因子有可能都是相关的，而且变量不止和一个因子相关。这增加了因子复杂性，但正如之前讨论的那样，这肯定是错综复杂的世界中人类行为的一部分。

如表 18-10 所示，GANGR 对因子 1 和 3 的载荷相当大。模式矩阵所示的 GANGR 和这些因子之间的直接关系从某种程度上支持了这一点，但是结构矩阵的数值更高，这是由于 GANGR 与这两个因子都相关。因此，GANGR 和因子 3 之间部分较高的值是通过因子 1 起作用的。

表 18-10 结构矩阵

	成分				
	1	2	3	4	5
GANGR	0.568	–0.088	0.576	0.229	–0.441
GUN_REG	0.274	–0.089	0.798	–0.041	–0.329
U_GUN_CM	0.326	0.088	0.451	–0.099	–0.777
UCONVICR	0.296	–0.199	0.128	0.340	–0.826
OUT_GUN	0.732	0.030	0.395	0.061	–0.330
SCH_DRUG	0.114	–0.185	0.528	0.542	–0.131
SKIPPEDR	–0.256	0.572	–0.151	–0.273	0.238
CHURCH	–0.089	0.822	–0.121	–0.107	0.034
GRND_DRG	0.126	–0.378	0.187	0.542	–0.045
OUT_DRUG	0.112	–0.103	0.845	0.050	–0.091
ARRESTR	0.110	–0.053	–0.107	0.783	–0.187
CURFEW	–0.547	0.447	0.026	0.216	0.282
CLUBS	0.098	0.543	–0.069	–0.098	0.556
GRUP_GUN	0.780	–0.170	0.095	0.183	–0.087

提取方法：主成分分析。旋转方法：最小斜交法（Kaiser 标准化）。

步骤 5：在其他分析中运用因子

完成因子分析后，因子还可以用于其他分析中，如在多元回归中使用因子。只需要将因子处理为变量即可，因此，因子的值就变成了对应变量的值。这样就创建了一种潜在维度的度量方法，可用于进一步分析的概念测量。但是，在回归中使用这些因子要注意。并不是说它是错的，而是因子变量的 R^2 通常比模型中的期望值要高。这是因为每个因子都是基本维度的度量。具有三个高度相关变量的因子，显然要比可能相关或不相关的各自分离的变量有更高的 R^2。

多元回归分析应用因子的另一问题是，如何解释含有两个变量（如果没有更多）的因子。这种情况中，系数 *b* 就毫无用处了。由于数学上变量的共生关系，唯一足以解释该关系的系数就只有标准化**系数**（beta）了。

因子分析工作量很大，包含的分析很多。正因为此，也因为其他先进统计技术的出现，因子分析基本上被废弃了。虽然起初因子分析的主要竞争是**路径分析**（path analysis），但现在结构方程模型（SEM）已经超越了二者。

18.3 结构方程模型

结构方程模型（structural equation modeling，SEM）是一种多方程计算方法，可以有多个因变量。回想一下，在所有形式的多元回归中，我们使用单个公式（$y=a+bx+e$）和一个因变量。多方程系统在概念上考虑了多个指标。然而，这需要使用**矩阵代数**（matrix algebra），这极大地增加了计算和分析的复杂性。幸运的是有统计程序，如 AMOS 或 LISREL 可执行计算，所以我们在本书中不会强调这些问题。伯恩（Byrne, 2001）使用 AMOS 对 SEM 进行了建模，黑德克（Hayduk, 1987）用 LISREL 对 SEM 进行了建模。虽然完整的 SEM 分析超出了本书的范围，但我们将讨论如何建立 SEM 模型并了解一些关键元素。

结构方程模型包括两种主要模型：测量（虚无）模型和结构模型。测量模型涉及观察变量如何与未观测的变量产生联系。这在社会科学领域尤其重要，因为每一项研究都有可能丢失信息和变量。在研究中，通常有一些混淆变量没有被包括在模型中或在分析中，但是它们对研究结果会有影响（通常对模型中包含的变量有影响）。结构方程模型可处理概念之间的相互关系，并试图解释这些混杂的变量。其中一个例子就是社会经济地位（SES）与幸福感之间的关系。从理论上讲，你拥有的 SES 越高，你就越快乐；然而，让你快乐的不是 SES，而是诸如奢侈品、令人满意的工作等混淆变量，可能正是这些因素形成了这种关系。

SEM 通过建立一种关系理论模型来解决这种复杂的关系，然后进行检验，以查看理论是否与数据相符。因此，SEM 是一个验证程序：提出了一个模型，生成了理论图，并且完成了从数据到模型的接近程度的检查。创建 SEM 的第一步是，将理论模型放入路径图中。回顾第 3 章“结构化理解数据”中提出的关于路径模型的讨论可能是有益的，因为这些将是以下 SEM 讨论的组成部分。在 SEM 中，我们基于理论创建路径图，然后将数据放入 SEM 分析中，以了解分析与理论模型中预期的接近程度。我们希望这两种模型在统计上没有显著差异。

18.3.1 结构方程模型中的变量

像本书中讨论的许多分析一样，SEM 还有一组特定的术语需要学习。最重要的是，在 SEM 中，我们不再使用因变量和自变量，因为在分析中可以有多个因变量。对于 SEM，有两种形式的变量：外生的和内生的。**外生变量**（exogenous variables）总是类似于自变量。另一方面，尽管在其他情况下**内生变量**（endogenous variables）可以是自变量，在某些情况下它也可以是因变量。

18.3.2 SEM 假设

结构方程模型必须满足五个假设，才能保证分析的恰当性。其中大部分类似于其他多变量分析的假设。首先，系数与误差项之间的关系必须是线性的。第二，残差值的均值必须为零，且是独立的、正态分布的，并且变量之间的方差相同。第三，SEM 中的变量应该是连续的、定距水平的数据。这意味着 SEM 通常不适用于删失数据。SEM 的第四个假设是没有设定误差。如前所述，如果必要的变量被省略或不必要的变量被包含在模型中，将引起测量误差，并且测量模型将不准确。最后，模型中包含的变量必须具有可接受的峰度水平。需要记住这个最后的假设，在完成 SEM 时，检查变量的单变量统计量将是关键，峰值超出可接受范围的任何变量将产生不准确的计算，这往往限制了刑事司法和犯罪学研究中使用的大多数数据类型。虽然有时在 SEM 中仍使用赋值的定序水平数据（可以通过赋值“伪造”连续性），但二分变量往往必须从 SEM 中排除，因为二分变量具有不可接受的峰度和非正态性的倾向。

18.3.3 SEM 的优势

SEM 有三个基本的优点。这些与 SEM 处理直接和间接影响的能力、分析中囊括多变量概念的能力，以及在分析中测量误差的能力有关。接下来会讨论这些内容。

首先，SEM 使得研究人员能识别直接和间接影响。直接影响主要是我们在研究中寻找的内容——我们有兴趣解释（通常是犯罪 / 违法行为）的因变量与我们认为是引起因变量变化或与因变量相关的自变量之间的关系。这个关系直接从一个原因指向一个结果。例如：

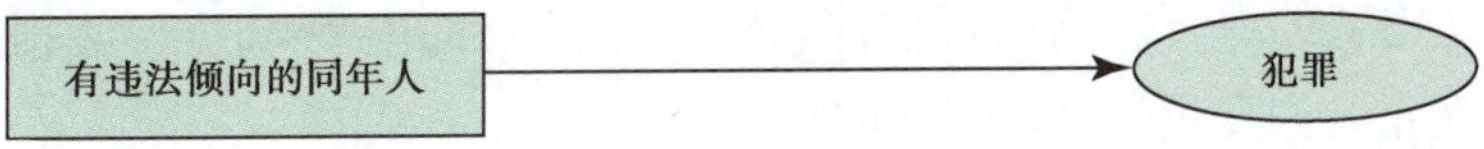

直接影响的标志是，箭头从一个变量指向另一个变量。在这个例子中，假设有违法倾向的同龄人，对个人犯罪行为有直接的影响。

当一个变量通过另一个变量来影响某个因变量或自变量时，会产生间接影响。例如：

间接影响的路径图表明，年龄通过其关联的同龄人类型对犯罪起间接影响。

而使 SEM 模型变动更加复杂的是，结构方程模型中的变量可能同时具直接影响和间接影响。例如：

在这种情况下，假定年龄对犯罪（年龄 - 犯罪曲线）有直接影响，但与青少年日常相伴的有违法倾向的同龄人数量（可能有未成年人陪同）也对犯罪产生了间接影响。这些是 SEM 分析中关键的影响类型。

SEM 的第二个优点是，一个概念可能有多个指标。基于回归的多元分析路径模型如图 18-4 所示。

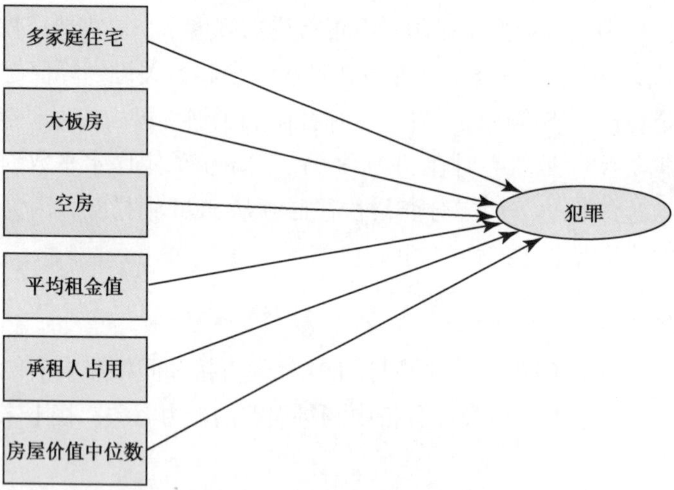

图 18-4　社会解组对街区犯罪影响的回归分析路径模型

通过多元回归分析，我们只评估单个自变量对因变量的影响。虽然这创建了一个相当简单的路径模型，但并不一定是人类行为起作用的方式。SEM 对自变量嵌入概念 / 构造的综合影响进行估计。图 18-5 所示的模型与图 18-4 相同，但添加了将自变量与因变量联系在一起的理论构造。

如图 18-5 所示，变量不再是独立起作用，而是在概念上用各种变量协同预测因变量。在社会解组理论中，社区中的物理特性和经济特征用于预测高水平的犯罪率。

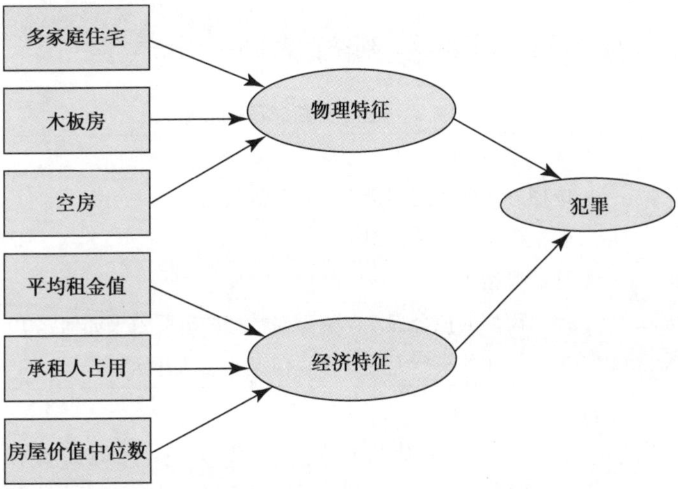

图 18-5　社会解组对街区犯罪影响的 SEM 分析路径模型

SEM 最后的优点在于，它涵盖了对模型中误差项的测量。如前所述，路径分析通常使用回归方程来检验理论因果模型。使用回归分析方法的路径分析问题是，虽然这些路径分析包括预测误差项，但它们不能对测量误差进行适当的控制。SEM 分析确实对测量误差进行了解释，从而更好地了解理论模式预测实际行为的效果如何。例如，与图 18-5 中的路径分析不同，图 18-6（结构方程模型）展示了模型中的测量误差。

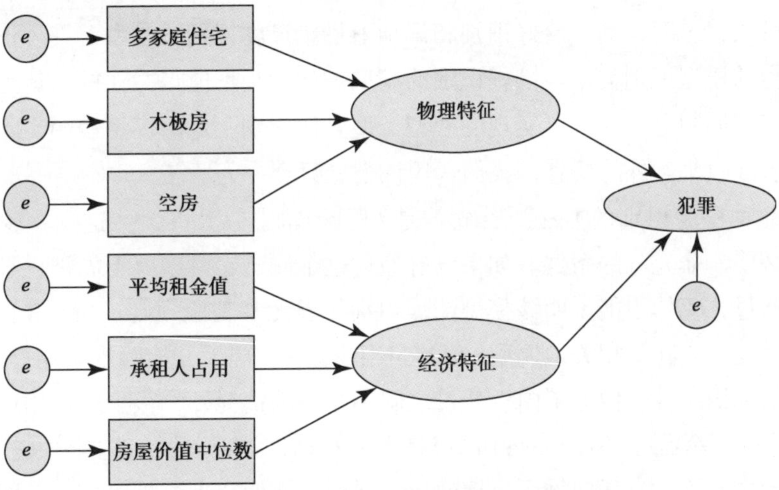

图 18-6　包含误差项

在结构方程模型中，*e* 表示与各测量变量的测量误差项相关的误差。注意，没有误差项与物理特征和经济特征相关。这是因为这些概念是测量变量的组合，而不是测量本身。

18.3.4 SEM 分析

结构方程模型分析有六个步骤，列举在表 18-11 中。

表 18-11 SEM 分析过程的步骤

第一步	细化模型
第二步	选择理论模型的测量方法并收集数据
第三步	确定模型是否能被识别
第四步	分析模型（χ^2）
第五步	评估模型的拟合程度（模型对数据的解释效果如何？）
第六步	如果最初的模型无效，重建模型并重新开始

任何 SEM 的第一部分都是细化理论 / 统计模型。这部分应该在收集数据之前就要开始。恰当的概念化、操作化和抽样都是第一步的关键部分。

一旦概念化和模型构建完成，第二步是要制订出能够代表理论模型的测量方法，并收集数据。这是一个研究方法的问题，而不是统计学问题，所以你应该寻找方法论书籍来获得指导。

结构方程模型的第三步是，确定模型能否被识别。**识别**（indentification）是 SEM 中的一个关键思想。识别处理的问题是，是否有足够的信息（变量），以及各方程所代表的信息能否被用于估计未知系数和举证（Bollen，1989）。如果在分析开始时没有识别出一个模型，则必须改变理论方法或放弃该分析。识别模型有三种模式：过度识别、恰好识别和识别不足。过度识别的模型允许理论检验，这是期望的模型识别类型。恰好识别的模型被认为是不值得关注的，这是研究人员使用多元回归分析时就可实现的模型类型。而识别不足的模型表明，除非重新识别模型或收集额外的信息，我们运用该模型只会一无所获。

有几种检验识别的方法。首先，是 *t* 检验规则（*t* Rule）。这个检验为识别提供了必要、非充分的条件。如果没有通过这个测试，模型就不能被识别。但如果测试通过，仍然不能说明该模型能被识别。虚无 B 检验规则（Null B Rule）适用于内生变量之间不相关的模型，但这是很少见的。虚无 B 检验规则能提供充分、非必要的标识条件。但除了内生变量之间不相关的情况外，很少会适用这个检验方法。递归检验规则（Recursive Rule）是识别的充分、非必要条件。要使递归成立，内生变量之间不能有任何循环反馈效应。只要不涉及交互的情况，OLS 回归就是一个非递归模型的例子。递归规则不能对具有误差相关的模型进行识别。条件序列检验（Order Condition Test）表明，每个方程被排除的变量个数必须至少为 $P-1$，

其中 P 是方程的个数。如果方程是相关的，那么模型就会是识别不足的，这是识别的必要、非充分条件。识别的最终检验是秩条件检验（Rank Condition Test）。这个检验是充分必要条件，所以说这是识别检验中较好的检验之一。通过这个检验意味着模型适合进一步的分析。

SEM 分析的第四步是分析模型。与多元回归分析不同，SEM 对每个变量使用多个系数。因此，SEM 以具有多个方程的矩阵代数为基础。SEM 中使用的主要矩阵是协方差矩阵和方差 - 协方差矩阵。这些被分为四个系数矩阵和四个协方差矩阵。系数的四个矩阵是（1）将内生概念相互关联的矩阵（β）；（2）将外生概念与内生概念相关联的矩阵（$\boldsymbol{y}$）；（3）将内生概念与内生概念指标（λy）相关联的矩阵；（4）将外生概念与外生指标（λx）相关联的矩阵。一旦这些关系被用于验证内生和外生变量，就必须测试变量之间的协方差。这将通过四个协方差矩阵来实现，它们是（1）外生概念（Φ）之间的协方差；（2）内生概念的误差之间的协方差（Ψ）；（3）外生指标误差之间的协方差（θ δ）；（4）内生指标误差之间的协方差（θ ε）。在这些模型中，我们要关注三个统计量：平均值、方差和协方差。

虽然 SEM 的大部分分析输出与回归的输出（R^2，回归系数 b、标准误和标准化系数）相似，但它要复杂得多。在 SEM 中，研究人员必须与潜在四种不同类型的系数和四种不同类型的协方差进行对比。这通常意味着检查有多达 20 页的输出结果。由于篇幅限制和解释的复杂性，这里就不对 SEM 输出结果进行全面的讨论。每一个想要了解如何运用SEM的人都应该学习一门本方法的课程。然而，正如之前所指出的，SEM 最重要的元素是评估整个理论模型的能力。在这里，我们将简要讨论一下分析部分。

SEM 中的关键方程是结构模型的基础。这个方程在八个矩阵中的每一个中都会使用。检验结构模型的公式为：

$$\eta=\beta\eta+\gamma\xi+\zeta$$

η 是内生（潜）变量，ξ 是外生（潜）变量，β 是内生变量的系数，γ 是外生变量的系数，ζ 是内生变量中所有的误差项。这就是用于结构方程模型分析的模型。

另外两个需要计算的方程是，外生测量模型和内生测量模型。外生测量模型的公式是：

$$X=\lambda_x\xi+\delta$$

其中 X 为外生指标，λ_x 为外生变量对外生指标的系数，ξ 为外生潜变量，δ 是与外生指标相关的误差项。内生测量模型是：

$$Y=\lambda_y\eta+\varepsilon$$

其中 Y 为内生指标，λ_y 是内生变量与内生指标间关联的系数，η 是内生潜变量，ε 是与内生指标相关的误差项。

这些矩阵和方程将生成与结构方程模型分析相关的系数。计算上述所有方程后，就需要检验到底哪个模型、结构模型或测量模型能更好地预测内生变量。这可以通过使用卡方或拟合指数（Index of Fit）来实现。请记住，使用卡方方法来确定模型的有效性需要一个小于 0.05 的值。如果卡方是显著的，则意味着假设模型比“恰好识别”的情况要好。

除了卡方，还有 10 种不同的**拟合指标**（Indices of Fit）可供选择，以确定理论模型在预测内生变量方面的效果。表 18-12 列出了 SEM 中使用的拟合指标。

若要对这些问题都进行充分讨论，则超出了本书的范围。可以这样说，GFI 和 AGFI 在 0 到 1 之间产生一个得分。得分为 0 意味着模型拟合效果很差；得分为 1 意味着模型能完美拟合。这些度量值与回归中 R^2 的值相当。NFI，NNFI，IFI 和 CFI 均表明所设计模型相对于空模型（null model ）的改进比例。这里的值越高则表示模型拟合越好。

表 18-12　SEM 拟合指数

缩写	拟合指数
GFI	拟合优度
AGFI	调整后的拟合优度
RMR	平均残差平方根
RMSEA	平均近似误差平方根
NFI	正态拟合指数
NNFI	非正态拟合
IFI	增量拟合
CFI	比较拟合
ECVI	预期的交叉验证
RFI	相对拟合

SEM 分析的第六步是判定模型的贡献度。如果模型已被证明是充分的，理论模型得到支持，你便获得了“成功”。如果模型是不充分的（识别不足），你必须放弃研究或回去重新构建模型并重新开始。

本章没有足够的空间来提供 SEM 输出的完整示例。即使在一个简单的例子中，输出量也几乎是 20 页。这个讨论是为了给你提供结构方程模型的相关知识，这样你可以在阅读期刊文章或其他出版物时理解它的基础。

18.4 结论

本章向您介绍了多元回归之外的多元技术，主要是因子分析和结构方程模型。本章简短的回顾并不能帮助读者完全掌握这些多元统计分析。这些程序很复杂，掌握的话需要很多时间和努力。可以通过学习这些分析技术，亲自完成几项研究项目，从而真正地理解它们。

本章结束了对多元统计分析技术的讨论。虽然还有其他分析方法，例如多层线性模型（HLM）和各种时间序列分析，但是本书并不是对它们进行描述的恰当平台。本章的讨论也意味着统计分析过程的结束。借助你自己擅长的描述性和推论统计，研究人员就可以分析任何数据源了。统计分析的关键是确定数据类型，并选择与其相适应的统计方法。任何分析都存在误差，单纯靠统计分析，研究人员不能确定绝对的因果关系。只有将理论、方法论和统计分析三者结合在一起，才能实现这个目标。这就是本书最后一章的主题，研究技术的结合。

18.5 关键术语

反映像相关矩阵检验（anti-image correlation matrix）
巴特勒球型检验（Bartlett's Test of Sphericity）
公因子方差（communality）
因子载荷矩阵（component matrix）
验证性因子分析（confirmatory factor analysis）
数据简化（data reduction）
特征值（Eigenvalue）
内生变量 （endogenous variables）
正交（equamax）
方差误差（error variance）
外生变量（exogenous variables）
探索性因子分析（exploratory factor analysis）
因子分析（factor analysis）
因子载荷值（Factor Loading Value）
因子矩阵（factor matrix）
因子旋转（factor rotation）
因子复杂性（factorial complexity）
识别（identification）
单位矩阵（identity matrix）
拟合指标（Indices of Fit）
矩阵（matrix）
矩阵代数 （matrix algebra）
极大似然（maximum likelihood）
最小斜交法（oblimin）
斜交（oblique）
正交（orthogonal）
路径分析（path analysis）
主成分分析（principal components analysis）
最大四分位法（quartermax）
碎石图（scree plot）
结构方程模型（structural equation modeling）
唯一性（uniqueness）
方差（variance）
方差极大法（varimax）

18.6 公式概览

斜率 - 截距 / 多元回归方程

$$y=a+bx+e$$

结构模型

$$\eta=\beta\eta+\gamma\xi+\zeta$$

外生测量模型

$$X=\lambda_x\xi+\zeta$$

内生测量模型

$$Y=\lambda_y\eta+\varepsilon$$

18.7 练习

1. 挑选刑事司法和犯罪学的期刊文章，里面要包含因子分析、路径分析或结构方程模型（可能需要三篇不同的文章）。对于每一篇文章：
   a. 讨论所使用的方法类型（例如斜交因子分析）；
   b. 跟踪概念和变量的发展历程，以确定它们是否适合分析（为什么合适或为什么不合适呢？）；
   c. 在查看分析结果之前，尝试分析输出结构，看看是否能得出与文章相同的结论；
   d. 讨论分析的局限性，以及它与本章描述的不同之处。
2. 如你在第 1 章中所做的那样，设计一个研究项目，并讨论本章中哪个统计方法用在分析数据上最好。讨论你预期会遇到的局限性或问题。

18.8 参考文献

Bollen, K. A.(1989). *Structural Equations with Latent Variables*. New York, NY: John Wiley and Sons.

Byrne, B. M. (2001). *Structural Equation Modeling with AMOS: Basic Concepts, Applications and Programming*. Mahwah, NJ: Lawrence Erlbaum Associates, Publishers.

Carroll, J. B. (1953). Approximating simple structure in factor analysis. *Psychometrika*, 18, 23-38.

Garnett, J. C. M. (1919). On certain independent factors in mental measurement. *Proceedings of the Royal Society of London*, 96, 91-111.

Hatcher, L. (1994). *A Step-by-Step Approach to Using the SAS System for Factor Analysis and Structural Equation Modeling*. Cary, NC: SAS Institute.

Hayduk, L. A. (1987). *Structural Equation Modeling with LISREL: Essentials and Advances*.

Baltimore, MD: The Johns Hopkins University Press.

Hotelling, H. (1933). Analysis of a complex of statistical variables into principal components. *Journal of Educational Psychology*, 24, 417.

Kaiser, H. F. (1958). The varimax criterion for analytic rotation in factor analysis. *Psychometrika*, 23, 187-200.

Kaiser, H. F. (1974). An index of factorial simplicity. *Psychometrika*, 39, 31-36.

Lawley, D. N. (1940). The estimation of factor loadings by the method of maximum likelihood. *Proceedings of the Royal Society of Edinburgh*, 60, 64-82.

Pearson, K. (1901). On lines and planes of closest fit to system of points in space. *Philosophical Magazine*, 6(2), 559-572.

Spearman, C. (1904). General intelligence, objectively determined and measured. *American Journal of Psychology*, 15, 201-293.

Thurstone, L. L. (1931). Multiple factor analysis. *Psychological Review*, 38, 406-427.

Thurstone, L. L. (1947). *Multiple Factor Analysis*. Chicago, IL: University of Chicago Press.

18.9 拓展阅读

Duncan, O. D. (1966). Path analysis: Sociological Examples. *American Journal of Sociology*, 73, 1-16.

Kaiser, H. F. (1974). A note on the equamax criterion. *Multivariate Behavioral Research*, 9, 501-503.

Kim, J. 0., & Mueller, C. W. (1978a). *Introduction to Factor Analysis*. London: Sage Publications.

Kim, J. 0., & Mueller, C. W. (1978b). *Factor Analysis: Statistical Methods and Practical Issues*. London, England: Sage Publications.

Kline, R. B. (1998). *Principles and Practice of Structural Equation Modeling*. New York, NY: The Guilford Press.

Long, L. S. (1983). *Confirmatory Factor Analysis*. London, England: Sage Publications.

Wright, S. (1934). The method of path coefficients. *Annals of Mathematical Statistics*, 5, 161-215.

第 19 章

综合运用

学习目标

- 理解统计、研究方法和理论三者之间的关系
- 决定使用描述或推论统计
- 识别统计的滥用问题

纵观本书，如下主题已经涵盖：

- 各种可能的统计方法
- 数据类型如何影响所用的统计方法
- 统计方法和公式的数学原理
- 怎样分析和解释统计结果

最后一章的目标，是观察这些内容是如何互相联系的，统计是如何适用于由理论、方法组成的具体研究过程的，以及实际科学调查又是如何运用这些内容的。

学习到本章，你应该注意到本书的内容是如此相关。例如，观察一下“关系存在测量和统计显著性”（第 8 章）和“假设检验”（第 13 章）两章有多少内容也涵盖在“多元回归 I：最小二乘法回归”（第 16 章）中。又如，读者应该也注意到在第 8 章中已经充分讨论的卡方检验，在中间的章节都未被提及，甚至只有到了“推论分析导论”（第 11 章）和“假设检验”（第 12 章）才被再次讨论。统计分析的基础知识是相互交叉的，所以如果你要真正理解本书所讲的内容，那么你还必须修读一门统计课程。

统计分析的基础知识常在研究生（甚至博士）课程中被反复提及，这主要因为各系的课程设置使得几乎没有足够的课程容量去安排统计课程以便于学生充分理解研究材料。学习完本书，你会发现你真的需要理解有关推论和描述统计的内容。同时，在理解推论统计前，你也需要充分理解描述统计的内容。

类似的交互关系类型也常存在于统计、理论和方法之中。本章将重新回顾这三者之间的关系。

19.1 统计、方法论和理论之间的关系

切勿让统计动摇观点。

永远不要想当然地认为，统计能回答所有研究问题。正如本书开篇所讨论的内容那样，统计分析仅是浩如烟海的科学研究中的一环。良好的统计分析必须建立在合理且细致规划的方法上，而合理的方法论则基于理论或理念模型的悉心建构。

然而，这也并非意味着理论和方法论本身可以独立存在。没有统计分析的理论，[1]不过是不切实际地卖弄大道理而已。你肯定已经阅读了大量学术论文，这些文章的作者提出了大量的观点，却仅有一些实证分析或根本就没有实证论据的支撑。在此情况下，你时常会想："很好，但是我并没有看到他是如何结合现实的。"这些论文并没有提供任何论据支持结论，这就像没有地基的高楼一样（在第 1 章中也有相似的比喻）。尽管这样的高楼可能能够完好无损地屹立片刻，但它一旦经受一点风吹雨打便会轰然坍塌，甚至连正常的地壳运动也能使房屋分崩离析。没有统计支撑的理论大概也如此。这些理论听起来似乎是正确的，但由于作者缺乏任何支持他 / 她观点的依据，它们往往会违背现实情况。并且，人类的行为模式是多变的，在其充分改变的情况下这些理论可能就不再适用了——而且，我们不能理解为何不再适用，这是因为诸多理论压根就没有基础支撑。

没有统计分析和定性分析支持的研究方法大概也是如此。研究方法往往是通过分析来实现的。如果一个好的理论只有合理的方法却没有分析的话，就等同于有一个好的发明却从不告诉任何人一样。没有统计分析，方法的许多层面都无法实现。

值得注意的是，研究者不能等到项目的分析阶段开始时，才考虑应当用哪些方法。这可能会导致研究者进退维谷，他们很难于短期内找到与数据匹配适用的恰当的统计分析方法。例如，研究者要处理的数据可能有一些是定类变量，有一些是定序变量，还有一部分是定距变量。尽管我们可以使用一些方法来克服不同数据类型之间的差别，尤其是利用定性分析法，但这样仍很难充分利用数据。研究者在某些时候无法避免收集不同测量水平的数据。然而，通过严谨的概念化操作，研究者可以收集到合适的或适合于统计分析的数据。甚至还有一些人建议研究者建立一个虚拟的表格（只有表头的空表格），从而观察一些双变量分析法下的数据特征。

因此，从研究项目启动时，研究者就应该预测到需要运用的统计方法。当提出初步的研究问题时，研究者就应该意识到数据可能呈现出的状态，以及知道使用什么分析方法是最恰当的。这能确保将最好的方法应用于你所开展的研究项目。

在研究项目设计阶段，掌握好统计分析方法对决定样本量的大小也是举足轻

重的。例如，使用 Z 检验要求样本量大于或等于 120。另外，正如第 12 章所讨论的那样，统计功效（statistical power）在某种程度上由样本大小所决定。因此，在研究初期，充分理解特定统计研究方法对样本大小的要求也是至关重要的。

19.2 描述或推论

统计只是另一种无需抱歉的方法。

使用描述性分析还是推论分析，是决定统计分析过程中出现的最大问题之一。当然，这假定了研究人员并不打算使用描述性分析，并通过描述性分析进行推论，这种情形经常发生（详见下面关于滥用统计分析的内容）。有关描述性与推论性的方法选择问题肯定是存在的，研究人员应当在研究初期有意识地做出决定。

尽管推论统计是许多领域的核心，但在社会科学中也有一些人认为，诸如刑事司法和犯罪学等领域的数据是不适用于推论分析的。拉博维茨（Labovitz，1970，1971）认为，在任何实际置信度下，几乎没有社会科学研究的数据能对总体参数进行估计。正如在推论分析部分所讨论的，他提出，我们甚至不能充分地估计社会科学数据的总体参数，这使得无法在推论统计中使用这些参数。此外，拉博维茨认为，即使为了使用推论公式而可以从数学上估计总体参数，但我们对总体特征的把握还不足以通过样本对总体做出合理的推断。塞尔文（Selvin，1957）也认为，推论分析不应与调查一起使用。他认为，调查并不是一种充分的抽样方法，而且数据也不足以估计总体参数。

考虑到这些论点，我们在刑事司法和犯罪学研究中，是否应该放弃推论统计而只使用描述性分析呢？这仅仅取决于你自己在研究中的判断。不过，你可能不会轻易放弃推论分析。对总体采用推论分析和描述抽样数据的流程，二者的差异比我们所想象的更为明晰。事实上，许多研究的读者并没有注意到这种界限上的差异。例如，假设现发表一项关于西北地区审判法官的研究，在最纯粹统计分析的意义上，其统计结果可用于如下两种情况：既可以对抽样的法官样本进行描述性分析，或者在抽样遵循了合适标准前提下，对西北地区的所有法官进行推论性分析。然而，大多数读者不会用这样的方式对这些发现进行阐释。与之相反，大量的读者会（明确地或无意识地）把这些结果推论至美国所有法官的情况。这在分析技术上正确吗？答案是否定的，但大多数人都会做这种推论跳跃，即使研究人员不会做出这样的推论。

同时站在期刊编辑和作者的立场上看，研究者们必须权衡，作者自己只想报告描述性分析结果，但评审希望看到显著性检验（例如，添加一个 Lambda 或者皮尔逊相关系数的显著性值）。一组明确表示不愿意进行推论性分析，另一组使用显著性检验来估计他们所预期的总体分析结果。在这种情况下，他们究竟孰对孰错？他们的观点可能都是正确的。有经验的学者不会因统计分析的结果而动摇自己的观点。统计结果是不会去做决定的，做决定的是研究者自身。正如一句著名的统计格言所说，统计数据就像一个醉汉依靠的路灯柱，比起照明功能而言，它起到的更多是支撑的作用——大多数统计学家仅仅是利用分析结果来指导他们的理论决策。在这种情况下，希望看到显著性结果的这一组人，可能不希望进行超出数据允许范围的推论分析，但他们希望得到额外的信息来支持或反对所归纳的结果。

虽然推论分析是有价值的，但很多学科领域都不应该将推论分析提升到过于突出的地位。正如前面几章所讨论的那样，推论分析只有在单变量分析和双变量分析（以及某些情况下的多变量分析）情况下才是正确的，这取决于要得出何种结论。从本质上说，推论仅是基于对样本中存在的关系所进行的观察。正如上文反复阐述的那样，拒绝原假设也仅意味着，所研究的变量样本之间没有关系是小概率事件，以及样本如何变化对总体改变的影响较小也是小概率事件。由此，对样本中出现的特征进行描述，至少在一定程度上与推论同等重要，甚至比推论更为重要。

最后，你需要决定在什么时候使用，以及是否使用描述分析或推论分析，最重要的可能不是抉择要使用哪一种分析方法，而是选择对正在进行的研究最为合适的方法。在这里，正确的决策将为你提供能充分利用研究结果的合适工具。然而，和其他所有工具一样，统计数据也存在被滥用的情况。我们应该要避免出现对统计数据的滥用和误用。

19.3 统计的滥用

预测是非常困难的，尤其是当你估计未来的时候。

——尼尔斯·玻尔（Neils Bohr）（也出自尤吉·伯拉［Yogi Berra］）

对统计的最大滥用可能就是前面讨论的操作：研究人员采用描述性分析，并试图用它们来进行推论。这种方法与运用显著性结果来帮助检验两个变量之间是否存在关系不是一回事。这里所说的滥用，往往发生在研究人员使用纯粹的描述性分析，并且依然明显地对总体作出推论的时候。

另一个问题是，对现有数据或同一个测量水平的数据使用错误的分析方法。对某些较低测量水平的数据进行某些高阶分析是可接受的，例如，用皮尔逊相关系数（Pearson's r）处理二分定类数据。尽管如此，还是需要注意，使用低水平的数据分析方法违反了各种假设的前提条件。即使没有明确地违反这些假设，任何偏离这些统计方法的假设都应该得到彻底的分析和论证。例如，如果你想使用皮尔逊相关系数，并且数据是李克特量表（Likert scale）结构（从1到5，从高到低），因为有些人这样做所以是可以接受的。但是，你需要确保数据具有良好的连续性，以便于可以说数据在某种意义上是连续的，并且你应当证明使用皮尔逊相关系数分析数据是合理的。

另一种滥用统计的做法就是，忽略统计方法的假设。如上例所示。有些人对任何数据和所有水平的数据，都进行相关性分析（皮尔逊相关系数 r）。他们只是忽略了测量要求的数据水平。与此相反，另一些人即使在违反了超过一个假设的情况下，仍然使用回归分析得到毫无价值的结果。然而，这并不是说所有的假设都必须严格遵守。当数据违反假设时，研究人员在使用既定统计方法之前，应该知道在违反假设情况下结果在多大程度上是稳健的。如果这个方法是稳健的，那么按照该方法所得到的结果也是可以接受的。

最后一种滥用统计的做法是，为了赶时髦而用最新的方法。统计是一个日新月异的领域，旧的统计方法几乎每天都有新的改进。事实上，我们的统计技术已经超过了研究人员的抽样能力。随着每一个革新举措的推出，研究人员能更好地分析数据并得出结论。然而，许多研究人员陷入到了当前的陷阱中。他们会使用一种新的统计方法处理数据，即使按现有方法也能完美地处理这些数据，这样仅仅是为了试图迎合当前的潮流而标新立异。这并不一定是错误的，但这确实是对统计数据的滥用，因为研究者没有使用最适当的统计方法，而仅仅是为了一个错误的理由。

19.4 自己判断

在现实世界中，我们或许真的不知道自己在做什么。对于未知出现的可能性，数据有可能告诉你一些出乎意料的事情。如果你不思考，你可能就错过了有意义的发现。很多科学上最重要的突破，都来自对数据意想不到的深刻观察。

——保罗·威尔曼（Paul Velleman）

本书可能让你感到困扰的是，统计分析并不总是有直接和固定的规则。很多统计分析需要理解在哪些特定情况下是适用的，哪些假设可能被违反，并要证明过程或解释的合理性。这就是统计分析的本质。虽然规则和方法有很多，但某些情况（有时是很多情况）下，大多数这些规则、方法都可能会被违反。此外，统计分析的关键在于分析本身。尽管任何人都可以学会各种统计公式，但若你要像一个统计学家 / 科学家那样“赚钱”，你就必须以己之力解释这些发现。

当你有决断能力时，你在规划如何工作和使用什么方法方面都会有很大的回旋余地。无论你选择的是描述还是推论分析，这几乎完全取决于你。当然，这也取决于数据类型。同时，你要选择什么特定统计方法也是由你自己决定的。本书中列出的规则旨在为你在进行选择时，提供可使用的指导规则。此外，本书还提供了分析和解释示例，给你提供了基于特定数据而如何分析或解释特定发现的能力。这并不意味着，写作中你必须遵循这些指引或例子。统计分析中有广阔的“个人创作”空间。你可以决定分析数据所需要的一个特定统计方法，或者判断对其结果应该用怎样的方式来解释，尽管有些人对某些观点可能持完全相反意见。你的任务（以及任何你从事的研究）就是成功地提出你的观点。你的成就将取决于你阐明自身立场的能力。

当你遵循本书中的指导方针，你背后有数百年来的统计分析在支撑。这并不意味着你不会引起评论者或读者的愤怒，但这确实意味着你有一些支撑。此外，我们已经尽可能向你提供原创作品和著作。所以，如果你受到挑战，你可以援引统计方法开发者的话来支持你的辩论。这并不意味着你务必同意本书所写的内容，也不意味着你不能偏离本书所提出的指导方针。这仅仅意味着这些是关于统计分析更容易被接受的态度，而且已获广大社会科学研究人员的支持。如果你一定要选择与本书指导方针和讨论所不同的内容，你务必需要确保你的陈述有所支撑。

19.5 结论

我们希望简短讨论如何从本书介绍的信息中获益，从而结束本章内容。总之，统计能够在四个方面影响你，这些内容已经包含在本书中。对你有多大启发，取决于你在学术生涯中所处的阶段，以及你的人生目标。如果你是一名高年级学生，在你的余生中都不想就业，那么本书对你可能影响不大，除非你将来能对周围的世界有更多的认识（例如选举投票）。这可能不是你的人生目标。

如果你快毕业了，并打算去工作，特别是在刑事司法领域，你可以再次浏览本书。不要陷入“我要当警察，我就永远都不需要这些东西！”的思维误区。有很多警察在晋升后发现，自己被分到了研究和规划决策部门里。对于一个从未想过在研究领域工作的人来说，在诸如犯罪信息中心或其他刑事司法数据中心找到一份很好的国家公职也是很普遍的。最后，即使是在最意想不到的地方，你也可以换一份需要进行统计分析、解释研究和撰写文案的工作，可能仅仅因为“你接受过大学教育”。不要低估未来，当机会出现时，你要拓宽你的思维和做好充分的准备，这总比闭门造车更有利。

如果在获得学士学位之前你还有时间的话，本书内容可以在剩下的课程中为你阅读所需要的文献和书籍提供帮助，并帮你真正理解它们所讨论的内容。如果你总是跳过统计分析和发现的部分，你现在可以阅读它们，这样能更好地理解作者所做的事情。你可能无法分辨一篇文章所用的统计方法，但是你可以通过浏览并找到作者所使用的方法（如回归分析或假设检验）。你可以将这些信息添加到讨论或文章当中，而且将信息补充得更为完整——如果你做对了，你将会给你的教授留下深刻印象！

如果你正在攻读一个研究生项目（或者如果本书在研究生课程中使用），本书为你提供了所学内容的基础，这将是你完全理解资料并成功完成一个研究生项目的关键。如果你真的很认真，继续攻读博士学位（或者如果是在博士项目中使用到本书），那么本书就如同硕士项目那样对你非常宝贵，并且你还会依赖本书，因为你最终还将会进行研究和撰写文章。

本书的重点是实践理论和统计分析。如果你实现了这个目标，你现在对统计如何进行应有更好的理解，你已经能在独自开始研究时就发现问题并预料到潜在隐患，甚至在计算机输出结果之前你就能预判将会发生什么。祝你好运，希望你在研究中发现乐趣！

19.6 参考文献

Labovitz, S. (1970). The nonutility of significance tests: The significance of significance tests reconsidered. *Pacific Sociological Review*, 13(Summer), 141-148.

Labovitz, S. (1971). The zone of rejection: Negative thoughts on statistical inference. *Pacific Sociological Review*, 14(4). 373-381.

Selvin, H. (1957). A critique of tests of significance in survey research. *American Sociological Review*, 22(5), 519-527.

19.7 注释

1. 当然，这包括定性分析和其他支持论点的合理方法。但这并不意味着一个有用的理论就必须有定量支持。

附录 A

数学回顾和练习测试

虽然统计学和数学(数字、公式等)有许多相似之处,但也存在一些本质差异。如第 1 章“比较和分析的理论逻辑”所述，在其他讨论统计历史的地方，它是建立在数学基础上的。然而，就像一个要去开车的人不需要知道如何构建一个内燃机或理解音响的电路设计，研究者不必掌握用来推导统计过程的复杂数学技能，就能够进行统计分析。特别是因为计算机现在能完成统计分析所必需的大部分计算。所以对于你来说，与其去理解数学的工作原理，更重要的是理解一个统计过程背后的理论,了解它如何处理数据以及数据如何影响它以及分析的意义。因此,本文所涉及的大多数统计程序都可以用简单的数学来理解。

本回顾旨在帮助你回顾在本文中使用的公式以及在处理一些问题和练习时需要用到的数学技巧。除了基本的加法、减法、乘法和除法外，本文还讨论了平方和平方根、负数以及公式中的运算顺序。

接下来，我们会回顾一些练习，以测试你对这些基本数学技能知识的掌握情况。如果你能通过这一实践练习,你稍做思考和努力则可理解本书中的任何公式。

A. 加法、减法和负数

加减数字应该不成问题。然而,时不时对负数加减的运算进行回顾是有益的。当对负数和正数求和时，先对所有正数求和（$\sum$），然后对所有负数求和（$\sum$）。然后用较大的总数减去较小的总数，并取更大的总数的符号。

例子：

4+9=13	–4+（–9）=–13	–4+（–9）+5+7=–1
4–9=–5	–4–9=–13	–4–9–5–7=–25
4+（–9）=–5	–4–（–9）=5	–4+（–9）+（–5）+（–7）=–25

B. 乘法、除法和负数

当乘数和除数用相同的符号时，乘积（乘法）或商（除法）是正的。当符号不同的数字相乘或相除时，乘积或商是负的。可以用很多方法来表示乘法，包括（x）（y），x*y，$x\times y$ 和 $x\cdot y$，在这本书中，乘法几乎总是以（x）（y）或 $x\times y$ 的形式表示；除法将用 x/y 表示，而不用 $x\div y$ 来表示。

例子：

4 × 9=36	4/9=0.44
4 ×（–9）=–36	4/（–9）=0.44

$-4\times(-9)=36$ $(-4)/(-9)=0.44$

C. 统计意义的加法：求和

希腊字母$\sum$的意思是加总或加数字（第 1 章）。这可以用一行或一列的数字来表示。你将在本书许多公式和练习中看到数字总和。以下为例子：

$$\sum(1+2+3+4+5)=15$$

同样的过程也用于在坐标轴中求和。在下面的例子中，X 和 Y 坐标轴中的数字只是简单地从上加到下。这指出了一个重要的问题。通常，在某些情况下，坐标轴中的数字会自上而下相加。然而在某些情况，如中位数，数字将从最低的数值加到最高，这可能是自下而上的。你应该仔细检查数据并尝试确定哪一个是最低值(或者是数据从哪开始的)。这种情况下，比如 A 在分布的顶部以及 E 在底部，这表明数字从上到下相加。然而，A 也可位于底部，分布可以颠倒过来。这意味着这些数字自下而上地相加。

对象（Subject）	X	Y
A	1	5
B	2	6
C	3	7
D	4	8
E	5	9
	$\sum X$ 15	$\sum X$ 35

D. 幂和根

记住，幂和根其实就是乘法和除法。您只需将数字乘以它本身特定次数(指数)或者将它单独除以特定的次数(根)。

例子：

$2^2=4$ $\sqrt{2}\approx 1.41$

$2^3=8$ $\sqrt[3]{2}\approx 1.26$

$2^4=16$ $\sqrt{25}=5$

E. 运算顺序

在更复杂的公式中，有必要去掌握几个不同的函数。这些情况下，存在着运算顺序的法则。一般来说，应按下列顺序进行运算：

1. 先计算括号或同类项（这可能需要几个步骤）；

2. 计算幂和根；

3. 计算乘法和除法；

4. 计算加法和减法；

5. 这时如果运算类型相同，则从左到右计算。

例子：

$$5-8\times(6-2)\times5^2$$
$$=5-8\times(4)\times5^2$$
$$=5-8\times4\times25$$
$$=5-32\times25$$
$$=5-800$$
$$=-795$$

$$(4-2)\times(8-9)\times\sqrt{25}$$
$$=2\times(-1)\times\sqrt{25}$$
$$=2\times(-1)\times5$$
$$=(-2)\times5$$
$$=-10$$

F. 综合运用：组成统计分析中简单的数学运算

以上所述的运算将在各种的统计方程中运用。下面看一个复杂的方程例子：

$$\frac{\sum x^2-\frac{(\sum x)^2}{N}}{N}$$

尽管这实际上是一个很简单的公式，当它被分解时，则需要运用上面讨论的规则。实际上，解开这个公式仅所需两组数字 :N，$\sum x^2$ 和（$\sum x$）^{2}。在此，运算顺序是很重要的，因为$\sum x^2$ 和（$\sum x$）^{2} 是不一样的。$\sum x^2$ 的表达式，称为 x 平方的和，是通过平方每一个数，然后加上所有的平方数得到的。第二个表达式（$\sum x$）^{2}，称为 x 和的平方，是通过对所有 x 求和，然后再平方求得的。可见下列用于计算小数据集的方差的步骤。

对象	*X*	*Y*
A	2	4
B	3	9
C	4	16
D	5	25
E	6	36
	$\sum x$ 20	$\sum x^2$ 90

将这些值代入方差公式，得出以下结果：

$$\frac{90-\frac{(20)^2}{5}}{5}$$

现在只需使用简单的运算法则就可解开该等式：

$$\frac{90-\frac{400}{5}}{5}=\frac{90-80}{5}=\frac{10}{5}=2$$

要注意的是，这里先计算公式顶部，然后再进行最后的除法运算，这似乎违法了运算法则。由此当你要计算的公式主体运算中包含除法时，你应该先分别计算公式的顶部和底部，然后再用顶部除以底部。

G. 练习测试

现在你已经重温了基本的数学知识。您可以通过实践测试来测试这些知识。这将向您展示您需要多少练习，并且您可以不用担心难以掌握统计分析。

1. $(-4)+11+7-8+2+3-10=$
2. $(4)^2=$
3. $\sqrt{280}=$
4. $3\times 4+8\times(4+1)-20=$
5. $4^2=$
6. $(0.25)^4=$
7. $(\sqrt{17}+9)^2=$
8. $56/(-13)=$
9. $(-9)\times(-10)=$
10. $1.96+5/7(34)=$
11. $\sqrt{49}/\sqrt{7}=$
12. $20/4(0.50)/\sqrt{25}=$

以下是 x 的取值：

1，–2，2，3，4，–4，5，6，7，7，–8

13. $\sum x$
14. $(\sum x)^2$
15. $\sum x^2$

附录 B

统计表

表 B-1　正态分布曲线下的区域 (Area Under The Normal Curve)

a Z	b 区域 $\overline{X}$与 Z 之间	c 区域 大于 Z	a Z	b 区域 $\overline{X}$与 Z 之间	c 区域 大于 Z	a Z	b 区域 $\overline{X}$与 Z 之间	c 区域 大于 Z
0.00	0.0000	0.5000	0.38	0.1480	0.3520	0.76	0.2764	0.2236
0.01	0.0040	0.4960	0.39	0.1517	0.3483	0.77	0.2794	0.2206
0.02	0.0080	0.4920	0.40	0.1554	0.3446	0.78	0.2823	0.2177
0.03	0.0120	0.4880	0.41	0.1591	0.3409	0.79	0.2852	0.2148
0.04	0.0160	0.4840	0.42	0.1628	0.3372	0.80	0.2881	0.2119
0.05	0.0199	0.4801	0.43	0.1664	0.3336	0.81	0.2910	0.2090
0.06	0.0239	0.4761	0.44	0.1700	0.3300	0.82	0.2939	0.2061
0.07	0.0279	0.4721	0.45	0.1736	0.3264	0.83	0.2967	0.2033
0.08	0.0319	0.4681	0.46	0.1772	0.3228	0.84	0.2995	0.2005
0.09	0.0359	0.4641	0.47	0.1808	0.3192	0.85	0.3023	0.1977
0.10	0.0398	0.4602	0.48	0.1844	0.3156	0.86	0.3051	0.1949
0.11	0.0438	0.4562	0.49	0.1879	0.3121	0.87	0.3078	0.1922
0.12	0.0478	0.4522	0.50	0.1915	0.3085	0.88	0.3106	0.1894
0.13	0.0517	0.4483	0.51	0.1950	0.3050	0.89	0.3133	0.1867
0.14	0.0557	0.4443	0.52	0.1985	0.3015	0.90	0.3159	0.1841
0.15	0.0596	0.4404	0.53	0.2019	0.2981	0.91	0.3186	0.1814
0.16	0.0636	0.4364	0.54	0.2054	0.2946	0.92	0.3212	0.1788
0.17	0.0675	0.4325	0.55	0.2088	0.2912	0.93	0.3238	0.1762
0.18	0.0714	0.4286	0.56	0.2123	0.2877	0.94	0.3264	0.1736
0.19	0.0753	0.4247	0.57	0.2157	0.2843	0.95	0.3289	0.1711
0.20	0.0793	0.4207	0.58	0.2190	0.2810	0.96	0.3315	0.1685
0.21	0.0832	0.4168	0.59	0.2224	0.2776	0.97	0.3340	0.1660
0.22	0.0871	0.4129	0.60	0.2257	0.2743	0.98	0.3365	0.1635
0.23	0.0910	0.4090	0.61	0.2291	0.2709	0.99	0.3389	0.1611
0.24	0.0948	0.4052	0.62	0.2324	0.2676	1.00	0.3413	0.1587
0.25	0.0987	0.4013	0.63	0.2357	0.2643	1.01	0.3438	0.1562
0.26	0.1026	0.3974	0.64	0.2389	0.2611	1.02	0.3461	0.1539

续表

a Z	b 区域 $\overline{X}$与 Z 之间	c 区域 大于 Z	a Z	b 区域 $\overline{X}$与 Z 之间	c 区域 大于 Z	a Z	b 区域 $\overline{X}$与 Z 之间	c 区域 大于 Z
0.27	0.1064	0.3936	0.65	0.2422	0.2578	1.03	0.3485	0.1515
0.28	0.1103	0.3897	0.66	0.2454	0.2546	1.04	0.3508	0.1492
0.29	0.1141	0.3859	0.67	0.2486	0.2514	1.05	0.3531	0.1469
0.30	0.1179	0.3821	0.68	0.2517	0.2483	1.06	0.3554	0.1446
0.31	0.1217	0.3783	0.69	0.2549	0.2451	1.07	0.3577	0.1423
0.32	0.1255	0.3745	0.70	0.2580	0.2420	1.08	0.3599	0.1401
0.33	0.1293	0.3707	0.71	0.2611	0.2389	1.09	0.3621	0.1379
0.34	0.1331	0.3669	0.72	0.2642	0.2358	1.10	0.3643	0.1357
0.35	0.1368	0.3632	0.73	0.2673	0.2327	1.11	0.3665	0.1335
0.36	0.1406	0.3594	0.74	0.2704	0.2296	1.12	0.3686	0.1314
0.37	0.1443	0.3557	0.75	0.2734	0.2266	1.13	0.3708	0.1292
1.14	0.3729	0.1271	1.53	0.4370	0.0630	1.92	0.4726	0.0274
1.15	0.3749	0.1251	1.54	0.4382	0.0618	1.93	0.4732	0.0268
1.16	0.3770	0.1230	1.55	0.4394	0.0606	1.94	0.4738	0.0262
1.17	0.3790	0.1210	1.56	0.4406	0.0594	1.95	0.4744	0.0256
1.18	0.3810	0.1190	1.57	0.4418	0.0582	1.96	0.4750	0.0250
1.19	0.3830	0.1170	1.58	0.4429	0.0571	1.97	0.4756	0.0244
1.20	0.3849	0.1151	1.59	0.4441	0.0559	1.98	0.4761	0.0239
1.21	0.3869	0.1131	1.60	0.4452	0.0548	1.99	0.4767	0.0233
1.22	0.3888	0.1112	1.61	0.4463	0.0537	2.00	0.4772	0.0228
1.23	0.3907	0.1093	1.62	0.4474	0.0526	2.01	0.4778	0.0222
1.24	0.3925	0.1075	1.63	0.4484	0.0516	2.02	0.4783	0.0217
1.25	0.3944	0.1056	1.64	0.4495	0.0505	2.03	0.4788	0.0212
1.26	0.3962	0.1038	1.65	0.4505	0.0495	2.04	0.4793	0.0207
1.27	0.3980	0.1020	1.66	0.4515	0.0485	2.05	0.4798	0.0202
1.28	0.3997	0.1003	1.67	0.4525	0.0475	2.06	0.4803	0.0197
1.29	0.4015	0.0985	1.68	0.4535	0.0465	2.07	0.4808	0.0192
1.30	0.4032	0.0968	1.69	0.4545	0.0455	2.08	0.4812	0.0188
1.31	0.4049	0.0951	1.70	0.4554	0.0446	2.09	0.4817	0.0183
1.32	0.4066	0.0934	1.71	0.4564	0.0436	2.10	0.4821	0.0179
1.33	0.4082	0.0918	1.72	0.4573	0.0427	2.11	0.4826	0.0174
1.34	0.4099	0.0901	1.73	0.4582	0.0418	2.12	0.4830	0.0170

续表

a Z	b 区域 $\overline{X}$与 Z 之间	c 区域 大于 Z	a Z	b 区域 $\overline{X}$与 Z 之间	c 区域 大于 Z	a Z	b 区域 $\overline{X}$与 Z 之间	c 区域 大于 Z
1.35	0.4115	0.0885	1.74	0.4591	0.0409	2.13	0.4834	0.0166
1.36	0.4131	0.0869	1.75	0.4599	0.0401	2.14	0.4838	0.0162
1.37	0.4147	0.0853	1.76	0.4608	0.0392	2.15	0.4842	0.0158
1.38	0.4162	0.0838	1.77	0.4616	0.0384	2.16	0.4846	0.0154
1.39	0.4177	0.0823	1.78	0.4625	0.0375	2.17	0.4850	0.0150
1.40	0.4192	0.0808	1.79	0.4633	0.0367	2.18	0.4854	0.0146
1.41	0.4207	0.0793	1.80	0.4641	0.0359	2.19	0.4857	0.0143
1.42	0.4222	0.0778	1.81	0.4649	0.0351	2.20	0.4861	0.0139
1.43	0.4236	0.0764	1.82	0.4656	0.0344	2.21	0.4864	0.0136
1.44	0.4251	0.0749	1.83	0.4664	0.0336	2.22	0.4868	0.0132
1.45	0.4265	0.0735	1.84	0.4671	0.0329	2.23	0.4871	0.0129
1.46	0.4279	0.0721	1.85	0.4678	0.0322	2.24	0.4875	0.0125
1.47	0.4292	0.0708	1.86	0.4686	0.0314	2.25	0.4878	0.0122
1.48	0.4306	0.0694	1.87	0.4693	0.0307	2.26	0.4881	0.0119
1.49	0.4319	0.0681	1.88	0.4699	0.0301	2.27	0.4884	0.0116
1.50	0.4332	0.0668	1.89	0.4706	0.0294	2.28	0.4887	0.0113
1.51	0.4345	0.0655	1.90	0.4713	0.0287	2.29	0.4890	0.0110
1.52	0.4357	0.0643	1.91	0.4719	0.0281	2.30	0.4893	0.0107
2.31	0.4896	0.0104	2.70	0.4965	0.0035	3.09	0.4990	0.0010
2.32	0.4898	0.0102	2.71	0.4966	0.0034	3.10	0.4990	0.0010
2.33	0.4901	0.0099	2.72	0.4967	0.0033	3.11	0.4991	0.0009
2.34	0.4904	0.0096	2.73	0.4968	0.0032	3.12	0.4991	0.0009
2.35	0.4906	0.0094	2.74	0.4969	0.0031	3.13	0.4991	0.0009
2.36	0.4909	0.0091	2.75	0.4970	0.0030	3.14	0.4992	0.0008
2.37	0.4911	0.0089	2.76	0.4971	0.0029	3.15	0.4992	0.0008
2.38	0.4913	0.0087	2.77	0.4972	0.0028	3.16	0.4992	0.0008
2.39	0.4916	0.0084	2.78	0.4973	0.0027	3.17	0.4992	0.0008
2.40	0.4918	0.0082	2.79	0.4974	0.0026	3.18	0.4993	0.0007
2.41	0.4920	0.0080	2.80	0.4974	0.0026	3.19	0.4993	0.0007
2.42	0.4922	0.0078	2.81	0.4975	0.0025	3.20	0.4993	0.0007
2.43	0.4925	0.0075	2.82	0.4976	0.0024	3.21	0.4993	0.0007
2.44	0.4927	0.0073	2.83	0.4977	0.0023	3.22	0.4994	0.0006

续表

a Z	b 区域 $\overline{X}$与 Z 之间	c 区域 大于 Z	a Z	b 区域 $\overline{X}$与 Z 之间	c 区域 大于 Z	a Z	b 区域 $\overline{X}$与 Z 之间	c 区域 大于 Z
2.45	0.4929	0.0071	2.84	0.4977	0.0023	3.23	0.4994	0.0006
2.46	0.4931	0.0069	2.85	0.4978	0.0022	3.24	0.4994	0.0006
2.47	0.4932	0.0068	2.86	0.4979	0.0021	3.25	0.4994	0.0006
2.48	0.4934	0.0066	2.87	0.4979	0.0021	3.3	0.4995	0.0005
2.49	0.4936	0.0064	2.88	0.4980	0.0020	3.35	0.4996	0.0004
2.50	0.4938	0.0062	2.89	0.4981	0.0019	3.40	0.4997	0.0003
2.51	0.4940	0.0060	2.90	0.4981	0.0019	3.45	0.4997	0.0003
2.52	0.4941	0.0059	2.91	0.4982	0.0018	3.50	0.4998	0.0002
2.53	0.4943	0.0057	2.92	0.4982	0.0018	3.60	0.4998	0.0002
2.54	0.4945	0.0055	2.93	0.4983	0.0017	3.70	0.4999	0.0001
2.55	0.4946	0.0054	2.94	0.4984	0.0016	3.80	0.4999	0.0001
2.56	0.4948	0.0052	2.95	0.4984	0.0016	3.90	0.5000	0.0000
2.57	0.4949	0.0051	2.96	0.4985	0.0015	4.00	0.5000	0.0000
2.58	0.4951	0.0049	2.97	0.4985	0.0015	4.50	0.5000	0.0000
2.59	0.4952	0.0048	2.98	0.4986	0.0014	5.00	0.5000	0.0000
2.60	0.4953	0.0047	2.99	0.4986	0.0014	5.50	0.5000	0.0000
2.61	0.4955	0.0045	3.00	0.4987	0.0013			
2.62	0.4956	0.0044	3.01	0.4987	0.0013			
2.63	0.4957	0.0043	3.02	0.4987	0.0013			
2.64	0.4959	0.0041	3.03	0.4988	0.0012			
2.65	0.4960	0.0040	3.04	0.4988	0.0012			
2.66	0.4961	0.0039	3.05	0.4989	0.0011			
2.67	0.4962	0.0038	3.06	0.4989	0.0011			
2.68	0.4963	0.0037	3.07	0.4989	0.0011			
2.69	0.4964	0.0036	3.08	0.4990	0.0010			

表 B-2 卡方值（Values of Chi-Square）

df	概率（第一行）和显著水平（第二行）					
	0.999	0.99	0.95	0.9	0.8	0.7
	0.0001	0.01	0.05	0.1	0.2	0.3
1	10.827	6.635	3.841	2.706	1.642	1.074
2	13.815	9.210	5.991	4.605	3.219	2.408
3	16.268	11.345	7.815	6.251	4.642	3.665
4	18.465	13.277	9.488	7.779	5.989	4.878
5	20.517	15.086	11.070	9.236	7.289	6.064
6	22.457	16.812	12.592	10.645	8.558	7.231
7	24.322	18.475	14.067	12.017	9.803	8.383
8	26.125	20.090	15.507	13.362	11.030	9.524
9	27.877	21.666	16.919	14.684	12.242	10.656
10	29.588	23.209	18.307	15.987	13.442	11.781
11	31.264	24.725	19.675	17.275	14.631	12.899
12	32.909	26.217	21.026	18.549	15.812	14.011
13	34.528	27.688	22.362	19.812	16.985	15.119
14	36.123	29.141	23.685	21.064	18.151	16.222
15	37.697	30.578	24.996	22.307	19.311	17.322
16	39.252	32.000	26.296	23.542	20.465	18.418
17	40.790	33.409	27.587	24.769	21.615	19.511
18	42.312	34.805	28.869	25.989	22.760	20.601
19	43.820	36.191	30.144	27.204	23.900	21.689
20	45.315	37.566	31.410	28.412	25.038	22.775
21	46.797	38.932	32.671	29.615	26.171	23.858
22	48.268	40.289	33.924	30.813	27.301	24.939
23	49.728	41.638	35.172	32.007	28.429	26.018
24	51.179	42.980	36.415	33.196	29.553	27.096
25	52.620	44.314	37.652	34.382	30.675	28.172
26	54.052	45.642	38.885	35.563	31.795	29.246
27	55.476	46.963	40.113	36.741	32.912	30.319
28	56.892	48.278	41.337	37.916	34.027	31.391
29	58.302	49.588	42.557	39.087	35.139	32.461
30	59.703	50.892	43.773	40.256	36.250	33.530

表 B-3　学生 *t* 分布（Student's *t* Distribution）

	单侧检验的显著水平					
	0.1	0.05	0.025	0.01	0.005	0.0005
	双侧检验的显著水平					
df	0.2	0.1	0.05	0.02	0.01	0.001
1	3.078	6.314	12.706	31.821	63.657	636.619
2	1.886	2.920	4.303	6.965	9.925	31.599
3	1.638	2.353	3.182	4.541	5.841	12.924
4	1.533	2.132	2.776	3.747	4.604	8.610
5	1.476	2.015	2.571	3.365	4.032	6.869
6	1.440	1.943	2.447	3.143	3.707	5.959
7	1.415	1.895	2.365	2.998	3.499	5.408
8	1.397	1.860	2.306	2.896	3.355	5.041
9	1.383	1.833	2.262	2.821	3.250	4.781
10	1.372	1.812	2.228	2.764	3.169	4.587
11	1.363	1.796	2.201	2.718	3.106	4.437
12	1.356	1.782	2.179	2.681	3.055	4.318
13	1.350	1.771	2.160	2.650	3.012	4.221
14	1.345	1.761	2.145	2.624	2.977	4.140
15	1.341	1.753	2.131	2.602	2.947	4.073
16	1.337	1.746	2.120	2.583	2.921	4.015
17	1.333	1.740	2.110	2.567	2.898	3.965
18	1.330	1.734	2.101	2.552	2.878	3.922
19	1.328	1.729	2.093	2.539	2.861	3.883
20	1.325	1.725	2.086	2.528	2.845	3.850
21	1.323	1.721	2.080	2.518	2.831	3.819
22	1.321	1.717	2.074	2.508	2.819	3.792
23	1.319	1.714	2.069	2.500	2.807	3.768
24	1.318	1.711	2.064	2.492	2.797	3.745
25	1.316	1.708	2.060	2.485	2.787	3.725
26	1.315	1.706	2.056	2.479	2.779	3.707
27	1.314	1.703	2.052	2.473	2.771	3.690
28	1.313	1.701	2.048	2.467	2.763	3.674
29	1.311	1.699	2.045	2.462	2.756	3.659
30	1.310	1.697	2.042	2.457	2.750	3.646
40	1.303	1.684	2.021	2.423	2.704	3.551
60	1.296	1.671	2.000	2.390	2.660	3.460
120	1.289	1.658	1.980	2.358	2.617	3.373
∞	1.282	1.645	1.960	2.326	2.576	3.291

表 B-4 f 分布，p =0.05

df2 \ df1	1	2	3	4	5	6	7	8	9	10	12	15	20	24	30	40	60	120	∞
1	161.4476	199.5000	215.7073	224.5832	230.1619	233.9860	236.7684	238.8827	240.5433	241.8817	243.9060	245.9499	248.0131	249.0518	250.0951	251.1432	252.1957	253.2529	254.3144
2	18.5128	19.0000	19.1643	19.2468	19.2964	19.3295	19.3532	19.3710	19.3848	19.3959	19.4125	19.4291	19.4458	19.4541	19.4624	19.4707	19.4791	19.4874	19.4957
3	10.1280	9.5521	9.2766	9.1172	9.0135	8.9406	8.8867	8.8452	8.8123	8.7855	8.7446	8.7029	8.6602	8.6385	8.6166	8.5944	8.5720	8.5494	8.5264
4	7.7086	6.9443	6.5914	6.3882	6.2561	6.1631	6.0942	6.0410	5.9988	5.9644	5.9117	5.8578	5.8025	5.7744	5.7459	5.7170	5.6877	5.6581	5.6281
5	6.6079	5.7861	5.4095	5.1922	5.0503	4.9503	4.8759	4.8183	4.7725	4.7351	4.6777	4.6188	4.5581	4.5272	4.4957	4.4638	4.4314	4.3985	4.365
6	5.9874	5.1433	4.7571	4.5337	4.3874	4.2839	4.2067	4.1468	4.0990	4.0600	3.9999	3.9381	3.8742	3.8415	3.8082	3.7743	3.7398	3.7047	3.6689
7	5.5914	4.7374	4.3468	4.1203	3.9715	3.8660	3.7870	3.7257	3.6767	3.6365	3.5747	3.5107	3.4445	3.4105	3.3758	3.3404	3.3043	3.2674	3.2298
8	5.3177	4.4590	4.0662	3.8379	3.6875	3.5806	3.5005	3.4381	3.3881	3.3472	3.2839	3.2184	3.1503	3.1152	3.0794	3.0428	3.0053	2.9669	2.9276
9	5.1174	4.2565	3.8625	3.6331	3.4817	3.3738	3.2927	3.2296	3.1789	3.1373	3.0729	3.0061	2.9365	2.9005	2.8637	2.8259	2.7872	2.7475	2.7067
10	4.9646	4.1028	3.7083	3.4780	3.3258	3.2172	3.1355	3.0717	3.0204	2.9782	2.9130	2.8450	2.7740	2.7372	2.6996	2.6609	2.6211	2.5801	2.5379
11	4.8443	3.9823	3.5874	3.3567	3.2039	3.0946	3.0123	2.9480	2.8962	2.8536	2.7876	2.7186	2.6464	2.6090	2.5705	2.5309	2.4901	2.4480	2.4045
12	4.7472	3.8853	3.4903	3.2592	3.1059	2.9961	2.9134	2.8486	2.7964	2.7534	2.6866	2.6169	2.5436	2.5055	2.4663	2.4259	2.3842	2.3410	2.2962
13	4.6672	3.8056	3.4105	3.1791	3.0254	2.9153	2.8321	2.7669	2.7144	2.6710	2.6037	2.5331	2.4589	2.4202	2.3803	2.3392	2.2966	2.2524	2.2064
14	4.6001	3.7389	3.3439	3.1122	2.9582	2.8477	2.7642	2.6987	2.6458	2.6022	2.5342	2.4630	2.3879	2.3487	2.3082	2.2664	2.2229	2.1778	2.1307
15	4.5431	3.6823	3.2874	3.0556	2.9013	2.7905	2.7066	2.6408	2.5876	2.5437	2.4753	2.4034	2.3275	2.2878	2.2468	2.2043	2.1601	2.1141	2.0658
16	4.4940	3.6337	3.2389	3.0069	2.8524	2.7413	2.6572	2.5911	2.5377	2.4935	2.4247	2.3522	2.2756	2.2354	2.1938	2.1507	2.1058	2.0589	2.0096
17	4.4513	3.5915	3.1968	2.9647	2.8100	2.6987	2.6143	2.5480	2.4943	2.4499	2.3807	2.3077	2.2304	2.1898	2.1477	2.1040	2.0584	2.0107	1.9604
18	4.4139	3.5546	3.1599	2.9277	2.7729	2.6613	2.5767	2.5102	2.4563	2.4117	2.3421	2.2686	2.1906	2.1497	2.1071	2.0629	2.0166	1.9681	1.9168
19	4.3807	3.5219	3.1274	2.8951	2.7401	2.6283	2.5435	2.4768	2.4227	2.3779	2.3080	2.2341	2.1555	2.1141	2.0712	2.0264	1.9795	1.9302	1.878
20	4.3512	3.4928	3.0984	2.8661	2.7109	2.5990	2.5140	2.4471	2.3928	2.3479	2.2776	2.2033	2.1242	2.0825	2.0391	1.9938	1.9464	1.8963	1.8432
21	4.3248	3.4668	3.0725	2.8401	2.6848	2.5727	2.4876	2.4205	2.3660	2.3210	2.2504	2.1757	2.0960	2.0540	2.0102	1.9645	1.9165	1.8657	1.8117
22	4.3009	3.4434	3.0491	2.8167	2.6613	2.5491	2.4638	2.3965	2.3419	2.2967	2.2258	2.1508	2.0707	2.0283	1.9842	1.9380	1.8894	1.8380	1.7831
23	4.2793	3.4221	3.0280	2.7955	2.6400	2.5277	2.4422	2.3748	2.3201	2.2747	2.2036	2.1282	2.0476	2.0050	1.9605	1.9139	1.8648	1.8128	1.757
24	4.2597	3.4028	3.0088	2.7763	2.6207	2.5082	2.4226	2.3551	2.3002	2.2547	2.1834	2.1077	2.0267	1.9838	1.9390	1.8920	1.8424	1.7896	1.733
25	4.2417	3.3852	2.9912	2.7587	2.6030	2.4904	2.4047	2.3371	2.2821	2.2365	2.1649	2.0889	2.0075	1.9643	1.9192	1.8718	1.8217	1.7684	1.711
26	4.2252	3.3690	2.9752	2.7426	2.5868	2.4741	2.3883	2.3205	2.2655	2.2197	2.1479	2.0716	1.9898	1.9464	1.9010	1.8533	1.8027	1.7488	1.6906
27	4.2100	3.3541	2.9604	2.7278	2.5719	2.4591	2.3732	2.3053	2.2501	2.2043	2.1323	2.0558	1.9736	1.9299	1.8842	1.8361	1.7851	1.7306	1.6717
28	4.1960	3.3404	2.9467	2.7141	2.5581	2.4453	2.3593	2.2913	2.2360	2.1900	2.1179	2.0411	1.9586	1.9147	1.8687	1.8203	1.7689	1.7138	1.6541
29	4.1830	3.3277	2.9340	2.7014	2.5454	2.4324	2.3463	2.2783	2.2229	2.1768	2.1045	2.0275	1.9446	1.9005	1.8543	1.8055	1.7537	1.6981	1.6376
30	4.1709	3.3158	2.9223	2.6896	2.5336	2.4205	2.3343	2.2662	2.2107	2.1646	2.0921	2.0148	1.9317	1.8874	1.8409	1.7918	1.7396	1.6835	1.6223
40	4.0847	3.2317	2.8387	2.6060	2.4495	2.3359	2.2490	2.1802	2.1240	2.0772	2.0035	1.9245	1.8389	1.7929	1.7444	1.6928	1.6373	1.5766	1.5089
60	4.0012	3.1504	2.7581	2.5252	2.3683	2.2541	2.1665	2.0970	2.0401	1.9926	1.9174	1.8364	1.7480	1.7001	1.6491	1.5943	1.5343	1.4673	1.3893
120	3.9201	3.0718	2.6802	2.4472	2.2899	2.1750	2.0868	2.0164	1.9588	1.9105	1.8337	1.7505	1.6587	1.6084	1.5543	1.4952	1.4290	1.3519	1.2539
∞	3.8415	2.9957	2.6049	2.3719	2.2141	2.0986	2.0096	1.9384	1.8799	1.8307	1.7522	1.6664	1.5705	1.5173	1.4591	1.394	1.318	1.2214	1

附录C

希腊字母

符号名	大写	小写	英文字符
Alpha	Α	α	a
Beta	Β	β	b
Gamma	Γ	γ	g
Delta	Δ	δ	d
Epsilon	Ε	ε	e
Zeta	Ζ	ζ	z
Eta	Η	η	e
Theta	Θ	θ	th
Lota	Ι	ι	i
Kappa	Κ	κ	k,c
Lambda	Λ	λ	l
Mu	Μ	μ	m
Nu	Ν	ν	N
Xi	Ξ	ξ	x
Omicron	Ο	ο	o
Pi	Π	π	p
Rho	Ρ	ρ	r
Sigma	Σ	σ	s
Tau	Τ	τ	Th
Upsilon	Υ	υ	Y
Phi	Φ	ϕ	Ph
Chi	Χ	χ	Ch
Psi	Ψ	ψ	Ps
Omega	Ω	ω	o

附录 D

数据集中的变量

逮捕 - 裁判（AR_Sentencing）

cident　　法院标识

delta　　三角洲县与其他县

赋值	标签
0	其他县
1	三角洲县

warrant　　逮捕状况

赋值	标签
0	没有签发逮捕令 / 证
1	发出逮捕令 / 证

trial　　审判类型

赋值	标签
0	认罪
1	审判

violent　　暴力犯罪

赋值	标签
0	非暴力犯罪
1	暴力犯罪

drug　　毒品犯罪

赋值	标签
0	非毒品犯罪
1	毒品犯罪

chargety　　重罪

赋值	标签
0	其他指控
1	重罪指控

……

［附录 D 完整内容的英文及中文版，请在目录末尾的二维码中下载查看。］

术语

A

-2 Log Likelihood

对数似然值：logit 回归分析汇报的似然值。

Accidental (Convenience/Availability) Sampling

偶遇抽样（便利抽样）：目标样本是从总体中非概率性抽取的一种抽样方法。

Additive effect

累加效应：每个变量解释一部分因变量的变化。

Adjusted R^2

调整后的 R^2: 修正样本量后的回归系数，提供模型解释了多少变化的保守估计。

Aggregate-Level Data

集合级数据（聚合级数据）：在高级别的数据里，单独的个体和元素的信息无法对应到集合级变量上。这种数据的分析单位包括团体、街区、城市或者国家等。

Alpha

阿尔法（α）：希腊字母，用于代表犯类型 I 错误的临界概率。

Analysis of Variance (ANOVA)

方差分析：检测各样本与组平均数离散程度的推论分析，用于两组以上样本的平均值比较。有单因素和双因素方差分析两种。

Anti-Image Correlation Matrix

反映像相关矩阵检验：检验当其他变量保持不变时，变量中是否存在低程度的相关性。低相关值具有很大的价值。

Approximate Significance

渐进显著性：为拉姆达和其他定序测量关系的方法提供近似的统计显著性。

Area Chart

区域图、面积图：用于连续数据的图表。

Association

相关：两个或多个变量之间的相关关系。

Asymmetric

非对称：表明特定的自变量如何帮助减少预测因变量特定类别的错误。

Autocorrelation

自相关性：当个案间的误差相关时会出现。有两种自相关的类型，分别是时间自相关和空间自相关。

B

b (Unstandardized) Coefficient

b（非标准化）系数：非标准化系数是指在多元回归分析中的效应量。

Bar Chart

条形图：一种直方图的类型，条柱被空格分隔开。这些类型的图表可以是水平的，也可以是垂直的。

Bartlett's Test of Sphericity

巴特勒球型检验：确定一个因子分析相关矩阵是否是单位矩阵。

Best-Fitting Line

最佳拟合直线：用于检测散点图中两个或多个定距变量间关联的属性。这条线在图中所描绘点之间，表示图中所描绘点对应数据的平均值。

Beta

贝塔（β）：在推论统计中，本希腊字母用于表达犯类型Ⅱ错误的概率。在回归中，β 表示标准化系数。

Bivariate Statistics/Analysis

双变量统计 / 分析：此分析通过比较两个变量，观察它们如何不同或者相似。此分析也检测一个变量的改变对另一个变量的影响。

Bivariate Tables

双变量表：呈现两个变量在不同条件下数值的交叉表。

Bonferroni Test

Bonferroni（邦费朗尼）检验：在方差分析过程中，用于检测组内平均值差异的原始方法。

Box and Whisker Graphs

箱线图：可以同时反映集中趋势和离散程度的分布图。

Burchard Chart

Burchard（伯查德）图表：一种条状偏移图表，可以出现在 x 轴的上方或者下方。

C

Causation

因果关系：需要满足相关、时间排序和去除混淆变量三个条件。

Cell

单元格：用来分开定性（或属性）数据的类。

Cell Frequency

单位格频数或者组频数：自变量或者因变量数值出现的频次。

Central Limit Theorem

中心极限定理：定理指出，对于给定的任何总体来说，当样本量增加时，样本平均值的分布趋近于正态分布。

Central Tendency

集中趋势：分布的平均值、中位数、众数。

Chi-Square

卡方：用于构建两个或者两个以上定性变量是否存在关系的主要方法。

Chi-square Test of Goodness Fit

卡方拟合优度检验：通过比较分布与理论分布来确定两者之间的符合程度。

Chi-square Test of Independence

卡方独立性检验：通过比较两个分布来确定他们之间是否存在显著性差异。

Choropleth Map

等值线图：这个地图通过阴影区域表示不同地区间的累计数据（比如居民区或者群落）。

Cluster (Multistage) Sampling

整群、分层抽样：先将总体的单位按某种特征分为若干次级总体，然后再在每一层内进行简单随机抽样。

Coefficient of Determination

决定系数：等于皮尔逊相关系数的平方，为因变量的方差中可以被自变量所解释的部分的比例。

Column Headings

列标题：一个分布或者表格中每列的标题。

Column Percentage

列百分比：在双变量表中，每一列各单元的百分比。将频数在各列的单元格进行划分而得到的频率。交互表的各列的列百分比的和等于 100%。

Column Percentaged Table

列百分比表：双变量表中每列中的百分比之和为 100%。

Combination Distribution

组合分布：由统计程序通过展示频数和百分比（累计、总数和有效的）产生的分布。

Communality

公因子方差：指方差中被一个或多个变量所共同解释的部分。

Completely Exhaustive

完备性：变量的每个特征都可以被包含。

Concept

概念：是个抽象术语，通常用于代表一些特征或者现象。

Conceptualization

概念化：一个从研究问题或者假设中抽象出概念的过程。

Concordant Pairs

同序对：排列在两个变量相同次序的对。

Condition Index Number Test (CINT)

条件指数检验：在回归分析中，检测多重共线性的一项技术。如果值小于 30，多重共线性就不是一个问题。

Confidence Intervals

置信区间：相对于实际的总体均值（比例），样本均值（比例）可能落在的区间。

Confirmatory Factor Analysis

验证性因子分析：因子分析过程，用于检验各变量的增加对先前的理论模型支撑的程度，本分析比探索性因子分析更加严格。

Confounding Variables

混淆变量：竞争性因子，如果排除在分析之外，可能影响因果关系的解释。

Constant

常数：一个用于表达案例或者特征的无变化的量。

Continuous Variables

连续变量：变量能够按照小于总数的量进行无限分割，在每个分割与总数之间有无数个值。

Correlation Matrix

相关矩阵：包含皮尔逊相关系数和斯皮尔曼相关，用于检验两个或者多个变量间的关系。

Count Data

计数数据：数据在某种程度上是有界的。在刑事司法数据中，计数数据通常是将0作为边界，因为不能有负值的犯罪次数。

Cox and Snell R^2

考克斯和斯奈尔 R^2：在 logit 回归中表示模型整体强度的伪决定系数。

Critical Probability

临界概率：这个概率与犯类型 I 型错误有关，用于检测显著性水平的数值。

Critical Value

临界值：可以通过图表中观察到的自由度和期望显著性水平联系的数值。所选取的临界值与计算出的值相比较，用于决定两个变量之间是否有统计显著性。

Cross-Tabulation Table (Crosstab)

列联表：常用的双变量表，用于显示不同分类中两个变量的交叉值（单元格频数、列百分比、行百分比、总百分比）。

Cumulative Percentage

累积百分数：计算一个特定种类之下，有关总数的所有百分数，让研究者知道临界点在数据的哪个位置。

D

Data Reduction Procedure

数据简化过程：一个因子分析的术语，用于限定统计模型中的自变量的数量。

Deduction

演绎：通过观察和统计分析检测假设理论。

Degrees of Freedom

自由度：用于弥补因使用样本而不是总体所产生的误差的统计技术。

Delta

德尔塔（δ）：一个比 epsilon（ε）更精确的方式，用于检测两个定性变量之间的关系。

Dependent Variable

因变量：我们最感兴趣的变量。分析一个因变量对多个自变量的依赖程度，可以发现自变量如何影响因变量。

Descriptive Statistics

描述统计：用于表述有关数据的一些简洁和有意义的结论。

Deviation

偏差：既定值或分类与集中趋势的各种指标之间的差异。

Dichotomous/Binary Variables

二分变量：只包含两种类型或者输出结果。比如是 / 不是，男 / 女等。

Direction of the Relationship

关系方向：一个变量值与另一变量值之间的关系。这项统计方法用于表达在具体情况下各变量高或者低的值是如何相关的。

Discordant Pairs

异序对：一个变量按照一种方式排列，另一个变量按照相反的方式排列的配对组合。

Discovery

发现：统计反映的情况，发现一些我们以前不知道的东西或者一些我们认为自己知道，但是实际上不确定的东西。

Discrete Variables

离散变量：用数字代表取值。

Dispersion

离散：分类或者数值与集中趋势指标的总体差异。

Distinct

特征：一个变量可以与其他变量轻易区分的特性或数值。

Dummy Coded Variable

虚拟编码变量：一种将多分类变量转换为一系列二分变量的方法。

E

Eigenvalue

特征值：表达一个因子的强度。

Element

单元：衡量一个变量的单位。

Endogenous Variables

内生变量：结构方程模型中要么成为自变量，要么成为因变量的变量。

Epsilon

ε：希腊字母，一个决定定类变量之间差异的统计值，用于表达是否存在关系。

Equamax Rotation

正交旋转：一种试图简化影响因素和变量数目的方法。

Error

误差：每个统计模型都存在的问题，包括测量误差、观测误差、随机误差和系统误差。

Estimate

估计：用于从样本到更大总体作出推论的分析结果。

Error Variance

误差的方差：这种误差因为模型中的随机或系统误差而产生。

Existence

存在：用于判断两个变量之间是否存在关系。

Exogenous Variables

外生变量：这个变量类似于结构方程模型中的自变量。

Expected Value

期望值：估计的总体参数。

Exploratory Factor Analysis

探索性因子分析：因子分析程序，通过变量的荷载来决定最佳分析模型。

F

F Ratio

F 比：是方差分析的结果。也是一种表示组间均方相对于组内均方大小的统计量。

F Test

F 检验：一个测量两个样本（以上）或组之间可能的差异程度的假设检验。

Factor Analysis

因子分析：一个多元分析过程，试图确定潜在的导致一组自变量共变的因子。

Factor Loading (Pattern) Matrix

因子载荷矩阵：在因子分析中，用来描述变量值负载到特定因子的矩阵。

Factor Loading Value

因子载荷值：仅当只有一个因子涉及或者多个因子呈正交形态时，一个变量和一个因子的回归系数。

Factor (Component) Matrix

因子矩阵：在因子分析中，确定什么变量可以结合，以及哪些变量应该被剔除。

Factor Rotation

因子旋转：通过旋转坐标，使因子的几何位置更加有意义。

Factorial Complexity

因子复杂性：在因子分析中，负载到给定因子中的变量的数量。

First Derivative

一阶导数：在回归分析中，自变量变化时因变量产生的变化率。

Fisher's Exact Test

费雪精确检验：计算自由度的替代性方法，用于小样本卡方分析检验。

Form of A Distribution

分布形态：变量值分布的对称性、峰的个数、峰度和偏度。

Frequency Distribution

频数分布：用于归纳数据的分布，其提供了一种数据在各个类别中如何分布的直观化反映。

Fully-Ordered Ordinal Level Data

全序水平数据：有着五种以上的类别和性质的定序水平数据。

G

Gamma

伽马：检测定序水平数据相关关系的方法。

H

Heteroscedasticity

异方差性：误差项的方差在整条回归直线上不相同。

Histogram

直方图：图形分析的一种，包括条形图和伯查德图。

Homoscedasticity

等方差性：误差项的方差在整条回归直线上相同。

Hypothesis Testing

假设检验：通过建立零假设和研究假设，来评估样本数据是否与总体的性质一致的过程，最终决定是否可以拒绝原假设。

Hypothesis

假设：阐述支持或者拒绝研究中理论的设想。

I

Identification

识别：信息量是否足够，以及信息在方程中分布是否较大，以便于可以估计结构方程模型中的系数。

Identity Matrix

单位矩阵：当对角都是 1 而非对角都是 0 的情况下的相关系数矩阵。

Independent Variable

自变量：期望对因变量有影响的解释变量。

Index of Dispersion

离散指数：用来检测定类或者偏定序水平数据离散程度的方法。

Indices of Fit

拟合指数：在结构方程模型中，判断理论模型在预测内生变量时的拟合度。

Individual-Level Data

个体级数据：包含单人或者单个元素所有记录信息的数据。

Induction

归纳：把观察结果和统计分析归结成理论。

Inference

推论：基于样本的测量或观察得出关于总体的结论。

Inferential Statistics/Analysis

推论统计：使研究者可以通过检测一些样本的特征，对样本来源的总体得出结论的方法。

Interaction

交互：一个变量的变化引起了另一个变量的变化，或者与另一个变量有关。

Interaction Terms

交互作用：检测两个或者多个自变量之间相互影响的方法。

Interquartile Range

四分位数间距：离散趋势的一种度量，它是样本分布在 25% 分位数和 75% 分位数之间的取值。

Interval Estimation

区间估计：在置信区间中使用，用于计算抽样误差，并且建立一个能够有更高概率的真正总体参数的取值范围。

Interval Level Data

定距水平数据：类别可以排序，但类别之间的间隔是相同的数据类型。

Interval Width

区间宽度：一个特定类别宽度的大小。

Intervening Variable

中介变量：可以存在于自变量和因变量之间的变量。因变量的任何改变是由中介变量造成的。

K

Kurtosis

峰度：表示结果分布中围绕中心趋势或者尾部聚合的程度指标。

L

Lambda

拉姆达（统计分析手段）：是一种测量预测模型值的消减误差比例的方法，或者基于自变量信息所产生的因变量类别的非对称关系的检测方法。

Legend

图例：在图表中区分不同变量或者类别的工具。

Leptokurtic

高狭峰分布：值紧紧聚合在集中趋势检测指标周围的一种分布。

Levels of Measurement

测量水平：一个变量所包含的数字复杂程度。

Levene Test

Levene 检验：在方差分析中，用来检测总体方差齐性的检验方法。

Limited Dependent Variables

受限因变量：在一个模型中与其他一个或者多个自变量没有线性关系的因变量。这些类型的变量必须运用 OLS 回归之外的其他方法进行分析。

Line Chart

线型图：一种用来检测一定时间内趋势或改变的可视化工具。

Linearity

线性：检测一个或者多个变量之间关联性质的程度。

Logistic (Logit) Regression

Logistic (logit) 回归：是回归分析方法中的一种，大多用来分析二分因变量。

Lower Limit

下限：一个变量特征的最小值。

M

Marginal

边际：一个分布或者表格中列的总数，数据表之外的数值。

Matrix Algebra

矩阵代数：结构方程模型的基础，运用于多个方程的计算。

Maximum Likelihood Method

极大似然法：基于拟合回归系数所产生的、可观察到的最大概率结果。

Mean

均值：一组数的总和除以这组数的数量，是一种集中趋势的测量方法。

Mean Absolute Deviation

平均绝对离差：所有离差的绝对值的平均值。

Measurement

测量：对一个变量的特征赋值，以便于进行数学分析。

Measures of Central Tendency

集中趋势测量：检验中心值是否存在于分布中或者是分布的特征值的统计方法。

Median

中位数：标记为第五十百分位数的分布点，将分布一分为二的中心点。

Mesokurtic

峰度：值均匀分布在集中趋势指标的两边。

Misspecification

设定偏误：模型分析中要么遗漏了变量，要么使用了不必要的变量去解释因变量。

Mode

众数：一个分布中出现频数最高的值或者分类。

Model of No Association

无关联模型：期望频数的分布。

Moments of The Distribution

分布的矩：分布的通常形态，分布的四个矩分别是：零点、方差、偏度和峰度。

Monotone-Decreasing Relationship

单调递减关系：表示两个变量之间呈相反的方向变化，并且在图中呈从左上往右下降的直线。

Monotone-Increasing Relationship

单调递增关系：表示两个变量之间呈相同的方向变化，并且在图中呈从左下往右上升的直线。

Monotonicity

单调性：定类和定序水平数据最基本的关系。单调性分成两种，单调递增和单调递减。

Multicollinearity

多重共线性：是在一个模型中自变量彼此高度相关。

Multinomial Logit Regression

多元定类 logit 回归：一项用于因变量是定类变量的 logit 回归分析方法。

Multiple Regression

多元回归：统计分析方法的一种，用于检验一组自变量作用于因变量的线性关系。

Multivariate Analysis/ Statistics

多元回归分析 / 统计：比较三个或者更多变量之间的关系，或者几个自变量如何影响因变量的分析方法。

Mutually Exclusive

互斥性：具体值只能和单一变量中的一个种类相适应。

N

Nagelkerke R^2

内戈尔科伪决定系数：评估 logit 回归模型整体的解释力度，是在 logit 回归中最常用的伪决定系数。

Nature of The Relationship

关系属性：分析两个变量是否以某种方式排列，使双变量分析产生错误。

Negative Relationship

负相关关系：一个变量的最大值对应其他变量的最小值的关系形态。

Negative Skew

负偏态分布：分布的点或者尾部位于图的左侧。

Nominal Level Data

定类水平数据：所检测的数据完全是定性的，这些变量的特征是明显以文字的形式出现，例如汽车的颜色。

Nonparametric Tests/Analyses

非参数检验：当数据不呈正态分布时，可以运用的一种统计分析方法。

Normal Curve

正态曲线：对称且单峰态的分布，曲线下面的区域经常是相同的（1 或者 100%）。

Normal Probability Plots

正态概率图：也称 P-P plots，用在高阶、参数分析（例如多元回归分析）之中。

Null Hypothesis

零假设：用于评估或者反对研究假设特性的对立性陈述。

Number of Modes

众数总量：一个变量的分类或者特征所包含的众数总量。

O

Oblimin Rotation

最小斜交法：用于 SPSS 中的一种斜交法。

Oblique Rotation

斜交转轴法：应用在因子分析中的旋转策略，它并不要求 x 轴的平面区域保持直角。

Observation

观察：数据的测量。

Observed Value

观察值：数据测量的值。

Obtained Value

观测值：经过统计计算产生的值，检测双变量或者多变量之间的关系。观测值与临界值对比，从而决定两个变量之间是否具有统计意义上的显著关系。

Odds

优势：发生的概率与不发生的概率之比。

Odds Ratio

优势比：在 logit 回归分析中，自变量的回归系数用 Exp（*B*）表达。

Ogives

拱形图：展示一个变量累计频数或者累计百分比的图形。

One-Sample t-test

单样本 *t* 检验：将单样本和总体进行比较的一种分析方法。

One-Tailed Test

单尾检验：比较两组数据之间的差异，并且明确差异方向的检验方式。

One-Way ANOVA

单变量方差分析：包含有一个连续的因变量和类别自变量的双变量统计方法。

Operationalization

操作化：把概念转换成变量，或者把抽象转换成具体的过程。

Ordered (Ordinal) Logit Regression

定序 logit 回归：当因变量是定序水平数据时应用的 logit 回归分析方法。

Ordering

序列：根据变量赋值大小排列数据，并不是指代数意义上的排序。

Ordinal Level Data

定序水平数据：数据的本质仍然是定性的，但各种分类可以排序。排序指的是一个分类大于或小于其他分类，但不会指出他们的差异程度，例如 T 恤的尺寸。

Ordinary Least Squares (OLS) Regression

最小二乘法回归：在控制其他自变量的情况下，显示某一自变量与因变量之间的线性关联效应。

Orthogonal Rotation

正交旋转：因子分析中的旋转策略。

Outliers

异常值：研究中某些样本的变量取值与其他样本的特征差异极大。

P

Parabolic Function

抛物线函数：一个分部形态呈正 U 或者倒 U 型的变量，这些形式的变量务必转化成线性的，用于检测与其他变量之间的关系。

Parameter

参数：一个总体的特征。

Parametric Tests/ Analyses

参数检验 / 分析：运用于数据呈正态分布时的统计方法。

Parent Population

亲本总体：一个或者几个样本来源的总体。

Parsimony

简约法：试图界定对因变量影响最大的，但数量又最少的自变量。

Partially Ordered Ordinal Level Data

偏序数据：有少量类别的定序水平数据，一般少于五种。

Path Analysis

路径分析：利用路径图和回归结果来分析理论模型的统计方法。

Path Diagrams

路径图：将理论模型可视化的统计图。

Pearson's ***r*** (Product Moment Correlation)

皮尔逊相关系数：一种检测定距和定比数据之间是否存在关系及其关系强度和方向的双变量分析方法。

Percentage Table

百分比表：用于直接对比两个变量不同类别的表。有三种形式，行百分比、列百分比和总百分比表。

Pie Chart

饼状图：用于表达定性数据的基本圆形图。

Pin, Spot, or Point Maps

点状图：图形的一种，用一系列的点来描述特定社会现象所发生的位置（县、市、州、国家），这个图用于个体级数据。

Platykurtic

低阔峰分布：值大部分分布在尾部。

Point Estimation

点估计：基于同一个数据，试图分析总体期望值的方法。

Poisson Regression

泊松回归：当因变量是一个计数变量时适用的回归方法。

Polygon

多边图：图形中的一种，用于观察变量取值的频数。

Population

总体：由研究者感兴趣的样本所组成的整群。

Positive Relationship

正相关关系：一个变量的较高值或者排序与其他变量的较高值或排序有关。

Positive Skew

正偏态：分布的点数值或者尾部分布在图的右边。

Post Hoc or Multiple Comparison Tests

事后或多重比较检验：方差分析中，检测和评估平均值存在差异所对应的组。

Predicted Probabilities

预测概率：基于自变量的取值而引发的因变量出现的概率。

Primary Question

基本问题：一个研究项目背后的主导问题，例如判定两个有争议的观点之间的关系。

Principal Components Analysis

主成分分析：在因子分析中抽取因子的模式，也是最常见的分析方法。

Probability

概率：相对于任何事件可能发生的次数，一个事件或一个事件的次数发生的可能性。

Proportional Odds Assumption

比例概率假定 / 比例优势假定：在定序 logit 回归中，用来分析比例优势是否呈不同比例的检验方法。

Proportional Reduction of Errors

消减误差比例：根据对自变量信息的掌握和运用来预测因变量，对比单独分析因变量的误差改善程度的计算方法。

Purposive Sampling

立意抽样：抽样单位的选择基于研究者的认知，并且样本代表了所要研究群体的非概率设定。

Q

Qualitative Data

定性数据：数据以文字为特征，除了单因素统计以外，不能用其他分析方法。

Quantitative Data

定量数据：数字导向型数据，这类数据最适合进行统计分析。

Quartermax Rotation

最大四分位旋转：在分析中尝试减少因子数量的方法。

Quota Sample

配额抽样：根据事先决定的特征，将总体划分成若干组别的非概率分层抽样。

R

R^2：在最小二乘法回归分析中，指出模型整体解释力度的多元回归系数。

Range

全距：一个分布中最大值和最小值之差。

Rank-Order of Pairs

等级次序配对：因变量的分类，比如高、中，或低，与另外一个定序自变量对比的过程。这样处理的目的是判断一个变量的定序水平对预测其他定序水平的变量是否有用。

Ratio Level Data

定比水平数据：一般认为是最高序列的数据。它与定距水平的数据一样，区别在于前者可以包含真零点，因为此种情况下变量没有取值。

Real Limits

客观界限：是一个表述数值变量的特征，从低于观察数值 0.5 个单位到高于 0.5 个单位。

Relationship

关系：两个或者多个变量之间的关联。

Research

研究：用来检验和证实理论的方法。

Research Design

研究设计：在进行研究时所运用的方法和思路，比如实验、调查等。

Research Hypothesis

研究假设：指出研究项目预期的部分结果。

Research Methods

研究方法：检验和验证理论的科学、系统方法。

Research Questions

研究问题：由主要的问题所拆分的若干具体问题，这使研究更具有操作性和验证性。

Residual Plots

残差图：利用多元回归分析得出的散点图。

Resistance

抵制力：当既定分析方法所需的条件被违背时，一个统计分析技术所提供正确结果的能力。

Retroduction

回溯演绎：在单个研究中同时使用归纳和演绎的推理方法。

Robustness

稳健性：当假设违反假定时，一项统计技术能提供准确结果的能力。

Row Percentage

行百分比：在交叉表中，将频数在各行的单元格进行划分而得到的频率。交叉表各行的百分比的和等于 100%。

Row Percentaged Table

行百分比表：双变量行累计百分比为百分之百的表。

S

Sample

样本：从较大总体中抽取的一些较少的个体组成的群体。

Sampling Distribution

抽样分布：推论统计中使用的用于表述样本被抽取的概率。

Sampling Error

抽样误差：从总体中选取样本时所犯的错误，这种错误可能导致样本不具有代表性。

Sampling Frame

抽样框：当从一个总体中抽取样本时，由抽样单位所组成的真正列表。

Sampling Unit

抽样单位：在抽样的不同阶段，样本的所有要素都被选择。

Scale Continuity

尺度连续性：区分数据离散或者连续的方法。

Scatter Plots

散点图：比较形象地展示了相关性和多元回归分析结果的图形。

Scientific Inquiry

科学探究：检验研究者感兴趣的问题的系统性思维方法。

Scree Plot

碎石图：与散点图相似的图形展示方法，用于表示模型中归入每个因子时所增加的方差。

Semi-Standardized Coefficients

半标准化系数：由于 logit 回归方法不能得出标准化的回归系数，所以就将 logit 回归的系数除以相关变量的标准差，从而产生一个伪标准化系数。

Simple Random Sampling

简单随机抽样：总体中的每个元素有一个相等的已知的概率，用于抽取样本。

Skewness

偏度：分布的均衡程度，分为对称、正偏态、负偏态。

Snowball Sampling

滚雪球抽样：非概率抽样，由其他样本所衍生出的样本。

Somer's ***d***

Somer's d 值：用于检测定序水平数据关系的一种非对称方法。

Spearman's Rho (Correlation)

斯皮尔曼相关系数：用于测定两个定序变量之间是否存在关系的方法。

Specification Error

设定误差：因各种原因，没有将解释因变量的所有自变量包含在模型当中。

Spurious Variable

虚假变量：和中介变量类似，但这类变量与因变量和自变量两者都存在关系，自变量和中介变量都对因变量的变化产生影响。

Standard Deviation

标准差：方差的平方根。表达数据的离散程度时，与样本分布使用相同单位。

Standard Error

标准误：检验所估计参数的偏离程度的统计方法。

Standardized Effects

标准化效应：OLS 回归分析模型中，检验变量相对重要性的系数，β 值越大越好。

Statistic

统计量：表达样本的特征，使研究者可借此对总体做出推论的参数。

Statistical Analysis

统计分析：科学探究中，用于系统性检验所收集的数据。

Statistical Power/ Power of A Statistical Test

统计检验的功效：当零假设错误时，通过检验而拒绝接受它的概率。

Statistical Significance

统计显著性：在双变量或者多变量分析统计中，用于表明两个或多个变量之间存在关系。

Stratified Sampling

分层抽样：运用有关样本或总体的已知信息，确保所抽取的样本具有可靠性。

Strength of Association

关系强度：两个变量之间相关的程度，分为强相关和弱相关。

Structural Equation Modeling (SEM)

结构方程模型：可以运用多个方程表达多个因变量之间关系的模型。

Stub

根：可以从图或者分布的左列观察到的数据分类。

Student's t Distribution

学生 t 分布：由戈赛特提出并与 t 检验相关的分布形态。

Study Population

研究总体：样本所来源的群体。

Sum of Squares Between Groups

组间平方和：各组样本平均数与所有样本平均数的离差平方之和。

Sum of Squared Deviations

离差平方和：由样本平均值所产生的离差之和所组成的最小值。

Sum of Squares Within Groups

组内平方和：在各组内部，样本值和样本平均数所形成的离差平方之和。

Symmetric

对称：指出两个样本之间的关系强度，但并没有表明哪一个更能预测对方。

Symmetry

对称性：样本分布的偏度。

Synergy Effect

协同效应：指各变量的总贡献大于单个变量的贡献。

Systematic Sampling

系统性抽样：抽样框列出以后，系统地确定抽样所需的单位，在抽样框内按照确定的间隔抽取样本。

T

t-test

t 检验：样本量小于 120，检验变量是否来自一个已知的总体，或者两个变量是否来自同一总体。

Target Population

目标群体：研究发现所推广的群体。

Tau

Tau：用于检测定序变量之间的关系，它分为三种，tau-a，tau-b，tau-c。

Temporal Ordering

时间排序：两个变量之间的时间关联。

Theory

理论：有关人或事物之间特征的关系的陈述。

Tolerance

容差：在回归分析中决定变量共线性的方法，值大于 0.25 说明不存在多重共线性。

Total Percentage

总百分比：在交叉表中行和列各单元格的百分比之和。

Total Percentaged Table

总百分比表：交叉表中各行、列的百分比之和为 100%。

Transformations

转换：基于分析目的，将数值进行数学转化，使两个变量之间的关系按线性处理。

True Zero

真零点：变量中不具有其特征的客观情况。

Two-Sample *t*-test

双样本 *t* 检验：比较两个变量之间差异的分析方法。

Two-Tailed Test

双尾检验：在无需说明差异方向的情况下，评估所检测的两组数据之间的差异。

Type Ⅰ Error

第一类错误：虚无假设在客观上是真实的，但错误地拒绝了它。

Type Ⅱ Error

第二类错误：虚无假设在客观上是错误的，但错误地接受了它。

U

Uniqueness

唯一性：一个变量所特有的变化。

Univariate Statistics/Analysis

单变量统计 / 分析：当只有一个变量时对其分析的方法。

Unsystematic Error

非系统性误差：统计模型中有随机误差。

Upper Limit

上限：变量特征的最大值。

V

Valid Percentages

有效百分比：存在缺失值的情况下，用抽样频数除以 N 减去缺失值后所得到的百分比，从而提供一个真实的百分比数据。

Value Labels

赋值标签：在分类中文字所代表的数据。

Variable

变量：可以被观察并进行统计分析的概念，它经得起具体、经验的手段检测，还包括不同分类间的差异。

Variance Inflation Factor (VIF)

方差膨胀因子：回归分析中检测变量之间共线性的最常用方法之一，当计算结果小于或者等于 4 时说明没有多重共线性。

Variance

方差：样本值与平均值偏差的平方和的平均值。

Variation

差异：各变量的内部差异。

Varimax Rotation

方差极大旋转：探索最小化高载荷因子变量的方法。

X

***X* Axis**

X 轴：在图中水平的轴。

Y

Y Axis

*Y*轴：在图中垂直的轴。

Yates Correction

耶茨校正：将观察值和期望值之差取绝对值，然后在计算卡方时运用。

Z

***Z* Scores：**

*Z*分数：在一个分布中，以标准差为单位表示任意原始数据偏离于均值的值。

***Z* Test**

*Z*检验：检测变量是否来自一个已知的群体或者两个变量是否来自同一个群体，样本量应大于120。